汽车工业管理科学与工程丛书

汽车工业物流管理
（原书第 2 版）

［德］弗洛里安·克卢格（Florian Klug）著

刘晨光 译

机械工业出版社

本书将汽车行业作为一个整体，面向汽车产品生命周期的生产组织结构，从产品开发到备件物流，全面且完整地介绍和探讨车辆生产及售后过程中涉及的所有物流问题。本书分上下两篇。上篇是产品生产过程中的物流管理，内容包括兼顾物流的工厂规划、数字化物流、物流特定的复杂性管理、同步工程背景下的物流管理、供应商管理、物流规划的任务及精益物流。下篇是客户订单流程中的物流管理，内容包括汽车制造中的采购物流、汽车生产过程中的物流、配送及备件物流。

本书适合汽车工业物流管理、设计规划和研发人员阅读，也适合高等院校汽车物流专业的师生作为参考书使用。

First published in German under the title
Logistikmanagement in der Automobilindustrie: Grundlagen der logistic im Automobilbau (2. Aufl.)
by Florian Klug
Copyright © Springer-Verlag GmbH Deutschland, 2018
This edition has been translated and published under licence from
Springer-Verlag GmbH, part of Nature

本书由 Springer-Verlag GmbH Deutschland 授权机械工业出版社在中华人民共和国境内（不包括香港、澳门特别行政区及台湾地区）出版与发行。未经许可的出口，视为违反著作权法，将受法律制裁。

北京市版权局著作权合同登记 图字：01-2019-4231 号。

图书在版编目（CIP）数据

汽车工业物流管理：原书第 2 版 / （德）弗洛里安·克卢格（Florian Klug）著；刘晨光译. —北京：机械工业出版社，2020.3

ISBN 978-7-111-64641-9

Ⅰ.①汽⋯ Ⅱ.①弗⋯ ②刘⋯ Ⅲ.①汽车工业—物流管理 Ⅳ.①F407.471.65

中国版本图书馆 CIP 数据核字（2020）第 021542 号

机械工业出版社（北京市百万庄大街 22 号　邮政编码 100037）
策划编辑：母云红　　　　　　　责任编辑：母云红
责任校对：李　杉　　　　　　　责任印制：孙　炜
北京联兴盛业印刷股份有限公司印刷

2020 年 4 月第 1 版第 1 次印刷
180mm×250mm·25 印张·2 插页·530 千字
标准书号：ISBN 978-7-111-64641-9
定价：129.00 元

封底无防伪标均为盗版

电话服务　　　　　　　　　　网络服务
客服电话：010-88361066　　　机　工　官　网：www.cmpbook.com
　　　　　010-88379833　　　机　工　官　博：weibo.com/cmp1952
　　　　　010-68326294　　　金　书　网：www.golden-book.com
封底无防伪标均为盗版　　　　机工教育服务网：www.cmpedu.com

序

  几十年来，汽车行业已被全世界公认为促进经济发展、技术创新和创造就业的关键行业之一。不断加剧的全球性经济竞争，要求这个行业要不断地推出独具特色的新产品，对市场需求做出快速反应；平稳地准备生产和发挥生产能力，以便能够控制汽车生产的一致性，以精益和高效的生产和供应流程来满足客户的最新要求并具有因时而变的多种功能。应对国际金融危机积累的经验，以及当前全球贸易关系的不断演变，都更说明了一点：企业必须适应经济日益动态的变化。而整个物流系统的功效，将成为关键性的成功因素之一。

  目前，汽车工业的一项基本任务——物流管理，正是本书研究的内容。这涉及汽车行业的所有主要业务流程，从产品开发，经由客户流程（从客户订单的实际生产，到交付使用），直到车辆使用阶段的各种客户服务，组织良好的物流流程是提高企业效益的重要基础之一。这其中先进的物流方案和方法为实现这一目标创造了必要的先决条件。

  但是，在今天的汽车工业中，对物流设计过程尚没有给予全面的定义和充分地进行标准化。然而，对更有效地利用企业资源而言，标准规范的物流流程是一个重要的先决条件。所有的运营合作伙伴、供应商、服务提供商、汽车制造商和零售商，都希望物流功能满足他们流畅无阻、避免无谓开销的美好愿景。因此，必须明确地制订这一愿景规划，协同行业中经营伙伴始终如一、积极地给予实施。

  本书的内容着重于汽车工业物流，将这一行业作为一个整体，对当代和标准化的物流流程进行介绍和讨论，以实现精益和高效的企业经营；同时概述了汽车工业的所有主要物流流程、各种各样的物流规划和设计任务。我希望所有对此有兴趣的读者，通过阅读本书能够获得对物流解决方案的深刻了解，并提出批评和指导性的建议。

朱尔根·韦尔斯（Jürgen Wels）
于德国斯图加特

第 2 版前言

我要感谢对成功完成本书第 2 版做出贡献的所有人。你们以各种形式、极具价值的支持，为本书的新版做出了决定性的贡献。

尽管在这一新版本中，内容上有很多变化、扩展和更新，但本书内容始终面向产品生命周期的生产组织结构，而且已经证明仍然适用于当前现实，从产品开发过程到备件物流，全面且完整地描述了车辆生产过程中涉及的所有物流问题。在本版中，对面向应用的科学方法、由实践为导向的行业知识进行了理论补充和完善。举例来说，在批量生产加速期间，借助蒙特卡罗方法进行动态式器具规划和确定看板需求。本书新版本的重点在于面向汽车行业实践，传授汽车工业的物流管理专业知识。

我希望，本书的第 2 版同样能在工业实践和科学研究中找到积极的共鸣。

弗洛里安·克卢格（Florian Klug）
于德国慕尼黑

第 1 版前言

汽车工业一直是德国国民经济的核心支柱，为德国作为一个成功的工业大国做出了重大贡献。然而，随着市场、技术和产品的发展越来越多地参与全球性竞争，对汽车工业的物流作为内部和外部伙伴之间一个增值过程，提出了更多和更高的要求。日本丰田生产方式的创始人——大野耐一曾这样形容："汽车制造最重要的领域，无疑仍是解决材料的问题。在不解决材料问题的情况下进行汽车生产制造，就像在没有地基的情况下建造房屋一样。"本书正是试图为这一基础奠定做出应有的贡献，一方面通过将物流管理领域的任务系统化，另一方面通过对从产品开发到客户订单以面向流程的方式，对物流任务进行尽可能详细的描述。

汽车行业一直是并且将来也是创新型物流理念和方法的源泉。这些物流领域的知识往往被扭曲和误解，主要原因来自短期性、经不住考验的概念炒作，缺乏面向客户和降低物流费用的意识等。另外，物流规划任务缺乏整合，行业的规划合作伙伴对物流过程中存在着不同的看法和相互矛盾的观点。

我本人作为汽车行业物流规划工程师，多年的工作经验让我能够理解日常物流规划工作中的各种困难。通常由于缺乏物流规划方面的专业书籍，物流规划工作往往更多的是根据过去的经验行事，而由于规划人员的高流动性，这些宝贵的经验很快就会流失。物流管理部门受到人员流动、规划过程缺乏标准化的影响，往往在精心开发物流过程、规划参数的过程中获得的见解和应用，无可挽回地丢失了。因此，必须要对物流领域的知识管理进行改进。而本书的目标就是系统地描述面向实际应用的汽车工业物流规划、实施和运行知识。在产品开发过程中，它主要作为物流规划工程师的参考书。此外，针对客户订单过程，对其中的所有物流相关流程进行了全面的描述，从物料采购到生产制造、产品分销，直至售后服务。

这样的工作从来就不是只建立在我个人的见解之上的。从事汽车工业物流管理工作已经 20 年了，在此期间，我与行业的专家和同事进行了多次对话和讨论，并就物流管理分享了欧洲众多汽车制造商和供应商的经验。

在这条通往知识总结的道路上，在陪同我的众人中，我首先要感谢 Michael Bacher 博士、Anette Buntrock 女士、Martin Coordes 先生、Harald Gmeiner 先生、Franz Hainzinger 先生、Dirk Hartel 教授、Frank Heisler 先生、Wilhelm Liebhart 先生、Benjamin Lobenz 先生、Ulrich Minke 先生、Markus Schneider 教授、Kurt Schwindl 博士、Sven

Spieckermann 博士、Karl Sporer 先生、Diana Tischtau 女士、Hubert Vogl 先生、Axel Wauthier 先生、Jürgen Wels 先生，感谢他们提供的大力支持和相互间的交流，充实了我在汽车物流方面的经验和知识。

我特别要感谢 Andreas Rapp 先生对我的写作出版工作给予的大力支持，同时感谢我在奥迪做物流规划工作期间，分配给我趣味性的物流任务。我还要感谢我以前在德国奥迪和大众集团的同事，从他们在物流规划领域丰富的经验，我受益匪浅。在这里仅列举出几位：Johannes Böttcher 先生、Torsten Bohlken 先生、Maike Geiger 先生、Ingolf Grüßner 先生、Thorsten Henschel 先生、Matthias König 先生、Gregor Kovacic 先生、Susanne Margraf 女士、Simon Motter 先生、Thomas Pischinger 先生、Michael Reuse 先生、Volker Reschke 先生、Irina Sturm 女士、Jürgen Tiefenbacher 先生、Virginia Villadangos 女士、Thorsten Wilsdorf 先生和 Tim – Boto Zahn 先生。

我还要感谢在柏林的斯普林格出版社，特别是与 Thomas Lehnert 先生之间在专业上愉快的合作。

我特别要感谢英国诺森布里亚大学（Northumbria University）、纽卡斯尔商学院（Newcastle Business School），以及 David Bennett 博士，我们在汽车工业物流供应商整合领域有着长期的科学研究合作。

最后（但并非最不重要）我要感谢奥迪汽车物流中心的客户，通过参与他们的实际项目，提高了我在汽车物流方面的知识水平。这些物流项目不仅是客户需要解决的问题，对我而言，它们永远是经验的积累和知识收益。我还要特别感谢 Wolfgang Mühleck 先生与汽车供应商 Takeo 长期以来成功和密切的合作，为我写作本书提供了宝贵的知识。

我把这本书献给我的家人，我的妻子 Sabine，还有我的两个孩子 Leopold 和 Johanna，他们在背后为本书的写作提供了大力的支持。

弗洛里安·克卢格（Florian Klug）
于德国慕尼黑

目 录
Contents

序
第 2 版前言
第 1 版前言

上篇　产品生产过程中的物流管理　001

第 1 章
兼顾物流的工厂规划
002

1.1　以物流为导向的工厂规划要求 / 002
1.2　宝马莱比锡工厂的短距离物流 / 005
1.3　汽车厂的模块化 / 008
参考文献 / 011

第 2 章
数字化物流
012

2.1　物流在数字化工厂中的重要性 / 012
2.2　数字化物流规划参考模型 / 014
　　2.2.1　兼顾产品的物流 / 014
　　2.2.2　兼顾生产过程的物流 / 016
　　2.2.3　兼顾企业资源规划的物流 / 017
　　2.2.4　同步集成物流因素 / 018
2.3　数字化物流的规划系统 / 019
　　2.3.1　物流建模循环过程 / 019
　　2.3.2　宏观与微观物流模型 / 021
　　2.3.3　静态与动态物流模型 / 024
　　2.3.4　启发式与优化物流模型 / 026
2.4　物流数据管理方案 / 027
　　2.4.1　物流数据仓库 / 028
　　2.4.2　物流生命周期管理 / 030
参考文献 / 030

第3章 物流特定的复杂性管理 032

- 3.1 复杂性管理基础知识 / 032
- 3.2 造成汽车工业物流复杂性的因素 / 033
  - 3.2.1 市场和客户要求增加 / 033
  - 3.2.2 国际化 / 034
  - 3.2.3 制造和开发深度减小 / 034
  - 3.2.4 创新与技术压力 / 035
- 3.3 物流设计 / 036
- 3.4 变异管理 / 038
  - 3.4.1 变异的形成 / 038
  - 3.4.2 避免和减少变异 / 040
  - 3.4.3 晚期变异的形成 / 044
- 3.5 与物流相关的产品结构概念 / 045
  - 3.5.1 模块化 / 045
  - 3.5.2 平台和共用零部件战略 / 047
  - 3.5.3 功能集成 / 049
- 3.6 与物流相关的流程结构方案 / 050
  - 3.6.1 供应商整合 / 050
  - 3.6.2 制造和物流细分 / 053
  - 3.6.3 物流流程的标准化 / 054

参考文献 / 055

第4章 同步工程背景下的物流管理 059

- 4.1 同步工程的组织原则 / 059
- 4.2 同步工程团队 / 060
- 4.3 物流特定的产品开发过程 / 064
- 4.4 供应规划 / 064
  - 4.4.1 逆序原则 / 065
  - 4.4.2 供应规划中的物流模型 / 068
  - 4.4.3 供应规划领域 / 070
- 4.5 包装规划 / 077
- 4.6 物流结构规划 / 078
  - 4.6.1 物流框架数据规划 / 079
  - 4.6.2 区域规划 / 079

　　　　4.6.3　仓储规划 / 080
　　　　4.6.4　运输和配送规划 / 083
　　　　4.6.5　人员规划 / 084
　　4.7　物流控制 / 085
　　　　4.7.1　物流目标成本管理 / 086
　　　　4.7.2　物流成本核算 / 088
　　　　4.7.3　物流预算 / 089
　　　　4.7.4　物流参数 / 090
　　　　4.7.5　物流平衡计分卡 / 091
　参考文献 / 094

第 5 章 供应商管理 096

5.1　供应商筛选策略 / 096
　　5.1.1　单一采购 / 096
　　5.1.2　模块化采购 / 097
　　5.1.3　全球采购 / 99
　　5.1.4　物流外包 / 101
5.2　供应商物流管理 / 103
　　5.2.1　确保物流流程能力 / 103
　　5.2.2　对供应商的物流要求 / 104
　　5.2.3　对供应商的评估方法 / 105
5.3　供应商关系管理 / 108
　　5.3.1　物流中的网络能力 / 108
　　5.3.2　供应商合作 / 111
5.4　原型和测试零部件物流 / 115
5.5　预批量生产期间的物流 / 116
参考文献 / 118

第 6 章 物流规划的任务 122

6.1　器具规划 / 122
　　6.1.1　器具类型 / 122
　　6.1.2　器具的选择标准和要求 / 125
　　6.1.3　器具需求的计算 / 128
　　6.1.4　标准器具规划过程 / 133

6.1.5　特殊器具规划过程 / 134
6.2　工作场所的物流规划 / 139
　　　6.2.1　物流优化布局 / 139
　　　6.2.2　人体工程学要求 / 141
　　　6.2.3　物料存放 / 142
6.3　物料要求规划 / 147
　　　6.3.1　需求驱动的物料要求 / 148
　　　6.3.2　消耗驱动的物料要求 / 149
6.4　企业内部运输 / 153
　　　6.4.1　叉车运输 / 154
　　　6.4.2　拖车运输 / 154
　　　6.4.3　无人驾驶运输系统 / 156
　　　6.4.4　无通道限制的运输系统 / 157
6.5　企业内部转运 / 159
　　　6.5.1　拣选 / 159
　　　6.5.2　超市 / 165
　　　6.5.3　收货 / 171
6.6　企业内部仓储 / 173
　　　6.6.1　仓储类型 / 173
　　　6.6.2　仓储的物流流程 / 177
6.7　企业外部运输 / 179
　　　6.7.1　运输工具的选择 / 179
　　　6.7.2　运输方案的选择 / 185
6.8　外部存储和转运 / 192
　　　6.8.1　转运终端 / 192
　　　6.8.2　供应商物流中心 / 195
　　　6.8.3　外部仓储 / 196
6.9　信息和通信方案规划 / 196
　　　6.9.1　识别技术的选择 / 196
　　　6.9.2　数据标准和通信技术的选择 / 205

参考文献 / 210

第 7 章	7.1	物流中的精益管理 / 214
精益物流	7.2	精益物流基础知识 / 216
214		7.2.1 精益物流的定义 / 216
		7.2.2 精益物流的基本原则 / 216
	7.3	精益物流的设计原则 / 219
		7.3.1 均衡生产是平稳物流的基础 / 219
		7.3.2 工作场所 / 221
		7.3.3 物料交付需求 / 228
		7.3.4 物料安放 / 230
		7.3.5 内部运输 / 233
		7.3.6 内部转运和存储 / 235
		7.3.7 外部运输 / 237
		7.3.8 外部转运和存储 / 239
		7.3.9 供应商管理 / 241

参考文献 / 243

下篇　客户订单流程中的物流管理　245

第 8 章	8.1	标准交付方案 / 246
汽车制造中的	8.2	交付要求系统 / 247
采购物流		8.2.1 需求驱动的交付要求 / 247
246		8.2.2 消耗驱动的交付要求 / 250
	8.3	直接交付 / 253
		8.3.1 准时化交付 / 253
		8.3.2 顺序化交付 / 256
		8.3.3 消耗驱动的直接交付 / 259
	8.4	仓储交付 / 260
	8.5	工业园区物流 / 262
		8.5.1 工业园区物流方案 / 262
		8.5.2 工业园区的设计要素 / 264

8.5.3 工业园区方案评估 / 265
8.5.4 工业园区交付范围 / 271
8.5.5 工业园区物流举例：奥迪因戈尔斯塔特货物交通中心 / 273
8.5.6 工业园区物流的未来趋势 / 275

8.6 全散件组装物流 / 276
8.6.1 全散件组装方法 / 276
8.6.2 全散件组装交付的物流链 / 278

8.7 运输控制 / 280
8.7.1 企业外部运输控制 / 280
8.7.2 企业内部运输控制 / 286
8.7.3 节省运输成本的潜力 / 288

8.8 器具控制 / 294

8.9 跟踪和追踪 / 297

参考文献 / 301

第9章 汽车生产过程中的物流 303

9.1 规划方案 / 303
9.1.1 计划生产 / 303
9.1.2 按单定制 / 304
9.1.3 客户解耦点 / 305

9.2 客户订单流程 / 308

9.3 程序规划 / 312
9.3.1 战略性车辆规划 / 312
9.3.2 战术性车辆规划 / 313
9.3.3 运营期车辆规划 / 314
9.3.4 总成规划 / 315

9.4 物料需求规划 / 316
9.4.1 需求类型 / 316
9.4.2 物料清单 / 317
9.4.3 净附加需求计算 / 319
9.4.4 物料调度 / 320

9.5 生产能力规划 / 320

9.5.1 战略性生产能力规划 / 321
9.5.2 战术性生产能力规划 / 322
9.5.3 运营生产能力控制 / 323

9.6 订单顺序稳定的生产控制 / 325
9.6.1 装配中的稳定订单顺序 / 326
9.6.2 冻结规划范围 / 327
9.6.3 延迟订单分配 / 328
9.6.4 客户‐供应商交易原则 / 329
9.6.5 装配驱动的拉动式控制 / 330
9.6.6 应用前提 / 330
9.6.7 顺序稳定性的测量 / 331
9.6.8 排序缓冲区的功能和规模 / 333
9.6.9 生产控制评估 / 335

9.7 生产中的物流流程 / 337
9.7.1 冲压车间的物流链 / 337
9.7.2 焊装车间的物流链 / 341
9.7.3 涂装车间的物流链 / 345
9.7.4 总装车间的物流链 / 349

参考文献 / 355

第 10 章 配送 358

10.1 配送的重要性 / 358
10.2 配送的任务 / 359
10.3 成品车辆配送物流链 / 360
10.3.1 直接交付 / 360
10.3.2 间接交付 / 361
10.4 配送的特殊性 / 367
10.4.1 定位 / 367
10.4.2 运输保护 / 369
10.4.3 车辆配送中心 / 371

参考文献 / 372

第11章 备件物流 373

11.1 备件物流基础知识 / 373
    11.1.1 备件物流的意义和问题 / 373
    11.1.2 定义备件物流 / 374

11.2 批量生产后备件供应策略 / 375
    11.2.1 批量生产后期连续性生产 / 376
    11.2.2 长期和最终存储 / 376
    11.2.3 旧零部件的重新处理 / 377
    11.2.4 旧零部件的重复使用 / 377

11.3 备件需求预测 / 378

11.4 备件物流链 / 380
    11.4.1 备件的分配和交付 / 381
    11.4.2 备件包装 / 382
    11.4.3 备件存储和交付 / 382

参考文献 / 385

上 篇
产品生产过程中的物流管理

第 1 章 兼顾物流的工厂规划
第 2 章 数字化物流
第 3 章 物流特定的复杂性管理
第 4 章 同步工程背景下的物流管理
第 5 章 供应商管理
第 6 章 物流规划的任务
第 7 章 精益物流

第1章
兼顾物流的工厂规划

1.1 以物流为导向的工厂规划要求

直到20世纪90年代，新汽车工厂的规划仍然是通过对生产和物流流程独立和逐渐地进行观察来组织进行的。其结果是，对生产物料的准备、转运和存储来讲，在场地空间上各个生产车间和物流区域相互分离、各自分割（参考 Klauke 2005 第 250 页）。这样的规划方式导致了以下问题：

1) 由于缺乏生产和物流之间的同步化，库存量很高。
2) 失去库存透明度。
3) 零部件的输送距离长。
4) 生产同步交付经常不是直接在使用现场实现，而是间接地通过一个中央物流站进行。
5) 生产和物流之间缺乏场地空间灵活性，这导致了生产出现瓶颈。

兼顾物流的工厂规划，最主要的要求是尽可能地实现短距离物流，同时降低运输、转运和仓储的费用支出。面向物流的工厂布局设计，对实现经济型工厂的目标起着决定性作用（参见第 7.1 节）。工厂布局必须满足物流要求（所谓的形式随流）。实施基于物流的工厂布局结构，汽车制造商所面临的一个主要问题就是所谓的棕褐色厂区（Brownfield）所占的比例很高，这归结于数十年来历史的积累。这类厂区通常具有以下特征：

1) 几十年来，随着人类定居点的快速扩大，以前位于郊区的汽车生产厂，比如宝马公司在德国慕尼黑的工厂，正逐渐地被城市或工业性建筑所包围。同时，由于汽车生产规模的快速扩大，可用工业用地空间日益缩小和稀缺，而这对汽车生产起决定性作用。

2) 大多数棕褐色厂区，其平面建筑呈现长方形，比如，组装车间内部布置了多个平行运行的装配线，但从物流角度看，这意味着零部件的长距离输送，以及多余的操作。

3) 无障碍的货运交付，通常针对的是零部件低库存而采用高交付频率情况，但厂区内交通状况的不断拥挤紧张，以及历史原因形成的场地限制，只有付出更多的投入才有可能给予保证。

4) 多年来，越来越多的产品系列及其衍生品，放置在厂区内有限的场地空间。而制造部门，比如车身制造，每个新车型都要占据一部分生产场地空间。在德国，这样的结果是，大多数棕褐色厂区都严重缺乏可用的场地。而往往增加生产面积是通过压缩物流场地来给予补充的，这对物流管理提出了更高的要求。物流场地，尤其是仓储区域，目前在汽车制造厂是最短缺的生产资源。

在汽车工业中，现有的工厂布局结构通常可分为三种基本模式，如图 1-1 所示（参考 Maurer、Stark 2001 第 11 页）。

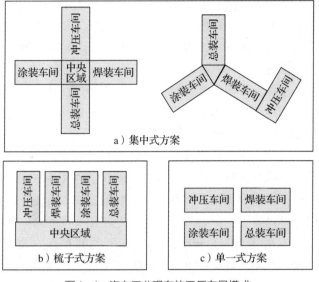

图 1-1　汽车工业现有的工厂布局模式

1）集中式方案：汽车工厂中，各个生产部门围绕一个核心建筑物，以交叉或行星方式分布。冲压车间、焊装车间、涂装车间和总装车间在场地空间相对集中，并通过这一个中央车间相互连接在一起。中央区域同时也作为厂内所有员工的交流通信中心（图 1-2）。

2）梳子式方案：在这种方案中，各个生产部门如同一把梳子上的多个竖齿，互相平行布置，并且通过一个共同的主车间（中央区域）作为主干相互连接。

3）单一式方案：这种模式主要出现在棕褐色厂区，它由多个互相分离的生产厂房建筑组成，这些厂房大多数都是由于历史原因长期慢慢逐渐形成的，因此没有一致性的整体概念。

图 1-2　集中式方案：位于汉姆巴赫的 Smart 生产厂（资料来源：戴姆勒）

过去，对汽车工业起决定性的要素是自身生产深度，因此，生产是新工厂布局的驱动力。如今，伴随着外部零部件供应量增加，汽车制造商的自身生产深度降低，大量的物流活动演变为工厂规划的主要考虑因素之一。物流实质上成了生产的节拍器。

作为一个可能的发展方向，所谓物流优化工厂布局可以以欧宝公司设计实现的工厂布局为例加以说明。大约在20世纪90年代中期，欧宝就首先进行面向流程的工厂规划，比如在德国的爱森纳赫（Eisenach）工厂，到今天，已经转变和发展成以物流为导向（比如在阿根廷、中国、泰国和波兰的工厂）。在这一点，最符合高性能物流要求的工厂布局可以说是位于吕塞尔斯海姆（Rüsselsheim）的欧宝工厂。在这个工厂，总装车间呈半行星状，与传统式的矩形平面布局相比，增加了大量的可用场地空间（图1-3）。其结果很明显地表明，可以将更多的组装零部件直接运送到安装现场，而不需要通过多个传统式的产品暂存区域。总装车间大约有70多个物料对接点，可将各种不同的零件、组件和模块，直接配送至所需的装配线位置。总装车间的外墙由多个可移动模块组成，这些模块可以通过一个灵活的对接坞（带有风雨防护功能和通气门幕），在短时间内就进行更换（参考 Klein 2002 第101页）。这将确保在改变装配线生产节拍时，零部件的卸载安放点始终直接位于其所需的安装地点。

图1-3　欧宝半行星状装配厂，位于德国吕塞尔斯海姆（资料来源：欧宝）

一些物流操作，诸如拣选、排序、仓储和预装配，都在邻近的供应商园区（所谓的商业中心）进行，它位于欧宝工厂厂区内，距离装配车间约500m。一个物流服务提供商以准顺序化方式为最终组装提供组件和模块。将供应商园区直接移入工厂厂区，则物流整合到制造商生产结构中的程度非常高。在一个顺序化中心（系统化综合物流服务中心），供应商交付零部件。在这个中心里，服务提供商进行预组装、排序，然后将作为其成品模块，运输到最终装配线。将近有一半的零部件组装工作在这里进行。这个中心的其他服务项目还包括仓储和出入库。采用供应商园区作为一种介入方式，即使产品型号改变和更换，对装配线本身的影响程度不大（参考 Klein 2002 第102页）。

1.2 宝马莱比锡工厂的短距离物流

以物流为导向的工厂规划,另一个成功案例是 2005 年投入使用的宝马公司位于莱比锡 (Leipzig) 的 Greenfield 工厂。当时,对规划提出的基本要求是高度的生产柔性(产量、系列、变异),以及运行稳定的生产和物流流程。当今,越来越多的产品系列以及市场变化的动态特性,都需要一个灵活性的工厂组织,同时具有低运营成本弹性。此外,现有的物流结构必须灵活地调整,以适应未来的扩展。

其中央区域具有行政、规划和质量检验功能,在其周围,各个生产部门呈行星状排列(图 1-4)。对各个生产部门而言,这种分布结构提供了足够的可能性,以保证在未来仅仅需很少的投入就可进行调整和扩展。主建筑物连接主要的生产部门,如焊装车间、涂装车间和总装车间,同时作为整个厂区的通信枢纽。采用这种集中式方案缩短了物流路线长度,并且避免了运输交叉路口。通常,厂区中的所有人流和物流,在很大程度上是彼此分开的。员工的入口在厂区北部,物料、零部件在厂区东部交付,火车运输的连接位于厂区南部,成品车辆的准备和发运位于厂区的西部。

图 1-4 宝马莱比锡组装厂准时化/顺序化直接交付(来源: 宝马)

对内部和外部供应商而言,装配线附近的供应中心是整个物料供应战略的核心,因为它大约占据了总物流量的 60%。不像供应商园区通常位于厂区外的附近区域,这个供应中心则位于宝马厂区内(参见第 3.6.1 节)。在供应中心预组装的部件通过电动高架输送系统运送到安装地点。因此,与传统的叉车运送相比,可以实现更有序的输送。如果需要,还可以给电动高架输送系统附加升降工作站。在这个供应中心内,供应商预装整个车辆模块和系统,其结构设计方式与宝马组装相同,还与宝马输送设备搭接。因此,可以将当前在外部运行的物流区域集成到宝马自身的生产区域中。

这一不对称式的装配线建筑物拥有多个可扩建的车间,可以灵活地实现扩展和搭接外部区域以及物流交付区域(图 1-4)。考虑到将来继续扩建的需要,有意留出了空地。这种布局原则可随时适应结构上的变化,具有高度灵活性,且保证合理的费用开支。在中轴线上，大多数社交场所和办公空间坐落在旁边，四个生产车间垂直于中轴线排列。这些所谓的指状车间，包含了传统的装配流程，形成了一个梳子式的厂区结构（参考 Bauer 2006 第 183 页）。这一主线设计本身变化很小。变异零部件、模块和总成储存在预装配区域。如同所有其他变异多的零部件，车辆前端和驾驶室不在总装线，而是预先在柔性总成中进行同步化组装、质量检查和定向准备。这种方法提高了主装配线过程的稳定性和可支配性。由于车间存在空间储备，可以根据需要扩展车间区域，满足新的生产和物流流程需要，以实现扩大产量和产品换型的灵活性。通过在空间上将主装配线和各个辅助车间分离，可以应对变化，重新组织各个生产区域（比如一个具有更多装配工作的新车型），而不必以巨大的代价中断生产、移动装配中的某些固定工段，比如驾驶室安装或者底盘与车身的对接。某些固定工段（指难以移动的设备）要么布局在有扩展可能的区域之外，要么给它提供适当的周围环境（参考 Bauer 2006 第 183 页）。因此，主要的厂房结构保持稳定和易于进行扩展，同时，那些指状车间可随意地进行分离，并仍适用于生产变化。

因为模块供应商的产品不在供应中心存放，针对模块供应商，梳子式的装配车间实现了直接交付、物料对接的可能性。所有建筑物都采用所谓面板设计结构，具有统一的立柱尺寸，立柱网格状布置。因此，可以在装配车间的任何地方布置一个新的对接门。为了实现移动仓库的理念，对接位置成对地、集成分布在车间墙壁上（参见第 7.3.6 节）。对每一种情况都准备了一个拖车用于装接满箱货物，另一个拖车用于处理空箱。这些指状车间之间的场地空间比较大，为运货车辆提供了足够的转弯和回转可能性，可以轻松简单地驶入对接站。

装配线本身蜿蜒曲折，就是说一次又一次地穿过装配厂房的中轴线，但优选沿着厂房外壁延伸。这样的平面布局能够形成大量的自由场地空间，这就有可能通过最短的输送路径，使供应商直接将零部件运送到生产线。最大供货量的交付，比如准时化（Just in Time, JIT）和准顺序化（Just in sequence, JIS）零部件供应，在厂房外面附近进行（图 1-5）。由于组装线与厂房外墙的距离较短，所以实现了短路径直接输送交货。这里直接交货是首选的标准供应流程。为满足装配中零部件的供应，采用了三种物流系统。

1. 外部车辆供货

大约 30% 的零部件装配总量直接通过货运车辆配送，实现大批量和高频率交付，以准时化或顺序化方式进行（参见第 8.3.1 和 8.3.2 节）。这种梳状装配车间平面结构，可以在装配线上几乎所有装配点附近交付零部件（Bauer 2006 第 187 页）。供货拖车（后部卸载式）直接对接到滚帘式仓门后，物料先卸载，与装配线同步化供应。容器的转运和提供相距仅为几米。目前有 36 个这样的直接上货门，可供直接送货，并可在一个工作日内重新进行调配使用。

2. 借助电动高架输送等系统进行内部模块供货

那些大型、复杂的组件和模块（座椅、驾驶舱、车门、前端、发动机/变速器、车轴），将在厂区内的供应中心由外部或内部供应商直接预先组装。根据车辆特定的顺序，这些组件可全自动地由电动高架输送系统或地面输送系统同步输送到主装配线上。各个模块供应链连接到一个共同的输送循环系统，由此可以实现最少控制干预的稳定顺序。某些模块已经在预装配中利用运输货架作为载体，这样降低了转运成本（参考 Bauer 2006 第 188 页）。因此，大约 60% 的零部件交付是通过内部自动输送设备从供应中心输送到装配现场。

3. 无人驾驶运输系统内部交付仓库

日常中，在装载区域对送到的物料分类由在装配车间附近的仓储中心进行处理，再通过无人驾驶运输系统交付。除了车辆装配外，仓储中心还可服务于宝马自己供应中心运行的预组装提供服务（参考 Bauer 2002 第 116 页）。所有其尺寸符合标准器具（使用托盘类或仓储笼装载）的组件、少数或者那些无法归类的个性化零部件，或者无法整合入顺序流程中的零部件，则放入高架仓库。小型物料在自动化的小零部件仓库中缓冲存放。除了自动化存储区域外（高架仓库和小零部件仓库），还有用于大型和重型零部件的人工货架、顺序仓库和地面仓库。整个物流过程，从货物验收到入库、在库和出库、拣选、排序和分配，到整个的装配供应，都是由外部物流服务供应商运营的。装载辅助装置主要是手推车，用于运输符合德国工业标准 DIN 的器具，或者大型手推车上用于运输的大型器具。这里，一个例外是顺序性货架，它们通常存放在顺序仓库内，用于特别生产用途。装卸滚动货架通常是成对进行，或者独立式，在特定的装卸站进行，或者由操作人员现场进行（参考 Bauer 2006 第 189 页）。出库和准备运输的物料将集中在无人驾驶系统转运站，在那里放置在推车上。按照具体的需求，无人驾驶运输车辆装载之后，直接运输到达零部件安装地点，或者到所谓的市场。每一个"市场"都对在其附近五个组装点提供服务。每个交存站分别具有两个停靠位置，对应于无人驾驶运输车辆的前部和后部位置。物流服务提供商的员工用载满物料的推车更换一个空推车，或者清空回收剩余的器具，并将物料分发给各个装配节拍需要地。无人驾驶运输车辆除了进行载货和清空外，还对仓储笼中的废物进行处理。无人驾驶运输车辆运输量大约占装配零部件总供应量的 10%。

无人驾驶运输车辆实现自动运行，由车载电脑进行控制，借助于数字化的车间平面图（连接）和嵌入地面的永久磁铁（定向）作为引导标志，进行自动定向导航。还配有摄相头和雷达，当检测到障碍物时，无人驾驶运输车辆自动停止。从装配现场返回时，车辆带上清空的器具、包装材料，在厂房前面的处理站卸载。

通常，物流优化工厂的设计原则如下：

1) 工厂厂房结构遵循物流原则（形式遵循流程）。
2) 极可能最大份额的直接交付，最大限度地减少流程链中对库存和场地空间的要求（特别是流水线附近的区域）。确定区域的优先级和分类。
3) 减少存储的级数（一级仓储处理）。
4) 避免矩形车间布局（比如，可采用星形、曲折式布局），扩大交付、转运和交付区域。
5) 通过货运车辆，在装配线高度水平供货交付，避免额外垂直物料运输（升降机)设备。

6)单级转运过程。
7)多个物流之间、物流和行车道之间最好没有交叉点。
8)不需要特定零部件系列的输送装置。
9)稳定、小变异和可扩展的生产区主体结构,与灵活、多变异的区域部分相分离。
10)高度灵活、标准化、全面性的自动化操作。
11)将制造和物流区域严格分开,同时将物流整合入生产区域。
12)分解物料、员工和成品车辆流。
13)节拍定时式物料容器确保平稳和有序生产。

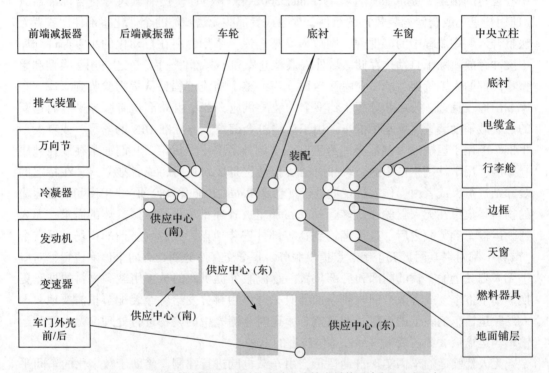

图1-5 宝马莱比锡工厂准时化/顺序化直接交付装配(来源:宝马)

1.3 汽车厂的模块化

同构、一致性的生产和物流系统将无法满足汽车品种日益增多以及差异化的需要(参考 Klug 2000 第9页)。当今,为了降低和管理汽车生产厂的复杂性,就需要对传统工厂结构进行分拆、简化和优化。综合考虑物流、生产技术和面向产品导向的需要,进行有意义的过渡转型,通常,将集中式组织的单元转型为相对独立、面向物流流程的生产模块,这是将工厂结构化为多个模块化生产单元(参考 Fredriksson 2006 第170页)。通过生产区域的模块化,以及在生产模块中,进一步整合所有物流相关领域,就可建立一个短距离型物流优化工厂（参考 Harrison 1998 第 407 页）。各个组成部分都是为面向模型，并尽可能一致地、集成物流链的所有阶段，从货物验收开始一直到最终生产（参考 Wildemann 1998 第 47 页）。过去集中式的物流区域被分散开来，并集成入各自的生产区域（参考 Klauke 等 2005 第 251 页）。所有生产模块都自行管理、负责、承担和调用其运行任务，从零部件、材料提取，材料供应准备，到生产和将模块转移到后续区域。这些涉及生产模块的封闭性职责，也将在工厂车间内以及更高级别的组织层次继续延续。这样就可以分解物流和信息流，使其更加透明化，并最终实现可控制性管理。在面向流程的模块中，物流与主装配线同步化运行，具有最小的缓冲区（参考 Klauke 等 2005 第 251 页）。各个模块的安排布局以及结构化网络连接，在每个布局设计中，这都具有最高的优先考虑级别（参考 Weißner 等 1997 第 153 页）。总组装线构成了外部和内部供应商的集成中心。所有模块以面向装配点的方式，从外部流向内部，到安装模块。除了工厂的组织模块化（参考 Wildemann 1998 第 47 页及 Warnecke 1992 第 142 页），这种自主单元的概念也可以扩展到生产资料、厂房建筑结构和区域规划（参考 Wiendahl 等 2005 第 17 页）。

从模块化角度规划构建工厂布局结构可从以下几个角度考虑：

1) 对整车结构，在技术上进行模块化；对生产和物流，在结构上进行模块化，这是框架条件和先决条件（参见第 3.5.1 节）。在组装工作中，典型的车辆模块以发动机、车门、后轴、座椅、驾驶舱和前端为代表。在此，也按其模块系列再进行细化。但是，从最佳生产能力利用率的角度来看，一个完整并且一致性的模块再进行特定的细分，并不总是有意义的。

2) 构成独立的、具有自身功能、面向流程的生产模块，通常要根据物流、生产技术以及面向产品的细分标准来进行。

3) 将物流区域分散性地分配给各个生产模块，并由分散性的收货点供货。这样可以在各自的交货、处理和存储区域中，简化处理工作，降低库存量，提高库存透明度。物流空间的集合也可大大降低运输成本。大众汽车集团的调查显示：与其 1987 年的厂区布局结果相比，以分钟/车辆，或者分钟/器具作为测量单位，物料运输时间可减少约 50%；与此同时，运输距离减少至 1/6（参考 Klauke 等 2005 第 254 页）。

4) 一方面，每个模块都要将自己视为其先前模块（比如底盘和后桥）的客户；另一方面，把自己作为后续模块（比如驾驶室和主装配线）的供应商。

5) 所有模块供应基本上都是同步化的，并通过最小的库存缓冲来防止物料短期性缺货。因此，这些紧密相连的流程，使其整体可使用性大幅增加，比如焊装车间（参见第 9.7.2 节）。

6) 与传统的工厂车间布局方案相比，焊装车间和涂装车间是分散的，故作为外部模块分配给供应商（参考 Köth 2004 第 34 页）。

7) 工厂布局的模块化以及同时提供预留储备场地区域，就可以适应多种多样生产参数变化的需要，就车型变化而言，它具有高度的定量、定性灵活性（参考 Gutenberg 1983 第 424 页）。

8）对生产和物流区域进行细分，这样能够根据模块系列，分割组织生产区域。因此，无须改变现有生产能力，缓解了车型规划中的各种波动。在极端情况下，每个模块系列由一个细分负责人独立管理。在细分段内以及跨越细分范围，通过适当地协调员工换班模式，可以灵活、最佳地协调工厂生产资源。

图 1-6 显示了模块化组装的一个案例。这里，在车间级别定义了模块，所谓的组装被分解为子模块：发动机、传动系统、驾驶舱、前端、车窗和车门等（参考 Klauke 2005 第 24 页）。组装所需的零部件是分散供应的，并且按各个子模块要求进行特定交付。为达到此目的，这里是将总装车间的物流转换到一个输送终端运行，如有必要，进行排序，以适合卸载的预拣选（参见第 6.8.1 节）。实际交付在尽可能靠近物料使用地点，且同时尽可能短距离运送。如果有需要，可以轻松地将额外的子模块供应到主装配线。模块运营都可以由内部或外部供应商操作。供应商的集成过程是逐步进行的。最初，供应商可以位于供应中心附近，以便在后面作为内部供应商组件或模块联合体，集成到制造商的装配线中（参考 Bennett、Klug 2009 第 701 页）。

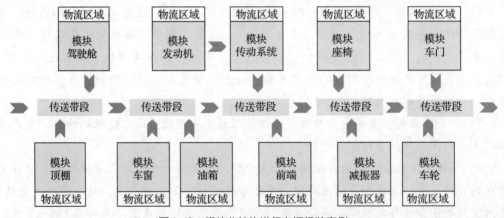

图 1-6　模块化结构进行车辆组装案例

一个特定系列的工厂细分附加各自的制造模块，与传统的面向技术型工厂组织相比，具有以下优势：

1）通过分解物流和信息流，可以很快地检测出故障和错误来源，并给予解决。

2）采用易于操作的模块单元，使结构组成简化，可提高物流的透明度。

3）明确定义组织和责任制，缩短人为沟通和决策路径，从而提高了系统适应性。

4）因为即使在运行期间，模块内部的变化仍是可进行的（参考 Wiendahl 等 2005 第 4 页），这样生产中的某些部分可以脱节，而所涉及的物流界面减少，进而减少了生产损失。通过减少变更和实施工作，可以更轻松、快速地实施物流过程更改，且减少了更改时间和实施费用。

5）生产员工能够更好地认识产品，这就使生产和物流的针对性更强，以满足某些特定细分市场的需求。

参 考 文 献

Bauer, N. (2006): Intralogistische Konzepte und ausgewählte technische Lösungen im BMW Werk Leipzig, in: Intralogistik-Potentiale, Perspektiven, Prognosen, hrsg. von: Arnold, D., Springer, Berlin, 2006, S. 182 – 191

Bennett, D./Klug, F. (2009): Automotive Supplier Integration from Automotive Supplier Community to Modular Consortium, in: Logistics Research Network 2009 Conference Proceedings, Hrsg. von: Potter, A./Naim, M., Cardiff, 2009, S. 698 – 705

Fredriksson, P. (2006): Operations and Logistics Issues in Modular Assembly Processes: Cases from the Automotive Sector, in: Journal of Manufacturing Technology Management 17(2)/2006, S. 168 – 186

Gutenberg, E. (1983): Grundlagen der Betriebswirtschaftslehre, Erster Band: Die Produktion, 24. Auflage, Springer, Berlin, 1983

Harrison, A. (1998): Manufacturing Strategy and the Concept of World Class Manufacturing, in: International Journal of Operations & Production Management 18(4)/1998, S. 397 – 408

Klauke, A./Schreiber, W./Weißner, R. (2005): Neue Produktstrukturen erfordern angepasste Fabrikstrukturen, in: Planung modularer Fabriken-Vorgehen und Beispiele aus der Praxis, Hrsg. von: Wiendahl, H.-P./Nofen, D./Klußmann, J./Breitenbach, F., Hanser, München, 2005, S. 244 – 256

Klein, P. (2002): Integration eines Lieferantenparks in die Fahrzeugmontage, in: Mensch und Technik in der Logistik, 11. Deutscher Materialfluss-Kongress, Hrsg. von: VDI-Gesellschaft FML, VDI, Düsseldorf, 2002, S. 95 – 109

Klug, F. (2000): Konzepte zur Fertigungssegmentplanung unter der besonderen Berücksichtigung von Kostenaspekten, Herbert Utz, München, 2000

Köth, C.-P. (2004): Gefangen in alten Konzepten, in: Automobil Industrie 7 – 8/2004, S. 34 – 39

Maurer, A./Stark, W. A. (2001): Steering Carmaking into the 21st Century, BCG Report, 2001

Warnecke, H.-J. (1992): Die Fraktale Fabrik-Revolution der Unternehmenskultur, Springer, Berlin, 1992

Weißner, R./Klauke, A./Guse, M./May, M. (1997): Modulare Fabrikstrukturen in der Automobilindustrie, in: Zeitschrift für wirtschaftlichen Fabrikbetrieb 4/1997, S. 152 – 155

Wiendahl, H.-P./Nofen, D./Klußmann, J./Breitenbach, F. (Hrsg.) (2005): Planung modularer Fabriken-Vorgehen und Beispiele aus der Praxis, Hanser, München, 2005

Wildemann, H. (1998): Die modulare Fabrik: Kundennahe Produktion durch Fertigungssegmentierung, 5. Auflage, TCW, München, 1998

第2章
数字化物流

2.1 物流在数字化工厂中的重要性

数字化工厂是一个完整生产系统的虚拟动态模型,这一模型描绘了所有的产品、流程、资源以及物流流程。该模型还可作为流程规划的工具,借助于模拟和分析,在产品的整个生命周期内对产品、生产和物流系统进行优化(参考 Müller、Wirth 2005 第33页)。数字化工厂除了可作为规划、建模和模拟的数字工具,还提供了相应的解决方法和方案(参考 Kühn 2006 第1页)。对数字化或虚拟技术,可以理解为这样一个事实,即在实际实施规划之前,借助于信息技术软件规划工具,对这些工作提供前期的辅助性支持。数字工厂提供了演示和评估各种备选规划方案的可能性。对汽车生产厂而言,首先对所有与规划相关的过程,通过软件工具进行建模描述和审查。只有当在虚拟模型中证明了各种性能标准的可行性,比如产量、质量和交付周期时,才开始实际意义的生产实现。如果它们在虚拟工厂中投入生产满足了时间、成本和质量要求,真正的车辆才会投入生产。

在早期产品开发过程中,使用信息技术软件工具辅助进行规划主要是基于以下目的:

1) 改善交流沟通,简化决策和文档管理。
2) 获取有关汽车工厂最佳布局设计、生产运行的信息。
3) 快速生成和修改备选规划方案。
4) 为所有经营部门的规划创建无冗余数据库。
5) 产品、流程和公司资源的标准化。
6) 考虑产品开发过程中涉及流程网络问题时,对其中任务、能力和责任进行集中性定义。
7) 作为运行报告和工作流程系统的一部分,通过规划任务的自动化,简化规划流程,并减轻员工的工作负担。
8) 改善规划质量,同时提高规划阶段的工作效率。
9) 及早识别和发现计划中的错误。

近年来,汽车行业已经对数字化技术和新型组织规划给予了大量资金投资。目前,几乎所有的生产部门都可以获得计算机模拟技术的辅助和支持。只有在所有的模拟、计划和集成流程结束,结果成功性的验证之后,一个车型项目的初始版本才被授权给予实施。当今，使用计算机虚拟规划方法可以同时启动众多的车型项目。在数字化工厂理念出现的最初几年，产品设计、车辆原型和工具制造处在首要位置，随其之后，应用领域才逐步地扩大到生产和物流流程。而下一步，各个现有的计算机模型将被集成、组合到整体的虚拟工厂模型，这不仅考虑了企业自身的生产过程，还兼顾内部和外部的物流和信息流。这意味着，数字化物流可作为一个集成模块，它是一个虚拟企业模型的先决条件（图 2-1）。而数字化物流则是数字化工厂的一个核心组成部分。解剖、观察、分析物流，可以看见汽车制造工厂的所有生产部门，从冲压车间到焊装车间、涂装车间，再到总装车间，都有其各自的数字化虚拟工具给予辅助支持。

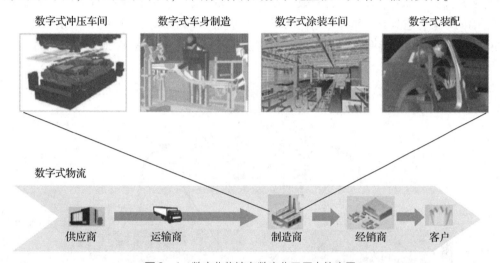

图 2-1　数字化物流在数字化工厂中的应用

在产品开发过程中，数字化物流规划的目标是尽早地应用数字化软件模型确定物流规划问题。早在实际实施物流流程进入实际批量化生产之前，就开始考虑与之相关的因素，整个生产流程在计算机上进行建模（参考 Klug 等 2001 第 44 页）。这里，除了要缩短规划时间外，还要建立一个稳固的物流流程，同时具有一定的成熟可靠性。通过这些产品开发早期阶段的大量投入，旨在避免以后在物流流程及其资源方面的不断变更（所谓的前期加载）所造成时间和费用上的大量投入。这些早期投资尤其重要，因为在物流流程中，成本影响和成本形成在时间上存在着很大差异。虽然在产品开发过程的早期阶段，影响成本的潜力是最大的（图 4-9），而大部分资源消耗所造成的成本费用却是在生产开始后才产生的。因此，早期规划物流流程，以降低在运营阶段的物流费用，具有重大的经济意义。为了实现这一目标，在数字化物流领域已做出了很多努力，其具体的目标定义如下（参考 Klug 等 2001 第 44 页）：

1）从物料交付地点到供应商（所谓逆序原理），一致性地描述和可视化物流链。

2）对资源供需进行比较分析，以在物流资源方面及早保证项目所特定的投资需求。

3）在物流规划过程中，所涉及的各个部门（供应、物料、规划）使用已合成和最新数据状态的物流数据库。

4) 为虚拟化工厂中的其他构成模块提供规划数据。

5) 在数字化工厂和产品的前提下，明确定义物流接口。

2.2 数字化物流规划参考模型

尽管当今信息技术市场提供了大量的物流规划软件工具，但大多数工具都基于类似的组成单元和功能结构。下面介绍一个参考模型，它不依赖于某个具体的规划软件，具有普遍意义，可以广泛使用。针对数字化物流规划，这一参考模型的基本系统再现了一种通用的方案，它具有三种完全不同的基本物流视图（图2-2）。这些是从物流角度考虑物流需求所需的物流流程和为此目的所需的物流资源（参考 Klug 等 2001 第44页）。

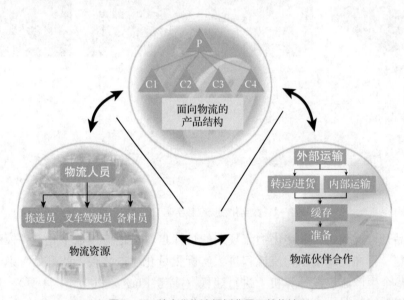

图2-2 数字化物流规划背景下的物流

2.2.1 兼顾产品的物流

对每个物流规划过程的起点来讲，都是涉及所要计划生产的车辆，以及与物流相关的产品结构，这些都可作为设计物流流程的参考因素。在规划开始之前，为了降低规划问题的复杂性，物流角度上的主要零部件（比如管道、前端、座椅、油箱、车门蒙皮）由物流规划人员给予确定。要定义对物流规划制订，至关重要的零部件必须创建一种完全不同的衡量尺度，这完全不同于产品设计，比如传统的零件明细表，这里仅局限性地考虑与物流相关的零部件，这将大大减少计划工作量。以下零部件范畴可用于定义物流角度考虑的主要因素：

1) 顺序式供应规模，例如准时化交货；运输量大的交付，例如系统和模块。

2）物流过程复杂，多变异性物料的供应。
3）新的交付地点，特别是在全球采购的背景下。
4）以前物流过程中，存在供应问题的零部件。

哪些零部件应该纳入虚拟物流的考虑范围内，对做出这类决定比较有帮助性的有帕累托分析法（ABC Analysis）。通常来讲，那些年消耗量最多的零部件，也会占用大部分物流资源。因此，规划重点是那些具有较高或平均年消耗量的 A 类和 B 类零部件。然而，即使年消耗量较低的零部件（C 类零部件）也可能由于系列化生产中供货错误造成巨大的后续费用。基于这一经验，必须在规划过程中预先给予考虑。为减少物流规划工作量，其中一个步骤是使用所谓的零部件类系的概念（图 2-3）。

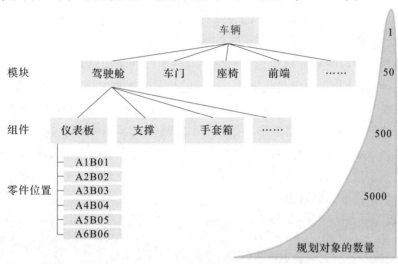

图 2-3　构成物流的零部件类系

这里将物理特征相似的零部件（几何形状、尺寸和重量），既可能具有相同或类似的功能、相同的装配地点，以及一致的物流交付流程，也可能在转运和分配时当作一个规划单元，都归类为一个物流零部件类系（参考 Klug、Gmeiner 2003 第 74 页）。所有技术性变异及颜色变异（例如仪表板），但都可以安装在车辆上（例如驾驶舱内），均可划为同一零部件类系。在此，其物流流程和准备场所是完全相同的。专注于零部件类系，可以降低物流复杂性，这使进行大规模经济化的物流规划成为可能，因为，通常这可使计划工作量降至近 1/10。然后可根据需要，再对各个零部件系列的详细程度进行细分和调整。

在产品开发和设计中，补充零部件明细表的同时就可建立起与物流零部件类系的相关联系。初始时，基于零部件类系，独立地建立一个物流零部件明细表，这使在充实零部件明细表之前，不依赖于产品开发的规划进程，就可以开始进行物流规划成为可能。因此，物流规划任务可以并行进行，以达到缩短规划时间的目的。借助一个工作流程系统，将产品与物流零部件列表相结合，可确保物流计划始终可以访问产品明细表中最新版本的零部件，自动获知产品变更。在产品开发阶段中，产品结构不断地发生变化，但数据收集和维护费用仍可以大大降低。这里，产品数据方面的先决条件，是要求一个与此相应的基础设施可以获得和准备与规划相关的各种产品数据。

2.2.2 兼顾生产过程的物流

在从物流角度对产品进行描述之后，接着就要从相同的角度定义物流流程。首先，交付、转运和供应准备流程是以静态流程链的形式给予描述（参见第2.3.3节）。这些预定义的标准物流链从很大程度上讲，涵盖了所有重要的规划现实问题。物流规划人员可以从中选择某些流程修改完善后，以处理其具体的规划问题。物流链标准化的目标在于，尽可能减少流程的数量，即合理且明确的数目。同时应该在公司内部创建物流流程标准，这种标准应该对所有参与者都是透明的（参见第3.6.3节）。通过减少备选方案的数量，可以明显降低规划工作量。对一般性的物流活动（如运输、仓储、拣选、配送），必须给予参数定量化描述，以适应特定的规划案例。原则上讲，这适用于所有规划对象（产品、流程、资源），都可以通过具体的数据、参数化精确地确定，这也适应于相应的流程。规划对象参数化的一个实例如图2-4所示，这个例子是针对一个特殊容器，收集了在规划过程中所生成和使用的数据。类似于计划进展状态，参数化过程也是逐步地扩展，在接近开始生产以前，所有重要的物流计划参数将被收集和记录，这些数据逐渐达到可进行生产的成熟度。

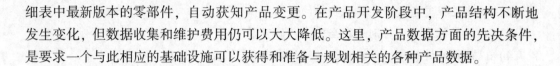

图2-4 实例：承载器具技术参数

如有必要，每个物流操作流程都可以细化，在物流链中进一步分解，使其包含多个子物流操作。这种分层式建模方法既可以全局性描述简化的物流链，又能够在详细规划阶段细致地分析观察规划的重点。如果可以在生产开始前一年就可以描述和说明外部运输距离和货物信息，则在生产开始前的几周，详细和明确地指明前期运行和主运行以及区域货运代理的集合点，这对货运优化具有实际意义。从层次式建模的角度来看，这意味着，原先选定的物流层次的操作，比如运输，可以进一步分割细化，在其下面的层次中，由两个子运输操作（前期和主干运行）以及一个转运操作（在合并点处理），给予详细补充性说明。因此，物流链的详细程度对应于相应的规划状态和重点，从一个车辆项目的物流角度看，关注和反映了当前最佳的知识水平。

2.2.3 兼顾企业资源规划的物流

在构造物流链中，同时可进行企业资源规划（Enterprise Resource Planning，ERP）。物流过程能力直接取决于物流资源的可用性。所谓物流资源，代表了所有企业员工的工作能力、直接或间接的生产物流服务，以及企业运行的物质资源、可移动或者不可移动的技术设备（在更长的时间范围内，不断做出贡献）、可使用的企业资源潜力（参考Zäpfel、Piekarz 2000 第9页）。所有与物流相关的资源，比如器具、场地空间、货运车辆、叉车驾驶员，都可以以所谓"库"的形式给予描述，链接分配到各自相应的物流活动。这一物流资源库由有关的资源规划者（器具、场地、地面输送设备规划人员）建立、运行和给予维护。通过将物流资源与所规划的物流流程相连接，就实现了针对某一车辆项目的特定资源规划。而就物流链的资源管理而言，它承担以下任务：综合考虑能效和成本因素，确保物流链的运营效率，评审物流能力、相应的经济规模，如有必要，需要根据性能需求，兼顾生成的成本费用影响，调整物流资源，提供适应变化性的服务（参考Zäpfel、Piekarz 2000 第9页）。对此，在早期，就要将物流能力需求和物流资源供应进行比较。具体的物流需求是由物流活动所引发和产生的（图2-5），比如存放大型运载器具所需的场地空间，对这类需求，必须分配给充足的物流资源（例如，存放场地、装配线附近的堆垛式仓库）。

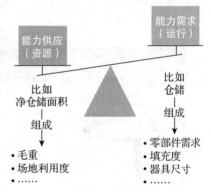

图2-5 调节产能供应和需求

如果出现多余或者不足的物流资源，则必须通过规划措施做出反应。在场地空间和物流人员能力方面，可能会出现短缺或瓶颈，这应该在早期规划阶段就给予考虑。实施提高物流能力的措施，例如，采购容器、扩展仓库储存能力。这样就可以根据可靠的计划数据，进行物流资源投资和需求估算，尽早在同步工程（Simultaneous Engineering，SE）规划过程中给予考虑（参见第4章）。

物流资源的描述和维护应由各自的专业部门负责，例如，器具数据由器具规划人员负责。这确保了对规划对象的统一性描述和最新状态性。物流流程和资源之间则是通过链接建立。比如，一个特殊器具的尺寸（长度、宽度、高度）由负责器具规划人员进行修改，这将直接影响已计划完成的物流链，及其所隐含相关的生产能力计划。如果在托盘式货架仓库中，已为该器具分配了一个存放位置，则这时应该自动地发出一条警告信息，存储量将发生变化。这就是说，允许进行自动化合理性检查，以避免在系列化生产启动后要重新投入人员和费用支出，更改原来的规划。

2.2.4 同步集成物流因素

通过整合所有规划对象，可描述出一个物流流程的基本规划要素。将物料系列与物流流程相结合，可获得更进一步、有关物流和信息流的信息。图2-6显示了一个经过调整的标准物流链，它最初是从现有数据库中选出的，而针对特殊的主零部件系列、空调设备、左侧驾驶转向盘，根据实际的规划条件，再次进行了修改。在这里，物流中的主零部件系列与产品设计零件明细表中的空调设备变异相连接，这样在规划阶段，物流规划员就可以立即观察到空调设备在设计中的变化。随后的物流资源分配就是通过所谓的推拉（Drag & Drop）操作实现的，在这当中，相应的物流资源是从企业信息技术系统的资源库中抽取，分配给相关的物流活动。比如，这里表明在货运车辆运输中要使用特定的料架、料箱。通过连接物流资源与物流过程中的各个物流活动，揭示了物流资源需求、形成、使用及发展。同时从上述三个角度考虑问题，就可以生成一个物流规划模型，其功能基本反映了真实的物流规划问题。

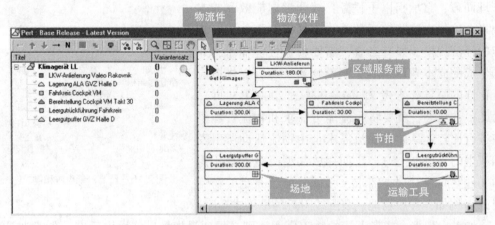

图2-6 实例：一个已规划物流链

现实情况与规划模型之间的结构相似性可实现较高的规划质量，同时减少计划工作量。虽然在产品开发过程中计划模型系列和车辆类型的数量近年来仍在稳步上升，但在物流规划中使用信息虚拟辅助技术，仍可大大简化并加速规划流程。

考虑到数字工厂的方案，对所有后续的规划项目（冲压车间、焊装车间、涂装车间、总装车间)而言,数字化物流是一个重要的整合核心。作为产品生产增值过程的一个环节,传统的物流工作任务在虚拟物流规划的框架内给予扩展,成为所有虚拟计划流程的链接点。

2.3 数字化物流的规划系统

2.3.1 物流建模循环过程

在更详细地讨论各个规划方法之前,首先应该提出物流系统建模的一般方法。此建模过程是通用性的并依赖于某个特定的模型(图2-7)。

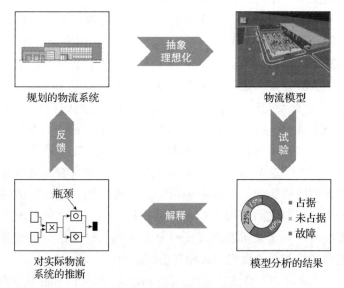

图2-7 物流建模循环过程

所有物流模型的目标都是对复杂物流系统进行抽象简化和映射描述,以获得可以转化、再现现实的信息。在新车计划生产中,数字化物流规划的起点都是物流和信息流。需要对这些复杂的、网络式的结构,通过建立合适的模型给予描述(参考 Klug 2000b 第 45 页)。

一般而言,所规划出的物流系统通过抽象和理想化得以简化。在抽象过程中,省略了某些真实性元素、关系和属性,而集中关注最基本系统的组件。然而,在理想化过程中,这些组件虽然在模型中给予描述,但是以相对简化的形式描述。例如,在模拟最终装配线时,并非描述了所有在车辆中要安装的零部件。这种抽象意味着,所建立的仿真模型是简练、明确,便于管理和易于控制的。同时,真实的零部件通过理想化给以简单描述,从中构成一个可通过软件工具处理的实体,并不需要在模型中更准确地描述对问题无重要关系的信息,比如零部件的详细几何尺寸。在这两种方法中,首先必须确定哪些组件要在模型中予以考虑、以哪种方式进行描述。原则上讲,这里适用于帕累托法则（Pareto Principle）。就是说，部分和少量的物流和信息流，已经可以明显地描述物流模型的功能。然而，具体的选择决定只能按各自情况而定，并始终以目标为导向。

在整个建模周期中，始终存在着问题发生的可能：可能会出现传输的错误，使结果偏离现实而导致错误的决定（参考 Klug 2000a 第 94 页）。为了防止这种情况，整个物流建模过程都伴随着证明和验证的过程（参考 Chung 2004 第 160 页）。验证是用于检查一个模型中的缺陷。形式上的验证检验模型的正确性，并且要显示出对所有允许的输入数据，物流模型是否提供正确的结果（参考 Wagenitz 2007 第 166 页）。因此，当所规划的物流行为没能正确地描述时，可以通过使用模拟模型，以动态图像形式演示出来，比如在光漆涂层工作站，由转运设备分配特定的车型。但是，一个经过验证的模型还不一定是有效的。因此，在验证中还要检查该物流模型是否再现了所描述的对象、相互关系和结构特征，这在实际中寻找解决方案时，起决定性作用。从本质上讲，验证工作检查和提出这样的问题：一个模型在多大程度上适合于相关的物流系统，模型试验是否能提供解决方案真正可用于解决规划问题（参考 Homburg 2000 第 39 页）。验证物流模型的一个重要先决条件，可以说是对后面预期的应用、准确的了解程度（参考 Wagenitz 2007 第 167 页）。通常，具体的验证是基于模型结果与实际数据之间的比较，但在产品开发过程中进行验证是特别困难的，因为在早期阶段，实际物流系统还不能用于比较的目的。这个问题的一个解决方案，是将当前规划与其先前系统进行比较，因为那些先前的性能数据是现存可用的。检验模型有效性的关键标准，就是希望在现实世界与人工模型之间结构上存在一定的相似性。在这种情况下，应该在模型中能重新找到那些对计划至关重要的现实对象和结构。这就是寻求在建模过程中，面向对象描述所有与决策相关的现实对象和其组织结构。

一旦生成了一个通过初步验证且有效的物流模型，就可以开始其实验阶段。在此阶段，将生成不同的备选规划方案，从中选择最佳方案。根据所使用的规划模型，它可能是分析式优化的，或者启发式次优化的解决方案（参见第 2.3.4 节）。实验完成后，在所确定的观察范围内，可以获得各种性能和成本数据信息。对各种不同计划所运行出的结果，必须进行数据技术处理，由物流规划人员给予解释说明。随后，将通过模型测验获得的认识见解转化到现实应用中。这是通过统计性评估和解释获得的结果，将用于面向使用目标，对相关规划参数进行修改。不论是对结果的解释，还是转换到真实的计划案例，总需要以面向目标的方式进行，并且要考虑模型的抽象简化。未经过滤和筛选的模型结果转换，不可避免地将导致错误性的决策和规划。由于规划问题的复杂性，建模过程需要重复几次，直到生成可以使用的状态。在产品开发过程中，高度动态特性要求模型参数不断调整、改变，通常，这需要有自动收集数据的功能。

在当前实践中，存在着许多规划模型的类型，使用哪种具体的物流规划系统，在很大程度上取决于所制订的目标和项目阶段。原则上，可参照以下观察角度和差异特征，区分出各种类型的物流模型（图 2-8）。

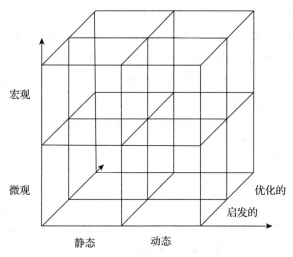

图 2-8 选择产品生成过程中的物流模型

1. 详细和抽象程度

应该以何等详细或者抽象程度对模型中的物流结构、流程和资源进行描述？这将影响层次式建模方法。其模型层次可以是从详细的微观模型，到较为详细的中间模型，再到一般性、高度抽象的宏观模型。

2. 考虑时间因素

应该在何种程度上深入考虑物流模型中各个要素、关系和属性的动态相互作用？这种考虑既可推导出没有时间因素的简单化静态模型也可推导出更复杂、具有时间参数的动态模拟模型。

3. 优化要求

对于所涉及的规划问题，是否存在一个相应的精确优化算法？或者，是否必须使用启发式规划模型，而且已达到近乎最优结果？因此，可以根据启发式和优化式来区分物流模型。

2.3.2 宏观与微观物流模型

目前为了实现规划结构化，有必要以分层方式构建模型。原则上遵守从粗略到细致的规划原则，这更适合于一个解决方案的系统化结构。类似于规划范畴原理，即随着规划范围的不断扩大，预测的准确性将会相应下降，这就需要在宏观、中观和微观层面上，各自使用不同级别的细分程度进行建模。分层物流模型的主要优势之一，就是建立物流粗略模型的可能性，然后在产品开发过程中进一步完善。这可创建一个有机模型，适应当前的规划状态，并反映和表达了此规划阶段最佳的物流水平。物流模型的范围和有效性随着规划过程的发展而扩大、增长。因此，宏观模型具有不断增长的数据基础，并且随着规划问题范围的不断扩大，逐渐转化为细致的微观模型。分层次式模型架构的另一个好处是，即使在同一模型中，细节水平也可能会有所不同。这导致了在模型中具有物流重要性的领域（比如材料供应）将给予详细地描述，而非关键性领域（比如清空场所），可在抽象的中观或者宏观层面上进行描述。同时，多层次式模型将一个复杂的整体规划问题进行分解，形成易于管理的子任务，以便分别观察和处理。

目前，在不同的物流规划层次上灵活使用同一个模型，仍然是一个愿景。通常的惯例是根据规划阶段和相应的细节程度使用不同的模型，而这在将来必须进一步整合发展。

2.3.2.1 宏观物流模型

在供应网络模型范围内，宏观物流模型描述了物流和信息流的关系。目标不是单独性的优化，例如仓库位置，而是描述整个物流网络，以研究其组织结构及其从中引导出的功能。宏观模型的细节程度很低，这样就可以在早期的规划过程中付诸实际使用。对规划问题的综合考虑，可以避免所生成的解决方案仅限于局部性和有限时间段的优化。要将有意义的措施网络化连接、系统地给予考虑，以实现长期性成功的可能性。在物流网络管理背景下，几个典型的问题是：

1) 供应商、生产厂区、仓库、经销商的最佳地点。
2) 对网络中的生产地点进行生产能力评估。
3) 分析供应网络内的调整策略（推－拉－混合式）。
4) 确定系统中的动态瓶颈。
5) 销售订单流程中各个生产厂的合作作用。

▶ **模型示例：规划客户订单流程**

这里的任务是分析销售订单流程（从订单到交货），从客户订单开始，直到车辆交付（参见第9.2节）。要做到这一点，必须采取跨越网络的措施进行过程优化。在客户订单处理过程中，对物流过程进行综合性建模，需要若干子模型的交互作用。对此，以下子模型可发挥一定作用：

1) 从订单到车辆交付整个期间客户的行为。
2) 汽车制造，从车身制造，到涂装，直至最后装配。
3) 有关订单、进度和产量发展的预测。
4) 从车辆交付分配结构，通过组装，直到交付给车辆经销商。

这就需要在上一层宏观模型中，将订单执行流程与实质性的生产和物流网络相互连接起来（参考 Motta 等 2008 第 24 页）。就此，一个仿真模型可以在宏观模型中实现订单执行流程的集成建模和仿真，即订单到交付物流模拟器（Order to Delivery Network Simulator，OTD-NET）。该物流模型由德国弗劳恩霍夫物流与后勤研究所与德国汽车工业界联合开发。OTD-NET 是专为复杂的物流网络而设计的，对物流内部的相互作用提供了必要的透明度，这使得规划和运营最佳物流成为可能。从车辆制造商的订单出发，可以检验在整个订单执行流程中，其物流模型在物流网络中的运行。

宏观模型始终如一地跟随车辆需求执行，首先在经销商处生成订单，经过规划过程，到汽车制造商和供应商的零部件生产，直到最终给客户分配交付成品车辆。物流模型的灵活性是通过所谓面向对象的元模型来实现的，可以扩展到各种特殊的对象，以描述不同层次的具体细节。在该模型中，使用的规划对象可以是客户、经销商、汽车制造商和供应商，对对象出现的数量无任何限制。各种不同的网络式结构建模可以借助于图形建模环境（Graphical Modelling Environment，GME）进行，它集成了OTD-NET元模型，以图形方式支持建模操作，同时可以实现对象参数化，以及可视化描述整个价值网络流。

该系统可以运行复杂的模拟过程，并不要求用户必须具备信息技术专业知识（参考Deiseroth等2008第44页）。除了检查整个客户订单流程外，OTD-NET还可以检查各个子物流网络，比如成品车辆的配送、在发动机生产过程中实施准时化理念的可能性、评估一个全球分布的供应商网络、切实针对发动机生产、考察其一级和二级供应商（参考Wagenitz 2007第186页）。

2.3.2.2 微观物流模型

微观物流模型相对宏观物流模型而言，详细地描述其中的一个组成元素或者一个子系统。为此，需要对所描述的对象有极其充分和详细的了解、额外的建模工作投入，而这正是在规划过程结束，后期实际使用模型时所真正需要的。使用微观物流模型进行详细规划的内容如下：

1）规划最佳交付和订购周期。
2）确定最佳库存参数，例如安全库存、目标库存、裕量库存。
3）确定经济批量。
4）规划预存储区域。
5）规划供应过程中的物料交付。

所获得的微观模型结果仍可以在更具有全局性的宏观模型框架内使用。这就允许在整体规划中多次使用局部规划生成的结果。在一个供应周期内，对物流进行观察，比如进行针对部分工段、整个装配线，甚至整个车间的运行过程模拟。

▶ *模型示例：规划物料快速转运*

物料快速转运包括物料提供和物料转运，主要涉及运输密集型但不常变化的模块和系统，可取消传统意义的仓库层次，尽可能地减少内部运输。这是一种消耗驱动式的直接交付（参见第8.3.3节）。在分析和规划汽车制造商的微观物流过程中，常会遇到以下问题（参考Klug 2000c第70页）：

1）物流系统会受到许多干扰因素的影响，例如货运车辆出故障、延误、缺货等。
2）物流系统规划需要同时考虑多个计划参数，例如最小/最大库存、交货要求和提前期、轮班时间表、安装速率等。

3）尽管变异数量很少，但外部供货的频率会有波动，因此，某些零部件的供应可能出现瓶颈，必须针对性地进行规划（参考 Bracht、Lüddecke 2013 第 169 页）。

物料快速转运系统库存的变化是一个重要的问题，在实践当中，可通过简单地汇总每日交货或消耗量来解答。而这里的问题，除了确定性系统的假设（例如消耗量没有波动），还有每天消耗量、平均值的离散性。虽然总交货数量和每日消耗量足以覆盖安全库存需求，然而连续检查轮班过程可能会出现完全不同的结果。例如，情况可能是这样的：如果物料的交付发生在夜班，那么早班的消耗高峰可能会超出最低库存水平。为了解决上述问题，可以使用基于仿真的规划模型，这能够同步并行和持续地监控物料的转运情况。在一个简单的微观模型的帮助下，可对物流系统规划过程中可能出现的大量问题给予满意的解答。尽管零部件变异数量有限（仅有六种变体），但对上述范例中动态和并行特性而言，需要使用一个同步规划模型。

2.3.3 静态与动态物流模型

2.3.3.1 静态式物流模型

静态物流模型具有这样的特征：它们不考虑物流流程在时间上的变化差异、物流要素在时间上的相互作用，因而它们相对简单和明朗（参考 Klug 2000a 第 100 页）。它们只能是近似性地描述物流过程，所以使用静态物流模型的问题就在于，事实上，影响物流的变量本身都具有高度动态变化性，使得所获得的规划结果已过时失效。这就提出了对具有永久性、动态式物流规划的要求（参考 Wiendahl 1996 第 26 页）。因此，这种定点式、静态型思维对动态变化环境而言，其信息价值方面受到很大限制。在静态模型视图中没有可能考虑随机性参数的影响，例如存储设备和系统的故障，或者在高负载下运输中断，这都涉及资源限度和供应安全性（参考 Bracht、Rooks 2008 第 441 页）。如果物流模型没有提供动态性保护措施，通常会出于计划过于谨慎的原因，捆绑大量额外的资源储备。

▶ **模型示例：物料交付流程的规划**

在产品开发过程的早期规划阶段，用于物流流程分析的静态型物流链描述了生产开始之前，物流规划的标准模型（参见第 4.4.2 节）。对于这种物流的描述，可以通过一个多级别的物流活动链再现（图 2-9）。这些活动对应于最基本的物流功能，诸如运输、配送和储存，针对特定情况，可组合成一个整体过程。多层次建模是可能的，可根据自上而下（Top-Down）的方法，首先创建粗略的物流流程，然后在产品开发过程中不断补充、细化，并在必要时，使其更具动态性。

图 2-9 实例：两级供应流程的静态物流链

2.3.3.2 动态式物流模型

动态模型考虑了物流模型内容和规模随时间的变化。与静态物流模型相比，其优势在于可提供更大的规划范围、相对更加精确的规划结果。但这与更准确的输入信息以及更多的建模工作投入息息相关。

在产品开发过程中，为了能够更好地估计后期出现的众多结果，现在越来越多地关注动态仿真模型的应用。通过这种仿真可以更好地分析研究物流系统复杂的动态行为。如果一个问题即使通过分析研究仍无法给出完整的解决方案，那么可以采用模拟的方法（参考 Kruse、Hoferichter 2005 第 29 页）。因此，模拟技术几乎已成为必不可少的规划工具，没有它，客观的分析结果几乎不可能。只有通过获取模型中动态效应的相关性，才能全面地描述真实情况。在此，模拟有助于找到最佳参数设置。仿真模型还可以呈现有关参数临界极限时的情形，在整个规划过程中可进行经济化分析，并根据如果－那么（If-Then）假设场景，对物流管理提供指导（参考 Behres、Wortmann 2003 第 63 页）。仿真模型的使用主要是自上而下（Top-Down）的形式。在这里，以不同的抽象程度，检验不同的被观察层面。以下示例，显示了对模拟模型五种完全不同的观察层次（Fecht 2005 第 85 页）：

1) 集团层次的战略性模拟，例如工厂网络和供应链。
2) 生产厂内部的方案模拟焊装车间、涂装车间和总装车间的互动。
3) 制造和物流组织结构的运营模拟。
4) 与几何信息相关的模拟，例如机器人单元中的碰撞检验。
5) 与过程相关的模拟，例如对车身外壳连接过程的检验。

▶ 模型示例：启动模拟

在汽车工业物流中，当一种新车型启动生产时，一个特别关键的过程就是从产品开发到产品生产的过渡。启动加速阶段可定义为，第一号成品车辆和达到计划的生产数量之间的时间间隔（图5-10）。这里的挑战在于快速启动以及相关的时间管理，在此同时，控制将不断增加的组织复杂性。如果无法实现启动目标，将推迟产品进入市场的时间，这就意味着市场份额和销售额的损失。因此，快速且稳定的启动批量生产是成功的关键因素。在生产开始后不久，应尽快达到计划生产曲线。在这个短暂的时间段，快速上升的启动曲线形象地表明这对物流提出了巨大的挑战。

借助动态型仿真模型可以测试各种不同的启动方案，然后从中选择出最佳方案。这可以确保在物料数量、交付可靠性和时间方面，对启动过程提供可靠的供应和支持。经常需要检查的一个重点是要研究影响参数的敏感性，以及对具体实施提出的要求。在这种情况下，所需要检验的参数可以是以下几个（参考 Coordes、Wortmann 2001 第 62 页）：

1) 车辆品种的变化（装配线上的型号组合）。
2) 产品特性的变化，例如配置的变化。

3）计划和实际零部件需求的变化。
4）工厂设备和人员能力的变化。
5）在不变的框架条件下，启动曲线上升。
6）交付性和可用性的变化。
7）完工率、时间、产能影响、物料可用性。

对启动过程而言，进一步的检验领域是规划中的某些假设、可能出现的瓶颈情况。逐渐增加的生产设备可使用性、提高零部件质量、缩短节拍时间、减少返工操作，这些都是一些动态参数的实例，在启动阶段，对它们之间的相互作用都要给予检查。

在建立物流模型时，不仅要考虑单纯的车辆流量，还要考虑信息流量和零部件流量。此外，要以跨越生产部门的方式建模，以能够进一步了解某个生产部门发生变化时对整个启动过程产生的影响。

2.3.4 启发式与优化物流模型

2.3.4.1 启发式物流模型

为减少建模和测验工作的投入，启发式物流模型将对可能的解决方案的数量进行约束限制，但不提供任何保证，即不排除在解决方案空间内，仍然可以找到最优的解决方案（参考 Zimmermann 2005 第 273 页）。对通用性应用而言，其优点是减少了规划工作的投入。对物流问题，启发式模型可以提供可靠的解决方案，同时缩短了计划时间。在实际使用时，需要更着重地考虑必要的限制。然而，启发式物流模型仅能提供近似解，其结果与最优方案的偏差尚不能简单地、确定性地进行验证（参考 Arnold、Furmans 2007 第 294 页）。

▶ **模型示例：备件仓库的规划**

这是一个启发式物流模型的范例，借助物流模拟重新规划备件配送中心。这里涉及检验和选择较为合适的布局设计、仓库的调整策略，以及备件订单流程（参考 Gutenschwager 2005 第 68 页）。这个应用示例涉及整个项目计划过程，从选择性初步规划开始，经过详细规划到具体实施，对整个过程进行了全局性地模拟研究。所使用的仿真模型被分解为多个子模型，分别为输送技术、仓库系统、包装区域和收货部门。每个子模型都是相继逐步地开发出来，并且均可单独运行，但是，它们也可以通过人机对话界面，经过简单的参数化在模拟实验中进行组合。

首先针对传输技术模块，主要是检查哪一种地面式传输技术类型，例如链式输送机、地面运输系统、电动托盘输送机，在给定的框架条件下，可以作为最佳选择。通过不同的控制技术措施，可以提高物料运输性能。在第二个模拟阶段，对物流战略，特别是存储和拣选以及包装和拣选区域之间的相互作用，将进行模拟检验，这些物流区域是通过输送装置连接起来的。对仓库规模和管理策略，仿真还可以提供规划决策支持。原则上可以证明，采用分析型优化模型，无法求解非常复杂的物流模型，通常，还需要设定低优化级别、启发式替代方案进行物流过程模拟。

2.3.4.2 优化物流模型

在优化物流模型时，将使用数学分析方法支持解决方案生成。它可以在给定的规划前提下，生成一个清晰且最佳的解决方案，前提是这样一个方案确实存在。而缺点是，这通常仅适合于非常有限的应用场合，用以解决决策问题，这一点是必须满足的，且只能使用分析型算法。

> **模型示例：规划装配线上的物料安放**

规划装配线上的物料安放具体的任务，是以最佳的物料流动关系，根据供应节拍，寻找物料器具在厂房空间内的配给方案，在理想情况下，兼顾最低的费用支出（参考Arnold、Furmans 2007 第 289 页）。在物料供应计划期间，零部件和其器具数据必须与工作计划和车辆程序相联系。其主要的目标是减少操作员工亲自干预的时间，同时掌握变化的动态特性、复杂性和灵活性。在车辆重新规划中，节拍发生了变化，从物流的角度也要对零件供应进行不断的调整。借助优化算法，可进行器具输送路径优化计算（图 2-10）。优化算法的目标函数可以是距离最小化，即从物料提供的发运点到装配线上使用位置之间的距离最短。对所提供的料箱，考虑其尺寸和转运重量，在算法中作为加权参数。此外，还必须考虑具体场地空间方面的限制，比如运输和供应路径、货架的平面布置、厂房建筑所限制的高度、

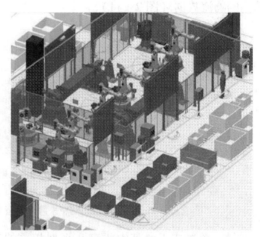

图 2-10 在数字化规划中的路径优化式物料供应（来源：西门子）

传送带走势和各种供应管线。采用布局规划的分析方法，可以生成最佳解决方案，比如所谓的分支定界（Branch & Bound）法、切平面法、松弛法（参考 Arnold、Furmans 2007 第 293 页）。

2.4 物流数据管理方案

在数字化物流模型建模时，通常与一个物流数据管理项目相结合。为能实现标准化的数据收集、整理和准备，需要智能型的数据管理方法。与此同时，还应该能找出数据管理方面存在的缺陷，并提供相应的解决方案。在产品开发过程中，物流数据管理的目标是创建无冗余的数据库，作为所有物流规划任务的集成规划环境。为此还需要开放式

的数据接口，以便能够集成现有和新型的物流技术系统。在物流数据管理系统中，数据集成并不能保证准确地在所需要的时间使员工获得必要的数据。因此，除了数据管理外，还必须确保对流程进行规划、监督和控制。相互协调的计划流程构成了基础，而且通过相应的工作流程技术系统提供支持。它们可以确保在正确的时间，以具体的细节、正确的相关数据，提供物流数据。在理想情况下，物流规划工作人员会自动接收所需要的信息。因此，物流数据的变化不仅记录在案，而且还能及时传输和共享。

2.4.1 物流数据仓库

数字化工厂的核心是拥有一个覆盖所有应用领域的共用数据库（参考 Kühn 2006 第1页）。在产品开发工作进行的同时，出于数据交换目的，必须定义和提供所有与规划相关的数据信息。这需要在项目的规划部门之间进行大量沟通协调工作。在物流规划的背景下，借助计算机辅助系统，实施开发和规划步骤的先决条件就是确定、准备和提供跨越部门的物流数据（图2-11）。

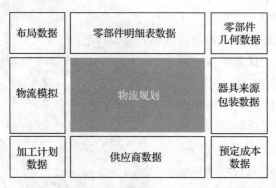

图2-11 物流规划的信息来源（参考 Schneider 2008 第200页）

如果一个集成平台其中所有与规划相关的物流数据都可实现交互式数据交换，那么它其实就是一个物流数据仓库。建立一个物流数据仓库，实质上就是要创建一个体现当前、始终一致和反映现实的数据库，在产品开发过程中，可以承担不同规划层次和级别的物流规划任务（参考 Kruse u. Hoferichter 2005 第28页）。在传统意义上，实际的物流规划是使用多个分散型的规划系统。它们的组织结构通常多以复杂的技术和数据接口为特征。采用数据化仓库的方法，其目标是集合所有与物流相关的规划数据，建立统一的数据信息库。这就可以降低数据冗余以及数据不一致的风险（参考 Kühn 2006 第16页）。对物流规划来讲，这不仅意味着更短的信息收集时间，而且提高了数据质量，同时减轻数据管理的负担和费用。

就其系统框架而言，物流数据仓库包含一个数据中心，即中央数据仓库，作为整个系统的中心枢纽（所谓的集合器，如图2-12所示）。数据最初从所运行的前端系统输入。这些数据包括动态变量，例如每天对每个零部件的需求量，以及与物流过程结构相关的信息（参考 Kruse、Hoferichter 2005 第29页）。实践中常见的问题，是来自物流前端系统的数据质量较差，以及所使用的各种不同的信息技术系统造成的所谓异质性，而这些系统所包含的数据结构也不同。数据集成的另一个问题，是某些物流规划数据的原始系统缺乏透明度，而将各个信息技术系统进行联网之后，造成数据生成源的具体位置通常是难以理解和确定的。因此，相同的物流数据经常多次存储，且根据其相关的评估系统以不同的数据格式存储，这使得数据的可比较性和集成性变得较差。此外，由于尚未将所有的数据以电子方式存档记录，所以可能还缺少某些重要的规划数据。每个成功的数据集成项目，之前都必须通过数据收集、数据格式转换匹配、数据质量增强程序进行必要的预处理。

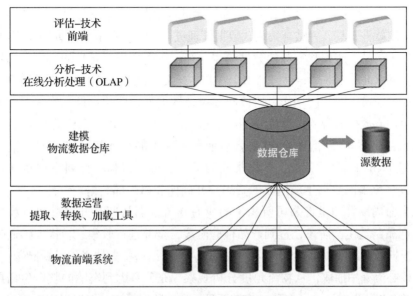

图2-12 辐射型物流数据仓库框架

在集成物流规划数据之后，这些无冗余的数据存储到中央数据库。这样做的优点，是可在无冗余意义上统一数据模型规范、提高数据的一致性和扩展性。这种数据框架的意义在于相对其他数据源系统更具灵活性。由于数据仓库以关系数据库方式实现，这种大型关系数据库的查询操作较费时，某些计划数据将根据评估需求和用户要求，分别存储在单独的数据体（所谓的数据集市）中，这些数据体是相关的，但同时又是多维的。这样可以生成规模虽小，但透明的数据集合，便于更快地进行存取和分析。借助在线分析处理技术，可以以任何形式生成详细的数据查询，在几秒内，建立用户与数据库彼此之间的联系（类别形成）。对某些与物流相关的参数（例如库存、存储地点、器具类型）预先给予组合性查询定义就可提供充实的计划数据，是完全有可能的。数据查询通过预定义的标准报告（例如器具当前使用投入情况）进行，它们是面向产品开发流程内的物流控制（参见第4.7.4节）。通过合适的信息技术前端工具，能够可视化查询结果和给予评估。

通过上述描述，对于一个物流数据仓库，可生成辐射型（Hub&Spoke）框架层次，它具有：

1) 物流相关的前端规划系统。
2) 数据运行管理，例如提取、转换、加载工具，以及中央物流数据仓库。
3) 物流数据集市。
4) 分析工具和客户终端。

2.4.2 物流生命周期管理

成功地实现构造一个数字化物流规划项目，还需要一个共同的传输数据渠道（数据骨干线），以便在整个数字工厂内部可一致性地进行数据访问。数字化工厂依靠功能强大的分散式应用软件工具，并结合集成式数据管理进行运作。在集成式数据库解决方案中，数据库构成了产品、流程和资源的数据模型，并允许用户根据各自的需要定义数据的观察视图（参考 Kühn 2006 第 54 页）。由于在产品开发过程中，整体规划过程通常来自多个规划部门的不同员工的共同工作，所以必须保证数据的透明化存储，确定对数据的访问权限。虚拟物流数据平台的一致性并不以新车生产开始（SOP）而宣告结束。相反，已经收集的数据，还必须用于生产或者售后业务，这可能远远超出该车型的生产结束时间（参见第 11.1.1 节）。因此，数据集成的下一步就是将物流计划数据转移到产品生产阶段，以避免多次数据生成造成的费用，并确保公司内部数据一致性。

物流生命周期管理是将公司所积累的所有物流数据从产品开发过程、数据生成开始，经过产品制造生产阶段，直到产品检验阶段，全部进行收集、转换，再通过数据管理系统，根据各自需要提供给所有的潜在用户。为此，这些数据必须是跨越部门和地域，从各自的核心流程中抽取，从物流角度分析观察，充分考虑到车辆的整个生命周期来进行收集、集成和处理。这只有通过连贯而且一致的数据渠道才能得以实现，构成一个数字化工厂的信息技术支柱（参考 Schöttner1999，第 57 页）。类似于人类的神经网络，要将所有的技术和经营数据都汇集到这个数据主干中。可以逐渐理解集成的概念，在实施阶段进行落实。从车辆概念设计阶段开始，到车辆生产启动，始终进行后续的下一个集成步骤，针对所有的车型、所有的相关行业和生产厂，直至存储整个产品开发阶段的数据。那些能够适合和满足这些要求的信息技术也要基于特定要求重新进行开发。而传统的企业资源规划系统的重点在产品制造阶段，的确不适合承担这项任务。

参 考 文 献

Arnold, D./Furmans, K. (2007): Materialfluss in Logistiksystemen, 5. Auflage, Springer, Berlin, 2007

Behres, M./Wortmann, D. (2003): Simulation von Logistikprozessen in der Automobilindustrie, in: Logistik für Unternehmen 9/2003, S. 62 – 63

Bracht, U./ Lüddecke, M. (2013): Entscheidungsunterstützung im Logistikmanagement, in: Werkstattstechnik online 3/2013, S. 169 – 176

Bracht, U./Rooks, T. (2008): Virtuelle Logistikplanung für die Montage im Rahmen der Digitalen Fabrik, in: Advances in Simulation for Production and LogisticsApplications, Hrsg. von: Rabe, M. , Fraunhofer IRB, Stuttgart, 2008, S. 439 – 447

Chung, C. (2004): Simulation Modeling Handbook, CRC Press, 2004

Coordes, M. /Spieckermann, S. (2001): Die Ablaufsimulation der virtuellen Prozesskette am Beispiel des neuen Audi A4, in: Flexibel und kostengünstig-4. Düsseldorfer Produktionstage, VDI-Bericht 1597, VDI, Düsseldorf, 2001, S. 79 – 95

Coordes, M. /Wortmann, D. (2001): Testlauf in der virtuellen Fabrik, Automobil-Produktion 2/2001, S. 60 – 64

Deiseroth, J. /Weibels, D. /Toth, M. /Wagenitz, A. (2008): Simulationsbasiertes Assistenzsystem für die Disposition von globalen Lieferketten, in: Advances in Simulation forProduction and LogisticsApplications, Hrsg. von: Rabe, M. , Fraunhofer IRB, Stuttgart, 2008, S. 41 – 50

Fecht, N. (2005): Erst Simulation, dann Investition, in: Automobil-Produktion 12/2005, S. 84 – 85

Gutenschwager, K. (2005): Simulationsgestützte Planung komplexer Materialfluss-und Lagerprozesse, in: Logistik für Unternehmen 10/2005, S. 68 – 70

Homburg, C. (2000): Quantitative Betriebswirtschaftslehre-Entscheidungsunterstützung durch Modelle, 3. Auflage, Gabler, Wiesbaden, 2000

Klug, F. (2000a): Konzepte zur Fertigungssegmentplanung unter der besonderen Berücksichtigung von Kostenaspekten, Herbert Utz, München, 2000

Klug, F. (2000b): Simulationsgestütztes Supply Chain Management in der Automobilindustrie, in: Supply Chain Management und e-Industrial Business-13. Jahrestagung Produktionslogistik, VDI Bericht 1576, VDI, Düsseldorf, 2000, S. 42 – 50

Klug, F. (2000c): Logistische Planung eines Materialschnellumschlags in der Automobilindustrie, in: Simulationstechnik – 14. Symposium in Hamburg, Hrsg. von: Kampe, G. /Möller, D. , 2000, S. 69 – 74

Klug, F. /Bacher, M. /Gmeiner, H. (2001): Durchdachte Liefertreue, in: Automobil-Produktion 10/2001, S. 44 – 45

Klug, F. /Gmeiner, H. (2003): Virtuelle Logistik hält Einzug in der Automobilindustrie, in: Logistik für Unternehmen 3/2003, S. 74 – 75

Kruse, O. /Hoferichter, A. (2005): Strategische Planung für das After-Sales Logistiknetzwerk der Daimler-Chrysler AG, in: Supply Chain Management 2/2005, S. 27 – 34

Kühn, W. (2006): Digitale Fabrik-Fabriksimulation für Produktionsplaner, Hanser, München, 2006

Motta, M. /Wagenitz, A. /Hellingrath, B. /Weller, R. (2008): Gestaltung logistischer Netzwerke-ein Praxisbericht, in: Advances in Simulation forProduction and LogisticsApplications, Hrsg. von: Rabe, M. , Fraunhofer IRB, Stuttgart, 2008, S. 21 – 30

Müller, E. /Wirth, S. (2005): Digitale Fabrikmodelle, in: Jahrbuch Logistik 2005, Hrsg. von: Wolf-Kluthausen, H. , Free Beratung, Korschenbroich, 2005, S. 32 – 35

Schneider, M. (2008): Logistikplanung in der Automobilindustrie-Konzeption eines Instruments zur Unterstützung der taktischen Logistikplanung vor Start-of-Production im Rahmen der Digitalen Fabrik, Gabler, Wiesbaden, 2008

Schöttner, J. (1999): Produktdatenmanagement in der Fertigungsindustrie. Prinzip-Konzepte-Strategien, Hanser, München, 1999

Wagenitz, A. (2007): Modellierungsmethode zur Auftragsabwicklung in der Automobilindustrie, Dissertation, Fachbereich Maschinenbau, Universität Dortmund, Düsseldorf, 2007

Wiendahl, H. -P. /Menzel, W. /Möller, J. (1996): Wandel in der Fabrikplanung, in: Zeitschrift für wirtschaftliche Fertigung 1 – 2/1996, S. 26 – 29

Zäpfel, G. /Piekarz, B. (2000): Prozesswirtschaftlichkeit: Controlling logistischer Prozesse durch prozessorientierte Leistungsrechnung, TCW, München, 2000

Zimmermann, H. -J. (2005): Operations Research-Methoden und Modelle, Vieweg, Wiesbaden, 2005

第3章
物流特定的复杂性管理

3.1 复杂性管理基础知识

"只要颜色是黑色的,每个顾客都可以买到他们所希望颜色的汽车。"亨利·福特在20世纪初的这一名言,描绘了早期相对简单的汽车世界。而今天的竞争需要创新型、个性化和愈发复杂的车辆,以更高的质量、更迅速地、更低的总成本进入市场。个性化、国际化和新技术正在推动汽车行业产品的多样化。这就必须提供越来越细分的车辆:在汽车制造商的战略规划中,独特性和细分车辆获得了新的地位。愈发宽广和愈发具有深度的车辆品种,附加对电子产品的需求,安全性和舒适性促使汽车产品更具复杂性和多样性。这不仅涉及车辆制造商所提供的车型和衍生产品,而且还关系到所有系列化产品和特种设备。因此,必须规划、实施和调控越来越多的颜色;针对不同国家和地区采用不同技术成分的零部件。这不仅增加了车辆开发的费用,而且也增加了车辆生产和维护的费用。因此,复杂的过程具有高度出错的风险,复杂性将会导致车辆成本的增加。

术语"复杂性"(拉丁语 complexus:连接,交织,联网)描述了这样一个事实:一个系统可以呈现出各种各样的状态,可以是元素本身的层次,也可以是它们相互交织的层次,或者是动态变化的(参考 Kirchhof 2003,第12页)。如今,每辆车都具有大约3000~6000种不同的零部件。如果考虑每个零部件都可能有不同的变型,则每辆车需要大约15000~20000个零部件,且都必须加以管理。目前,车辆技术本身复杂性不断增加,并且附加大量的产品系列,加之各种各样的变型,都不可避免地导致了产品复杂性的增加。描述车辆复杂程度的重要参数可以是制造深度、车辆零部件的模块化、供应商多元化、生产基地数量、计划战略及交付方案。

不断增加的车辆复杂性将不可避免地增加工厂车间内部,以及厂区之间物流系统的复杂性。如今,汽车工业物流网络的特点是品牌不同、种类繁多、动态变化。由于上述原因,不再可能将所有的影响元素有意义地组合在一起,并同时考虑它们之间的相互依赖性。因此物流网络存在着许多不确定性和不可预测性。这要求企业采取各种相应的对策，需要创建各种结构，识别复杂性的原因，以对此进行管理。物流管理的主要任务首先就是克服复杂性（参考 Malik 2006 第 184 页）。物流中的复杂性管理，是指企业要对物流服务多样性进行规划设计、调整和扩展。通过减少复杂性，寻求能够控制这一物流阶段的能力，在实现制造商本身高盈利的同时，对保证客户利益做出最大贡献（参考 Schuh 2005 第 36 页）。

物流领域的复杂性管理可以通过以下活动来描述（参考 Schuh 2005 第 35 页）。

1）避免复杂性：通过预期管理，避免物流复杂性。
2）降低复杂程度：通过响应措施，降低物流复杂程度。
3）把握复杂性：掌握所必须、一定程度上的物流复杂性。

3.2 造成汽车工业物流复杂性的因素

3.2.1 市场和客户要求增加

汽车市场竞争愈发激烈，制造商被迫扩大其车型数量，对传统车型进行改造，补充新颖的车辆方案（比如交叉类型）。各种不同的车型以及附加的细分、扩展配置范围，加之交通法规不断提出的各种要求，都导致了车辆复杂性的增加（参考 Gutzmer、Dworzak 2000 第 42 页）。

除了汽车厂商之间的竞争压力，如今汽车消费者变得要求更高、观念更开放也给汽车厂商带来了压力（参考 Neff 等 2001 第 42 页）。客户消费理念发生了变化，已从被动接受走向个性化和以享乐为主，在个人喜好方面，能够接受妥协并容忍的程度已经下降。而且，客户对特定品牌的忠诚度也在持续下降。与此同时，消费者变得更加在乎价格。客户需要更广泛的标准配置，而无须支付更多费用。个人的移动行为也发生了变化，不再需要拥有车辆，而只希望拥有车辆的移动性，比如汽车共享（参考 Göpfert 等 2017 第 12 页）。

今天，市场和客户提出了更多个性化的要求，使产品细分更加深入，制造商要根据这些客户要求和使用去向，对车辆规划进行调整。销售市场是为客户提供服务，满足其个性化要求。客户需求的个性化不可避免地导致产品变异的增加。这就要求有面向客户并具有针对性的解决方法，来满足额外的客户要求，这也有助于新细分市场的运营，以开辟更多客户群体，从而增加公司的销售额（参考 Franke 等 2002 第 1 页）。物流可以通过其服务功能为提升客户的满意度做出决定性贡献。高的产品可交付性、缩短交货时间、高度遵守交付期限，这些都是对物流产生影响的重要因素（参见 Göpfert 等 2017 第 12 页）。

3.2.2 国际化

近年来,在物流变革过程中,汽车工业国际化被认为是其主要的驱动因素之一。国际化意味着企业的发展政策在系统意义上讲,扩张到全球市场,随之而来的是物流管理的国际化。将区域性的增值流程扩展到国际范围,这蕴含了大量的增值机会,这些机会主要来自生产成本的差异,例如劳动力成本更低、设备使用时间更长及纳税负担更低(在低成本的国家采购)。此外,这些标准在诸如全球规划生产的大规模经济优势、多元化的优越性、多样化效益、规避贸易壁垒,以及占据未来市场方面也起着一定的作用(参考 Bender 1985 第 22 页)。

然而,虽然降低了零部件价格,但物流成本却在上升。地域上远离交付地点,不可避免地导致运费上涨、物料计划和控制方面的额外费用,以及对流通中料箱等器具需求的增加。此外,还要经过多个阶段的国际物流链,这意味着交付过程的不确定性增加,这就必须通过增加工厂库存来给予保证。高度分散的生产场地也增加了风险,使个别的增值合作伙伴将受到区域性、物料中断供应的影响。因此,高效的应急方案对物流过程的风险评估变得越来越重要(参考 Göpfert 等 2017 第 11 页)。为了防止错误决策,进行优劣势评估时,必须考虑国外供应商对物流决策造成的成本费用。可以利用总拥有成本(Total Cost of Ownership)概念,尝试全面地评估复杂性成本(参考 Ellram, Perrott Siferd 1993, 第 164 页)。所有与决策相关的成本费用,从预备阶段(供应商寻找和选择成本),到采购阶段(价格、运费和其他额外费用),以及后期的售后阶段(供应商管理、返工、退货),都要给予考虑(参考 Jahns 2003 第 32 页)。

3.2.3 制造和开发深度减小

由于车辆本身的复杂性增加,同时客户要求也增加,更经济地创造和获得车辆的总增值,只能是通过与供应商合作的行业网络。集中关注自身的核心竞争力,将部分开发和生产业务交给供应商,供应商更专业化地针对单一产品和技术领域,并拥有相应的流程和产品技术。在过去的几十年里,德国汽车工业不断减小汽车制造商本身的生产深度,现在在已达到低于 25% 的水平(图 3-1)。可以将生产深度理解为,企业自己贡献的增值与车辆总增值的百分比。然而,近年来制造商的生产深度有所稳定,可以推测,长期将稳定在 20%~25%。在某种程度上,汽车制造商减小了自身的生产深度,他们将价值创造转移给供应商。在减少生产深度的同时,研究开发工作也越来越多地分包给供应商和开发服务商。今天,德国汽车工业已同外部合作伙伴共同协作,除大部分增值分配以外,已经有超过 50% 的共同开发工作(参考 Mößmer 等 2007 第 7 页)。这种外包创造了扩大产品范围的基础,却不需要增加相应的内部资源(参考 Richter 2005 第 6 页)。

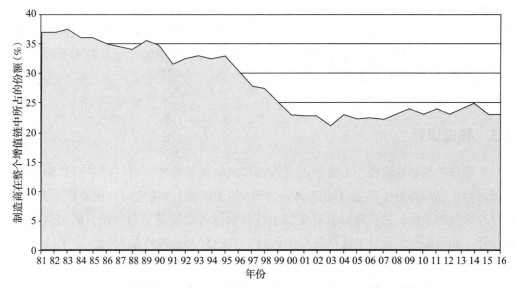

图3-1 德国汽车制造商制造深度的发展状况（来源：德国汽车工业协会）

由于自身生产和开发深度的减小，在产品生成过程中，外部供应商管理应运而生。因此，企业外部物流变得越来越重要，并对公司的经济效益起着重大作用。当今车辆开发和制造，是在行业的联合体网络中完成的，因此，必须在全球范围内规划、调节和监控合作伙伴之间的物流和信息流。

3.2.4 创新与技术压力

现在，新型技术的发展能够给车辆提供各种附加功能，例如防抱死制动系统（ABS）、电子稳定控制系统（ESP）、自适应巡航控制（ACC）等。此外，对汽车质量和可靠性的要求，以及法规也日趋严格。由于客户期望值提高、在现有产品中应用改革和新技术，都对汽车工业形成了巨大的成本压力。因此，挖掘和利用新的潜力和协同效应显得更加重要。在供应商和车辆制造商之间，必须重新分配各自的业务能力，因此必须重组增值过程和物流框架（参考 Radtke 等 2004 第 131 页）。

技术需求的快速增长，迫使汽车制造商更多地将一些开发和生产系统和模块业务，转交或割让给零部件供应商。进而供应商可以通过专注单一的系统和模块获得专业化优势，以更多的投入加速学习的速度。与此同时，汽车制造商相应的任务在于防止个别供应商占据技术主导地位，以防止他们对市场形成垄断，从而减轻自身的成本压力（参考 Radtke 等 2004 第 132 页）。

汽车制造商虽然获得了技术上颇具吸引力的产品，却没有考虑市场需求，这也提高了物流的复杂性。在物流复杂性问题上，缺乏对其形成原因和可能影响的透明度分析，将导致物流复杂性不受控制地增加（参考 Schuh 2005 第 112 页）。在这种背景下，缺乏对其他生产部门的了解，也起着重要作用。例如，对涂装开发人员而言，如果不能明确地描述不同的颜色，则随着在物流中每增加一种新颜色，自身工作的复杂性将随之显著增加。今天，为了能够简化管理物流流程，完全有必要并更有效地对产品复杂性以及由其所引起的流程复杂性进行管理。基于此，近年来已经开发了不同的解决方案，下面将对其进行详细描述。

3.3 物流设计

在新车产品开发阶段，主要性能（例如车辆结构和布置方案）以及后续的生产和物流过程，都需要给予确定（参考 Bopp 1997 第 195 页）。优化设计的要求非常广泛，而且经常互相矛盾，这使得对所有限制条件都加以考虑变得十分复杂，例如兼顾成本的设计、面向制造的设计、面向装配的设计、兼顾再制造回收的设计。除了传统意义上对生产、成本和质量的限制外，由于汽车制造商希望减少生产深度，所以物流成了一个崭新的战略领域，这具体体现在面向物流的设计方案。即使在产品开发的早期阶段，也要根据车辆结构考虑后续的物流流程做出某些初步决定（参考 Baumgarten、Risse 2001 第 156 页）。面向物流的设计，意味着在产品设计中同时考虑物流方面的因素，在既定设计中，遵守车辆项目的方案和规范，尽可能地利用可能存在的物流自由空间。研发与物流规划之间的关系通常是多层次的。除了在设计阶段直接考虑物流因素外，还要为后续的物流过程规划确定框架条件（参考 Becker、Rosemann 1993 第 5 页）。面向物流的产品设计，体现了物流对产品早期开发过程的积极影响，在零部件开发过程中就兼顾考虑物流方面的要求，这样可以保证生产过程中更有效地进行物流活动运行，而不会受到客户所需要的产品属性的限制。车辆开发和生产合作，就必须对零部件的物流优化潜力进行评估。实施面向物流的设计概念时，所关注的焦点是最大限度地减少库存和运输成本，同时考虑客户所需要的服务水平。以下三点可认为是面向物流设计的主要目标（参考 Simchi-Levi 等 2004 第 164 页）：

1) 经济性包装和运输优化。
2) 处理和物流流程的并行化。
3) 标准化。

原则上已经表明，对于每种车型必须考察其产品数量、变异种类、完全散件组装（CKD）或者半散件组装（SKD）的要求，最大限度地减少因设计缺陷所导致的供应网络费用增加（参考 Simchi-Levi 等 2004 第 176 页）。

1. 经济性包装和运输优化

通过增加每个器具的填充度，可以降低器具数量，货物转运和存储成本。将包装设计作为产品开发过程的一部分，产品设计和器具规划过程必须密切协调。计算机辅助设计（CAD）生成的零部件定义了其几何数据规范，同时还必须设置一个标准接口，在开发人员、零件供应商和物流计划之间进行数据交换（参见第 6.1.5 节）。物流参数、标准器具的几何尺寸、对特殊器具的性能参数建议，必须在产品开发的早期阶段就提供给开发和设计人员，以避免后期投入增加。

由于物流成本的增加（全球采购、能源成本上升等），零部件结构上的设计修改对降低物流成本变得越来越重要。例如，对钣金件，可通过将组件拆分成若干个零件，这样就可以增加器具的包装密度，并且减少器具的转运。对采购而言，其分解程度可作为物流中重要的控制参数。一般来讲，如果分解程度较高，则可实现较高的包装密度，进而节省物流成本。同时，必须尽可能消除其他设计规划领域（例如制造）所发生的成本费用。

2. 处理和物流流程的并行化

在汽车制造厂中，过程周期是可影响其他物流数据的一个重要因素，例如转运率和交付服务（参考 Pfohl 2004 第 221 页）。作为物流管理的一个重要目标，制造商的车辆订单过程周期，或者所有物流和信息流的过程周期，都是制造一辆车所必需的，应该在价值创造和物流网络中尽可能地缩短。减少过程周期的一种方法，是对车辆部件和模块进行并行处理，这需要在规划阶段就对物流流程进行调整，必须在零部件设计的早期阶段就同时考虑这一点。除了设计标准以外，还要确定后续的处理步骤和序列，还要为整车定义物流优化的接口。这里涉及将整车分解为模块和系统，使后期采购和生产过程以并行方式进行成为可能。连续性的生产顺序，即各个步骤连续发生，应尽可能平行进行。并行化可以大大减少车辆的总过程周期，还可以减少库存，并提高对客户变更要求的快速响应能力。

物流过程本身也是并行化工作的重点。通过重叠单个组件的运输、转运和储存过程，对物流后续步骤的同步控制，可以降低整个物流过程周期。

3. 标准化

在物流成本节约方面，最大的经济杠杆之一在于标准化。标准化是指对产品开发自由度的某些限制，这可以降低规划、生产、采购和物流的复杂性（参考 Neff 等 2001，第 376 页）。标准化的车辆零部件将是物流标准化流程的先决条件。零部件的标准化可以充分发挥大规模生产的优势。这种经济优势以同样的物流流程，可以以更高的吞吐量、更高的重复频率得以展示。这就减少了每项物流活动所需的时间和投资，同时，随着错误频率的降低，流程能力提高了。此外，非品牌零部件的标准化，可以减少重新采购的时间和成本。供应商的灵活性增加了，因为来自多个客户的订单，可以在生产过程中进行组合，减少了设备更换启动时间（参考 Baumgärtel 等 2006 第 9 页）。

3.4 变异管理

3.4.1 变异的形成

客户独特的要求、市场竞争、国家制定的条列和法律法规，都导致汽车产品范围不断扩大，还会出现完全崭新的产品和产品变型。如今，越来越多的细分市场也必须小批量生产，只有这样才能在汽车寡头垄断、掠夺性竞争中艰难地赢得市场份额。从简单的车辆规划开始，最初只有一个标准模型（实体模型）和一些基本类型，但变异多样性将急剧增加（参考 Schuh 等 2003 第 34 页）。因此，所有的汽车制造商都在扩大其低端和高端销售计划，同时增加变异产品和配置种类。这意味着一个更加广泛且深入的销售计划，车辆之间的差异将加大。一辆车的变异由车身和颜色变化的数量、技术或零部件的更换产生。首先，复杂性的驱动因素主要是那些零部件，它们本身包含许多特征值，例如设计、颜色、材料。另一个挑战是技术本身被驱动所形成的变换和多样性，这主要来源于更快速的开发进度、更短暂的产品生命周期。

因此，标准变异或具有相同变异配置的车辆越来越少。例如，宝马公司有约 350 种车型，包括宝马（BMW）、迷你（Mini）和劳斯莱斯（Rolls Royce）三个品牌，最多可有 500 个可选特殊配置，每种车型可生成 1031 种变异（参考 Mößrner 等 2007 第 4 页）。这种趋势普及整个行业。例如，欧洲制造商的理论变异数量一直处于非常高的水平，如奥迪 A3 是 1026，大众高尔夫（Golf）是 1023，欧宝雅特（Astra）是 1011，福特福克斯（Focus）是 1016。但是，必须区别理论上可行和客户实际需要，而且技术上合理的变异，或者技术上有意义的变异组合。尽管变异数量有所减少，但仍然存在大量无法详细掌握的变异，构成了汽车物流流程的框架。相比之下，日本丰田公司作为批量制造商，大力推动少变异量战略，例如，供给欧洲市场的卡罗拉（Corolla），只有 1000 种变异（参考 Götz 2007 第 19 页）。

汽车工业变异开发的其他例子有（参考 Schlott 2005 第 38 页）：

1) 在梅赛德斯拉施塔特（Rastatt）工厂，生产的 110 万辆 A 系列中 2 种车型完全相同。
2) 福特在科隆组装 49 种仪表板开关、14 种喇叭、308 种外视镜、92 种消声器和 13 种油箱盖。
3) 在宝马 X3 系列中，可安装 90000 种顶棚变异、3000 种车门变异和 324 个后桥变异。
4) 图 3-2 所示为奥迪 A6 车型改变引起的零部件变异剧增。

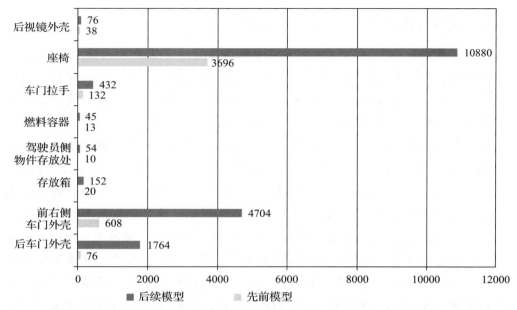

图3-2 实例：奥迪A6车型改变引起的零部件变异剧增（参考Schlott 2005 第38页）

汽车行业经验表明，5%的可盈利性变异可占到一个车型销量额的75%，约占整个利润的80%。而其余的变异则明显地增加了整个价值链的复杂性，但所能贡献的利润额并不大；反之，造成的亏损额也不大（参考Proff等2016第2页）。过多的零部件变异不可避免地导致这种结果，即包装运输、转运和储存所需的物流能力急剧增加。零部件、半成品和成品车辆的增加都会导致对储存场地空间需求的增加，进而增加仓储成本（参考Geißler 2005 第62页）。此外，每个零部件的交付量降低，造成交付频率提高，导致采购物流成本上升。同时，零部件的多样化还导致其运输器具的多样化。通过调整物流链，使之与器具尺寸相匹配（例如入境货运器具、储存场地、集结区），这不可避免地意味着要增加器具规划和使用成本。此外，零部件的多样化导致规划、控制和监督成本增加。这样整个流程会变得更加不稳定，而且加大了物料短缺、错误交付的风险，物流中断的可能性也会急剧增加。据统计，总流程成本中约20%是由零部件变异引起的。因此，产品变异是导致物流费用增加的重要因素之一（参考Schlott 2005 第40页）。原则上，可以通过增加零部件变异的数量来增加销售额，但与此同时，信息、协调和物流成本也在增加。在这种情况下，可以说是一种反向经验曲线效应，即变异数量加倍将导致单位成本增加约20%~30%（参考Wildemann 1997 第367页）。可见，零部件变异的数量与成本增加因素——复杂性，是同义词。从产品设计和物流角度，不仅要避免和减少零部件变异，而且最终还需要能对其控制和约束（参考Wildemann 1997 第372页）。对整个企业和汽车工业物流而言，获得成功的关键因素之一就是成功地实施变异管理。

3.4.2 避免和减少变异

一般而言，应采用这一原则，即尽可能地避免变异应在减少变异之前进行。通过长时间对客户需求行为的观察，尽量努力调整适应性的产品报价，或者启动后期的变更流程，以按市场情况确定产品变异的数量，并在生产和物流优化方面最佳地调整变异结构与业务流程（参考 Cooper、Griffiths 1994 第 3 页）。可类似性使用故障模式和影响分析法（Failure Mode and Effects Analysis），以便在早期进行错误检测和并规避，对此，变异模式和效应分析方法（Variant Mode and Effects Analysis）应运而生，以控制产品的多样性（参考 Caesar 1991）。这是一种系统式的方法，确保了对变异多样性进行技术和成本控制（参考 Schuh 等 2003 第 39 页）。首先，这个方法对各种变异进行描述。从变异组合的角度出发，先在一个变异树中可视化所有待检查产品的变异以及变异组合。这样，可以系统地研究和审查产品结构、生产结构，以及车辆的物流结构。这就形成了在后续阶段进行变异优化的基础。只有当变异的创建具有充分的透明度，才能为后续跨越部门的优化工作奠定牢固的基础。

在产品开发过程中，市场营销在避免零部件变异问题上承担了重要任务。必须尽可能精确地分析、确认并构成客户对未来车辆的要求。车辆的产品特性可以根据卡诺模型（Kano-Modell）区分为基本型、性能型和激情型（参考 Kano 等 1984 第 39 页）：

1) 客户所需要的车辆基本功能特征必须以尽可能低的成本给予实现。
2) 车辆的性能特征要有特色，不同于竞争对手，以便定价。
3) 如果车辆的购买者属于冲动型、感知型和情感型，则他们希望在短期内所购车型在市场上独一无二，这对汽车制造商而言，定价范围最广。

在产品开发过程中，成功地进行早期营销对避免不经济的变异有所帮助，从而降低物流的复杂性。根据一项研究表明，大约 30% 的变异是没有客户要求而创建的，因此，最终客户也无法察觉并因此进行订购（参考 Schlott 2005 第 40 页）。同时，这些配置选项的安装率低于 5%，这会导致生产成本不成比例地增加，进而增加了物流成本。其实，只需清理和调整特殊配置的清单，或者将特殊配置转换为标准配置即可节省物流成本（参考 Holweg、Pil 2004 第 172 页）。

通常，还必须区分内部和外部变异。在零部件使用中，尽可能少采用内部变异，而对市场上的最终客户，提供尽可能多的外部变异。例如，实际研究表明，内部车辆壳体变异的数量与市场上所提供的车辆品种之间的关系极其微小（参考 Holweg、Pil 2004 第 172 页）。

一个战略目标必须是这样的：要扩充所规划的车辆品种，以获得市场份额，但要面对由此而产生的成本增加,因此应试图找到一个最佳的平衡值。为此,必须评估变异带来的多样性,如正面(销售额增加)和负面(成本增加)效应(参考 Schuh 2005 第6页)。对此,基本的先决条件是要引入一个综合性的变异管理系统,因为只有通过收集、整理和规划车辆模块和部件变异,才能使系统性地避免、减少和把握变异的复杂性成为可能。

▶ **大众集团变异管理案例**

大众集团与其信息技术子公司盖德(Gedas)共同开发了一款软件工具,可以以跨越模型的方式显示各个零部件的变异树。这个软件 Vamos(变异管理和优化系统)安装在大众自己的内联网内,具有一个中央数据库。该软件的目的是挖掘和利用变异潜力,以进行产品再优化。就此,力求达到成本费用结构和客户需求之间的平衡。

在第一个规划步骤中,零部件规范说明书为开发供应商定义了变异目标。如果供应商无法满足这些规范,则立即启动一个与大众相关部门的协调过程。基于变异树结构,对当前的变更记录进行修改和调整。对于额外需要的变异类型,必须制订相应的方案。同时必须说明如何对现有的变异进行平衡。在产品开发过程中,通过引入变异目标,可抑制变异数量的增长。在大众公司,变异规划由三个阶段组成(参考 Alders 2005),如图3-3所示。

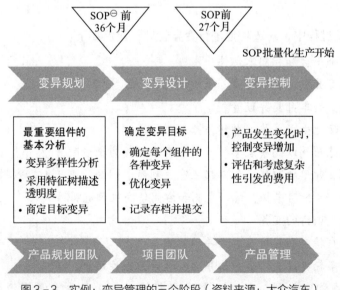

图3-3 实例:变异管理的三个阶段(资料来源:大众汽车)

○ SOP 是 Start of Production 的缩写,即小批量生产阶段。

第一阶段：变异规划

首先，对30个最重要的、对变异产生影响的组件（例如车轴、转向盘、车顶内衬、车窗玻璃）进行基本分析。规划的出发点是对所收集的历史数据进行分析，同时考虑当前市场研究的结果，分析客户选择某一特性的概率。根据这些分析数据，可以在变异树中，借助计算机软件工具，以图形方式进行显示、编辑和整理，主要是所有与客户相关的特性组合（图3-4）。基于此开发出的变异树，就可对多样性进行第一次评估，并提出相应的降低成本的方案。至此就获得了重要的规划数据，用于新车项目决策。

第二阶段：变异设计

在此阶段，主要是进行每个组件各种变异的优化和确定，所有的组件都要对应两种以上变异。结合第一阶段的分析结果，向产品管理部门提交建议。然后，产品经理决定变异目标。相应的同步工程团队（参见第4.2节）签名，遵守约定的责任。

第三阶段：变异控制

在批量生产之前或期间，变异控制将会影响产品的变更。如果增加一个变异，则其产生的作用可通过所谓的变异树进行识别，有时这可能是若干部门按其目的所希望的变异。每当变异增加时，考虑到复杂性引起的成本增加都要重新进行全面评估。

在产品开发过程中，对成功地进行变异管理，建议如下：

1) 使用多个平台和相同零部件。
2) 在车辆变异中，减少车身外壳的不同。
3) 保持较少的车身变异数量。
4) 尽可能晚地生成差异（推迟策略）。
5) 高配置范畴，以高安装率、低成本费用过渡为批量配置。
6) 取消低安装率的配置，但不牺牲客户利益，例如，小于1%以下的发动机/变速器变异组合；对3~5门车辆，统一左侧和右侧转向机构范畴。
7) 统一特定国情的变异。
8) 避免客户特定配置对基本变异的影响。
9) 对某些车辆特性，以客户为导向，进行强制性组合。
10) 优选物流密集型、数量较大的零部件，以及需要大量资源投入的零部件（例如油箱、仪表板、驾驶室、模块载体），通过拣选进行供应，以减少变异数量。

上篇 产品生产过程中的物流管理

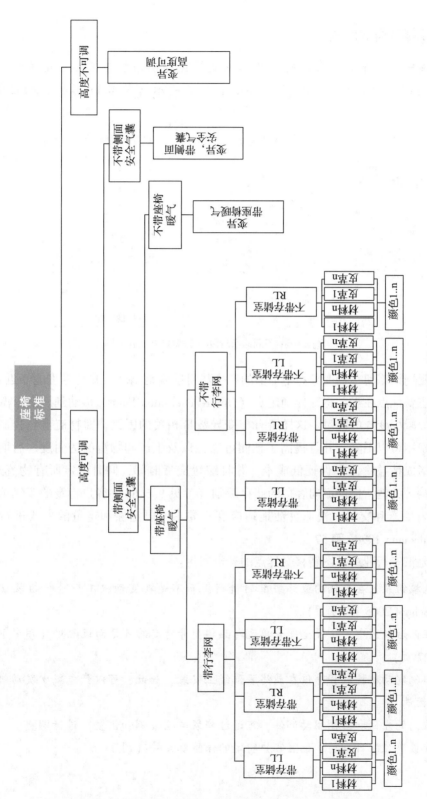

图3-4 范例：座椅变异树

3.4.3 晚期变异的形成

从物流的角度来看，客户特定的车辆变异在增值过程中要尽可能晚地出现，因为这样可以减少生产调节的费用，如图3-5所示（参考Franke等2002第15页）。

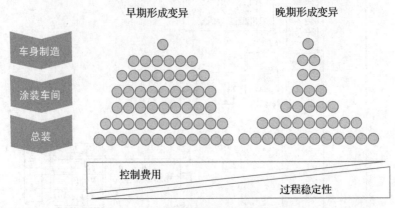

图3-5 不同增值阶段的变异成本效应

采用延期策略使车辆变异和附加值的产生尽可能晚地出现，并且尽可能靠近客户。这样做的主要优点在于，将变异确定点（Order-Penetration Point）移动到所有上游生产阶段，进而减少变异的数量。这样所有与变异数量相关的因素，即物流流量控制、运输、转运费用可以下降，并且提高了预测可靠性以及生产和物流的透明度。后期生成变异，可形成精益物流和保证低成本，并且缩短交货时间，同时稳定所有物流过程。以排序缓冲区为例，借助面向客户的储存级别（参见9.6.8），客户特定的车辆可在很短的时间内生产和交付，快速灵活地适应客户要求，以定性和定量的方式进行生产（参考Wildemann 1998a第57页）。

下面是汽车行业中试图转移变异点的若干实例：

1) 电机组装仅在车辆的最终装配时进行，而不是在发动机工厂进行组装（参考Krumm、Schopf 2005第49页）。

2) 在最后组装中，将安全气囊单元与品牌型号特定的可见面板配对（参考Becker 2005a第27页）。

3) 车辆发动机控制程序仅在最终装配线上安装，如此，可以预先减少发动机控制硬件变异数量。

4) 相同的左侧和右侧驱动部件，可通过安装螺栓（例如侧壁）进行调整。

5) 在最终装配日期前，配置客户特定的保险杠变异（图3-6）。

图3-6　实例：保险杠组装的延迟配置（来源：宝马）

客户中立方式，或者不完全依赖客户特殊要求，以这种方式进行车辆生产，则为生产控制提供了更大的订单管理灵活性，可以进行后期订单分配（参见第9.6节）。这反映了在装配前的订单中立性生产。在焊装和涂装车间尝试，采用尽可能少的变异，满足客户变更要求。对此，所谓的订单渗透点，即将客户中立和客户特定订单的生产分开，将车身加工推移到后面的组装线（即调离对接）。即在组装之前，车身被视为中立性、可重复使用的供应商部件。因此，首先相对来讲，组装生产是变异中性，从此以后，特殊化、变异形成开始急剧增加。只有在车身进入最终装配阶段时，才会分配特定的客户订单。直到客户订单分配，生产都是以客户中立的方式进行，从订单渗透点（Order Penetration Point，OPP）开始，生产制造转为服务于特定的客户订单。如果对应订单渗入点只有一个产品变异，那么从物流的角度来看，这将是最理想的。虽然这在汽车行业是不可能的，但是目前减少涂装和车身变异的努力都正是朝这一方向努力。

3.5　与物流相关的产品结构概念

3.5.1　模块化

产品结构模块化，意味着将整车拆分为不同的模块，而一个模块又可以进一步分解成多个子模块（参考 Neff 等 2001 第 378 页）。除少数特殊情况外，汽车行业还没有非模块化产品，只是模块的数量多少不同而已。从设计、制造和物流考虑，模块是可以区分和可互换的单元，它们的组成在物理上互相连接，其特征在于模块之间的高度交互性。模块是面向组装的组件，从功能、物流和生产的角度来看，是具有特定意义的单元。模块可以是单独的组件，或者已预先组装的子模块（参考 Piller、Waringer 1999 第 39 页）。模块具有已定义的接口，在很大程度上，它们与车辆本身的配置无关（参考 Klauke 等 2005 第 246 页）。原则上，可以在车辆中划分出七个重要的模块（图3-7）。

1. 底盘	2. 传动系统	3. 发动机和动力总成	4. 车身	5. 车体（外部）	6. 内饰
• 车轮 • 车轮悬挂 • 减振器和缓冲 • 转向器 • 承载件 • 制动系统	• 变速器 • 驱动轴和换向器	• 发动机 • 附加件 • 冷却系统 • 排气系统 • 混合系统 • 燃料供应系统	• 乘客舱 • 发动机舱 • 驾驶舱和行李舱	• 顶棚 • 车轮悬挂 • 前后罩 • 减振机构 • 车门 • 车窗 • 灯光 • 锁死机构 • 刮水机构 • 附件	• 座椅 • 顶棚 • 驾驶舱 • 乘客保护设施 • 车门 • 加速装置 • 表皮/声学 • 车内通风

7. 电子和电气系统
• 电力供应　　　• 舒适性系统 • 通信/娱乐系统　• 安全性系统 • 发动机管理系统　• 网路/总线系统 • 底盘/驱动系统

图 3-7　车辆中的主要模块（参考 Stockmar 2001 第 428 页）

除了模块之外，也经常使用系统的概念，在一辆车内，可区分出模块的分界线、空间位置和功能集成。但是，对区分划界标准，还存在着制造特定的某些差异。

1. 模块的定义

1) 一个模块是由多个零件和/或部件共同构成的，可以执行多种功能，可整体性装配到车辆上。

2) 模块在物理上和空间上互相连接，通常可以进行更换。

3) 模块是整体的一部分，始终以特定的空间方式布置。

▶ 模块示例：车门、座椅、驾驶舱、前端、传动系统、车顶棚。

2. 系统的定义

1) 系统是一个功能单元，主要执行一个特定的功能，其组成元素彼此相连。

2) 组成元素之间不一定必须在物理上连接。通常，元素只具有有限的可更换性。

3) 系统可以是跨越安装空间布置的。

▶ 系统示例：转向系统、车载电子系统、排气系统、空调、音响系统。

系统不一定必须是一个组装单元，这里的一个例子就是车辆的转向系统，它是由转向机构、转向泵、油箱、软管等，也许还有电子控制单元共同组成，它们可以分别在不同的时间、不同的位置，安装入车辆内（参考 Paul、Buhl 1997 第 106 页）。

借助模块化的车辆结构，尽管采用标准化的模块和系统，且变异数量有限，但仍可能按照客户订单的特定要求，组装完成客户所希望的车辆（乐高原则）。如果可以以模块和系统的形式经济性地生产更多的组件，物流链就变得越精简、越高效。通过多次重复使用模块和系统，可以实现规模经济效益，即使是客户定制生产。车辆的模块化结构，非常有利于提高企业成本效益、质量最大化和生产准时性（参考 Klauke 等 2005 第 247 页）。

实施一个合适的战略，真正的困难在于找到其平衡点，既要满足客户的特殊意愿，还希望通过模块化减少各种变异类型（参考 Neff 等 2001 第 374 页）。从汽车制造商的角度来看，模块化对物流产生的优势有：

1）已完全预组装可组装的模块和接口，大大减少了物流工作量（供应商协调、物料存储、器具流程等）。

2）降低了装配复杂性，因为模块可在单独的装配区域预先组装，进而减少了主装配线上的零部件数量。

3）在延迟（Postponement）策略的背景下，后期安装模块可延迟生成变异和客户订单分配（参见第 3.4.3 节）。

4）尽管存在很多最终产品变异，但仍可保证稳定性、可容错的物流流程。

5）通过并行生产模块，可缩短订单处理时间，对市场变化做出快速反应（参考 Göpfert、Grünert 2006 第 135 页）。

6）在采购物流方面，可进行运输流捆绑。

7）通过按顺序化交付，减少零部件对场地空间需求的影响（参见第 8.3.2 节）。

8）缩短车辆的装配和交付时间。

模块化的负面影响包括开发成本增加，这往往是由功能范围过大造成的，因为与只有一个功能的部件相比，模块化必须考虑更多的限制条件。与此同时，模块化采购（Modular Sourcings）（参见第 5.1.2 节）增加了对供应商的依赖性。

借助车辆模块化，可根据模块的规模和布置，将这些模块作为平台组件使用。这使得模块建立在同一个平台上，跨越品牌和车型使用（参考 Wallentowitz 等 2001 第 38 页）。实施模块化的下一个阶段，就是进一步推动模块和平台化战略，构成模块化的整车概念。在这种情况下，一个整车可能是由这些部分组成的，比如前端模块、车顶模块、乘客舱模块和后端模块，这就为开发、制造提供了更大的灵活性，进一步提高了在物流领域的应用（参考 Wallentowitz 等 2001 第 46 页）。

3.5.2 平台和共用零部件战略

可以将平台战略理解为一种生产和物流战略，对不同的车型和品牌，进行零部件的联合生产（参考 Ebel 等 2005 第 76 页）。尽管每个产品变异的平均销售额下降，但其目标是增加基于同样平台的车型数量（参考 Holweg、Pil 2004 第 178 页）。在一辆整车中,其中高达60%的增值额来自平台部分(参考Krog等2002第46页)。使用相同的零部件,这对客户不产生很大影响,它们通常不属于外部可见的零部件,因此,也不会对唤起顾客的购买兴趣做出重大贡献。只有必须在非平台领域进行区分,客户才能在视觉或者其他感官上都能够察觉到(参考Wallentowitz等2001第39页)。平台战略的目标可归纳为,车辆外壳以下的所有零部件都可以是相同的,但客户从外部能看到的部分,必须严格区分对待。通过一致性的发展平台战略和减少变异战略,汽车行业已经获得了巨大的成功,降低了产品复杂性,而又不牺牲顾客的个性感。平台作为一个整体单位,就车辆的外表而言,不会对客户产生任何感官影响;但是,必须仍保留和考虑客户的期望以及产品与品牌的关系。对不同的车型使用相同的平台,这跨越了品牌本身,但这只有在不丧失产品品牌价值时才有其实际意义(参考Klauke等2005第246页)。

在模块化中,所涉及的仍是单个模型系列的标准化,但平台概念被认为是为跨越模块所设计的。在平台概念中,从一开始就尝试在车辆系列、品牌或者跨越生命周期,使用相同的零部件,将车辆结构生命周期与整车生命周期分离开来(参考Schuh 2005第132页)。只有通过车辆的模块化,才能为创建产品平台提供必要的条件(参考Neff等2001第378页)。采用共享平台概念,使得在市场上提供高差异性的产品成为可能,且在整个价值链中充分利用大规模经济效应,挖掘出降低成本的潜力。降低成本费用的潜力,就在于尽可能多地使用大量已有、先前车型选用的零部件(模块化组件,相同和等效的部件)。借此,新车的开发成本和时间可以大大降低,在资金投入、材料成本、启动和质量成本方面,都可以达到进一步节约的目的(参考Klauke 2005第245页)。然而,一个崭新的平台开发成本将会增加,这取决于使用该平台的产品系列和变异的数量(参考Holweg、Pil 2004第178页)。

实施平台策略的其他优点在于,可以在不同车型的生产中,提高装配车间的灵活性。为了能够对市场变化以及在车辆生命周期中进行生产能力调整,未来,汽车工业需要更多的产品组合灵活性(参考Baumgärtel 2006年第9页)。新的生产厂或装配线越来越多地如此进行规划和设计,以适用于多种车型。这类似于一个工厂的生产情况:在同一生产线上生产不同的车型,仍能达到一定的设备使用稳定性。只有当装配和物流可根据车型进行调整时,这才会成为可能,而这正是通过使用平台和基本尺寸的标准化才可能实现。通过这种方法还可以降低库存量,以及实现分配、物流和生产过程相互之间更好地协调一致。以跨越模型方式使用平台,可产生"池效应",进而使生产计划更加稳定。因此,平台范围可以不依赖于订单,预先进行规划,这缩短了运营时间,并提高了订单灵活性(参考Neff等2001第379页)。

平台范围不仅适用于车辆底部,而且涉及整个车辆。比如,平台可包含的内容还可以有动力总成(发动机、变速器、储存箱)、前桥和后桥、车轮、转向/转向柱、转向盘、制动系统、油箱及排气系统。(参考Klauke 2005第379页)。

▶ **汽车工业平台战略成功的案例**

1)在系列产品的开发中,保时捷使用了55%与现有911系列相同的零部件(参考

Gutzmer、Dworzak 2000,第 42 页)。共同零部件战略尤为重要,如同保时捷的做法,希望其生产深度远远低于行业内平均水平。小批量汽车制造商面临更大的竞争压力,他们更希望能通过使用相同的零部件减少开发、投资、制造和物流成本。正是由于相同零部件的比例很高,保时捷才能够推动和实现多种车型或者混合车型概念,而且保证不同的车型在同一条组装线上进行装配。保时捷在祖文豪森(Zuffenhausen)的主厂可以保持高水平的利用率,将大批量生产的灵活性转移给外国合同制造商(参考 Saatmann 2007 第 142 页)。

2)在大众集团的车型中,大众高尔夫、大众宝来、大众甲壳虫、奥迪 A3、奥迪 TI、西雅特 Leon、Toledo 和斯柯达 Octavia,都基于 A 平台。与此同时,大众汽车试图将帕萨特(B 平台)在很多方面靠近高尔夫(A 平台),以实现协同效应。特别是那些与客户关系不大的模块和组件,则在同一个平台上实现。比如车载电子系统、座椅、发动机、空调、导航和通信系统。跨越平台的标准化,被称为横向模块化系统(MQB),或者纵向模块化系统(MLB),使用相同的零部件管理推广到多个车辆系列中,这就提供了更大的费用节约潜力。

3)除了 B 柱,大众帕萨特可作为豪华车或者组合型,其零部件基本都相同,这在开发和设计方面产生了协同效应。虽然这是一个全新的开发项目,但 20% 的零部件可以从大众集团的其他品牌中选取。

除了积极性外,平台策略还存在一些缺点,这要在制订新发展战略时进行全面评估,需要考虑的有:

1)界面问题,往往责任分配不明确,协调工作量大。
2)从品牌的角度来看,缺乏对产品的认可。
3)在集团组织上,对平台领导者的依赖性,对正在进行的开发缺少信息。
4)试用性零部件采购困难。
5)由于长期供应商合同,零部件选择的自由度有限,创新易受到阻碍。
6)复杂的组织结构造成没有现场联系人员,这使信息沟通更加困难。

3.5.3 功能集成

功能集成意味着,某些零部件除了其主要功能之外,还具有一定的辅助功能,而不需要额外的零部件配置。换言之,功能集成仅仅需要很少的零部件,以实现更多的功能。这可以大大减少车辆中零部件的数量,也推动了物流过程的简化。

新型材料,如铝材和塑料,与新的制造技术相结合,使车辆技术进步成为可能。这里的一个例子是奥迪开发的奥迪空间框架(Audi Space Frame,ASF)技术(参考 Timm 2005 第 345 页)。该技术的一个特殊性是使用由铸造件、冲压型材和板材制成的半成品。ASF 构成一个自支撑型框架结构,表面部分是整体集成的。这种设计措施可显著减少所需零部件的数量,进而降低车辆重量。例如,在改换奥迪 A8 (D3)

到一代模型时，可通过功能集成入先前型号（D2）模块，可使零件数量减少约16%（图3-8）。

a) 先前模型 D2　　　　　　　　b) 功能集成后模型 D3

图3-8　奥迪A8冲压件侧壁模型（参考 Timm 2005 第348页）

3.6　与物流相关的流程结构方案

3.6.1　供应商整合

将简化产品作为复杂性管理的出发点，这在企业内部构成了设计透明和精益流程的基础。同时，这些过程本身可以再作为直接的起点，减少、避免和控制复杂性（参考 Harrison 1995 第11页）。

物流供应商整合是供应商管理的一个部分（参考 Janker 2008 第13页），将相关的物流过程进行简化，对于汽车制造商而言是经营成功的一个重要因素（参考 Larsson 1999 第51页）。实际研究表明，建立与供应商更紧密的集成与合作，可以进一步缩短生产时间并节约成本（参考 Miemczyk、Holweg 2004 第189页）。要顺应当今的发展趋势，汽车制造商和供应商之间更加紧密合作，加强相互间伙伴关系，这就使物流供应商整合问题变得越来越重要（参考 Larsson 1999 第70页）。

表3-1　整合物流供应商的步骤（参考 Bennett、Klug 2009 第700页）

整合模式	完全模块化联盟	部分模块化联盟	共管	供应中心	厂区附近的工业园区	区域性工业园区	汽车供应商社区
车辆组装责任	模块供应商	制造商/模块供应商	制造商	制造商	制造商	制造商	制造商
供货的制造商和生产厂数量	一个制造商/生产厂	一个制造商/生产厂	一个制造商/生产厂	一个制造商/生产厂	一个制造商/生产厂	一个制造商/生产厂	多个制造商/生产厂
供应商与转配线的距离	集成入装配线	集成入装配线	在装配线附近	在制造商厂区内，装配线附近的厂房里	在制造商厂区外，但在厂区附近	在制造商厂区附近区域	在制造商厂区附近区域

（续）

整合模式	完全模块化联盟	部分模块化联盟	共管	供应中心	厂区附近的工业园区	区域性工业园区	汽车供应商社区
厂址所有者	制造商	制造商	制造商	制造商/运输服务商	投资者/政府机构	投资者/政府机构	投资者/政府机构
案例	曼巴西雷森迪（Resende）	Smartt 法国昂巴克（Hambach）	福特 法国昂巴克（Hambach） 日产 英国桑德兰（Sunderland） 斯柯达 捷克姆拉达－博雷斯拉夫（Mlada Boleslav）	宝马 VZL 德国莱比锡（Leipzig） 大众 PVZ 德国汉诺威	奥迪 GVZ 德国因戈尔斯塔特（Ingolstadt） 福特 德国萨尔路易斯（Saarlouise） 福特葡萄牙帕尔梅拉（Palmela） 通用 Blue Macaw 巴西格拉瓦塔尔（Gravatai）	大众工业园洛佐尔诺（Lozorno）	宝马 德国瓦克斯多夫（Wackersdorf）供应商社区 南非罗斯林（Rosslyn）

接下来，将要描述的所有供应商物流集成模型，都是基于内包形式。在这种意义下，内包为汽车制造商的价值创造提供空间上的重新整合，供应商在客户现场提供服务（参考 Becker 2005a 第 30 页）。表 3-1 列举了在汽车行业内常见的集成模型（参考 Bennett、Klug 2009 第 700 页）。可以区分为若干个集成步骤，图 3-9 再次给予概括性的描述。

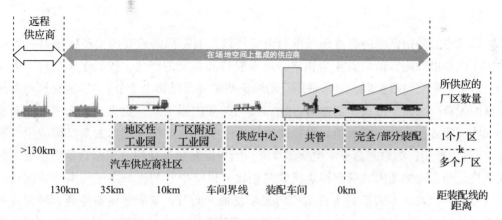

图 3-9 不同级别的物流供应商整合（参考 Bennett、Klug 2012 第 1292 页）

1. 模块化联盟

在汽车工业中，完全模块化联盟是对供应商进行最高级别的物流整合。整个装配过程被分解为单个工段。每个工段由一个供应商负责。供应商除了承担模块和系统的组装，还包括一些其他与工段相关的工作。事实上，原始设备制造商和一级供应商（1-Tier）之间已经没有任何空间上的距离，在这种情况下，供应商已发展成为零级（0-Tier）供应商（参考 Sako 2006 第 10 页）。所有直接参与的员工，都是由供应商进行组织和支付费用的。因此，供应商不仅接管模块组装，而且还作为模块供应商同时又接管最终的车辆装配。在完全模块化联盟中，汽车制造商仅专注于规划、设计、开发、质量管理、协调和管理（参考 Harrison、Van Hoek 2008 第 271 页）。车辆制造商不再直接参与装配过程，但是负责车辆最终检验。最著名的完全模块化联盟的一个例子是在 Resende（巴西）曼（MAN）（现在属于大众）商用车制造。如果供应商仅承担部分数量车辆的最终装配，这被称为部分模块化联盟（例如 Smart Hambach）。

2. 共管

在共管模式中，虽然供应商是在制造商的装配车间内，但是，他们不再负责安装模块和系统（参考 Bennett 等 2006 第 37 页）。整个最终装配是由车辆制造商自己负责。在生产线附近，供应商进行模块安装，并通过最少的缓冲，顺序提供给汽车制造商。在某种程度上，模块的安装过程由供应商的质量管理人员在安装现场监控完成。共管总是可行的，只要装配线能提供足够的空间，便于外部供应商使用。这种场地空间余量可以是历史性原因造成的（例如斯柯达），或者通过在制造和物流中应用精益原则创建的（例如日产、桑德兰）（参见第 7 章）。在棕褐色厂区内，通常在配线附近没有足够的场地空间，因此，由于场地空间稀缺，可根据共管概念，尝试内部供应商组装。随着价值创造范畴的演变，越来越多的业务转移给外包项目，以减少自身的生产深度（图 3-1），这也在一定程度上缓解了对场地空间的需要（参考 Koplin 2006 第 184 页）。

3. 供应中心

供应中心是指供应商坐落在汽车制造商厂区，但距离制造商的生产区域有一定距离。在供应中心内，供应商作为租户，负责模块和系统的制造，按顺序化交付。由于物流恒定性和交付数量多，通常采用自动输送技术（参见第 1.2 节）。厂区建筑和基础设施的投资要么完全由汽车制造商（比如宝马的莱比锡工厂）负责，要么由车辆制造商和物流服务提供商共同承担，服务商进行供应中心的运营（比如大众汉诺威生产服务中心）。然而，如果制造商承担全部投资，则可以在场地使用方面给自身提供更大的灵活性。与高度集成的共管和模块化联盟相比，供应中心的优势在于与最终装配线的空间距离，因此，不需要资本密集型的安装场地。同时，紧靠车辆制造商，可允许后期变异的形成（参见第 3.4.3 节）。对于在生产控制中具有稳定的订单序列，如果生产序列发生变化，则可以以较少的资源消耗在短时间内给予迅速响应（参见第 9.6 节）。

4. 工业园区

就工业园区而言,供应商坐落在汽车制造商厂区的外面,但在客户附近,较为集中,或者就近直接在汽车制造商附近(近工业园区),或者其周边的区域(区域性工业园区)(参见第 8.5 节)。工业园区通常由一些投资者和地区政府部门共同投资(参考 Jürgens 2003 第 25 页)。工业园区内包括工业化用地、相关建筑和基础设施。基础设施是公共式,针对汽车制造商特定的物流和制造流程(参考 Gareis 2002 第 20 页)。这种供应商定居和共同的基础设施方式,目的是实现协同效应和成本优势。在制造商厂区附近的工业园区可借助自动输送技术,通过隧道或桥梁连接,直接连接到制造商的主装配线。而区域性工业园区,通常是通过穿梭式货运车辆向制造商的装配线供货。

5. 汽车供应商社区

考虑到供应商的所在地,汽车供应商社区是最低级别的物流整合。针对零部件供应问题,供应商坐落在多个制造商的附近区域(参考 Reichhart、Holweg 2008 第 65 页)。供应商与多个制造商客户保持供货关系。这可以是一个制造商的几个工厂(比如宝马 Wackersdorf 工厂),但也可以是多个不同的制造商在该区域不同的生产地点。此外,通过这种类型的供应方式,还可以为更多的国内外客户提供服务。正是由于要给不同的客户提供服务,汽车供应商社区的地理位置不一定紧邻所有制造商工厂。由于相互距离较远,由货运车辆在公共道路上进行运输,可为多家汽车制造商供货。一个例子是在南非罗斯林(Rosslyn)的汽车供应商公园(Automotive Supplier Park),这个汽车供应商社区距离宝马的生产设施 3.3km,塔塔 0.5km,福特/马自达 35km,日产/雷诺 1.3km。

3.6.2 制造和物流细分

在制造和物流领域,将以车辆为导向的生产和物流部门统筹归纳在一起,作为对特定市场制订的策略,这当中包括了物流链的若干阶段。此外,制造和物流部门的特点还在于集成了某些规划和间接功能,这通常被称为利润中心(参考 Wildemann 1998b 第 47 页)。通过生产和物流部门的投入,就有可能针对性地为某些车型创造灵活性,其结果为,虽然随着变异数量的增加,与之相关的成本也增加,但没有传统汽车工厂那么明显。同时生产和物流的细分,可以构成具有自我调节功能的子系统,而且它们相互之间的连接数量较少,这使得其所有内部活动都具有良好的可追溯性(参考 Kottkamp 1987 第 41 页)。

在棕褐色厂区,一个常见错误就是试图在这个环境内生产更多的产品系列和变异。为了尽可能地降低投资成本,把新车型、新销售市场、新工艺技术、新质量要求和辅助性功能分配给这类老式的生产厂区(参考 Klug 2000a 第 7 页)。生产和物流系统缺乏透明度,造成协调成本和间接费用不成比例地大幅度增加。这种成本费用的增加抵消了与数量相关的大规模经济效益,因此,如果大型制造商没有适当细分的物流,在节约成本方面，还不如较小型的制造商。

在汽车生产厂中，对制造和物流部门进行细分，另一个优点是提高灵活性。这主要指生产和物流系统在一定时间段内调整和适应周围环境（市场、技术、组织等）变化的能力。这里可区分为定量、定性和时间灵活性。定量化的适应能力，是指对现有车辆规划中构成成分的数量变化的适应能力；而定性化的适应能力则是针对车辆组成。另一方面，时间灵活性所针对的是时间段，即在车辆模型发生改变或者模型维护后，将生产和物流部门重新恢复到启动状态（参考 Wildemann 1998b 第 90 页）。为了激发灵活性潜力，有必要对企业资源进行新的投资，这就需要修改投资策略。新投资既可提高生产能力，又可满足灵活性要求（参考 Wildemann 1998b 第 100 页）。

生产和物流单位的一致性细分意味着，在工厂内部从进货到生产阶段的冲压车间、焊装车间、涂装车间、总装车间到成品车交付，所有业务部门都是彼此相互独立的模块。而且各个物流阶段仓库功能、订单拣选、器具处理、内部配送，也都作为分离的部分进行。这里，最大的目的在于完全性地将车辆生产的价值创造和物流阶段集成在一起。在集成度增加的同时，组织单位之间界面相应减少，减少了过程时间，可一致性地完成生产任务。基于充分利用企业资源的考虑，在实践中，并非要求在所有阶段都进行细分，因为根据产品系列进行细分，不可避免地导致各个部门的实际工作效率降低，从而导致生产成本上升（例如收货）。

3.6.3　物流流程的标准化

对于汽车制造商来讲，试图降低和控制物流流程复杂性的另一个方法是物流过程的标准化，这包括制造商的采购、生产、分销和备件物流。所谓物流标准化，可以理解为对需要解决的问题以及随后的物流活动进行预测的思考，而且这些问题和活动在重复发生的情况下，采用常规或同样的方式进行处理（参考 Krüger 2004 第 171 页）。

产品多样性会导致生产流程多样化。随着变异的多样化，物流活动的频率也将增加，这些活动包括产品运输、转运和储存。借助标准化，可以减少流程多样性，这是将类似的流程分组归化到同一个类中，然后在物流中统一进行处理。在模块化的意义上，可以提供经过验证的流程方法，对每个具体案例再进行特定的组合。

只有通过标准化，才能更高效地、实际地利用企业资源（参考 Imai 1997 第 19 页）。通过设置物流规范，员工能够以最佳的实践经验为导向，长期性不依赖于个人本能，灵活地实施，从而最大程度地简化物流流程。同时，标准化过程增加了经过验证的方法重复使用的频率，因此，保证了物流和信息流的稳定性，反过来又可降低物流费用。实施跨越公司本身的物流标准，还可以实现与物流合作伙伴的高效整合。使用共同一致的标准，汽车制造商、供应商和物流服务商的活动都可以给予保证，这将提高物流整合速度。采用明确制订的流程，有可能以更高的重复率实现相同的物流活动，并以更具成本效益的方式运转。在物流领域，标准的制定已创造了许多可能性，在汽车工业中，通过下面一些示例来说明。

1) 戴姆勒把交付方案进行分类，分别为顺序化交付、准时化交货、一级仓库处理（供应商物流中心）、多级仓库处理。每个交付方案，由具体的供应链给予统一性描述，以便明确定义所需的物流和信息流。

2) 根据德国汽车联合会（VDA）的建议，通过交付阶段的交付要求、详细和生产交付，来标准化交货数据（参见第8.2.1节）。

3) 根据德国汽车联合会的建议，进行小型器具尺寸标准化（参见第6.1.4节）。

4) 通过零部件分类，实施标准化仓库战略。根据消耗频率（ABC分析）和消耗稳定性（XYZ分析），预定义存储区域，例如，滞销性小型零部件使用自动化仓库（AKL）、畅销性大型零部件采用在使用场地附近地面堆垛型仓库。

5) 根据德国汽车联合会的建议（VDA 5010），定义汽车行业的标准物流供应形式。

物流流程标准化的难点主要在于找到适当的一个平衡点，这个平衡点是在严格的物流程序规范和企业员工的自由发挥空间之间通过创新和创造性的行动，对当前形势做出相应的反应（参考 Liker 2004 第147页）。因此，物流流程的规范必须尽可能具体化、通用性地给以描述，尽管标准化具有成本优势，但也要能够保证员工个体的灵活性。一个严格但难以调整适应的标准，其应用定会带来风险，致使员工过分坚持执行标准化流程，即使需要在允许某些偏差的情况下仍固执地应用标准化。总是一成不变标准化的流程还会带来单调化的风险，以致影响员工表现个人的动机和意愿，引入新想法的可能性也会减少（参考 Krüger 2004 第174页）。同时，汽车工业的控制、交付、转运、供应过程的物流标准，必须不断适应当前的形势发展和大环境框架，以一定的学习方式进行修改。对此，由德国汽车工业协会发起的工作小组提供此类目的资讯服务，协会以跨越各个公司的形式制定德国汽车行业物流流程标准，并将其作为德国汽车工业协会标准，作为一致性的建议对外推广。物流标准始终是暂时性的，应当不断地适应汽车行业当前最佳的物流技术。

参 考 文 献

Alders,K. (2005): Varianten-und Komplexitätsmanagement der Audi AG-Neue Chancen durch Netzwerke, in:9. Sächsische KFZ-Zulieferkonferenz,Leipzig,2005

Baumgärtel,H./Hellingrath,B./Holweg,M./Bischoff,J./Nayabi,K. (2006): Automotive SCM in einem vollständigen Build-to-Order-System,in:Supply Chain Management 1/2006,S.7 – 15

Baumgarten,H./Risse,J. (2001): Logistikbasiertes Management des Produktentstehungsprozesses,in: Jahrbuch Logistik 2001,Hrsg. von:Hossner,R.,Handelsblatt,Düsseldorf,2001,S.150 – 156

Becker,J./Rosemann,M. (1993): Design for Logistics-Ein Beispiel für die logistikgerechte Gestaltung des Computer Integrated Manufacturing,Arbeitsbericht des Instituts für Wirtschaftsinformatik,Institut für Wirtschaftsinformatik der Westfälischen Wilhelms-Universität Münster,Münster,1993

Becker,T. (2005a): Konzeption von Entwicklungspfaden für Zulieferparks in der Automobilindustrie,

Dissertation, Universität Kassel, Kassel, 2005

Bender, P. (1985): The Challenge of International Distribution, in: International Journal of Physical Distribution & Materials Management 4/1985, S. 20 – 25

Bennett, D./Klug, F. (2009): Automotive Supplier Integration from Automotive Supplier Community to Modular Consortium, in: Logistics Research Network 2009 Conference Proceedings, Hrsg. von: Potter, A./Naim, M., Cardiff, 2009, S. 698 – 705

Bennett, D./ Klug, F. (2012), Logistics supplier integration in the automotive industry, International Journal of Operations and Production Management, Vol. 32 No. 11, S. 1281 – 1305

Bennett, D./O'Kane, J./Prabhu, V. (2006): Ishikawa Inspired Synchronous Supply: Fact or Fiction in the UK Automotive Supply Industry, in: Logistics Research Network 2006 Conference Proceedings, Hrsg. von: Bourlakis, M./Cullinane, K./Mulley, C./Nelson, J., Newcastle, 2006, S. 36 – 41

Bopp, R. (1997): Design for X-Methoden, in: Forschungs-und Entwicklungsmanagement, Hrsg. von: Bullinger, H. -J./Warschat, J., Teubner, Stuttgart, 1997, S. 195 – 203

Caesar, C. (1991): Kostenorientierte Gestaltungsmethodik für variantenreiche Serienproduktion, VDI, Düsseldorf, 1991

Cooper, J./Griffiths, J. (1994): Managing Variety in Automotive Logistics with the Rule of Three, in: The International Journal of Logistics Management 5(2)/1994, S. 29 – 40

Ebel, B./Zatta, D./Hofer, M. B. (2005): Plattform-und Gleichteilestrategien, in: Zeitschrift für die gesamte Wertschöpfungskette Automobilwirtschaft 4/2005, S. 76 – 79

Ellram, L. M./Perrott Siferd, S. (1993): Purchasing-The Cornerstone of the Total Cost of Ownership Concept, in: Journal of Business Logistics 14(1)/1993, S. 163 – 184

Franke, H. -J./Hesselbach, J./Huch, B./Firchau, N. L. (2002): Variantenmanagement in der Einzelund Kleinserienfertigung, Hanser, München, 2002

Gareis, K. (2002): Das Konzept Industriepark aus dynamischer Sicht, Gabler, Wiesbaden, 2002 Gebhardt, J./Borgelt, C./Kruse, R./Detmer, H. (2004): Knowledge Revision in Markov Networks, in: Mathware & Soft Computing 11/2004, S. 93 – 107

Geißler, H. (2005): Innovative Logistikprozesse haben die Varianten im Griff-Variantenvielfalt und deren Einflüsse auf Logistikprozesse bei Automobilzulieferern, in: VDI-Bericht 1905, 6. Jahrestagung Automobillogistik 2005, VDI, Düsseldorf, S. 53 – 63

Göpfert, I./Grünert, M. (2006): Logistiktrends in den Wertschöpfungsnetzen der Automobilindustrie, in: Jahrbuch Logistik 2006, Hrsg. von: Wolf-Kluthausen, H., Free Beratung, Korschenbroich, 2006, S. 130 – 137

Göpfert, I./ Schulz, M./ Wellbrock, W. (2017): Trends in der Automobillogistik, in: Automobillogistik-Stand und Zukunftstrends, hrsg von: Göpfert, I./Braun, D./Schulz, M., 3. Auflage, Springer Gabler, Wiesbaden, 2017, S. 1 – 26

Götz, A. (2007): Zukunftsstandort Deutschland? in: Automobil-Produktion 2/2007, S. 16 – 19

Gutzmer, P./Dworzak, U. (2000): Entwicklungsprozesse und Organisationsstrukturen für interdisziplinäre Fahrzeugentwicklungen, in: Automotive Engineering Partner 6/2000, S. 42 – 46

Harrison, A. (1995): Themes for Facilitating Material Flow in Manufacturing Systems, in: International Journal of Physical Distribution & Logistics Management 25(10)/1995, S. 3 – 25

Harrison, A./van Hoek, R. (2008): Logistics Management and Strategy-Competing Through the Supply Chain, 3. Auflage, FT Prentice Hall, Harlow, 2008

Holweg, M./Pil, F. (2004): The Second Century-Reconnecting Customer and Value Chain Through Build-to-Order-The Road to the 5 Day Car, The MIT Press, Cambridge, 2004

Imai, M. (1997): Gemba Kaizen-A Commonsense, Low-Cost Approach to Management, McGrawHill, New York, 1997

Jahns, C. (2003): Paradigmenwechsel vom Einkauf zum Supply Chain Management, in: Beschaffung aktuell

4/2003,S. 32 – 39

Janker, C. (2008): Multivariate Lieferantenbewertung. Empirisch gestützte Konzeption eines anforderungsgerechten Bewertungssystems,2. Auflage,Gabler,Wiesbaden,2008

Jürgens,U. (2003):Characteristics of the European Automotive System:Is There a Distinctive European Approach? Discussion Paper SP III 2003 – 301,Social Science Research Center,Berlin,2003

Kano,N./Seraku,N./Takahashi,F./Tsuji,S. (1984):Attractive Quality and Must be Quality,in:Quality Journal,14(2)/1984,S. 39 – 48

Kirchhof,R. (2003):Ganzheitliches Komplexitätsmanagement. Grundlagen und Methodik des Umgangs mit Komplexität im Unternehmen,Deutscher Universitäts-Verlag,Wiesbaden,2003

Klauke,A./Schreiber,W./Weißner,R. (2005):Neue Produktstrukturen erfordern angepasste Fabrikstrukturen,in:Planung modularer Fabriken-Vorgehen und Beispiele aus der Praxis,Hrsg. von:Wiendahl,H. -P./Nofen, D./Klußmann,J./Breitenbach,F. ,Hanser,München,2005,S. 244 – 256

Klug,F. (2000a):Konzepte zur Fertigungssegmentplanung unter der besonderen Berücksichtigung von Kostenaspekten,Herbert Utz,München,2000

Koplin,J. (2006):Nachhaltigkeit im Beschaffungsmanagement-Ein Konzept zur Integration von Umwelt- und Sozialstandards,Deutscher Universitäts-Verlag,Wiesbaden,2006

Kottkamp,E. (1987):Logistikgerechte Neustrukturierung,in:Zeitschrift für Logistik 9/1987,S. 40 – 43

Krog,E. H./Richartz,G./Kanschat,R./Hemken,M. (2002):Kooperatives Bedarfs-und Kapazitätsmanagement der Automobilhersteller und Systemlieferanten,in:Logistik Management 3/2002,S. 45 – 51

Krüger,R. (2004):Das Just-in-Time Konzept für globale Logistikprozesse,Deutscher Universitäts-Verlag, Wiesbaden,2004

Krumm,S./Schopf,K. (2005):Komplexität beherrschen,in:VDI-Bericht 1905,VDI,Düsseldorf,S. 45 –51

Larsson,A. (1999):Proximity Matters? Geographical Aspects of Changing Strategies in Automotive Subcontracting Relationships:The Case of Domestic Suppliers to Volvo Torslanda Assembly Plant,Department of Geography,University of Göteborg,Göteborg,1999

Liker,J. K. (2004):The Toyota Way,McGraw-Hill,New York,2004

Malik,F. (2006):Strategie des Managements komplexer Systeme,9. Auflage,Haupt,Bern,2006

Miemczyk,J./Holweg,M. (2004):Building Cars to Customer Order:What Does it Mean for Inbound Logistics Operations?,in:Journal of Business Logistics 25(2)/2004,S. 171 – 197

Mößmer,H./Schedlbauer,M./Günthner,W. (2007):Die automobile Welt im Umbruch,in:Neue Wege in der Automobillogistik,Hrsg. von:Günthner,W. ,Springer,Berlin,2007,S. 3 – 15

Neff,T./Junge,M./Köber,F./Viert,W./Hertel,G. (2001):Bewertung modularer Fahrzeugkonzepte im Spannungsfeld zwischen Kundenorientierung und Standardisierung,in:VDI-Bericht 1653,VDI,Düsseldorf,S. 373 – 399

Paul,M/Buhl,R. (1997):Der Systemgedanke unter globalen Gesichtspunkten am Beispiel einer Fahrwerksentwicklung,in:VDI-Bericht-Neue Wege in der Fahrzeugentwicklung,VDI,Düsseldorf,1997,S. 105 – 122

Pfohl,H. -C. (2004):Logistikmanagement,2. Auflage,Springer,Berlin,2004

Piller,F. T./Waringer,D. (1999):Modularisierung in der Automobilindustrie-neue Formen und Prinzipien-Modular Sourcing, Plattformkonzept und Fertigungssegmentierung als Mittel des Komplexitätsmanagements, Shaker,Aachen,1999

Proff,H./ Pottebaum,T./ Ullerich,S./ Bittrich,C. (2016):Komplexitätsmanagement in der Automobilindustrie,Deloitte,S. 1 – 6

Radtke,P./Abele,E./Zielke,A. E. (2004):Die smarte Revolution in der Automobilindustrie,Redline Wirtschaft,Frankfurt am Main,2004

Reichhart,A./Holweg,M. (2008):Co-Located Supplier Clusters:Forms, Functions and Theoretical Perspectives,in:International Journal of Operations & Production Management 28(1)/2008,S. 53 – 78

Richter, K. (2005): Forschung und Entwicklung im Wandel-Veränderung in der Zusammenarbeit zwischen Automobilherstellern und-zulieferern, in: Zeitschrift für die gesamte Wertschöpfungskette Automobilwirtschaft 4/2005, S. 6-10

Saatmann, M. (2007): Supra-adaptive Architekturen in der Automobilindustrie-eine Blaupause, in: Neue Wege in der Automobillogistik, Hrsg. von: Günthner, W., Springer, Berlin, 2007, S. 139-148

Sako, M. (2006): Governing Automotive Supplier Parks in Brazil: A Comparison of Resende, Gravatai and Camacari, Working Paper, Said Business School, Oxford, 2006

Schlott, S. (2005): Wahnsinn mit Methode, in: Automobil-Produktion 1/2005, S. 38-42

Schuh, G. (2005): Produktkomplexität managen, Hanser, München, 2005

Schuh, G./Große Entrup, N./Ripp, S. (2003): Smart Logistics-Integriertes Komplexitätsmanagement für die Logistik, in: VDI-Bericht 1787-Innovative Logistikkonzepte durchgängig umsetzen, VDI, Düsseldorf, 2003, S. 33-45

Simchi-Levi, D./Kaminsky, P./Simchi-Levi, E. (2004): Managing the Supply Chain, McGraw-Hill, New York, 2004

Stockmar, J. (2001): Modulare Bauweise aus Sicht der Lieferanten, in: VDI-Bericht 1653, VDI, Düsseldorf, 2001, S. 423-445

Timm, H. (2005): Space-Frame, in: Vieweg Handbuch Kraftfahrzeugtechnik, Hrsg. von: Braess, H.-H./Seiffert, U., 4. Auflage, Vieweg, Wiesbaden 2005, S. 343-352

Wallentowitz, H./Leyers, J./Parr, T. (2001): Modulare Universalfahrzeuge-Eine auch zukünftige unlösbare Aufgabe, in: Fahrzeugkonzepte für das 2. Jahrhundert Automobiltechnik, VDIBericht Nr. 1653, VDI, Düsseldorf, 2001, S. 37-48

Wildemann, H. (1997): Fertigungsstrategien, 3. Auflage, TCW, München, 1997

Wildemann, H. (1998a): Komplexitätsmanagement durch Prozess-und Produktgestaltung, in: Komplexitätsmanagement, Hrsg. von: Adam, H., Gabler, Wiesbaden, 1998, S. 47-68

Wildemann, H. (1998b): Die modulare Fabrik: Kundennahe Produktion durch Fertigungssegmentierung, 5. Auflage, TCW, München, 1998

第4章
同步工程背景下的物流管理

4.1 同步工程的组织原则

在车辆的规划阶段,要兼顾和考虑不同部门的要求和利益,这是规划高效生产和物流过程的基础。在汽车行业,作为产品开发过程的标准组织形式,已引入了同步工程概念。同步工程又称并行工程。同步工程的目标是所有内部和外部合作伙伴之间,紧密地、开放型、一致性平行式合作,参与产品规划和开发过程。这里所追求的基本原则是认知过程的前瞻性、增加可规划的流程部分、组织过程的并行化,整合以及加快企业经营活动(参考 Wildemann 2000 第 30 页)。同步工程工作的总体目标如下:

1) 提高问题、日期、联系人和结果的透明度。
2) 整合所有公司部门。
3) 在团队结构中工作。
4) 团队决策。
5) 整合开发供应商。
6) 通过并行处理工作,减少计划时间。
7) 缩短更改的响应时间。
8) 避免重复性。
9) 尽早认识到单一决策对整体规划过程的影响。
10) 通过透明度降低成本。

为了实现上述目标,同步工程工作采用了并行化、标准化和集成化战略原则(参考 Stanke、Berndes 1997 第 15 页)。

1. 并行化

在产品开发过程中,通过重叠多个规划过程能够减少总体规划时间。并行化的目标是尽可能地实现无时间缓冲的综合性规划,围绕市场要求,不断缩短产品生命周期,同时能够生产更多的产品变异。

但因为规划可靠性降低,导致决策复杂性增加,各部门和工作团队之间的信息交流量增加。这是同步工程工作的最大风险,即规划阶段是在产品开发过程当中开始的,还没有达到前期阶段所要求的流程质量。通过适当的组织形式和质量保证措施可以降低这种风险,比如,使用质量检验来对应。在实际运营阶段,车辆故障率上升,随之而来的是修理费用和商誉受损,这其中一个明显的原因是当初产品开发过程中时间压力所导致的计划错误。

2. 标准化

为了在同步工程项目中减少组织复杂性,需要对组织过程进行标准化。这是从计划角度,不依赖于人员和事件对规划问题进行描述,比如产品结构、流程、信息交换接口定义。标准化导致重复使用率增加,从而减少误差并缩短运行时间。

3. 集成化

将同步工程中所有参与者进行最佳整合与规划,构成共同合作体,这是汽车行业面临的最大挑战之一。车辆复杂性增加,意味着将涉及越来越多的技术、合作伙伴的参与。与此同时,在生产和开发领域,考虑外部合作伙伴(开发供应商和工程服务提供商),外包的数量将会增加。接口管理也是同步工程战略成功的因素之一。

4.2 同步工程团队

在产品开发过程中,规划任务的实施是由同步工程团队承担的。这些临时性的组织单元,就不同的汽车制造商而言,其组织结构也都各不相同,但一般可以给予简化性描述。

为了降低车辆规划问题的复杂性,首先,将整个车辆进行模块化(参见第3.5.1节)。由此形成了多个可用的子系统,每一个子系统都由一个独立的规划团队管理监督。比如,同步工程团队负责的子系统可以是车辆内饰、底盘、车身、车辆电子电气系统、发动机或变速器。对于每个同步工程团队,都定义和分配其任务项目,确定其功能范围、时间期限、成本费用限额和质量指标(参考 Gutzmer、Dworzak 2000 第 46 页)。

所有同步工程组织方案的共同点都是基于矩阵式结构,在项目期间,专业部门的团队成员以直接职能式方式被指定进入项目团队。对汽车制造商而言,直线式职能的组织单元集合了所有的业务和技术知识,在同步工程过程中以项目的形式为特定产品的研发生产而工作。借助于矩阵式组织结构,将合作伙伴在其职能领域的专业知识集中在跨越职能、针对产品的项目中。同步工程项目团队成员的任免,以及全职性还是部分性,取决于规划的范围,或者相应的规划阶段。因此,项目参与者近距离和空间集中式分布对项目成功至关重要,因为,通常随着工作场所之间距离的缩短,员工之间沟通的频率会增加。设计同步工程组织方案的挑战在于对相互矛盾的目标进行最佳组合。一方面要为团队成员创建一个专业化、发挥直线式职能的环境;另一方面,跨越部门以及模型系列的组织结构要与各个职能部门的利益相脱节,只有这样,在整个车辆生命周期内才可以实现整体最佳状态(参考 Gutzmer、Dworzak 2000 第 46 页)。此外,在实践中大多会出现这样的问题:过于僵化,且不随时间变化的组织结构。虽然员工在专业技术上从属于其项目经理,但是通常在组织上由其直接职能上级领导所管理并最终给予评估（参考 Wildemann 1997 第 297 页）。随着项目数目的增加，员工工作受到越来越严格的时间限制，在项目业务中，这造成的后果就是规划和产品结果变得越来越差。

在下文中，将简要描述在一个项目期间各个同步工程团队的任务范围，以便在产品开发过程中更详细地说明物流规划的任务（图 4-1）。

图 4-1 同步工程团队的组成

1. 营销

要求将车辆规划与客户和市场需求保持一致，这就有必要在同步工程流程框架内所有的计划和任务都始终面向营销规范。这项工作的起点是针对市场和客户要求进行分析，综合考虑公司自身在市场上的定位（品牌核心）。即使在方案和准备工作之前的初始阶段，也必须为将来的新车型确定业务目标框架，以及定义能够满足市场要求所需的产品核心内容。营销的具体工作包括：根据销售潜力、客户要求和未来市场趋势，提取市场研究数据，然后根据自身现有产品、竞争对手现状，对新产品进行定位，以使它们适应当前的发展。比如，可借助对汽车驾驶人进行个人访谈，评估相同零部件策略的影响，或者内饰设计的重要性。一个特殊的市场研究工具是"产品诊所"。在产品诊所内，从某一目标群体中选择若干潜在客户，将车辆项目的当前规划状态以不同的演示技术（2D、模型、内设、静态原型和动态原型）介绍给他们，让他们提出评价意见。这一核心目标群体包括某些普通用户，这些用户已经拥有和使用过一种车辆，或者相似车型的车辆。比较典型的评估对象是对内部和外部的评价、与竞赛对手的比较对照、外观（如内部和外部颜色）、内部使用区域（如驾驶室和中控台），以及某些特殊功能（如杯架、冰箱、杂物架）。这使得在车辆进入市场之前，就可预先获得其接受程度、功能指标等信息。

营销的另一个重要任务在于确定特定销售市场的普通配置以及特殊配置、零部件技术和颜色差异。此外，必须为产品的推出制订适合营销的产品发布策略，比如协调广告活动的车辆照片、对经销商和行业媒体进行新车介绍。

2. 开发和设计

车辆开发为所有其他规划部门的工作提供重要的初始输入数据（参考 Kühn 2006

第 11 页）。在开发和设计中，最初始而且主要任务就是提出产品规划、设计规范（功能、特性、预开发、方案阶段）以及产品特性，这里通常的形式是零部件详细的结构设计。但是，目前汽车制造商开发和设计功能日益降低（开发深度减少），以致今天的汽车开发人员越来越多地成为技术经理，负责和管理企业内部开发和设计工作，协同与外部开发供应商和开发合作伙伴（工程服务提供商）之间的合作。除了在系列开发中的创造性活动之外，他们还越来越多地承担内部管理任务、外部服务管理任务，以及同步工程项目管理任务。由于产品技术的至关重要性，先进技术在新车型的规划和开发中发挥着关键作用，这通常着重强调了同步工程团队的领导职能。同步工程团队负责人计划并控制产品开发过程，监督其具体实施，以达到所设想的产品规范，并且考虑到所给予的人力、物力和财力资源，在给定的成本支出和时间期限内完成任务（参考 Wagner 2005，第 41 页）。同时，他领导同步工程团队，提交情况报告，并向高层决策机构汇报工作成果。

3. 战略性采购

战略性采购（远期采购、先进采购）的主要任务在于，尽早地建立战略伙伴关系，确定合作形式和成本费用战略以及供应保障，这样，新的想法和创新思想在早期阶段就纳入企业项目（参考 Wildemann 2000 第 3 页）。战略性采购团队在汽车制造商和供应商之间如同战略意义的重要接口。他们负责所采购零部件的质量、盈利能力和可用性。

在同步工程背景下，作为整合的核心，采购人员负责所有相关部门要求的汇总，以产品规范说明书的形式与潜在供应商进行沟通交流，以及辅助随后的招标和供应商程序，包括价格谈判。除监督人员外，采购人员最重要的合作伙伴是开发和设计人员，开发和设计人员设定技术规范（安装空间规格、部件重量、使用的材料、可回收性等），在产品开发过程中不断进行调整。战略性采购与技术开发（同一领导部门）之间的密切组织联系，以及采购本身对技术的理解、开发人员的商业经济思维，这些都是同步工程工作成功的关键因素。

4. 监督

监督的责任是持续性地控制项目的经济性。在产品开发早期阶段，其要求是确定实现技术规范定义和经济上的成本费用，这两者之间相互作用。所采用的标准方法是目标成本核算法，具体做法是在整个项目框架内，为各个产品范畴（模块、系统、组件）定义相应的目标成本（参见第 4.7.1 节）。这种方法的特点是既可以自上而下（Top-Down），又可以自下而上（Bottom-Up）。监督人员控制和监视目标成本的遵守性，并承担所有计划数据的收集和汇总，这是实现项目目标达成所必需的。这还包括对投资选择的评估，主要方法有资本价值和内部收益率法以及支付期限。此外，必须权衡不同规划方案的成本影响，及时圈定可行的方案，并做出决定。监督人员除了熟悉相应的控制方法外，还需要具备技术专长，因为经营业务估值总是基于技术变化而变化的。

5. 生产

每次产品变更都会对制造过程产生直接影响。因此，开发和生产计划要尽可能平行进行，以实现协同效应，设计应尽可能地适合车辆的生产，以缩短规划和实施时间（参考 Kühn 2006 第 12 页）。由于在新规划和重新规划中复杂的生产设备通常需要很长的准备时间，所以必须在产品开发过程的早期阶段就应考虑制造和生产规划。生产计划的主要任务是规划特定的车间级别的生产过程、启动生产之前设施的建设、确保生产阶段的高速运转以及设备的性能和可用性。各个车间，比如冲压车间、焊装车间、涂装车间和总装车间的生产计划人员接管产品规范要求，并将其转化为相应生产设备的制造加工规范。产品和工艺创新是紧密相连的。当今，设计规范只有在制造技术使之成为可能时才可行。同时，生产技术和工艺过程也意味着对设计自由度的限制，这必须尽早协调。

6. 人体工程学和职业安全

人体工程学和职业安全的任务其实就是根据人体特征和标准，设计工作场所，就是说要尽量地避免对员工造成健康风险。在工作场所设计中，人体尺寸和体力是规划工作场所的基础数据，并要求避免强迫式姿势。工作场所必须始终提供给不同的员工使用，而且要降低人体损害的风险。工作场所规划的内容包括：生产工具、操作设备、机器、系统以及材料运输设备。

7. 质量管理

质量管理负责规划、具体实施、控制产品和过程的质量。错误预防要从产品开发开始，这需要尽早将产品和流程要求纳入质量管理的范畴。通过投资质量保证措施，保修、维护等后续费用可以大幅降低。客户对产品质量的高要求、竞争对手能力的增强，都需要加强质量管理工作。

8. 销售

销售流程建立了汽车制造商、零售商和最终客户之间的联系。采用不同的车辆类型和计划价格，通过销售可以不断了解有可能销售出的车辆数量，这些都将包含在业务评估值中。车辆在推向市场之前，规划和疏通商业管道也是销售部门的责任。

9. 客户服务

客户服务活动的目标是规划与车辆服务相关的所有因素。一个最基本的要素是在经济性考虑下，评价计划中的新车型将能生成的客户友好性。目标是改善所提供的售后服务以及提高对车辆的诊断能力。为此，必须在早期阶段借助信息虚拟技术或原型车，对服务和维修过程进行模拟和调查，并制订适当的维修方案。

从客户服务的角度来看，另一个计划目标是要避免先前车辆中曾出现过的错误和缺陷。为此，可以从经销商处询问过去的车辆损坏和维修情况，获得所需要的统计数据。对先前车辆的损伤报告进行分析评估，建立避免损坏事件的文档，这也是客户服务的主要任务之一。

此外，还必须规划车辆维护成本，比如燃料消耗率、责任保险、全险、修理、维护和税额。保险分类的级别潜力必须在与保险业务相关的设计、开发和设计过程就给予考虑，例如预定断裂点、昂贵控制装置的防撞保护、修理连接板和修理盖。车辆的防盗保护也在保险级别中起一定作用。

10. 外部供应商

由于生产和开发的深度不断减少（参见第 3.2.3 节），大部分价值生成和开发功能都不再由制造商自身完成，而是交付给供应商。鉴于供应商不断增长的创造价值的重要性，更应考虑发展供应商的整合。供应商应该带来他们在产品方面的经验，尽可能地协调设计和制造条件，并定义自己的开发过程。只有当系统和模块供应商的员工直接参与同步工程团队，才能实现密切协调，避免双方交接的错误。当今，这是通过项目公司（如同步工程工作室、设计室等）这样专业化的外部开发合作伙伴，在项目期间签约并履行各自的职责（参考 Kurek 2005 第 17 页）。在项目中，双方的密切合作提高了响应能力和产品开发决策的质量。今天，模块和系统供应商在方案制订阶段或者结束阶段，就已经明确从哪一时刻开始他们就整合到产品开发过程中。这使得能够在整个产品系列开发阶段，有大约 30 个月的时间进行密切合作。

4.3 物流特定的产品开发过程

图 4-2 概述了在产品开发过程中特定的物流规划领域，这些领域将在以下章节中详细介绍。原则上，主要领域包括供应、包装、物流结构和物流控制。

4.4 供应规划

物流供应链的规划，是指从供应商到装配现场的物料供应链，这是物流规划的重点。供应规划可以被理解为是整个物流的规划，包括其控制所需的信息流，从制造商的物料交付地点开始，通过内部和外部物流链，一直到供应商。生产的供应安全性具有最高优先级。为此，必须建立稳定且无浪费的流程。所以供应规划的主要任务是：

1) 对具有重要战略意义的零部件，承担整个规划任务和责任。
2) 提高物流流程能力，同时保证成本效益。
3) 成本计算和效益分析，包括所有物流领域的投资规划、实施计划/实际目标比较，并在必要时启动监管和调整措施。
4) 运输和货运成本计划。
5) 定义零部件供应商的物流框架条件。
6) 将物流部分规划纳入综合供应方案，就这些供应方案进行沟通、支持和实施整合。

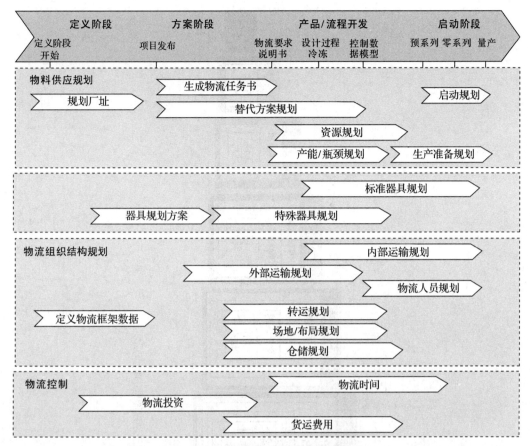

图4-2 产品开发过程中物流规划领域

4.4.1 逆序原则

在规划供应流程时，采用逆序原则。就是说，出发点是装配线上物料的消耗位置，或者其他交付地点，比如冲压车间、焊装车间和涂装车间。对客户，即制造、加工或者装配人员，必须提供给所必需的组件和模块，并且是在规定时间内以所希望的形式提供，这些是客户所希望的理想服务（参考 Boppert 等 2007 第 349 页）。

物料的供应和安装使用是物流链中的一个瓶颈，因为这时物流区域更靠近产品（这里指车辆）。目前，这个场地区域变得更加短缺、更加宝贵。根据古腾贝格（Gutenberg）的规划赔偿法（参考 Gutenberg 1983 第 164 页），在整个运营规划中，必须以瓶颈区域状况为参考基准，因为这最终决定了系统的吞吐量。因此，工作场所物料的吞吐量决定了整个上游物流链的吞吐量和周转时间。这需要采用逆序原则，逆向考察整个物流供应链，从工作场所到内部、外部的物料流向，直到供应商。后续的物流阶段必须保持一致并给予整合，在规划物流供应链时应给予考虑（图4-3）。

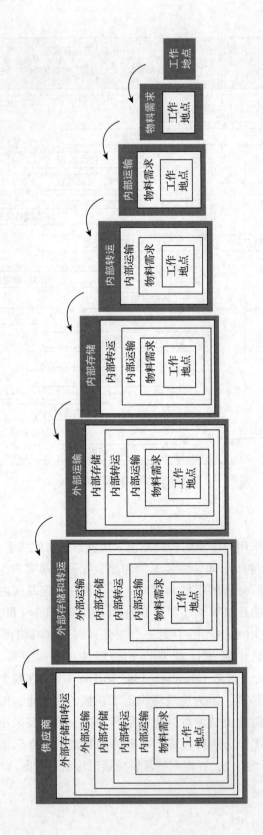

图4-3 基于逆序原理的物流规划

1. 工作场所

物料在工作场所的最佳可用性（时间、数量、质量、人体工程学）是供应规划的最高目标，因为这个位置是物流的瓶颈，在增值中占据最大份额，同时也是最高的资本影响因素。必须在工作场所，以足够的数量和质量、准时性地提供物料，以便生产线员工能够发挥其最大能力。这些问题都需要给予澄清，诸如物流优化布局的规划任务、工作场所的人体工程学要求，以及物料放置的方式等（参见第6.2节）。

2. 物料交付需求

物料交付需求提出在工作场所要给予物料补充，它应与物料消耗同步，并尽可能简单地实施。通过物料组合来达到捆绑效果，以及延迟提货脉冲出现的时间，这两点应该尽量避免。原则上，可以区分需求驱动和消费控制的物料要求（参见第6.3节）。

3. 内部运输

内部运输负责厂区内部，是物流的空间过渡。其规划的责任范围从需要场所的物料放置延伸到交付的物料卸货。所要采取的运输方案在综合考虑零件、组件或者节拍因素基础上做出决定。在实践中，常常混合使用不同的输送设备。内部物流中，最重要的运输方式是叉车、牵引车和无人驾驶自动输送系统（参见第6.4节）。

4. 内部转运

在内部物料流动中，需要不断地改变物料的数量及其类型组合。因此，有必要将它分解为多个物流单位，有针对性地改变它们所包含的具体内容。这里，内部转运涉及与数量有关的物料转换（参考Pfohl 2000第8页）。通过优化和协调交付和消费过程，物料库存和供应处理费用可达到最小化，同时实现在无仓库交货情况下（例如准时化/顺序化交货）的转运功能（参见第6.5节）。

5. 内部存储

存储功能是负责原材料、半成品和最终产品的存放和预备。而仓库的任务在于协调物料本身不同的收货和交付速度。这实现了物料发送地和汇集地之间的协调，确保所需供应的安全性。通过最佳地协调交付和消费过程，达到最小化库存，或者减少额外的操作处理（参见第6.6节）。

6. 外部运输

外部运输作为连接纽带，是在供应商和汽车制造商之间的物料运输，或者是在汽车制造商和经销商之间的成品车运输。这里主要是确定有关最佳运营商选择，以及外部运输方案。外部运输规划的基础是基于对预期运输流量的分析。这构成基本方案，它依赖各种不同零部件的传输量，主要运输方案可以是直接式、循环往返式以及集合式运输（参见第6.7节）。

7. 外部存储和转运

考虑制造商厂区和整体流程结构，可采用外部存储和转运流程，其目标是以较低的自身资源进行物料交付，具有较高的供应安全性以及供货商的应变能力。作为外部存储和转运的系统可以是转运终端、供应商物流中心或汽车制造商入库物流中的外部仓库（参见第6.8节）。

8. 供应商

一个供应商或者供应商网络物流流程的优化设计，建立了优化供应过程的基础。由于本身价值创造和物流合作伙伴的网络关系日益增强，以及相互之间不断增加的交互频率，物流管理活动除了汽车制造商自身能力外，越来越多地由供应商的能力所决定。这个环节的目的是要提升供应商和上游供应商在库存、需求和能力方面的透明度，以及早发现瓶颈情况。就高度的交付能力而言，不能利用供应商库存和冗余，但是可以通过精益协调的规划和物流流程来实现。在物流供应商管理的背景下，这更需要选择和发展合适的供应商（参见第5.2节）。

4.4.2 供应规划中的物流模型

通常，在供应规划中可以分为以下几种模型（参见第2.3节）：
1) 供应规划的微观和宏观物流模型。
2) 供应规划的静态和动态物流模型。
3) 启发式和优化供应物流模型。

在汽车制造商的供应规划中，作为产品开发过程的一部分，最常用的模型类型是静态物流模型，或者网络型物流模型，随着规划进程的推进，部分变得更具动态活力。物流链的生成其实是通过查寻所有物料在空间、时间、物理特性方面发生的变化安排物流业务服务点（参见 Gudehus 2007 第 28 页）。这种建模包括确定所有零部件的起源-终点关系以及与之对应的物流资源关系（参考 Bracht、Bierwirth 2004 第 95 页）。建立合适的物流链的目的在于，在投资密集型阶段迅速和低成本效益地描述供应流程。物流链模型可应用在供应流程的分析、可视化、设计和存档、维护程序（参考 Schulte 2005 第 535 页）。结构性的决策、各个物流要素在将来供应流程中网络式的连接，都可以借助物流链有针对性地进行评估（参考 Bernemann 2002 第 65 页）。除了物流组成要素外，另一个规划重点是物流界面。在考虑精益流程的角度下，全面描述物流接口的结构化数据提取、分析和评估（参考 Knössl 2015）。对于物流链模型，始终一致地面向过程，可持续性地保证要实现的流程的透明度，对分析企业资源消耗和价值创造做出贡献（图 4-4）。通过详细地观察物流流程，可以分析出哪里出现了不必要的缓冲区、传输和仓库进程，使订单处理周期加长，还可通过改进界面管理来改善物流过程中信息不足的缺陷（参考 Kuhn、Hellingrath 2002 第 120 页）。

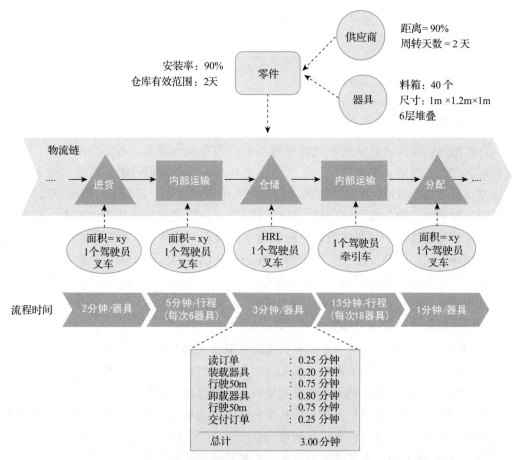

图 4-4 示例: 物流规划中的供应链 (参考 Schneider 2008 第 118 页)

物流链模型可以灵活地构建基于零部件和变异的不同供应方案（参见第 2.2.1 节）。其组成部分是供货、转运和交货活动，部分以零部件特定的方式进行组合。随后这些物流链根据虚拟物流的参考模型与实施所需的实际资源建立相关联系（参见第 2.2.3 节）。对不同物流流程替代方案，根据对资源消耗成本的评估可以进行盈利能力比较，可为不同规划提供备选方案和选择标准。基于此，所有与供应相关的成本费用在物流链中，从发货处到接收地都给予详细描述。所采用的规范是对各个物流级别（例如运输、转运、存储）的成本和性能估算，在整个物流链中，整体评估各个零部件系列的物流流程。通过这种方式，可以为规划部门创建透明的多种供应方案选择，并且在设定条件下，选择相应零部件的最佳供应流程。

使用物流链模型，可以明确以下规划任务：

1) 在供应计划和供应商选择过程中定义可视化和规范物流方案。
2) 基于物流流程评估资源消耗。
3) 选择最为经济的交付方式。
4) 兼顾物流服务供应商的整合，设计供应商和汽车制造商之间的物流方案。

5) 制订紧急方案，保证系列生产供应。
6) 规划交货要求系统。
7) 在器具周期中，规划载货和空箱处理。
8) 开发和选择合适的运输方案。

4.4.3 供应规划领域

许多物流供应规划的应用领域按照其规划期限和详细程度，可分为战略性、战术性和运营性供应规划。战略性规划在批量生产开始前几年就已开始，而战术性和运营性规划则是在每个月或每一周内实施。随着规划范围的缩小，其细节程度将不断提高，这是因为规划的不确定性逐步降低。这也可以反映在物流规划中使用的模型。长期性的战略性模型通常基于静态物流链。随着越来越接近批量生产，静态模型将变得动态化和更加详细化。但是，这三个规划的过渡交接是流动的。由于物流框架中数据的频繁变化（比如零部件几何形状、地点、供应商等），一个已经相当详细的供应规划可能会回到粗略规划的初始状态，这样就必须再次运行规划流程。

供应规划将要回答以下几个关键问题：

1) 战略厂址规划：选择一个新车制造地点会对物流产生哪些结果？
2) 战术替代方案和方案规划：在交付方案中有哪些物流替代方案？
3) 战术资源和投资规划：使用所规划的物流资源会产生哪些成本支出？
4) 战术能力和瓶颈规划：新车项目需要配备哪些物流能力（场地、器具、运输车辆、物流人员等），以及可能出现瓶颈的地方？
5) 运行部署规划：如何将器具放置在装配现场？
6) 运营启动计划：哪些物流方面的需求将在新车生产启动阶段出现？

4.4.3.1 生产地点规划

汽车制造商通常在国内外都有不同的生产地点，在一种内部竞赛机制中，部分生产新型车辆（参考 Bierwirth 2004 第 57 页）。作为新车战略性规划的一部分，对于一个新车系列及其变异，必须确定一个或者多个生产地点。在很大程度上，这种早期性规划将影响所有后续的物流流程（参考 Bracht、Bierwirth 2004 第 93 页）。面向物流的生产地点规划，其目标就是对不同物流和信息流方案进行早期性评估。作为物料供应计划的一部分，必须进行以下与生产地点有关的调查：

1) 对一个新车型，调查所有可以考虑的生产地点。
2) 考虑到车辆变异在不同生产地点的分配，调查所有可以考虑的厂址。
3) 调查在车辆生命周期过程中产量的分布情况（例如，车辆生产在另一个地点的启动和终止）。
4) 调查一种车型在多个生产地点可选择性的增值分布（多厂组合式生产）。

随着生产地点选择的不同，物流将会同时发生变化，即整个入库、内部转运和仓储以及出库物流发生变化。作为战略规划的一部分，对每个生产地点都要进行考察，并根据其经济效益和成本标准进行综合评估。

实现全面的面向成本费用的评估，对每个项目和每个地点都有必要厘清相应的成本支出。在这里，基于所生产的车辆数量（完全预订的单位），运输成本是评估中的重点。为确保跨越地点的可比较性，必须明确给定评估的标准，这里涉及物流资源，如厂区、器具、库存、人员等。

能对总体成本构成产生额外影响的因素是特定地点的经验效应曲线。在这里，由单位增值成本所导致的费用节约，不是如同在传统模型中与累计产量相关，而是建立在某一地点持续时间和车辆特定的实际经验。对物流规划而言，这意味着随着生产时间的增加，基于不断累积的物流经验，降低成本是可以预期的。这种效果会推动在调试国外低成本生产地点时，比如印度，尽管资源成本大大降低，但最初可能会增加内部物流成本，只有经过多年以后随着经验和知识的积累，这一成本才会减少。

为了避免错误性决定，每个可供选择的地点方案中，其所有与决策有关的成本都必须包含在评估中。采用总拥有成本方法可以满足这一评估要求（参考 Ellram 1993 第 49 页）。除了各个生产厂地特定的生产成本，还必须考虑每一地点的物流成本，比如运输、器具、仓储、物流人员成本，以及经验曲线效应。只有通过比较所有与决策相关、与地点相关的成本，才可以做出业务经营的决策。

4.4.3.2 替代和方案规划

供应规划的主要任务是生成不同的物流供应评估方案。这是对整个车辆项目分析和比较各种方案的变体、情景和规划状态，且都是基于各个零部件系列的具体情形完成的（参考 Schneider、Otto 2006 第 64 页）。先建立若干具有不同参数值的规划预选方案，检验它们对盈利能力的影响。然后可以进行更复杂的"如果 – 则要"分析（参考 Bernemann 2002 第 56 页）。对不同预选规划方案的成本和性能进行比较，应该确保对每个零部件系列的供应链均选择出一个最佳（在启发式意义上）方案。可以从以下几个角度考虑不同供应方案的选择：

1) 在产品开发过程中修改车辆规范。
2) 同一车型在不同的生产地点生产。
3) 必须在不同时间安排不同的产品变异。
4) 不同数量的车辆及其变异。
5) 不同的物流框架条件，比如准备场地、器具类型、拣选范畴等。

这一调查的目的是全面地、尽可能详细地针对所有物流链进行物流可行性和成本分析，例如供应商和一个工厂之间、厂区之间以及厂区内部（参考 Bracht、Bierwirth 2004 第 94 页）。

由于产品和流程模型的紧密关系，供应方案随着车辆方案的改变而发生相应的改变。为了限制规划预选方案的数量，可采用一个多阶段流程。首先在高度抽象的情况下进行检查；随着规划的进展，各个物流链将得到调整、更加详细地给予完善。

4.4.3.3 生产资源规划

通过描述供应计划中的物流流程，可以将物流中生产要素分配给物流活动（参见第 2.2.3 节），此外，对资源需求进行早期预估。资源管理的任务主要是通过综合绩效评定和成本思维，确保物流链的效率、审查物流能力的经济规模，并酌情确定是否需要根据绩效和成本影响使资源能够适应成本效益的变化（参考 Zäpfel、Piekarz 2000 第 9 页）。在选择特定物流活动相应的因素时，细分的精密度和成本差异都取决于供应链的整体系统细分。所描述的物流链越详细，各个单一因素差异性越大，还要掌握其成本费用，附加分配给各个因素（参考 Klug 2000a 第 121 页）。因此，对零部件系列，在观察其更高级别的聚合式存储流程时，只能指定具有相加特性的存储区域作为储存场地，这将在下一阶段进行补充完善，并为零部件系列的变异分配一个特定的储存区域和相应的资源要求。特别重要的是各因素之间的相互依存问题（参考 Schneider 2008 第 87 页）。物流结构的任何变化都可能导致其他要素发生变化，使其相应的物流流程或其他与该物流流程相关的因素亦随之发生变化。例如，如果零部件的交货周期缩短，这将增加对仓库场地空间的需求，因为随着交货量的增加，平均交货量也将增加。

通过计算物流资源需求（工作人员、场地空间、器具、运输车辆等），可以推导出物流投资要求。一方面，这些是物流预算的基础（参见第 4.7.3 节），另一方面用于控制投资预算。比如，通过分析不同的拣选策略（如按灯拣选或按表拣选等），参考特定的厂房布局、货架、信息技术系统和生产人员，可以获知不同的投资要求。

4.4.3.4 产能和瓶颈分析

在生产能力规划中将不断地审查是否在规划阶段所计划的物流资源由实际可提供使用的生产要素给予保证。这里，对生产能力需求与物流资源供应进行早期的比较（参见第 2.2.3 节）就是为了这个目的。需求正是由于物流活动而产生的。这种需求必须与充足的物流因素相对应。如果存在供过于求，或者供不应求，则有必要通过计划性措施给予相应的反应。在早期规划阶段，可以观察在运输和人员能力方面的缺失或瓶颈区域。这时就需要采取能力扩充措施，比如采购器具或增加储存能力。资源规划的主要重点是场地区域、物料搬运设备、器具、人员和拣选计划。

产能和瓶颈分析的重点是避免产品制造阶段潜在瓶颈的出现。必须尽早识别在供应过程中每个可能出现的瓶颈，以便能够保证物料供应。所有制造过程的供应稳定性和安全性，都是规划工作的重中之重。

4.4.3.5 物流规范

在物流规范的帮助下，汽车制造商的物流要求涉及今后交付范围（零件、组件、模块、系统），将在招标和承包过程中更准确地给予确定（图 4-5）。物流手册作为规范说明的一部分，可作为提出物流报价的基础。依赖于招标范围和战略重要性，根据细节程度，规范有所不同。例如，零件和组件等简单交付，可由粗略的物流方案预先确定。然而对于准时化和顺序化交付，由于与供应商的关系更为紧密、具有重要的战略意义，将使用一个特殊的规范给予更详细的说明。在供应商备选流程范围内，这将用于物流要求的定义，在产品开发过程范围中灵活地适应不断变化的规划状态。

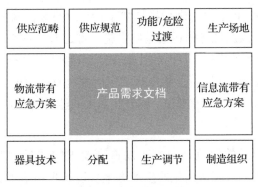

图4-5 物流规范中的要求

以下列出供应规划的重要考虑方面，这些通常写在物流规范中。

1. 供应范畴

这包括对所要提供的零部件类型系列的描述、计划的车辆生产数量，由此而需的预定提货数量。在这种情况下，它适合于车辆生产的启动和结束阶段，以及在生产时间内车辆数量的分布。同时，当汽车制造商改变车辆程序时，还必须确定要交付的货物在数量上的波动量（通常基于5天预告，波动量至少在20%）。这些定义了物流系统（仓储、运输、配送）的灵活性要求。

2. 交付条款

原则上，在计划采购的招标中，汽车制造商将就交付形式询问供应商，不论是出厂，还是免费送货上门。这提供了可选择比较的可能性，制造商可以选择对自身最具成本效益的交付形式。由于汽车制造商的入库物流量非常大，由供应商提供更廉价的物流服务这种可能性相对较小。大型汽车制造商可以通过其大规模购买力，在运输方面实现低运费。与此同时，物流组织的方式也更加多样化，特别是在零部件运输和散件物料范畴。在德国汽车工业中，从供应商到汽车制造商工厂，90%~95%的运输量是由汽车制造商负责，并与供应商签订了出厂协议的。

3. 供应能力/风险交接

这取决于商定的标准交付方案（参见第8.1节）。风险交接通常发生在供应商和客户之间的货物交接地点。对于仓库交货，就是传统的收货入口。而按需要或消耗驱动的直接交付，是节拍式装配线的供应接口。对于客户发现的质量缺陷，需要查清原因，明确供应商和客户之间的责任，协调相应的纠正措施，确定预防性措施。必须尽快由供应商更换有缺陷的零部件。短缺或者有缺陷的零部件（例如返工）所造成的后果和损失，将由供应商负担。

4. 生产厂点的供应商

当汽车制造商确定供应商地点时，必须考虑各种各样的决策标准。通过引入稳定顺序式订单控制（参见第 9.6 节），在准时化/顺序化交付的范围内，可以在更大的距离范围内（远程准时化/顺序化）进行物料供应。与此同时，汽车制造商厂区附近的工业园区相应的可用性，以及现有的运输基础设施，都起着很重要的作用。

汽车制造商在建立新的生产工厂时，比如在"金砖四国"（指巴西、俄罗斯、印度和中国），由于其物流重要性，准时化/顺序化供应商都负有相应的义务同样在汽车制造商的区域附近建厂，这对一级供应商来说，需要相当大的经费投入，具有一定的投资风险。

5. 生产组织

供应商生产组织形式的规范是由汽车制造商要求的数量和变异所决定的。通常，件数的增加意味着需要引入流量优化的生产方案，以实现所需的数量和灵活性。同时，供应商的生产方案必须针对来自精益工厂拉动导向的要求，以及汽车制造商的要求，在数量和产品组合灵活性方面进行协调。

6. 生产控制

生产控制的基本前提是采用信息技术，可以自动提取汽车制造商的交货要求，并尽可能无接口地进行处理。汽车制造商的主要要求体现在交货时间表或交货要求上（参见第 8.2.1 节），必须在单独的物料需求计划系统中给予解决。汽车制造商特定的零部件编号、交货日期、器具数据、包装说明等，将在物流系统内部进行相应处理。变更管理以及零部件的有效性，也必须由软件技术实现。这里，零部件编号的变更索引起着重要作用，它反映了当前零部件的交付技术状态，从物流的角度来看，应该始终存储在物流链中，因此，可以避免错误交付，并处理因库存技术造成零部件过时的风险。

7. 支配

借助辅助信息技术，供应商独立地负责原材料采购和材料支配，包括使用和报废时间控制。作为供应商关系管理的一部分（参见第 5.3 节），它负责库存、器具、运输和订单监控。制造商需求量的波动或日常计划中的变异组成，都必须要在所预定的程度上传递给前端供应商。

8. 紧急方案的信息流

为了实现对物料的有效控制，有必要交换适当的信息。这些信息包括提货数据、交货单信息、信用票据程序、器具信息和运输信息。所传输的数据标准必须事先进行商定。汽车行业的标准化数据交换，通常建议采用基于德国汽车工业协会 VDA 标准、ODETTE 标准，以及国际行政、商务和运输业用电子数据交换标准（EDIFACT）（参见第 6.9.2 节）。

为确保高安全性供应，所有直接依赖于物流过程的信息技术系统，都必须由供应商提供冗余设计。数据必须以两种独立的方式传输。举例来说，这意味着对于交货数据，汽车制造商必须传送参考数据，这样在出现严重的信息系统问题时，仍可以作为交付基础。

9. 物流紧急方案

为此各个单一的物流活动，依次从供应商到汽车制造商交付，以较低的细节程度给予描述。在报价的前提下，运输、配送和储存活动必须由供应商进行规划和实施，这样，虽然考虑了汽车制造商特定的条件限制（例如，采用准时化交付货车时，场地空间情况），但仍然给供应商有足够的物流规划空间。这里，固定点是制造商工厂中货车的交付点，准时化/顺序化模块交付输送系统的卸载点，也可能是供给点。同时，供应商进行规划时，必须考虑制造商生产换班情况，以及汽车制造商的生产量。除了提供满箱供应外，通常，空箱的返回必须通过一对一交换来确定。

如果供应商的运输能力或者内部制造出了问题，导致交货延迟，必须在货运区域提供备用能力。对交货时间要求高的准时化／顺序化交货，需要有两种可选择的物料运输方案（交货路线）。详细的过程在紧急流程的框架内给予确定，并要为车辆制造商提供合理的文件记录。

10. 器具技术

器具技术泛指从运输采购的物料一直到安装现场交付过程中所需要的技术。根据运输器具方案，这包括运输工具承接器具所需的技术、器具本身、转运技术所有这些涉及物料装卸的技术。供应商全面负责器具的开发、优化、更换、维护和清洁。器具技术的开发需要与汽车制造商密切协商进行，必须与汽车制造商商定物流计划、各自的开发现状和进度时间表。而器具的接受性将由汽车制造商在考虑其成本费用、质量因素和适用性的情况决定。供应商物料的运输器具应与汽车制造商互相协调商定，并由供应商承担成本费用。运输器具的开发、采购、补给、维修、标识和清洁费用通常也由供应商承担。所有供应承运人都需要进行库存管理，定期与汽车制造商数据对照比较。

在物流规范手册中，其他要点有：

1) 物流人员的责任和任务范围。
2) 通过适当的质量保证程序，保证物流过程的安全性。
3) 根据标准，制订对标签的要求（例如，VDA 标准的器具标签）。
4) 供应商的生产运营换班模式应适应汽车制造商的工作和运营时间。
5) 针对全散装件组装（CKD）市场，所需的材流和信息流（参见第 8.6 节）。
6) 确定所需的测试和原型部件（参见第 5.4 节）、预批量生产部件（参见第 5.5 节）及其物流操作。
7) 定义备件条件（零部件价格、交货时间、交货数量等）直至服务结束（参见第 11 章）。

4.4.3.6 存储规划

车间装配地点的存储区域就是物流和生产计划之间的接口,这是零部件的责任过渡。按照准备区域的技术流程(例如装配线上的供货周期要求),器具的存储过程必须符合最佳物流要求。良好的物料存储准备奠定了降低工艺成本、实现高效物料流的基础。精益物流的基本原则,是追求无浪费的零部件存放(参见第 7.3.2 节)。存储规划的范围在产品开发过程中将发生变化。早期阶段,它们是确定的,在装配现场的哪个地方提供器具,以及采取什么样的存储方法(例如单行/多行、堆垛/非堆垛)。这还需要确定安装地点、货架、场地和器具的总体布置。除了考虑短距离物流理念以外(参见第 1.2 节),存储原则也要满足员工人体工程学要求,为此使用了诸如提升/旋转工作台、倾斜操作装置等。根据交付计划,对这些存储设备进行规划,并根据逆序规划原则,集成纳入供应计划的整体方案中。存储规划可提供以下相关规划数据:

1) 存储每个变异所需的器具数量。
2) 器具的存储规则。
3) 零部件与安装点的距离。
4) 存储的场地要求。

在批量生产开始之前,可通过装配流水线填充性规划,详细确定前一阶段的粗略计划。在制造过程的过渡阶段,将计划布局、堆放因素、器具数据和填充度等,转交到运营管理部门,然后在批量生产过程中,由他们负责对此进行持续性优化。

4.4.3.7 启动计划

在批量生产开始前约一年,物流链模型越来越多地得到应用,以确保启动过程顺利进行。由于后面的计划时间缩短,模型的细化程度非常高。同时,在物流规划阶段,静态物流链模型会部分过渡到动态模拟模型。这使得可以借助计算机模拟技术来测试各种物流边界条件(参见第 2.3.3.2 节)。计算机模拟的目的是从物流角度,找到最佳启动方案,如果用几何曲线描述,陡峭和短时间的快速启动(Fast Ramp-Up)方式代表了对物流的主要挑战。物流模型在启动阶段,过了规划阶段以后,就进入系列生产运行阶段。这就需要有灵活的软件模型将获得的物流安全计划数据(例如区域占用、器具数据、检索程序等)转移到系列生产调度活动,进行物流持续性支持和维护。启动管理的一部分是变更管理,它处理必要的日期协调和更改任务,这些都是在对零部件进行技术改进时所必需的(参考 Baumgarten、Risse 2001 第 156 页)。

计划的供应流程不仅服务于内部协调,还应对整合供应商和物流服务商提供服务。特别是在订单计划和控制方面,需求/容量管理、库存管理以及交通规划中的紧密合作,可以极大地减少启动期间对生产的干扰(参考 Straube、Fitzek 2005 第 46 页)。

4.5 包装规划

在产品开发过程中,对于要采购和交付的每个新零部件或模块,都要给予最佳的包装,这是包装规划的任务。正确选择、分配和装载运输工具,可以从物流链中挖掘出所蕴藏的巨大潜力,因为包装直接地或间接地影响到物料库存、物流规模,或者涉及物流资源的数量(参考 Bracht、Bierwirth 2004 第 94 页)。包装规划的主要任务是:

1) 开发和商定符合人体工程学、安全和经济的包装方案。
2) 以规范说明书的形式定义具体的包装要求。
3) 在器具规划和采购期间可视化规划和订单状态。
4) 遵守安全性要求,并确保所需的质量要求。
5) 协调和控制与器具供应商的合作流程。
6) 实施已确认的方案和器具采购要求。
7) 变革管理。
8) 制定和达成包装标准。

从企业运营角度来看,包装规划的任务是建立低成本和性能优化的器具方案。在这里,面向包装的产品和工艺设计在产品开发过程中起着重要的影响作用。由于全球性供应商的生产地点和当地条件不同,包装规划过程是非常复杂的,必须遵守各个国家的法律和特定法规,而又不能忽视标准化包装材料和填充度。各地区域性气候,货运车辆、火车、轮船或者航空运输的要求,都必须包含在包装规划中。

正确的包装方案要基于零部件几何形状、零部件和物流的要求。包装基于逆序(Line Back)规划原则(参见第 4.4.1 节),就是说,它取决于存储和装配地点这样的前提条件。因此,包装规划人员必须在规划过程中,与所有内部和外部流程合作伙伴进行协商。在同步工程过程中,整合包装规划对包装成功至关重要。生成最佳的包装方案,需要部门之间同时进行交流互动,包括产品开发、战略采购、质量管理、生产规划、供应规划、员工安全,以及零部件和器具供应商。在这样一个项目中,这些领域的联系人负责、控制和实施正确的技术要求,进行专业化的验收,项目结果重新反馈到各自部门的日常工作。从不同部门的角度来看,对包装规划可定义以下任务内容。

1. 产品开发

产品开发部门负责设计和构建新车及其组件。作为开发工作的一部分,开发部门定义了零部件的几何形状、重量和属性。在这些信息的基础上,包装规划将定义器具方案中的要求。基础信息是计算机辅助设计(CAD)中零部件的几何形状和工艺数据。这些可用于支持器具规划,以及进行虚拟包装试验(参见第 6.1.4 节)。由于产品开发过程中零部件会频繁地更改,对零部件的任何变更,都应该尽快通知参与规划过程的所有合作伙伴。除物理特性外,虽然每个零部件的变异数量是由开发部门决定的,但它对包装规划也是一个重要的信息。例如，组件几何形状的变化可能会产生下列影响：

1) 器具填充度，因此影响整个器具方案。
2) 存储，进而影响存储原则。
3) 供应流程，影响物料供应策略。

2. 战略采购

包装规划与战略采购的界面在于供应商选择过程，正是这些供应商负责开发和生产器具任务。采购部门协调招标，进行价格谈判，与器具供应商签订框架协议，并协调可能的拍卖。

3. 质量管理

质量管理确定零部件的质量标准。在此基础上，包装规划要选择相应合适的包装方案（参见第 6.1.5 节）。在包装项目设计阶段，质量专家承担独立的审查员角色，从而确保四眼原则，同时和项目经理确认项目的结果和执行情况。质量专家为项目提供建议和支持。

4. 生产规划

生产规划是计划具体车间内的价值创建流程，并通过虚拟测试使其得到保障。根据所确定的生产流程，器具方案将受到影响。比如，确定手动或者自动移出零部件，就可确定零部件在器具中的定位精度。相对人工手动提取零部件，如果采用自动机器人提取车身中的钣金零件，这就对机器人的定位精度提出了更高的要求。

5. 供应规划

零部件的存储位置决定了器具方案。每个器具的设计，都要考虑零部件的每个变异，都必须尽可能无多余浪费地提取到。存储区域和清理情况将决定采取哪种类型的器具（小型或大型，标准或特殊载体）、需要多少个器具。这反过来又影响提取流程（需求或消费控制）以及交付方案。

6. 器具供应商

器具供应商负责及时和适应性地交付样品、辅助和批量生产器具（参见第 6.1.5 节）。外部器具供应商必须通过变更管理进行整合。器具供应商应该参与项目管理和日程安排，获得状态信息、质量把关和评论。

4.6 物流结构规划

物流结构规划就是开发并优化物流关系，这些关系反映了一个新车项目的物流组织。此外，它是独立的项目，负责在工厂组织中长期性的物流结构。为此，就有必要与生产战略部门密切协调。再有，工厂的长期物流结构发展不是一次性的，而是一个连续的并向前推进的过程。物流结构规划的主要任务是：

1) 物流结构的设计、规划、优化和协调。

2) 为物流结构规划和分配战略资源。
3) 跨越厂区物流要求的标准化。
4) 创建和适应物流参考系统。
5) 特定厂区的物流战略定义。
6) 跨越性定义物流标准和比较参数。

4.6.1 物流框架数据规划

定义物流框架数据有助于开发新的物流结构，这在工厂结构规划以及投资新车项目所需的基础设施规划中，都要给予考虑。满足新项目的物流目标，可以示例性地提出以下要求：

1) 提高供应商的产品出厂数量。
2) 在虚拟工厂中使用新的规划工具（参见第2.1节）。
3) 提高交付可靠性。
4) 减少客户订单流程中的流程时间（参见第9.2节）。
5) 增加产量和产品组合的灵活性。
6) 提高物流流程的安全性。
7) 在同步工程工作中，遵守与物流相关的规划日期。
8) 降低物流成本。
9) 在车辆生产过程中，尽可能晚地创造附加值、生成车辆变异（参见第3.4.3节）。
10) 减少装配线上的物料库存。
11) 物流流程标准化。
12) 无堆积式生产。
13) 始终如一地遵守先进先出原则。
14) 通过货运集中捆绑，将分包商的运输成本降低到一级供应商水平。
15) 实现无废物工厂。
16) 减少物流链中的转运层次。
17) 简化器具技术，比如采用模块化设计。

4.6.2 区域规划

场地空间是汽车工厂中最稀缺的物流资源，在规划过程中需要特别重视。场地空间作为资源，反映了资源规划的典型问题。在工厂结构内，场地区域的使用寿命远比车辆项目的寿命长（参考Bierwirth 2004第33页）。由此可见，在规划中必须重复利用旧的场地空间。同时，在规划阶段，要明确哪些场地可用于新车型项目。因此必须对厂区内特定的区域进行一致性的分类和优先排序。

多年来，装配线节拍时间缩短，使生产出的车辆数量增加，这首先意味着对相应生产和物流方面的场地空间需求亦不断增加。因为制造区域是实际的增值资源，而物流场地空间具有非增值特性，所以必须以一种不同的方式进行运营管理。类似于加工生产能力的提高，空间场地的生产力也必须不断提高（参考 Klug 2012 第 72 页）。这只能是通过增加空间场地的周转率来实现。作为精益物流的一部分（参见第 7 章），为了达到此目的提出了许多规划措施建议，比如小型器具、缩短提取周期。场地空间越接近实际生产区域，其使用的经济效率就变得越发重要。这是最大的资本承诺，需要进行快速的物料转运。设计物流场地区域，可考虑以下标准：

1) 根据逆序原则，沿着物流链布置场地空间，如存储区域、安装附近区域、内部转运区域、内部交付区域、内部储存区域、外部交付区域、外部转运区域和外部储存区域。

2) 以在场地空间上进行的活动类型为依据，如运输、配送、缓冲、拣选、质量和存储区域。

3) 按车间进行区域分配，如冲压车间、焊装车间、涂装车间和总装车间。

4) 以储存和操作的容器类型为依据，如小型、大型器具场地。

可通过场地空间平衡，辅助支持场地空间规划和控制。这可以根据不同的标准划分如下：

1) 根据当前计划所确定的区域。

2) 当前实际可用区域。

3) 与装配地点的距离（外部、内部、使用点附近、装配地点）。

4) 场地空间类型（存储、配送、缓冲、拣选等）。

5) 场地空间使用（小型器具存储区、大型器具存储区、订单拣选区等）。

6) 场地空间负责部门（物流、生产、外部服务提供商等）。

场地空间规划不能与物流供应计划分开进行（参见第 4.4 节）。各种物流活动，比如在现场存储从器具中取出的零部件，需要提供一定的场地资源。物流活动必须将这些对场地的空间要求，与实际可用空间进行对比。借此，在产品开发过程中，某些问题和瓶颈就可以被识别出来，并且可以在早期就对计划进行扩展补充。这一调整过程可以在虚拟工厂中通过信息技术软件工具进行。为此，将已经在供应计划中建立的物流链模型（参见第 4.4.2 节），输入计算机辅助系统，对该模型进行模拟和评估。在规划过程中，物流可以附加距离数据信息。除了传统的工厂空间规划外，还可以这种方式建立物流空间规划：它不仅包含所描述对象的位置信息，还包含它们之间的关系和属性信息。通过重叠覆盖这两种类型的规划布局，物流规划人员可以进一步考虑其他与加工和物流相关的要求，并且使之同步进行（参考 Bracht、Bierwirth 2004 第 95 页）。

4.6.3　仓储规划

仓库用于物料在时间上的过渡（缓冲、长期存储），可出现在物流链中的任何一个环节，只要那里有进出物流（物料、半成品、成品车），如果在时间上不能及时同步运行，就需要仓储。在产品开发过程中，仓储规划的主要任务是（参考 Schulte 2005 第 221 页）：

1) 仓储设备，包括仓库管理和控制。
2) 仓储集中范围。
3) 自有或外部仓储。
4) 仓库地点。
5) 仓储运营策略。
6) 仓储规模。
7) 布局策略和参数规划。

价值创造过程中的仓储物料，因其从属的部门不同而不同，因此在存储的物料种类和结构构成上存在很大的异质。在一个汽车厂的增值链中，可以区分出以下特定部门的仓储区域。

1. 冲压车间

冲压车间加工处理大量的成卷轧制钢板（钢卷），由于它们的重量（约 30~40t）和尺寸（最多可达 5m）都很大，通常在外部仓库中进行缓存，以便在冲压车间需要时提取。同时，钢卷仓库好比一种离合缓冲器，因为冲压件的生产是成批或成组进行的（参见第 9.7.1 节）。考虑单一钢卷的重量，其转运是由桥式起重机承担的，通常，钢卷在地面上存放（图 4-6）。

图 4-6 钢卷带仓库（来源：大众）

在钢卷展开和切割之后，先生成特定的平板钢坯（坯料）。这些坯料的尺寸和形状要与后来压制出的零部件相匹配，在切割以后堆垛存放。在初压制之后，坯料再次被切除毛边，冲压成型，成型后的压制部件必须进行缓存（图 4-7）。

在冲压生产线的装备调试过程中，除了成型工具之外，还必须更换辅助操作装置（比如抽吸夹具），因为它们需要与冲压零件的几何形状相匹配。冲压工具以及夹具都存放在冲压机附近的仓库里，专门为调试后使用存储。除此此外，其他钣金件（组件、焊接子组和焊接组件）是从外部采购的，它们也被暂时存储，直到被提取使用。因此，冲压零件缓冲区所需的存储场地空间一般是在冲压车间和焊装车间之间，通常汽车制造商的工厂厂区内没有这一场地，因此完全或部分地需要一个外部仓库。

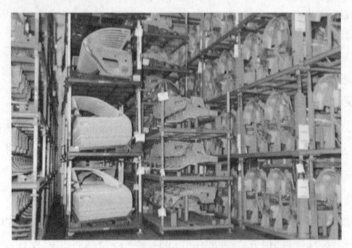

图4-7 货架存储示例：冲压件仓库

2. 焊装车间

在提取到冲压制件后，在焊装车间冲压制件被加工成车身壳体（参见第9.7.2节）。此外，外部采购的压制零件以及已预制的附件，比如车门和盖子，从压制件仓库或者其他生产部门及时地运送过来。这些附加零部件的存储可通过输送技术实现，进而除了零部件运输作为主要目标之外，输送设备系统还可用作存储缓冲装置。在焊装车间里，这些零部件由悬挂式输送机构（链式输送机、动力和无动力设备）存放到传送带上，然后根据特定的车型进行提取和输送。此外，焊装车间还需要存储区域来与其他相关制造部门同步（车身下部、上部，附属构件制造）。在通过检验和完工区域之后，直到被涂装车间提取以前，车身主体都处在缓存状态。在生产控制过程中，仓库承担和执行排序功能，以保证稳定的订单顺序（参见第9.6.8节）。

3. 涂装车间

涂装车间的特征在于使用大量不同的表面处理工艺（例如脱脂、磷化、上底漆、底部保护、上底涂层、上面漆）。除了运输和分类功能外，输送系统还具有存储功能。根据每个处理步骤的具体要求，对车身主体进行分类和缓存。

在涂装车间里，最大的存储区域是颜色分类区。为了减少颜色变化的频率，底料和底漆涂装在涂装车间进行，这中间插入了一个车身仓库。在颜色分类区中，为车辆配制相应的填料或底漆颜色（参见第9.7.3节）。除了车身的存储阶段外，还有涂层材料的特殊仓库（底漆、填料、面漆等）。由于涂料特殊的危险性，都应存储在各自单独的原料仓库中。

4. 装配车间

主要的存储场地是靠近装配地点的存储区域，这一区域是为采购的零部件设置的。由于当今汽车制造厂的直接交付量约占采购总量的90%（参见第1.2节），所以存储容量可以大大减少。通过同步交付，在提供到最终装配线上前，采购件只需通过平面堆积块缓冲，进行暂时存储。由于直接交付数量的增加，同时提高了周转率，使制造产量增加，存储场地空间要求相应减少。使用较少的零部件仍然需要通过自动化的高架仓库或者小型零部件仓库进行缓冲。这通常不到总交货量的10%。

5. 调度控制

在车辆完工和质量检查之后，将车辆移交给调度控制部门。这里，车辆将存放在大型露天开放式场地空间，直到它们通过铁路或者货运车辆运送到经销商（参见第10.3节）。一部分车辆将被保留下来，通过客户配送中心用于直接销售。

在仓储规划问题上，目前有以下趋势：

1) 由于直接交付比例增加，仓库所接收的货物比例下降，这将有利于装配线附近的地面仓库用作缓冲场地。

2) 通过工业园区和供应中心的建设（参见第8.5节），将存储区域外包给服务提供商，由他们负责仓库管理，以及装配现场的物料交付。

3) 装配零部件变异越来越多，意味着需要越来越多的存储场地空间用于订单拣选和排序需要。

4.6.4 运输和配送规划

仓储流程与运输和配送流程密切相关，相互影响。因此，作为产品开发过程中物流规划的一部分，运输和配送规划必须与仓库规划平行地进行协调。

根据规划的交付内容，必须首先定义外部运输方案（参见第6.7.2节）。根据运输量、运输频率、运输器具和运输距离，需要为每一个采购物料选择最佳运输方式。这包括选择承运人、承运人的负荷系数、运输路线的选择，以及对分组运输所需转运终端的选择（参考 Klaus、Krieger 2000 第480页）。同时，在供应关系的合同监管框架中，通过国际商业条款的规定，由谁承担运输费用、货物所有权从卖方转移到买方的时间和地点应给予明确。在汽车行业中，所使用的主要交付术语是免费承运人（Incoterms FCA）、交货税未付（DDU）和交货税已付（DDP）。对于交付条件 FCA（免费承运人），汽车制造商将支付运费。从汽车制造商的角度来看，FCA 基本上已经完成，并构成了优化车辆制造商的运输关系的基础。只有承担责任以及运输成本，才有合并运输和节省运费的可能（参见第8.7.3.1节）。对于交货税未付和交货税已付，供应商是货运付款人，在这里再次区分谁承担海关税费。

汽车行业的采购、生产和分销国际化（参见第3.2.2节）意味着，价值创造伙伴之间的运输活动不断地增加，并将在未来几年内还要发展壮大。从整体成本优化的角度来看，物流规划的一般性挑战在于全球和多式联运网络的优化规划、设计和实施。运输部门节省成本的重要方法和原则是物料合并、分包商的运费成本优化，通过运输器具管理，挖掘优化利用和节约费用的潜力，以及改进物料规划和货运管理之间的协调关系（参见第8.7.3节）。

原则上，可以区分三种类型的运输和相应的规划区域。

1）零部件运输：在这里，涉及汽车制造商到原材料供应商的运输网络，这一网路起着重要的作用。零部件运输是运输量中最大的一部分，因此在运输规划中具有最高的优先级。

2）内部配送：由于越来越多的生产分布在多个厂区（工厂组合式生产），厂区之间的运输变得越来越重要。即使是位于中心位置，重要的模块和系统（例如电动机、变速器或车轴等）的内部生产，要供给多个厂区使用，因此也需要协调和同步运输计划。

3）整车运输：重点是成品车辆分配。为了实现实际的高效运输，按照具体的目的地，若干车辆被组合批量发送。在汽车工业中，对成品车辆的配送，有几种不同结构的运输网。一般而言，运输过程可分为单级和多级运输链（参见第10.3.2节）。

在存储和传输功能之间，通常还需要配送过程。适当的流程、技术选择和使用，都必须按照存储和运输技术要求进行规划和定量确定。根据配送地点不同，配送业务可以在内部物流中进行，还可在内部和外部物流之间的界面进行（参考Schulte 2005第214页）。在内部配送流程中，主要需要规划的对象是订单拣选（参见第6.5.1节）、超市（参见第6.5.2节）和收货（参见第6.5.3节）。

规划高效的物流链的重要性在于要考虑物流活动之间的相互作用。比如，一个集装箱的运输和配送频率将决定它对存储场地的要求。在一段观察期间内，如果器具更换的次数增加，由于更高的场地周转率，场地空间的需求相应减少。因此，物流资源，即场地区域和运输工具之间可以相互替代，这是在物流规划中应该给予考虑的。

4.6.5 人员规划

在产品开发过程中，物流结构的设计同时要与物流资源相关联（参见第2.2.3节）。最重要的物流资源是企业员工，除了业务能力之外，员工还要有解决问题的能力。物流部门人员规划的主要目标在于确定所需人员的业务资格、从属的组织形式（例如倒班模式）。以下是物流人员的举例：牵引车和叉车驾驶员、订单拣选员、物料提取和传送带工作人员、仓库工人、器具操作人员（满箱和空箱）及收货人员。

由于从汽车制造商到供应商网络的增值转移，物流在资源规划中将发挥新的作用。以前只有在规划新车型时才考虑装配线的直接生产时间，而今天，由于物流时间占比的增加，需要将每辆车的物流时间纳入评估。物流成本的驱动因素是所需的器具运动数量，即生产每辆车所需要和实际使用的器具数量。可以通过以下不同的方法，确定每个服务单元（例如器具）的物流时间。

1）比较估算：基于前身和参考车辆，考虑各种物流活动的时间，比如收货、运输、拣货以及按所使用的设备进行相应的更正。

2）系统预定义时间：在此方法中，未来的物流流程可借助软件工具，使用虚拟工厂的方法建模和进行评估（参见第2.1节）。在此，可使用时间值表，列出每个运动相应的时间指标，这里同时需要兼顾其边界条件。该方法的优点在于实际过程的准确性和独立性。

3）现场时间记录：由于新车还在制造过程中，所以必须考虑采用原型和预系列零部件。通常，相似的物流条件是在批量生产开始之前才创建出来的，这对于主动式物流评估来说太晚了。

通过调查和确定物流活动的默认时间，就可以完成以下计划任务。

1. 计算物流人员的能力要求

通过考虑规划的车辆单位数量，可以向上推算所有车辆以及生产程序中相对器具运动的数量，以获得物流人员方面总能力需求。这符合人力投入计划，因为招聘合适的人员，或者从其他部门调用，都需要一定的准备时间。

2. 计算内部物流成本

通过观察具有时间因素的供应链，可以计算出每辆车的总物流时间。通过评估相关成本费率，引入每辆车的内部物流成本分析，根据目标成本原则，对这一成本连续性地记录和监测（参见第4.7.1节）。

3. 分析物流费用

以因果为导向的成本核算需要一个持续性的费用可结算性，且要超越实际价值创造边界。这涉及从加工到物流的成本转移。通过优化的物料供应（最小数量、顺序式），直接的加工部门可以节省费用，这是因为零部件的提取和操作都得到了优化。在物流中会产生额外成本，原因是零部件由于使用较小的器具必须重新进行包装或者在自身的部门内进行拣选。这就在人员方面，对物流时间和物流成本提出了额外需要，必须与生产时间进行对比，以获得有意义的计划数据。

4.7 物流控制

成本和能力规划是总体产品开发过程的一部分。在早期阶段，之所以缺乏准确的成本数据，主要还是由于缺乏准确的车辆规格数据。与此同时，在产品开发过程中，总体车辆成本的70%~80%（参考Becker 1999第53页）就已经确定了，这样在当前系列生产以前，仅留有很小的成本深入计算空间（图4-8）。因此尽早地规划和控制物流部门的成本，对于车辆项目的经济可行性是绝对必要的（参考 Küpper 1993 第43页）。

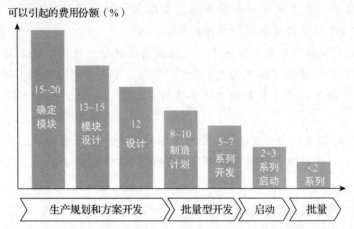

图4-8 产品生产过程中的成本影响占比（参考 Schlott 2005 第40页）

除了由车辆项目引起的物流成本之外，还必须考虑物流服务方面的因素。特别是精益物流的要求（参见第7章），需要对物流效益的度量进行调整（参考 Dörnhöfer 2016 第1页）。只有经过优化的物流，才能最终实现精益的产品开发和制造流程。下面讨论物流控制的主要过程，主要是如何用于汽车行业的同步工程工作中。

4.7.1 物流目标成本管理

目标成本管理是一种成本管理方法，它是由日本丰田公司于1965年开发出来的，自20世纪70年代以来，越来越多地用于日本企业。目标成本核算是一个战略性成本管理工具，从战略角度来看，它能够将产品、市场和资源结合起来，并将这些信息转化为可量化检验的指标。它不仅是一个特殊的成本计算程序，而且也是在产品开发阶段中的综合计划和控制理念，一方面充当成本计算工具，另一方面从组织和工具角度看，也是该过程的通用设计方法（参考 Horváth 1996 第519页）。目标成本管理，可以从客户的角度呈现所有重要的因素，及财务因素对一个项目经济性的影响：

1）在产品开发过程中，一致性和早期面向客户的思想。
2）整个公司的市场定位，特别是成本管理。
3）以面向市场和目标进行战略定位。
4）在早期产品开发阶段就已经使用成本管理。
5）通过不断地由市场驱动成本目标审查，动态化成本管理。
6）鼓励同步工程合作伙伴，因为规划过程是由具体的市场需求而非抽象的企业目标所驱动的。

计算目标成本的起点是模型收益计算，首先从市场价格开始，从上到下确定每辆车的目标利润或目标回报（图4-9）。

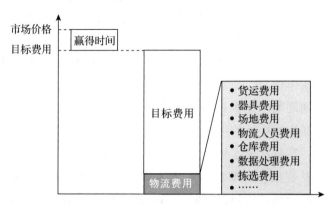

图4-9 逆向目标成本核算

与传统的附加费计算相比，车辆价格是根据成本加上额外利润计算的，定价从客户市场逆向制订（逆向定价）。从战略角度来看，不仅要考虑客户，还要考虑面向竞争的问题（参考Schuh 2005第190页）。

以市场为导向的目标成本最初代表了最大允许成本。专业部门基于所采用的内部流程和技术计算出的标准成本（漂移成本）与允许成本相对应。对于现有车型，这一数值针对先前的车型其系列生产停止后的成本状态。这些数据用作后继车型的基础目标值。通常，比较允许和漂移成本两者之间会产生差距，这必须采取适当措施以缩小差距。在此过程中，必须连续性地进行价值分析检查：哪种产品特性受到了客户的赞赏，哪一价格定位可以实现所希望的营销目标（数量、组合）等。图4-10举出了一些可缩小成本差距的物流措施的例子。除了与物流相关的成本潜力，还必须考虑设计和开发的技术潜力、采用的材料以及制造工艺过程。

供应商管理	供应管理	捆绑组合	合同草案	采购物流	优化物流深度	产品/流程优化
·供应商选择 ·评估供应商 ·供应商分类 ·发展供应商	·采购市场分析 ·单一供应商 ·全球采购 ·供应商合作	·价格信息系统 ·内部组合 ·外部组合	·内容 ·合作等级 ·条件	·供应方案 ·交货要求 ·集成供应商 ·优化分配 ·C类-物料管理	·模块式采购 ·自制或采购 ·内包/外包	·设计费用 ·价值分析 ·变异管理 ·相同零部件 ·功能集成 ·延期

图4-10 缩小成本差距的物流措施（参考Schuh 2005第197页）

指定目标成本时，可以区别两种不同的观点。首先，在车辆层次尝试将各个成本分配给同步工程部门（例如发动机/变速器、电气设备、底盘、车身等），然后向下继续分解到零部件层次。原则上，每个组成部分的成本应该与其百分比数对应，即为了主观上实现客户利益（参考Kaiser 1995第133页）。为了分解到某一下级层次（例如组件）的目标成本，可以使用功能和组件方法（参考 Schuh 2005 第 191 页）。其次，在功能方法中，客户的要求构成了工作起点。随后，对应市场相关的客户需求，以企业资源为导向调用公司的职能部门。与此相反，在组件方法中是将客户要求进行加权分析，直接分解到组件层次。

这里的问题在于，对组件进行成本估算是在产品开发过程的早期阶段，这期间还没有组件的详细具体信息。以替代的方式，可以基于先前车辆模型作为参考部分进行建模。随着计划周期的逐渐推进和不断提高的计划准确度，然后将参考模型用当前的计划状态数据连续性地给以替换（参考 Schuh 等 1995 第 29 页）。除了车辆及其组件的成本分配，在目标成本核算中，费用也在相应的项目层次给予分摊。这些包括投资费用、开发费用、启动和结束费用或后续费用。对于这两个领域，都可以既自上而下又自下而上地进行目标制定，通过连续性的计算进行更新。在此过程中，特别要对物流领域目标成本给予确定。比如，在物流部门存在着以下的成本组成部分：入库运输运费、包装成本、处理成本（例如收货）、拣选成本（排序零部件）、内部配送成本（地面输送设备成本）、物流人员成本、供应成本及存储成本。

同时，对车辆项目层面产生的物流费用要进行确定并不断监测，比如特殊器具的总投资成本或者入库货物的运费。

物流目标成本核算既可以在零部件层次，也可以在零件系列进行。零部件系列构成，其实是将物理上属性相似（尺寸和重量），具有相同功能、相同使用地点和相同物流流程的零部件，归纳成易于管理的单位（参见第 2.2.1 节）。这样可以显著降低成本提取、摊派和分配费用，而不会大幅地降低成本数据的信息价值。

4.7.2 物流成本核算

在对未来资源需要进行定量描述之后，在产品开发过程中，物流规划的基本要求除了对物流流程的描述，还需要以合适的结构和流程模型在第二个步骤中进行流程定量描述。（参考 Klug 2000a 第 118 页），其目标是在物流过程的规划阶段，就对物流水平、结构、行为以及灵活性和透明度进行全面的成本控制。传统的成本计算系统是专为产品成本调查和计算而设计的。另一方面，物流作为跨领域部门，必须以流程为导向的方式进行评估，这需要使用面向流程的成本核算方法。借助消费因素促成的成本，可对各个物流流程分配资源需求，然后通过适当的成本因素进行评估。物流成本核算的目的，其实是在零部件和车辆层次上，对物流成本进行透明化，其描述具有因果导向。物流成本核算取决于所关注的流程链重点，比如是零部件还是车辆，成本账单中必须包含不同的成本驱动因素及其类型。此外还要评估零部件和车辆变异，以及由此产生的物流复杂性，这些都应该以合适的评估参数加以考虑（参考 Lechner 2012）。

常见的成本驱动因素，即材料成本和生产时间，适用于附加费计算，但不适合物流流程问题。这是因为，基于物料成本，这样一个附加费的计算导致物料成本高，以致昂贵的采购件（例如发动机控制单元）也被认作是高物流成本，尽管这些零部件尺寸通常较小，且包装密度高，因此实际物流成本相对也较小。此外，低价的采购件经常具有较低的物流成本。

举个例子，车窗提升装置作为物流成本驱动因素，迄今为止，来自一家捷克的汽车供应商将它安装到车门模块上，供应交付给汽车制造商的最终装配车间。而对后续的车型，一个乌克兰供应商获得交付订单。这样，零部件材料成本降低了40%。然而与此同时，物流成本（运费、器具成本、控制成本、库存成本等）却增加了25%。使用附加费计算时，在这里间接费用基于单位成本（例如材料成本），即使实际上物流成本将增加，但这部分的管理费用（包括物流费用）可能将会减少。这存在以下相互关系：

$$物流成本 \neq f(物料成本)$$
$$物料成本 = f(供应商的距离，器具内容，载体类型等)$$

物流成本，比如包装、库存、存储、运输或处理成本等，将由交付、配送和供应流程所决定。希望挑选出合适的成本驱动因素，这就要求成本驱动因素和成本来源之间尽可能有最高的相关性。常用的成本驱动因素是物流活动的时间占比（例如存储时间），如图4-4所示。

对此需要付出相当大的努力，这与物流成本核算的实施有关，此方法并没有被一致性的使用。然而，实际研究表明，流程功效成本占物流成本的比例超过90%，这反映和强调了面向流程式的记录和结算，及其对物流成本的重要性。

4.7.3 物流预算

在产品盈利能力分析的背景下，参与生产过程部门的所有投资，都必须作为费用支出进行评估。这还包括物流活动引起的投资支出。每个同步工程的专业组织，对在整个项目中出现的有关物流投资支出，都必须进行相应的评估。这些物流投资包括：

1) 投资采购新器具（样品、预系列、系列标准和系列专用器具）。
2) 为零部件的存储、配送和运输提供的存储场地投资。
3) 零部件运输、配送和拣选的投资，包括地面运输设备、拖车、准时化、供货车、信息技术、货架、物流人员等。

每个同步工程团队都独立负责所制订的物流投资目标规范。由于车辆规范改变而造成的重新规划提出的某些额外要求，必须持续地给予记录，并从物流角度进行评估。物流投资的分配和控制通常首先是通过预算编制的。项目的物流定量化预算以及分配到不同物流部门，这整个是一项战略性任务。可以这样理解，预算是对财务资源进行有约束力的分配,并在特定决策影响下,针对一个特定的时期(参考 Bürgel 等 1996 第 166 页)。除了规范和授权功能外,物流预算还具有协调效应(参考 Küpper 1993 第 50 页)。物流预算既可使用自上而下的方法,又可使用自下而上的方法。这里自上而下的方法反映了从新的项目的总体预算中推导出物流预算。它包含了车辆规划的长期战略考虑因素。规划之后,则为各个项目部门分配部分预算,从而制订资金上的预定目标,这需要物流决策者遵守保持从整体项目的角度做出各自的决策。与此同时,以自下而上预算的形式,根据车辆规格和每种车型的计划生产数量,区分为根据车型和配置型号计算预期的物流成本。整个物流预算组成的典型例子有:

1) 器具成本,区分为标准和特殊器具。
2) 运输成本,取决于供应商的全球化程度。
3) 内部物流人员成本,包括运输、配送和供应人员。
4) 内部配送成本,根据运输设备类型(叉车、拖车、电动高架运输轨道等)。
5) 内部转运成本,如进货、订单拣选、超市等。
6) 内部存储成本,按增值阶段划分(原材料、半成品、成品车辆)。
7) 与物流相关的信息技术成本(例如准时化提取程序、射频识别技术、防误方法等)。

4.7.4 物流参数

物流参数是若干定量型的指标,这些指标使得以简单浓缩的形式描述规划和决策相关的重要信息成为可能。这些物流关键参数可用于简化和可视化复杂的物流结构(参考 Vahrenkamp 2005 第 434 页)。在物流规划背景下,物流参数应该能表示出各个决策对项目的总体目标的影响。关键数据具有指标性功能,它可视化物流中多重原因和多层次的物流对企业经营状况造成的影响(参考 Küpper 1993 第 51 页)。在这里,有必要在共同的总体目标上,对个别关键性参数在多级物流系统的背景下给予有意义的调整和匹配。目标之间的冲突必须给予权衡和评估,争取多个目标标准之间的最佳和谐关系(参考 Pfohl、Hoffmann 1984 第 50 页)。要生成物流参数系统,可以使用自上而下或自下而上的方法。传统的自上而下方法,通常基于关键参数的功能作为规划和实施企业目标的工具。在这方面,物流的关键参数指标是根据自上而下的方法得出的,基本上来自从项目对物流的要求。与此相反,自下而上的方法采用的是物流部门中相关绩效和与成本的差异。物流服务能力包括数量、吞吐量和服务规模,而物流成本来自企业的所有部门因物流而生成的成本和(参考 Weber 1995 第 21 页)。因此,物流效率来自物流绩效与总体物流成本的比率。采用自下而上的方法,关键数据类似于流程序列,来自物流本身,这就是为什么它是一个可以有效控制物流服务过程的工具(参考 Weber 1995 第 200 页)。

以下是与物流相关的关键性参数,当然必须根据企业的具体情况给予适当调整。在此仅作为示例列出了在产品开发过程中,若干可能的关键性参数。

1. 变异种类

这个参数是一个造成物流流程复杂性的因素。由于变异导致了不同的物流流程,即多样性。同时,对场地空间的需求随着变型数量的增加而增加。对同步工程团队而言,这种变异性是一个固定的控制变量。必须特别要针对变异的核心,定义变异种类的指标值,并在产品开发过程中始终如一地监控其合理性(参见第3.4.2节)。在这里重要的是区分复杂性驱动因素,并借助一定的指标将之可视化。变异类型有可能是零部件技术方面的改变或零部件颜色的变化(可区分为内部和外部颜色)。此外,变异生成的地点位置也起一定的作用。在这种情况下,根据推迟策略,必须在订单运行中尽可能晚地生成变异(参见第3.4.3节)。除了变异参数之外,还可以创建变异树,并根据需要进行调整。

2. 物流时间

其目标是在产品开发中,完整地记录所有生产过程所引发的物流时间。物流中主要的时间部分在于外部和内部运输时间、订单拣选时间,入库、仓库和超市的周转时间,以及装配线上的交货时间。按照成本因果关系的假设,随着流程时间的增加,物流资源的消耗也随之增加。由此产生的物流时间将根据零部件系列分配给各个相应的同步工程团队,并由他们进行跟踪控制。由于生产过程变化(例如变异的增加),可能会出现对物流时间的额外要求(例如拣选),这必须在产品开发过程中就作为问题提出。物流时间通常以固定成本费率计算,然后作为一项成本直接计入产品成本。

3. 器具多样性和状态

其目的是限制特殊物流设备(特殊器具、拣选货车、准时化运输车)以及标准器具中的变异数量(例如最多4个小型器具类型)。在器具规划中,器具状态用于跟踪关键阶段的截止日期和完成情况(参见第6.1节)。

4. 运费

由于全球采购,供应商的平均运输距离均加大(参见第5.1.3节),这导致运费成本不断增加。但是,估值不能只是基于零部件价格的统一费率,而应参照所规划的供应链,以消费角度进行评估(参见第4.4.2节)。必须事先确定或预估运输的基本数据,例如运输距离、运输频率、货物空间利用率,以能够可靠地估算和监控未来系列化生产的运费。

4.7.5 物流平衡计分卡

哈佛大学教授罗伯特·卡普兰(Robert Kaplan)与诺朗顿研究院(Nolan Norton Institute)的执行官戴维·诺顿(David Norton)共同开发了平衡计分卡(Balanced

Scorecard），这是一个整体式企业管理工具，使用这一工具，除财务方面和运营方面以外，还可考虑诸如客户满意度、内部流程、组织创新和改进能力（参考 Müssigmann 2007 第 91 页）。因此，平衡计分卡提供了一个网络化的整体规划工具，可以尽可能跨越部门考虑所有促使一个新项目成功的观察角度问题。

在这里，物流平衡计分卡的出发点是为新项目制订物流战略。这已在物流规范中更详细地描述过，现在可以通过生成计分卡在同步工程团队中的日常计划业务中给予实施。要建立特定部门和人员的物流计分卡，需要构成因果网络图（图 4-11），它可直观地描述当前规划过程的最佳信息，是制订物流平衡计分卡的基础，并在小组研讨会上进行制订（参考 Klug 1999 第 32 页）。所有参与物流流程的合作伙伴都可以贡献自己的独特经验，然后将其记录在物流记分卡。因果网络图描述了多因素和多层次的关键性关系，从物流规划角度，这对相应的车辆项目非常重要。

出于自身企业整体战略，从财务目标开始，所有与物流相关的效益和成本因素都会分阶段地考虑在内。为了在关键指标参数之间取得平衡，可从以下角度考虑计分卡的制订（参考 Kaplan、Norton 1997 第 46 页）。

1. 财务角度

建立计分卡的起点是公司的财务目标，可分为部门、科室和员工层次。其中一个主要的标准是所规划的新车利润率，而这反过来又是物流部门确定目标成本的起点（参见第 4.7.1 节）。

2. 客户角度

最终，客户将决定一个车型是否成功，为了能达到这个目标，必须从财务目标中得出具体的客户目标（例如按时交付）。除了终端客户外，这也会影响接受物流服务的内部客户，比如装配线。在产品开发阶段中使用平衡计分卡，特别是以物流为重点时，需要修改卡普兰和诺顿的原始计分卡模型。在物流方面，除了最终客户的观点，供应商和物流服务商是极其重要的合作伙伴。这必须在计分卡中，通过引入市场采购影响，进一步考虑这些因素。

3. 流程角度

通常为了实现内部和外部客户目标，必须更改相应的流程。在物流方面，物流和信息流要根据逆序原则进行调整（参见第 4.4.1 节）。

4. 学习和开发角度

对于最后的观察阶段，要对学习和开发流程给予审查。这一流程描述了为实现所需物流流程的必要基础设施。这里主要涉及物流数据仓库环境或者物流生命周期管理（参见第 2.4.2 节），开发相适应的信息技术框架（参见第 2.4.1 节）。

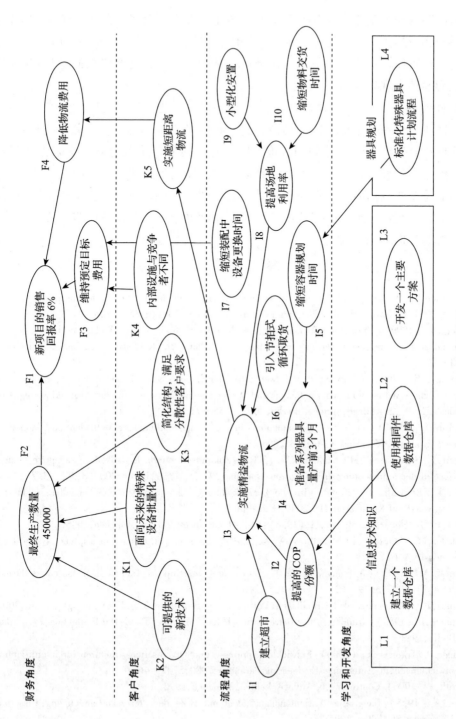

图4-11 因果网路图

物流战略的实施是通过综合各个角度具体化的目标，落实分配给已定义的检验指标，然后与相应的负责人一起确定相应的措施，以确保能够实现预定目标。同时，将倡议和行动的责任转移给各个员工。在物流控制的背景下，已经建立的检验和控制系统可以很容易地实现集成。

有两种控制机制可以持续性地审查为物流计分卡创建的框架条件（参考 Klug 2000b 第76页）。在审查报告中，通过将目标与实际状况做比较，可有效进行学习和控制。这里的检查确定了目标达到的程度。同时有可能需要采取适当措施来完善目标。第二个战略学习过程通常每三至六个月启动一次，使物流战略适应不断变化的环境条件。对所有重要的成功因素，都要检查其相关性和重要性。每个同步工程团队负责自己的任务。对物流计分卡进行定期审核可以支持辅助学习者，以及同步工程合作伙伴之间以目标为导向的相互沟通。

参考文献

Baumgarten, H. /Risse, J. (2001): Logistikbasiertes Management des Produktentstehungsprozes, in: Jahrbuch Logistik 2001, Hrsg. von: Hossner, R., Handelsblatt, Düsseldorf, 2001, S. 150 – 156

Becker, W. (1999): Entwicklungsperspektiven für die Beschaffung in der Weltautomobilindustrie, in: Handbuch Industrielles Beschaffungsmanagement, Hrsg. von: Hahn, D. /Kaufmann, L., Gabler, Wiesbaden, 1999, S. 53 – 73

Bernemann, S. (2002): Eignung und Anwendungsmöglichkeiten von Methoden und Werkzeugen, in: Erfolgsfaktor Logistikqualität-Vorgehen, Methoden und Werkzeuge zur Verbesserung der Logistikleistung, Hrsg. von: Wiendahl, H. -P., 2. Auflage, Springer, Berlin, 2002, S. 55 – 72

Bierwirth, T. (2004): Virtuelle Logistikplanung für die Automobilindustrie-Methoden und Modelle im Rahmen der Digitalen Fabrik, Shaker, Aachen, 2004

Boppert, J. /Schedlbauer, M. /Günthner, W. (2007): Zukunftsorientierte Logistik durch adaptive Planung, in: Neue Wege in der Automobillogistik, Hrsg. von: Günthner, W., Springer, Berlin, 2007, S. 345 – 357

Bracht, U. /Bierwirth, T. (2004): Virtuelle Logistikplanung bei einem Automobilhersteller, in: Jahrbuch Logistik, Hrsg. von: Wolf-Kluthausen, H., 2004, S. 92 – 96

Bürgel, H. D. /Haller, C. /Binder, M. (1996): F&E-Management, Vahlen, München, 1996

Dörnhöfer, M. / Schröder, F. / Günthner, W. A. (2016): Logistics performance measurment system for the automotive industry 9 (1), S. 1 – 26

Ellram, L. M. (1993): A Framework for Total Cost of Ownership, in: International Journal of Logistics Management 4(2)/1993, S. 49 – 60

Gudehus, T. (2007): Logistik 1-Grundlagen, Verfahren und Strategien, 3. Auflage, Springer, Berlin, 2007

Gutenberg, E. (1983): Grundlagen der Betriebswirtschaftslehre, Erster Band: Die Produktion, 24. Auflage, Springer, Berlin, 1983

Gutzmer, P. /Dworzak, U. (2000): Entwicklungsprozesse und Organisationsstrukturen für interdisziplinäre Fahrzeugentwicklungen, in: Automotive Engineering Partner 6/2000, S. 42 – 46

Horváth, P. (1996): Controlling, 6. Auflage, Vahlen, München, 1996

Kaiser, A. (1995): Integriertes Variantenmanagement mit Hilfe der Prozesskostenrechnung, Dissertation Nr. 1742, Universität St. Gallen, 1995

Kaplan, R. /Norton, D. (1997): Balanced Scorecard-Strategien erfolgreich umsetzen, Schäffer-Poeschel, Stuttgart, 1997

Klaus, P. /Krieger, W. (2000): Gabler Lexikon Logistik: Management logistischer Netzwerke und Flüsse, 2. Auflage, Gabler, Wiesbaden, 2000

Klug, F. (1999): Meßbare Strategieumsetzung mit der Balanced Scorecard, in: Technologie & Management 06/99 - 01/00, S. 32 - 34

Klug, F. (2000a): Konzepte zur Fertigungssegmentplanung unter der besonderen Berücksichtigung von Kostenaspekten, Herbert Utz, München, 2000

Klug, F. (2000b): Fortschritte müssen messbar sein, in: Automobil-Entwicklung 7/2000, S. 75 - 76

Klug, F. (2012): Steigerung der Flächenproduktivität durch Logistiksupermärkte, in: Zeitschrift für wirtschaftlichen Fabrikbetrieb 1 - 2/2012, S. 72 - 76

Knössl, T. (2015): Gestaltung schlanker Prozessschnittstellen in automobilen Logistikketten, Dissertation Lehrstuhl für Fördertechnik Materialfluss Logistik TU München, München, 2014

Kuhn, A./Hellingrath, H. (2002): Supply Chain Management-Optimierte Zusammenarbeit in der Wertschöpfungskette, Springer, Berlin, 2002

Kühn, W. (2006): Digitale Fabrik-Fabriksimulation für Produktionsplaner, Hanser, München, 2006

Küpper, H. U. (1993): Controlling-Konzepte für die Logistik, in: Logistik-Controlling, Hrsg. von: Männel, W., Gabler, Wiesbaden, 1993, S. 39 - 57

Kurek, R. (2005): 30 Prozent mehr Effizienz in der Produktentstehung, in: Zeitschrift für die gesamte Wertschöpfungskette Automobilwirtschaft 4/2005, S. 17 - 21

Lechner, A. (2012): Modellbasierter Ansatz zur Bewertung vielfaltsinduzierter Logistikkomplexität in der variantenreichen Serienfertigung der Automobilindustrie, Praxiswissen Service, Dortmund, 2012

Müssigmann, N. (2007): Strategische Liefernetze: Evaluierung, Auswahl, kritische Knoten, Gabler, Wiesbaden, 2007

Pfohl, H. -C. (2000): Logistiksysteme-Betriebswirtschaftliche Grundlagen, 6. Auflage, Springer, Berlin, 2000

Pfohl, H. -C./Hoffmann, H. (1984): Logistik-Controlling, in: Zeitschrift für Betriebswirtschaft Ergänzungsheft 2/1984, S. 42 - 69

Schlott, S. (2005): Wahnsinn mit Methode, in: Automobil-Produktion 1/2005, S. 38 - 42

Schneider, M. (2008): Logistikplanung in der Automobilindustrie-Konzeption eines Instruments zur Unterstützung der taktischen Logistikplanung vor Start-of-Production im Rahmen der Digitalen Fabrik, Gabler, Wiesbaden, 2008

Schneider, M./Otto, A. (2006): Taktische Logistikplanung vor Start-of-Production (SOP), in: Logistik Management 2/2006, S. 58 - 69

Schuh, G. (2005): Produktkomplexität managen, Hanser, München, 2005

Schuh, G./Groos, S./Hermann, U./Spreitzer, O. (1995): Ressourcenorientiertes Target Costing, Zielkostenmanagement als durchgängiges Instrument unter Einbezug der Prozesskostenrechnung, in: Technische Rundschau, Hallwag, Bern, 1995, S. 26 - 30

Schulte, C. (2005): Logistik-Wege zur Optimierung der Supply Chain, 4. Auflage, Vahlen, München, 2005

Stanke, A./Berndes, S. (1997): Simultaneous Engineering als Strategie zur Überwindung von Effizienzsenken, in: Forschungs-und Entwicklungsmanagement, Hrsg. von: Bullinger, H. -J./ Warschat, J., Teubner, Stuttgart, 1997, S. 15 - 27

Straube, F./Fitzek, D. (2005): Herausforderungen und Erfolgsmuster im Anlaufmanagement der Automobilindustrie, in: Jahrbuch Logistik 2005, Hrsg. von: Wolf-Kluthausen, H., Free Beratung, Korschenbroich, 2005, S. 44 - 47

Vahrenkamp, R. (2005): Logistik-Management und Strategien, 5. Auflage, Oldenbourg, München, 2005

Wagner, R. (2005): Projektmanagement und Effizienzsteigerung in der Automobilentwicklung, in: Zeitschrift für die gesamte Wertschöpfungskette Automobilwirtschaft 4/2005, S. 39 - 44

Weber, J. (Hrsg.) (1995): Kennzahlen für die Logistik, Schäffer-Poeschel, Stuttgart, 1995

Wildemann, H. (1997): Fertigungsstrategien, 3. Auflage, TCW, München, 1997

Wildemann, H. (2000): Einkaufspotentialanalyse, TCW, München, 2000

Zäpfel, G./Piekarz, B. (2000): Prozesswirtschaftlichkeit: Controlling logistischer Prozesse durch prozessorientierte Leistungsrechnung, TCW, München, 2000

第 5 章
供应商管理

5.1 供应商筛选策略

由于供应商的选择是在物流开始以前确定的,未来整个物流的运作结果在很大程度上取决于所制订的供应商筛选策略(参考 Schulte 2005 第 280 页)。筛选策略决定了将由谁、以什么样的方式和方法,将零部件提供给汽车制造商。此外,汽车制造商必须选择筛选策略,以保证正常的交付,抵御外界负面影响对采购市场造成的风险。

5.1.1 单一采购

对一个要采购的零部件,经常提到的问题是最佳供应商的数量,采购可以是在发展伙伴关系的背景下,争取与单一供应商建立物流关系,或者为了实现采购成本优势,将总需求分配给一个或几个供应商(参考 Schulte 2005 第 286 页)。在单一采购中,采购范围(原材料、零件、组件、系统、模块)仅来自一个供应商。这样可大幅度降低采购的复杂性,因为整个采购组织仅对接一个直接供应商。通过减少采购项目中供应商的数量,供应关系也会发生质变。传统的多供应商形式(多个供应商各自提供部分采购数量)转换为单一采购,将提高供货数量和形成集成供货商。

单一采购的主要优势,是通过将订单数量捆绑和集中在较少的供应商,实现成本降低效应。因此,交易成本降低,制造商必须与少数供应商签订合同,从而降低了谈判工作和合同缔结成本(参考 Göpfert、Grünert 2006 第 135 页)。

捆绑零部件采购数量经常会超过临界数量,如果大于这个数量,就需要考虑新的方法,整合采购物流和信息流。这种趋势在系统采购领域尤为明显,这将推动单一采购和系统采购(参见第 5.1.2 节)之间的关系更加密切(图 5-1)。

采用单一采购,可以有以下物流优势:

1)通过减少供应商数量,可减少物流布局流程中的运作工作量。
2)器具转换周期少,为器具管理创造更多的透明度(参见第 8.8 节)。
3)单位运费的货运量增加,进而运费下降,可以节省运费开支(参见第 8.7.3 节)。
4)要求交货的数量多,可采用固定成本、密集型提取方案,例如电子数据交换(EDI)连接。
5)减少安全库存,增加配送频率,可以减少自身资本支出。

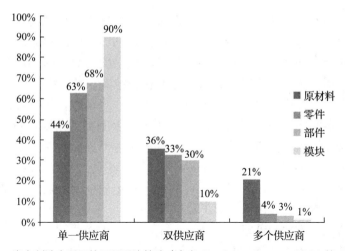

图5-1 汽车制造商采用的不同采购策略（参考 Göpfert、Grünert 2006 第 137 页）

6）大采购量使运输、配送和仓库活动更标准化。

7）提高入库物流的整体透明度。

8）降低交货频率，简化收货流程。

9）作为供应商协作的一部分，增值合作伙伴少，可简化需求和数量规划（参见第5.3.2节）。

单一采购的缺点可能是生产过程要受到干扰，比如，这种方式容易受到单方面影响，限制了竞争机制，不能采用最新技术，以及由于改换采购所需的费用，这些都造成了很高的退出障碍（参考 Kummer、Lingnau 1992 第 422 页）。单一采购方案使汽车制造商本身更加脆弱，更加容易受到供应商的不规则性影响（参考 Göpfert，Grünert 2006 第 131 页）。

单一采购策略并不意味着将所有的采购范畴完全地交付给单一供应商。通常，筛选战略也在随着趋势而调整，即减少每个采购零部件中供应商的数量。原则上，一般不建议单一性的供应来源，因为在个别特定情况下，必须权衡整合优势并失去供应灵活性，这经常要求对关键采购件，选择两个供应商 Dual Sourcing（主要和分包商）的双重采购方案（参考 Bretzke 2005 第 24 页）。

5.1.2 模块化采购

为在实施单一采购方案后，进一步降低采购和物流的复杂性，采购件可以在更高一级的聚合形式下实现，即车辆模块。因此供应商的数量以及相关的接口成本可再次降低。模块是出于设计、制造和物流考虑，可分离、可互换的单元，它们的组成件，在物理意义上相互连接，其特征还在于组成件之间高度的可交互性。模块中的组件可以是单独组件，或者已预先组装的子模块（参考 Piller、Waringer 1999 第 39 页）。由客户定制的车辆，现在都是由一系列标准化的模块（例如前端、底盘、车门、座椅等）组成，这产生了重要的物流优势（参见第 3.5.1 节）：不再是从许多独立供应商处进行采购，而是交付和安装这种高度聚合的采购件。作为模块的典型代表车前端，由许多零部件组成，比如模块架、散热器、风扇、前照灯、伺服油冷却器、空气冷凝器、前门锁等多达 150 个零部件。以前这些零部件是单独采购和组装的，现在全由模块供应商负责。如今，模块供应商承担了更加广泛的业务范畴，从开发、生产和完成到模块的序列化准确交付。在模块供应商的职责范围内，作为采购合作框架，另外一部分是选择分包商和协调职能（参见第 5.3.2 节），从汽车制造商的角度来看，这大大降低了物流网络的复杂性。正是由于这些优势，在汽车制造商方面，模块化采购的比例在过去几年中稳步上升（参考 Göpfert、Grünert 2006 第 136 页）。以何种程度和形式进行模块交付，这取决于各公司战略，以及设计和生产特定的框架数据，比如所采用的制造工艺。即使在一个汽车公司内部，对于每个单一的工厂，依据其各自生产结构和组织，应制订不同的模块化方案和策略（参考 Glöckl 1997 第 139 页）。

　　模块和系统供应商的选择通常是通过方案竞争来决定的。对方案进行比较，特别是要在高质量要求与创新相关的汽车零部件范畴进行比较。这里需要强调的决策重点要侧重于潜在的供应商的创新能力和全球影响力。因为供应商和汽车制造商双方彼此相互依赖，密切相关，因此还必须建立适当的法律、信息技术和组织规范。通过引入模块和系统采购，在供应链中创造了新型采购结构和业务分工。

　　通常，对模块供应商提出以下物流要求：

1) 国际竞争力和影响，如果前提是需要建立准时化/顺序化模块工厂。
2) 长期合作伙伴关系，以证明其在物流领域的高投资成本。
3) 丰富的物流流程和产品知识。
4) 稳定且具有所需能力的物流活动。
5) 制造和交付原型零部件。
6) 合格的项目管理能力，以辅助物流中的同步工程。
7) 分包链、物料采购和分配的协调。
8) 使用批量型工具设备，提供批量零部件和维修业务。
9) 在当前批量生产中，不断地优化物流流程，降低物流成本。

　　供应商数量的减少，自然会导致采购、生产和物流方面的协调工作量减少。此外，开发中还加入模块或者系统供应商，可以在同步工程的背景下缩短产品开发时间（参见第 4 章）。汽车制造商将受益于供应商的创新能力和发展潜力。

　　通过模块化供应商，除了单一采购外，还可以创造进一步的物流优势（参考 Glöckl 1997 第 140 页）：

1) 减少装配线上存储、处理和物料供应的场地空间要求。
2) 通过降低零部件复杂性，可减少与项目相关的后勤管理工作，以便进行生产调度、主数据维护、存储和库存控制。
3) 通过生产同步，交付高度聚合的采购件，减少运输和资本承诺成本（参见第 8.3.1 和 8.3.2 节）。
4) 通过减少需要管理的零部件数量，可简化生产计划和流程控制。

通过引入模块化采购，除了改变制造商物流构成外，汽车行业内的供应商结构也发生变化。在该系统中，模块供应商（一级供应商）与汽车制造商建立直接联系。而第二级（二级）和第三（三级）分包商直至原材料供应商（n层），通过这种多级式供应链与汽车制造商进行间接合作。在汽车价值创造网络中，由于生产分工改变，创造了新型的采购结构。权利平等的零部件供应商构成了供应商金字塔中的基础底层，而顶部是一些大型一级供应商。一级和二级供应商之间的位置可以改变。因此，有可能同样的供应商充当一级供应商的零部件供应商，而在其他交付范畴，同时作为车辆制造商的直接供应商（比如排气系统）。由于对模块和系统供应商的资源需求增加，采购市场出现了结构性变化，这就造成全球汽车供应商更集中专注自身生产过程。越来越少的大型供应商直接面对汽车制造商，这可减少制造商利用这种市场权力所带来的某些风险。

从供应商网络结构的转变，根据在多级供应商金字塔内所处的位置，定义了不同类型的供应商，对此必须采用不同的物流策略对待处理。在进行供应商分类时，可将供应商划归为同质类。根据物流衡量标准，对供应商进行分类，其目的是便于制订标准化的物流战略（参考 Janker 2008 第 136 页）。一种可能的分类方法是按照供应范围以及由此引发的物流流程来分类。据此可以将供应商划分为图 5-2 所示的级别组成（参考 Stockmar 2001 第 429 页和 Schulte 2005 第 291 页）。

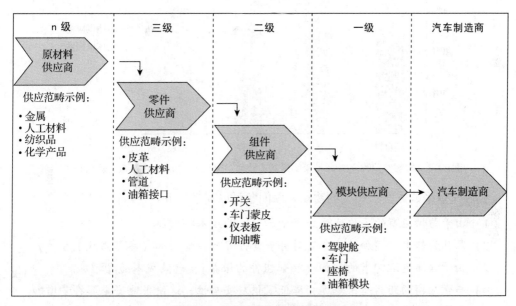

图 5-2　采购物流中的多级供应商

5.1.3　全球采购

全球采购是采购的系统化扩展，其战略重点放在全球供应源上（参考 Appelfeller、Buchholz 2005 第 61 页）。随着东欧和亚洲市场的开放和发展，特别是中国，推动了采购管理的国际化以及全球运输和通信系统的效率提高（参考 Heß 2008 第 193 页）。采购国际化的重点主要是在原材料、零件和组件。复杂的运输密集型模块，就需要与高交付频率的供应商进行同步连接，而这将更倾向于供应商的区域性解决方案（图5-3）。

员工劳动力成本支出，在极端情况下差异可超过95%，这是汽车行业进行全球采购活动的主要推动力。全球采购可以利用国际汽车供应商的技术和成本优势。这一方面可获得新的和功能更强大的技术，另一方面，有利于改变劳动力成本结构，为进一步降低零部件价格提供了潜力。开发国外采购市场（例如金砖国家）也可以进一步以较低的风险获得市场信息，从而为进入国外销售市场做好准备（参考Heß 2008 第202页）。采购网络的全球分布也增加了对物流的需求。建立全球多式联运物流网络，不可避免地增加了规划工作，实施和控制跨境运输、转运和存储活动，这些都应该采用综合评估方法给以考虑。在全球采购环境中，对优化运营流程至关重要的是物流规划和实施。在此，就要确定采购地区的成本价格优势是否足够充分，与目前的供应商相比较是否可以显著和可持续性地降低总成本（参考Bogaschewsky 2005 第76页）。

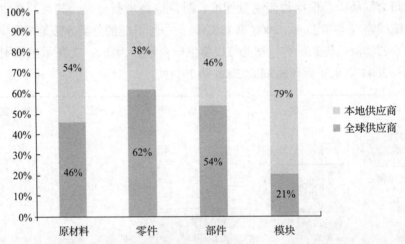

图5-3 零部件采购全球/本地采购份额（参考Göpfert、Grünert 2009 第161页）

实施全球采购方案，相关的物流方面问题可以列举如下：

1) 由于与供应商的平均地域距离增加，采购成本将增加。
2) 器具的转运时间加长，导致对可重复性容器投资增加（参见第6.1.3节）。
3) 由于远洋海运需求的增加（比如组件的保养），包装成本随之增加。
4) 与供应商的距离越来越远，降低了供应安全性，这使当地安全库存量增加。
5) 尽管通过生产控制可以维持稳定的订单顺序，但准时化/准顺序化交付只能在一定的供应商距离范围内给予保证（参见第9.6节）。
6) 信息和通信领域的基础设施薄弱，数据交换（例如交付呼叫）缺乏稳定性。
7) 海关和物料合并活动，造成在多式联运链的转运点会出现时间延迟情况（参考Harrison、van Hoek 2008 第106页）。
8) 交通运输基础设施不良，导致运输时间延长。

9）物流链缺乏应有的透明度，导致日常运营中出现错误规划和额外成本支出。
10）语言困难和文化障碍，导致人为物流协调问题。
11）物流流程标准化问题，例如器具、集装箱、配送系统等。

在全球采购的背景下，结构复杂且不明确的物流流程，从物流的角度看，将导致额外的费用支出（图5-4）。

物流成本的增加在成本控制（物料计划、运输控制、器具控制等）领域，包括运输、转运和存储流程，以及器具成本。因此，作为物流整体成本的一部分，除了要降低直接出厂零部件价格外，还要在供应商选择过程中考虑额外的物流成本支出。很有可能，对全球采购，零部件价格优势产生的正面影响，远不及因额外的物流成本和其他影响因素（比如产品质量）产生的负面影响。

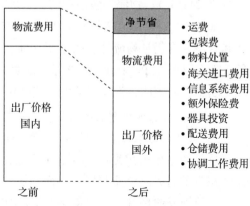

图5-4 全球采购导致的费用结构改变

5.1.4 物流外包

已经处在产品开发过程中，就需要开始规划和确定最佳的物流服务深度。这里涉及的问题包括哪些物流服务由制造商自身承担，哪些运输、配送和存储环节由物流服务商负责。随着生产加工深度的不断降低，制造商本身的物流功能也随之降低。而在采购、生产和配送物流领域，越来越多的经营活动转移到供应商或服务商（图5-5）。因此，传统意义的外包服务引起了普遍重视，制造商可专注于自身核心竞争力，降低成本费用，将固定成本转换为可变成本，并挖掘合作伙伴的创新潜力（参考Altlay 2002 第13页）。

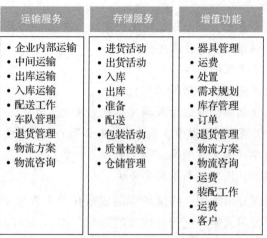

图5-5 物流服务商提供的业务范围

汽车行业被认为是物流外包服务领域的先驱。德国汽车行业的年营业额超过3000亿欧元（汽车制造商和供应商销售额的总和），其中约150亿欧元直接来自物流，即用于运输、存储、拣选等相关服务，目前其中大约50%外包给物流服务商（参考 Klaus 2007 第211页）。物流外包活动的重点是运输、存储，以及与增值服务相关的辅助性活动，如图5-5所示（参考 Voss 2006 第17页）。虽然作为传统的物流功能，运输、配送和存储一直仍是物流外包的主要功能，但逐渐地增加了更为复杂的物流任务和增值服务业务（参考 Przypadlo 2007 第235页）。

实证研究表明，汽车行业的物流外包呈现出以下趋势（参考 Voss 2007 第223页）：

1) 给出复杂的外包服务项目，在被调查的公司中约四分之三认为这一点是重要的。
2) 减少约束性服务提供商，大约一半的被调查公司认为这一点很重要。

这两种趋势相互关联，因为将复杂服务外包，通常就需要较少的物流服务提供商。这就减少了制造商对外的接口界面和协调工作量。此外，在被授权进行预装配的背景下，物流服务商接管了一项重要工作，即实现推迟性策略（参见第3.4.3节），其目的是尽可能晚地生成产品变异（参考 Baumgarten 等 2002 第41页）。因此，合同服务提供商相对货运代理、运输和仓储公司而言，变得越来越重要。

从以下几个方面，可以说明汽车行业物流活动的逐步转移：

1) 制造商老式工厂厂区的场地空间短缺。
2) 降低物流流程复杂性的需求。
3) 服务业的费用更趋优惠。
4) 通过外部服务提供商，可有效地组合捆绑物流和信息流。
5) 通过统一的物料供应提取，支持均衡化生产方案（参见第7.3.1节）。
6) 制造商的入库物流标准化。
7) 模块/系统化采购的基本条件（参见第5.1.2节）。
8) 汽车制造商专注于其核心竞争力。
9) 提高产量和生产组合的灵活性。
10) 降低固定成本负担，从而降低物流设施（如仓库）的投资风险。
11) 利用服务提供商的特有技术优势。
12) 作为内部物流流程的基准。
13) 场地空间使用灵活性（活性工厂）。
14) 通过物流组合捆绑降低运输成本（参见第8.7.3节）。
15) 减少服务提供商的供货数量，从而减少制造商的交货数量（参见第6.5.2节）。
16) 通过往返货车提高交货频率（参见第8.7.1节）。
17) 降低库存水平，同时提高供应安全性。

对外包项目的研究分析表明，物流外包的成败在很大程度上取决于决策阶段是否正确地评估了物流对公司战略、流程和成本的影响（参考 Alicke、Eitelwein 2004 第17页）。通常，物流管理人员会放弃创建一个较全面的外包方案，或者提出一些缺陷性的招标文件。这都导致在招标过程中造成许多不明的询问，或者不完整的价格报价。借助于服务水平协议（Service Level Agreements），作为适当的绩效指标，对外包项目进行持续性地监控在实施中也存在着一些问题。

5.2 供应商物流管理

全球价值创造网络中，附加值的转移不断地增加，这对供应商提出的物流要求也在日益增多。同时，汽车制造商自身的物流流程能力正越来越多地依赖于其供应商的物流能力。因此，必须将供应商集成入自身的物流流程，使之符合自身的需求。作为供应商管理的一部分，对物流供应商进行评估，可为制造商提供其物流效益透明度，同时也是对供应商本身的促进（图5-6）。

在供应商指定过程中所确定的生产地点，是不同供应商进行物流活动的出发点，这形成了相应的物流因素，主要涉及运输、存储和配送方面。选择供应商将为建立物流网络奠定基础。因此，在供应商选择过程中，必须考虑对供应商物流效益的评估。

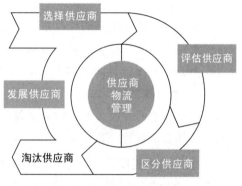

图5-6 供应商物流管理
（参考 Hubmann 2001 第274页）

通过确定供应商，不仅物流成本，而且物流服务功能，都将应该是预先确定的。

制订供应商物流管理的目标，就是要使供应商与汽车制造商在价值创造过程中达到最佳的物流衔接合作。但是这里必须要面对和解决一些关系紧张的问题，而这通常是由供应风险和物流复杂性所引起的（参考 Jacobi 等2004 第15页）。通过供应商物流管理，应该试图解决以下问题：

1) 如何最大限度地降低供应风险并确保物流流程能力？
2) 为了节省成本，对供应商有哪些物流性能和潜力方面的要求？
3) 使用哪些方法可以将物流角度的考虑因素纳入供应商评估中？
4) 如何根据物流标准对供应商进行分类？

5.2.1 确保物流流程能力

通过供应商物流管理，在产品开发过程中就已经确保了物流流程能力的稳定性。供应商应该具备物流业务能力，并在必要时根据需要开发所需的物流服务业务，这样才可以满足汽车制造商对物流的要求。以下可认为是物流服务商所追求的目标：

1) 面向未来的物流方案，确保优质的服务质量。
2) 提高对汽车制造商生产的供应能力，以及供应商本身的物流效益。

3) 持续性地改进汽车制造商与合作伙伴之间物流流程。
4) 优化和支持汽车制造商物流部门和供应商网络之间的日常工作。
5) 创建汽车制造商物流与采购市场之间的合作标准流程。

在未来供应商选择过程中,供应商的物流能力仅代表了一个方面,但仍必须与企业战略采购密切配合,纳入候选提名流程。在批量生产开始前,除了物流商选择标准之外,要对批量生产的物流流程要求给以明确的定义。以下重点描述了在批量生产过程中要进行的供应商物流管理任务:

1) 每日例行检验交货情况(数量是否正确、是否遵守期限、是否有错误交货情况)和供应商的供应能力。
2) 监控供应商在生产调度过程中的灵活性、通信和响应时间。
3) 在偏离预定目标状态时,启动适当的解决措施(升级过程)。
4) 全面性地评估所有供应商的物流效益,并将这些结果用于持续改进产品和流程,以及未来的规划和项目。
5) 通过明确的解决方案,辅助支持供应商,满足更高要求的物流目标。
6) 通过长期合作,监督商定的措施实施情况,持续优化物流过程。

为了提高物流流程质量,考虑到遵守物流方面的要求,必须进行定期检测。在出现偏差的情况下,与供应商合作启动相应的措施。在理想情况下,这些信息可以通过企业资源管理(ERP)系统,每天自动给予记录,并定期地进行评估。检测分析的结果可通过互联网经常性地提供给汽车制造商内部和供应商本身。通过"红绿灯功能",可以快速分析供应商物流中存在缺陷的地方,以通过相应的对策不断提高供应商的物流效益。

5.2.2 对供应商的物流要求

对物流进行反复评估,其标准可以是(参考 Müssigmann 2007 第 54 页,Arnold 2004 第 110 页,Janker 2008 第 89、111 页及 Hartmann 2004 第 52 页):

1) 遵守日期可靠性(遵守商定的交付日期)。
2) 数量正确度(遵守商定的交货数量)。
3) 交货时间(订单创建和履行之间的时间)。
4) 交付灵活性(供应商对数量变化、截止日期的反应性)。
5) 信息技术(具备快速提供信息的信息技术基础设施)。
6) 沟通交流(沟通意愿和确保公开沟通)。
7) 创新绩效(实施新物流方案的能力)。

下面以宝马公司为例,说明对供应商的物流要求。

1. 一般性物流要求

1) 供应商有义务提供有关物流联系人以及物流流程和结构的信息。

2）供应商在改变出货地点时，有通知合作伙伴的义务。
3）提供与物流相关的信息系统、组织结构变更的信息。

2. 信息流程

1）通过电子数据交换（EDI）或者互联网电子数据交换（WebEDI），进行数据自动传输的可能性。
2）将进货需求信息自动传输到供应商企业资源规划系统。
3）生产计划和控制系统中，满足系统一致性的要求。

3. 子供应商管理

1）下级供应商供应网络管理。
2）负责下级供应网络的开发。

4. 生产过程

1）经过相互协调的规划周期，对生产计划和控制系统进行一致化的设计。
2）在整个物料流中确保先进先出（First In First Out）原则。
3）确保与采购部门达成一致的生产能力。
4）生产能力规划要针对批量生产启动和停止。

5. 供应过程

1）根据包装手册的要求规划零部件尺寸。
2）及时提供货物，通知运输服务提供商的交付范围。
3）清空处理和账户对账的要求。
4）遵守指定的交货日期和数量。
5）应急供应方案的要求。

5.2.3 对供应商的评估方法

在提名候选供应商过程中，评价供应商是做出选择决策的基础（参考 Hartmann 2008 第 21 页）。为了实现面向目标的供应商管理，物流供应商评估用于识别和确定理想的供应商，这主要是针对其潜在的物流业绩，以及目前的物流交付业绩（批量供应商）的（参考 Hartmann 2004 第 94 页）。对汽车制造商而言，供应商评估旨在发现和消除物流过程中的缺陷。此外，作为物流供应商本身发展的一部分，通过评估可启动纠正措施，不断提高现有供应商的经济效益（参考 Janker 2008 第 78 页）。在供应商管理方面，可以使用以下方法来评估供应商的物流效益。

1. 通过自我问卷调查

通常，供应商自己提供的经营报告可作为获取供应商效益信息的第一阶段。通常，供应商报告是一个多页书面报告，对预选要求而言，其中还涉及需要询问的物流问题

(参考 Heß 2008 第 286 页)。在这种情况下,供应商酌情提供给汽车制造商部门所要求的物流效益信息。对汽车制造商而言,困难在于如何详细地提出问题,且这些问题在普遍意义上可以被正确地理解,而不会产生任何误解。如果供应商被证明适用于所有评估领域,则随后将由新供应的专门负责部门进行审核。

2. 物流审计

物流审计是针对供应商选择建议中的优先者检查供应商提供的信息,或者在供应商现场收集更多的信息。物流审计是一项系统性、独立性的检验活动,用于调查供应商物流系统的安排组织。审计对象可以是整个物流系统、特殊的物流子系统(比如仓库区域)、物流流程(比如交货计划数据传输)、物流部门之间的接口,或者物流技术工艺(比如包装技术)(参考 Pfohl 2004 第 266 页)。物流审计检查物流流程和系统在性能方面的弱点,审核员在必要时可以启动改进措施(参考 Stölzle 2008 第 1109 页)。根据汽车制造商的要求,确保其基本的物流能力,其系统化的实施是在供应商现场,参照一个标准化的检查列表,通过比较预定目标与实际贯彻情况,在此基础上进行评定(参考 Pfohl 2004 第 262 页)。通常,由于数据收集工作费力而困难,审计只针对企业至关重要的 A 类和 B 类供应商进行(参考 Appelfeller、Buchholz 2005 第 44 页)。审核以团队方式进行,通常由来自采购、开发、物流和质量管理部门的成员组成,以尽可能多地考虑各方面的要求,并确保评估的全面性(参考 Eckseler 1999 第 159 页)。将评估的结果归纳、总结评级进行排队,随后可对供应商进行分组和分类。通常,将供应商分为 A 类、B 类和 C 类。这种分类的重要性在于决定候选供应商。如果某个供应商获得 A 类或 B 类的评级,则将获得相应证书;另一方面,如果被归为 C 类,这意味着该供应商尚未达标。除了平均式整体评级外,仍有一些强制性标准,无论评级结果如何,都必须作为强制性改进标准,今后必须达标。在最终确定所有部门的总体评级结果时,可采用"障碍原则",就是说,最糟糕的结果将决定整体评级。因此,在部门结果之间没有相互补偿性。

3. 物流特性参数系统

为了以简练的形式说明供应商的物流状况,可采用若干个特性参数(图 5-7)。这些都是定量的参数,简洁地描述了要评估的对象(参考 Küpper 1993 第 39 页)。物流特性参数作为指标,评价供应商物流系统效率和功效(参考 Pfohl 2004 第 207 页)。

物流特性参数系统必须以物流思维方式,分析物流内部的功能。在供应商评估中,这些特性参数用作分析功能,将充分描述供应商活动中可以观察到和衡量的运行经营情况。通常,物流目标由制造商预先给定,供应商必须通过供应商提名流程才有可能实现招标目标。而常见的问题在于,如何对新供应商进行评估,因为尚缺乏批量生产物流运作的经验。原则上,物流特性参数系统要增加或者补充一个企业经济评估系统,这涉及质量、采购和技术等方面,将这一系统调整协调成为一个集成式、层次型的特性参数系统。图 5-7 展示了曼商用车公司采用物流特性参数对供应商进行评估。

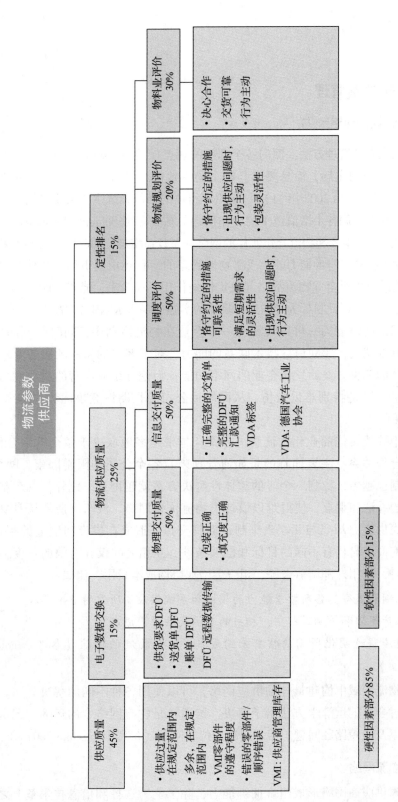

图5-7 曼商用车公司采用物流特性参数进行供应商评估（来源：曼）

5.3 供应商关系管理

5.3.1 物流中的网络能力

由于采用供应链管理方法，面向各个部门的观点（关注于各个单一的功能部门）不再是物流优化工作的主题，而是要求具有全局一致性，跨越各自公司范畴的物流流程（参考 Kuhn、Hellingrath 2002 第 119 页）。汽车行业的增值系统主要由生产网络和物流网络组成。物流网络协调各个增值链中的合作伙伴关系（参考 Schraft、Westkämper 2005 第 23 页）。由于制造商生产和物流合作伙伴的网络联系日益增加，同时两者之间不断增加的互动频率，除了各自自身的能力外，战略物流管理的运行还由其市场合作伙伴决定。网络合作伙伴的潜力将对全球物流战略起决定性地作用，在未来，能够及时地确定物流管理中的行动方案，并以此目标为导向进行具体的实施（参考 Kirsch 1997 第 157 页）。

物流部门的网络能力，可以理解为一个企业在物流活动中，同时与不同供应商，在不同的经营领域上，建立信息技术联系的能力，对于客户的每一项服务要求，始终可以给予最佳的解决方案。发展企业的网络功能，为挖掘企业经营的成功潜力，提供了更多的机会，这是特别难以效仿，从而确保公司的长期性竞争优势（参考 Ramsay 2001 第 45 页）。

在网络中寻找最佳商业化物流解决方案，越来越多地取决于各个网络合作伙伴。建立供应商合作关系，主要面临的是如何管理来自各个公司的限制因素。网络越大，所涉及的限制也越多，找到一个好的整体性解决方案就越困难。此外，汽车制造商和供应商不同的看法和观点，使得难以设计出物流优化网络。汽车制造商从自身角度看待供应商，而供应商却要与几家汽车制造商打交道，造成在供应问题上的利益冲突。制造商和供应商各自具有不同的目标和框架条件，互相之间仅在有限的程度上可以相互补充。同时，使用外部增值来源，相应会增加协调成本费用，比如：

1）要识别和赢得具备所要求能力的模块和系统供应商所需的费用成本。

2）在生产规划和控制过程中，相关的数据交换费用成本。

3）实现流程透明化所需的信息采购成本，比如物流的跟踪（参考 Arnold、Eßig 2002 第 242 页）。

为了在物流领域中构建最佳的供应网络，可以使用各种不同的解决方法。某些典型问题可通过合适的运筹学方法给予解决，这通常是物流网络中的运输、配送和最大流量问题，以及最短路径问题、瓶颈问题和位置问题（参考 Domschke 2007 第 31 页）。

5.3.1.1 物流网络

通过全球供应商网络形成组合捆绑能力，除了能力选择和信息技术整合之外，重要的是物流的规划、实施和控制。对于物流网络的结构和构造，所做出的决定通常是出于中期、长期性考虑。由于合同制约的长期资本承诺，以及存储和配送点的基础设施效应，如果没能做出最佳决策，则将难以在网络内再给予纠正（参考 Kruse、Hoferichter 2005 第 28 页）。由于网络参与成员数量众多，以及网络化原因，理解和反应的难度增加。因为网络成员不同的规划投入力度，可按帕累托原理执行，即认为大约 20% 的网络成员已经确定了 80% 的系统输出状态。属于 A 范围内的问题，应成为物料和信息流的规划重点。其他一些标准也必须给予考虑，比如对关键的启动供应商和物流流程进行严密的监控。

这里的一个关键问题是在全球化物流网络中如何选择合适的控制方案。无论所选择的具体控制方案如何，类似于处理的辅助性原则，以下说法通常是有效的：物流网络的集中控制仅承担这一类任务，即对有关参与公司有利，而不能仅由一个物流网络合作伙伴执行（参考 Gudehus 2006 第 24 页）；控制应该尽可能分散化，并且只是在必要时才集中执行。在规划领域，另一个重要的问题，是物流网络如何对本身结构变化或者外部和内部动态性做出应有的反应。对由此产生的成本和收益变化，必须给予评估和衡量（参考 Kruse、Hoferichter 2005 第 32 页）。

5.3.1.2 信息流网络

随着物流的网络化程度不断提高，信息网络的重要性也在不断增加。因此，通过一个信息平台，简单轻松地访问网络合作伙伴已成为成功进行物流运营的关键因素（参考 Krog 等 2002 第 45 页）。在供应商关系管理中，供应商的集成意味着现有的网络合作伙伴的企业资源规划系统，必须在未来的协同工作中互相之间进行信息数据交换。虽然今天模块化的企业资源规划系统支持所有重要的企业功能和工作部门，但只能解决一些小规模、部分性问题。通常，这些系统还缺乏一个跨越公司的定位和流程的集成可能性。因为跨越公司的信息技术系统组织公司之间的数据交换，所以这类系统称为高级规划系统（Advanced Planning Systems，APS）。通过使用最先进的信息技术，APS 声称能够实现整个供应网络所需的综合规划（参考 Kuhn、Hellingrath 2002 第 128 页）。APS 构建一个物流网络模型，并将其用于规划运行和流程。取决于所要支持的规划流程，供应链模型可以在不同的组合级别上给予创建。其目标是同时规划所有相关的物流任务，而且同步贯穿于整个供应链，即销售、生产、采购、分销和运输。具体应用解决方案为供应链计划，与短期性的供应链执行系统相比，供应链计划可对需求、能力和库存进行长期和中期的规划和优化（参考 Arnold、Eßig 2002 第 250 页）。

网络合作伙伴之间所需的数据信息交换，要根据其数据量通过电子数据交换直接连接进行，或者基于互联网制订解决方案（比如万维网电子数据交换，或者电子邮件）（参见第 6.9.2 节）。在理想情况下，数据交换应该保证实时性，这样可缩短供应商的反应时间和客户交货时间（参考 Alicke 2005 第 177 页）。

通常，主要目标首先是协调信息技术系统，以降低界面接口成本。第一个重点可以是内部信息技术采购网络，这应该能够保证在企业结构内的部门、工厂和公司之间进行数据交换。协调并不总是意味着要减少信息技术系统。

要评估跨越系统的供应商数据，可构建一个数据仓库系统（参见第 2.4.1 节）。这是一个重要的信息技术基础，用于综合性地分析所有物流相关成本（参考 Appelfeller、Buchholz 2005 第 15 页）。要达到提高信息技术部门网络能力这一目标，可从物流交易系统中提取相关数据信息用于实践，然后经数据传输后，将这些信息存储在中央数据仓库系统。数据仓库以及基于它的数据集（数据集市或数据立方体），构成了以绩效指标系统形式进行决策或分析所需的所有计划数据的基础，这使得可以根据不同的应用范围，在很短的时间内进行评估（参考 Klug 等 2001 第 29 页）。

5.3.1.3　宝马公司的合作伙伴网络

宝马（BMW）合作伙伴网络是一种供应商关系管理模式的范例（参考 Richter 2005 第 8 页）。它是一个多维度的供应商集成模型，将网络合作伙伴的能力与宝马公司的核心竞争力相结合（图 5-8）。在这一合作伙伴模式中，将中小型企业的响应能力、专业知识，与一家国际化、具有强大销售能力的汽车制造商的实力相结合（参考 Mößmer 2007 第 7 页）。

合作伙伴模型的基础构成了一个实际中常见的多级采购模型。通过构造供应商金字塔，减少了采购的复杂性，塔顶作为领导层，由一级供应商承担。而这些一级供应商又由其相应零部件供应商提供服务（参见第 5.1.2 节）。重要的直接供应商充当系统合作伙伴，在产品开发过程中作为其中的一部分，它们越来越多地被集成到整个系统或模块业务，进行产品的开发和交付（参见第 4.2 节）。除了方案和批量开发之外，系统合作伙伴还接管下属物流网络的规划（供应商选择）和协调。这大大降低了制造商物流网络的复杂性，因为下属系统是由系统合作伙伴自主控制的。

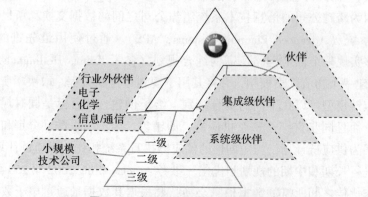

图 5-8　宝马公司的合作伙伴网络模型

通过集成合作伙伴模式，供应商的功能和供应范围不断增加，甚至他们还可负责开发或生产整车。这些合约式制造商（小型 OEM）可代表汽车制造商，开发个别车型和系列，而且还常常生产汽车。这种方案特别适用于细分产品，例如敞篷车（参考

Saatmann 2007 第 141 页)。由于系统和集成合作伙伴的战略重要性,他们必须尽早作为产品开发过程的一部分进行集成。这种参与目前的情况是常常为时已晚,促使许多制造商在早期设计阶段就开始与供应商建立密切合作关系。

进一步的合作伙伴可通过协作关系达成,就是说,与其他汽车制造商和供应商建立合作关系。这在减少投资成本等方面尤为重要,例如发动机的开发和生产成本特别高。通常的目标是降低成本,这可通过分担开发成本,共享零部件和资源的大规模经济效益。这对物流提出了复杂性要求,如果将纵深增值分配给若干工厂(参考 Rinza、Boppert 2007 第 23 页),在生产网络环境中将会出现更加复杂的供应关系。

为了保持并增强自身的创新能力,还需要寻求行业以外合作伙伴的协助。通过从其他领域的创新技术转移,可以制订出全新的解决方案。例如,将来自航空航天工业的氢技术应用于车辆。

来自各行各业的小型科技公司,也都可在宝马合作伙伴网络中占有一席之地。这些科技公司的目的是为制造商提供有实际意义的技术解决方案,因为许多小企业往往缺乏资金实力和网络访问权,但是在他们的产品线上,有很多有前途的产品和工艺创新。这种增值效应可用于制造商的品牌服务。

5.3.2　供应商合作

供应商合作对供应链管理而言,可认为是一个合适的工具用于供应网络的整体规划和管理(参考 Gehr 2007 第 23 页)。通过信息和流程方面的计划协调和控制,双方合作性改善物流流程、降低成本,并且在合作伙伴之间交换技术信息(参考 Baumgarten 等 2004 第 66 页)。与传统的孤立性规划和控制相比,供应商合作更全面性地反映了潜在的协同效应。其目的是保持供应商和上游供应商的需求、库存和供应能力,以及合作伙伴之间运输活动的透明度。同时,尽早识别瓶颈情况,并通过积极的方法予以避免。为此,交互式通信和信息平台得以应用,在供应商和内部用户的界面上实现透明的统一调度过程(参考 Steglich 2002 第 60 页)。通过合适的软件工具,将所有重要的计划和控制任务可视化显示和进行集成,包括与零部件相关的生产能力、交付性能以及瓶颈处理和库存优化。除了信息技术系统的集成之外,这一愿景还需要多个层次间的协调,规划合作伙伴在处理物流数据的变化方面尽快地互相交流,以相互依存的方式进行协调(参考 Bretzke 2007 第 15 页)。要确保车辆制造商、供应商和物流服务商之间共同协作,必须明确以下计划和决策任务:

1) 如何在供应网络合作伙伴之间协调物料需求计划?
2) 供应商网络对物料计划有哪些要求?
3) 如何在供应商合作的网络环境中规划和提供运营能力?
4) 供应商网络中库存的最佳分配方案是什么?
5) 在国际化运输网络中如何通过全球供应商协作进行变革?

5.3.2.1　预测协作

在汽车工业中,制造商通过一个多级系统,借助整个供应商网络,传输其物料要求。起点是制造商的车辆生产规划（参见第9.3节）。通过分析车辆的零部件明细表，与当前库存情况核对后，在零部件层面生成一个初始需求额（参见第9.4节）。这个数据传输从供应商的初始基本数据开始，到长期交付，经过中期的精确需求，一直到短期的生产过程中进货要求（参见第8.2.1节）。

在交付网络中，由制造商将从属要求转到上游交付阶段。通常，这些需求数据直接传送到内部的企业资源规划系统，作为规划自身的物料需求。公司的每一个需求计划流程都是参与进供应链的。随着时间的推移，由于基本数据的不协调，在供应链会出现顺序改变和不协调，具有不同的变化频率、不同的时间长度（参考 Dörr 2007 第49页）。这种传统方法涉及供应链中常见的一些问题：信息传递在时间上延迟，原始要求失真，供应链中客户需求发生微小变化（长鞭效应）。这些都增加了库存的波动性（参考 Simchi-Levi 等 2004 第20页）。此外，根据实际经验，扣除信息吞吐时间，需求数据的多层次转移都导致需求协调范围的缩小，对汽车制造商和供应商不能提供完整的可用数据，使之可传递给上游交付阶段（参考 Baumgarten 等 2002 第38页）。

在预测协作中，为了减少上述问题，可能的解决方案如下（参考 Braun 2012 第140页及 Frey 等 2007 第54页）：

1) 互相公开沟通相关零部件完整无误的需求数据。
2) 及时地，至少每天都进行需求计算，以提高反应灵活性。
3) 冻结某一特定时间段的需求数据。
4) 提高需求数据的质量。
5) 缩短需求计划阶段的等待和处理时间。
6) 合理性检查，以在早期识别错误。
7) 在产品最终的特性级别层次，创建长期需求预测机制，以更好地估算长期需求。
8) 可视化所有供应商的原始需求，而不会因批量大小或自身优化而扭曲事实。
9) 将物流服务商集合入需求规划过程。
10) 协同协调规划范畴和节奏（参考 Bretzke 2007 第15页）。

5.3.2.2 运营能力协作

作为生产计划的一部分，在物料需求计划之后，会在供应网络中进行运营能力规划（参见第9.5节）。这里涉及将物料需求分配给网络中相应的企业资源（机器设备、员工等），以便根据客户需求调整在规定限期内的生产能力。

供应网络中运营能力管理的目的是规划跨越公司范围所需要的运营能力，同时要兼顾所有合作伙伴各自的运营限制条件（参考 Lochmahr、Wildemann 2007 第509页）。运营能力协作涉及确定和比较运营能力，这包括主要的生产制造厂和关键供应商所能提供的生产能力（参考 Nayabi 等 2006 第22页）。应该在中长期规划范围内，确定这一阶段的生产能力是过剩还是缺乏，以避免短期性特殊情况造成的成本费用。要尽可能在早期阶段就识别出可能出现的运作瓶颈，以减少故障和缺货情况引起的费用支出

（参考 Göpfert、Braun 2017 第 32 页）。投资或者撤资决定必须及时，以相应地提高或者降低生产能力，确保供应交付（参考 Langemann、Mielke 2003 第 42 页）。早期阶段制造商就将自身生产能力的要求转告给供应商，以便可以稳定并均匀化生产。短期适应性措施的成本，比如由于加班、周末工作、特殊情况，都可以因此有所避免（参考 Herold 2005 第 39 页）。

除了外部供应商之外，在自身的生产地或者联合厂区中实施内部供应商控制也很重要。通过共享平台，这一使用相同零部件和模块化的战略，已经在很大程度上不断发展（参见第 3.5.2 节），全球范围内所需的供应商数量在增加，使不同车辆品牌和地区的生产厂家能同时获得相应短缺的生产资源（参考 Krog 等 2002 第 46 页）。将一个产品系列分配给多个工厂，这就在系列循环中拥有了优势，一方面，可以更好地减缓生产能力波动，这可能是由于供应网络变化引起的；另一方面，通过在生产程序中灵活地组合车辆变异，可实现生产设备的高利用率。

在运营能力协作的背景下，物流规划的重点是规避动态性运营能力瓶颈，这是根据规划补偿定律，确定供应网络的总体输出。通过使用适当的信息技术规划软件，必须不断地监测交货时间表规定的交货范围和日期（参见第 8.2.1.1 节）以及供应商的最终产能需求，是否可以遵守和给予保证。如果一个月的交付所要求的能力需求超过供应商所能提供的能力，此时由软件系统发出警告信号（比如，通过红绿灯功能中的红灯），对此要采取相应的措施（参考 Steglich 2002 第 60 页）。同时，为了在早期阶段避免即将出现的供应瓶颈，物流调度员也必须采取相应的措施。越早得到供应信息和回应，所有相关人员知道的情况就越完整充分，防止出现生产瓶颈的可能性也就越大（参考 Fander、Grammer 2002 第 8 页）。

然而在供应网络中，进行能力需求和供应之间的均衡将更加困难，因为要产生令人满意的解决方案，对此方案的限制或者所需的信息数据量要高出许多倍。另外，在多个供应源的情况下，这一规划问题将更加复杂。这导致一个多级分配问题，还涉及订单数量如何分配给多个供应商。除了考虑最基本的供应商网络中当前的运营能力利用情况，还要评估运输成本或区域性特性等决策标准，用于供应商订单分配（参考 Schuh 2006 第 117 页）。另一个问题可以被视为网络风险的典型，就是网络合作伙伴自身运营能力利用的公开信息。制造商可以使用这些信息（比如未充分利用的情况）进行后期价格谈判（参考 Jahns 2005 第 56 页）。由于根据车辆系列的生命周期，客户和供应商之间达成了运营能力协议承诺，所以这个问题变得更加复杂。运营能力规划中的细节度水平过低，这将导致瓶颈通常被发现得太晚，而且往往这时就需要采取资源和成本密集性的调节措施（参考 Baumgarten 等 2002 第 38 页）。

车辆品种的生命周期越来越短，越来越多地启动新车型生产，更加快速地启动和结束过程，而且还跨越本身生产厂和企业范围采用相同的零部件，这除了要有灵活的运营能力规划外，还需要提供战略能力的储备，而且必须在供应网络中进行分配。

如果对运营能力协作给予扩展，还需要考虑运输商的能力条件限制，这一点在供应链规划中至今仍然还没有考虑到（参考 Baumgarten 等 2002 第 42 页）。因此，货运商不能对所需货物量的变化做出任何及时反应，而这些变化通常在物料装载时才发生。这时重新改变调度要求，将变得更加困难，需要在现有运输路线计划中更换运输车辆，或者调整货物数量和重量，导致货物空间储备的变化，增加运输成本。

5.3.2.3 订单协作

订单协作的目标在于，将所有车辆订单数据及其任何可能出现的变化，可视化地呈现给经销商、汽车制造商和供应商。将每一个订单变化都应尽快地转发给合作伙伴，以实现最佳的订单透明度。这样，所有参与供应链的合作伙伴都可以根据客户的需求，直接调整和协调他们自身的业务活动，避免因信息传输过程造成不必要的产品质量损失（参考 Holweg、Pil 2004 第 120 页）。提供这种实时、无延时的订单数据的一大优势就是彻底地放弃了预测数据。使用预测模型既浪费时间，又需人力和财力支出。而且，任何预测都存在着不确定性的危险，并且是促使物流链自我强化的原因之一，会造成供应链中的库存不成比例地增加（参考 Lee 等 1997 第 95 页）。由于缺乏与信息技术系统的连接和计算机运行的及时同步，库存问题在需求方面将会进一步增加。以此为出发点，交付需求的传输通过每个交付层次最多高达一周时间。这样有可能订单信息在到达之前就已经过时，仅仅部分反映了制造商的实际车辆计划（参考 Baumgarten 等 2002 第 38 页）。

在以需求为驱动，供应商直接交付范畴（参见第 8.3.1 和 8.3.2 节），只有那些组件、模块和系统是按照准时化原则制造和交付的，是由制造商根据真实客户订单进行传递的。这里的先决条件是，客户订单构成制造商生产计划和控制的前提，这如同按照订单生产和物流战略给予实际意义的实施一样（参见第 9.1.2 节）。

汽车经销商的在线订购是订单协作的一个重要组成部分。在这种情况下，经销商可以基于网络系统向制造商下订单（参见第 9.2 节）。在这以前，经销商要基于制造商及其供应商的实际产能数据，对预定车辆制造和截止日期进行检查；还可以检查客户车辆配置的修改对交货日期产生的各种影响。这种经销商与制造商的直接连接，可以实时地实施订单，缩短交付时间，提高交付准时性（参考 Meyr 2004 第 460 页）。

5.3.2.4 库存协作

在供应网络中的库存管理所期望的目标是确保向所有合作伙伴顺利提供所有必要的物料。具备高质量的物流性能（低交货延迟、高服务水平），同时具有低库存的物流成本，这两者之间存在着传统意义上的目标冲突，在供应网络中，必须补充目标和利益的跨公司协调，以便对库存进行整体规划和控制（参考 Schuh 2006 第 838 页）。原则上，在复杂的供应网络中，库存问题特别重要。相当紧密关系的子系统和服务网点，由此构成的复杂系统一般反应迟钝，容易受到外界干扰，并且难以控制和管理。即使借助很精确的模拟方法，也无法对它们进行根本性的改进（参考 Gudehus 2006 第 25 页）。根据物流网络中的解耦原理，加入中间库存，使得复杂的整体系统可以划分为若干子系统,这样的子系统本身的反常和故障,对其他子系统影响的可能性很小。因此,随着整个供应网络性能的提高,从系统意义上观察,库存具有比较积极的影响。

分散式库存控制的一种实施方案是供应商管理库存方法,在这里,物料库存在原则上一次性地转移给供应商(参见第 8.4 节)。为此,供应商必须与客户的库存管理系统联网,并且必须明确定义决策规则(例如最小和最大库存)。除了当前的库存信息数据,还要传输大量额外的库存相关信息,比如在途库存、库存变动、净需求变化、时间延迟、供应商操作和运输延误信息(参考 Keller 2006 第 59 页)。

5.3.2.5 运输协作

运输系统始终要根据特定的交付量和频率要求进行调整(参见第 6.7.2 节)。由于供应商网络合作伙伴的数量不断增加,以及与供应商的平均运输距离不断加大,运输管理变得越来越重要。全球性采购导致运费增加(参见第 5.1.3 节),平均出货量减少,而交货频率同步增加,更需要从货运管理中挖掘成本节约的潜力。其中一个重要方法就是捆绑运输流量,以利用递减效应降低运费支出(参见第 8.7.3.1 节)。在运输协作的背景下,通过运输合作伙伴之间的密切合作,能够更快地对制造商交付计划的变化迅速做出反应,并且通过共享物流资源,降低运营成本费用(参考 Zäpfel、Wasner 2002 第 54 页)。

之所以这样做,其目的是实现运输成本节省,且额外提高生产物料可提供性。为此,不仅必须在公司内部,还要跨越公司,在整个供应商网络内协调物料安排和货运管理(参见第 8.7.3.4 节)。但入库运输的责任在于公司本身,通常,这是通过将交货条件改变为直接出厂交货来实现的。

物流合作伙伴有不同的看法和观点,按各自利益制订目标,这是物流优化的一个主要问题。调度人员面向的是所需零部件供应的保证,而由货运管理节省支出费用则是通过时间上和地域空间上捆绑相同或者空间上相对集中的供应商来实现的。这类问题的解决方案通常是使用基于信息技术软件的规划工具。这涉及对货运能力和需求之间的最佳协调,要在国际背景下,通过调度员寻找和发现物流服务商提供的优化报价。

5.4 原型和测试零部件物流

原型制作是开发和批量生产之间的接口,车辆开发周期越来越短,这导致对零部件物流需求的增加。在原型制作阶段,一个物流问题就是如何符合设计要求和按时交付试验件,由于产品开发阶段的高度动态变化特性,这就代表了一种特殊的挑战。在产品开发过程中,试验件可作为单一件或小批量件提供,主要用于生产原型车和实验装置。在试验过程中,每个零部件都要经过加工处理,满足相应特定原型阶段的技术要求。首先,在数字样机的虚拟环境中检验其装配性能(图 5-9)。因此,在实验中数字样车的使用特别有效,因为在这里,设计过程中所计划的零部件组装状态最终确定实际意义上真正的装配状态，这些还都将取决于采购可能性、加工时间、零部件复杂性和生产能力。通过使用数字样车模型，可以大大改善测试件和原型生产物流规划，因为不再会有制造错误的零部件而必须重新返工。

图5-9 数字样机虚拟模型（来源：奥迪）

这里一个关键的成功因素是信息流。可通过零部件明细表管理，确定哪些零部件是将要组装到原型车内的。管理整个车辆的所有零部件，这个问题的确是太复杂了，因此有必要首先将整个车辆划分为若干区域。

对于零部件交付，将类似于批量生产，生成原型零件的交货要求（参见第8.2节）。交货要求包括有关测试零部件的所有重要数据信息（零部件号、更改状态、零部件数量、交货日期），并且是在物料管理系统中正确地预订零部件，也是支付供应商索赔的先决条件。交货日期必须由供应商给予确认，或者通过双方协议才能进行修改。

零部件在交付时应该附有标签。此外，为了识别和分类测试性零部件，必须明确地识别零部件的当前状态，以便在原型设计和测试过程中防止零部件的错误安装。通常，为了可视化零部件的当前开发状态，还要在零部件编号中补充更改索引，这种连续的编号记录了零部件的变化。考虑到特殊的测试方法，对零部件的其他额外要求都必须通过适当的文件（检测报告）给予证明，并且通过零部件标签给予标识。

5.5 预批量生产期间的物流

在批量生产开始前大约8个月，零部件和车辆被转移到预批量生产阶段（图5-10）。其目标是将试验件和原型阶段的状态进一步转移到接近生产条件的环境，以及准备进行零批量的生产条件。生产和物流流程将在预批量生产中进行测试，并逐渐集成到系列生产组织中。将预批量生产物流和仓储与批量生产物流进行分离处理，可以有针对性地优化启动过程（图5-11）。预批量生产物流可以与提高产能阶段（参考

Dombrowski、Hanke 2011 第 332 页）平行地转移到批量生产物流。从预批量生产物流的角度，这里会面临以下挑战：

1) 多次的产品和工艺调整，因而会产生很高的动态特性。
2) 许多合作伙伴之间网络式的复杂关系可能导致某些困难。
3) 在批量生产启动期间，零部件的频繁变化可能引发控制问题。
4) 计划的产品和流程变更时，保持与供应商一致性和及时的交流与协调。

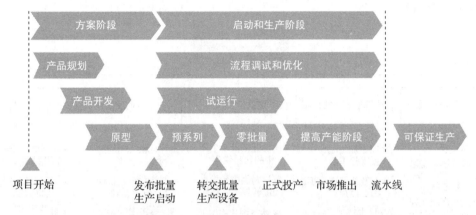

图 5-10　预批量生产阶段（参考 Fitzek 2006 第 63 页）

图 5-11　预装配发动机（来源：奥迪）

就零部件采购而言，如果零部件是采用非批量生产工具进行生产的，则需要开发和设计部门进行规划，而对于可用批量化工具生产的零部件，仍可采用预批量物流。通常，车辆生产中会有物料剩余，这是因为，使用不同的工具和零部件导致库存变化率很高，这不仅对制造商如此，对供应商也如此。除此以外，在预批量中，车辆的成熟度是依照零部件生产工具进行度量的。预批量生产物流的关键点是生产工具物流。因此，使用批量生产工具尽快提高车辆的量产成熟度，对于确保零部件的可用性至关重要。

预批量物流的进一步目标有：

1) 按时提供预批量及其现有零部件。

2) 仅提供批量工具生产的零部件。
3) 仅使用批量生产性器具（标准和通用器具）。
4) 模拟准时化/顺序化批量生产流程，并纠正可能的错误。
5) 确保准时交货和客户满意度。

预批量生产物流的责任范围很广，可以细分为以下主要领域：预批量生产的规划和控制、预批量生产中零部件采购、使用日程控制，以及预批量生产中零部件的仓储管理（图5-12）。

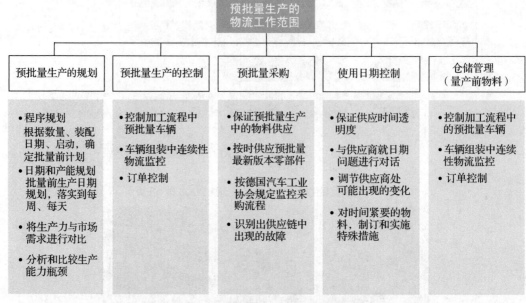

图5-12 预批量生产的物流工作范围

预批量生产零部件必须由供应商通过单独的预批量标签进行标识。这些标签的颜色设计和差异化，使得可以快速、准确地识别零部件的身份。对零部件编号必须小心谨慎，可借助技术变更编号，清楚地确定当前零部件的状态。所有物流过程，从运输、配送到储存，都与上述编号相关。预批量生产的车辆和零部件之间的后续连接，允许将所有物流流程清楚地归入相应的车辆。

预批量生产物流还承担了当前产品系列中的变更任务。由于技术法规、产品成本优化和型号维护，车辆不断地被修改（参考Herold 2005第40页）。预批量生产物流还负责控制生产日期，对因技术原因变更的零部件实施日期方面的控制。

参考文献

Alicke, K. (2005): Planung und Betrieb von Logistiknetzwerken, 2. Auflage, Springer, Berlin, 2005

Alicke, K./Eitelwein, O. (2004): Outsourcing im Supply Chain Management, in: Supply Chain Management 3/2004, S. 17-27

Altlay, F. (2002): Outsourcing of Logistics Functions-An Assessment of the Outsourcing Decision Process for Logistics Functions of an Automobile Manufacturer, MSc Thesis, Cranfield Centre for Logistics & Transportation, Cranfield University, Cranfield, 2002

Appelfeller, W./Buchholz, W. (2005): Supplier Relationship Management, Gabler, Wiesbaden, 2005

Arnold, B. (2004): Strategische Lieferantenintegration. Ein Modell zur Entscheidungsunterstützung für die Automobilindustrie und den Maschinenbau, Gabler, Wiesbaden, 2004

Arnold, U./Eßig, M. (2002): Grundlagen des internationalen Supply Chain Management, in: Handbuch Internationales Management, Hrsg. von: Macharzina, K./Oesterle, M.-J., 2. Auflage, Wiesbaden, 2002, S. 238 – 254

Baumgarten, H./Beyer, I./Stommel, H. (2004): Planungs-und Steuerungsaufgaben in industriellen Versorgungsnetzwerken, in: Jahrbuch Logistik 2004, Hrsg. von: Wolf-Kluthausen, H., Free Beratung, Korschenbroich, 2004, S. 64 – 70

Baumgarten, H./Klinkner, R./Stommel, H. (2002): Integrationsaspekte des Supply Chain Managements, in: Logistik Management 4/2002, S. 34 – 46

Bogaschewsky, R. (2005): Logistik-Schlüsselfaktor für Global Sourcing, in: Jahrbuch Logistik 2005, Hrsg. von: Wolf-Kluthausen, H., Free Beratung, Korschenbroich, 2005, S. 74 – 79

Braun, D. (2012): Von welchen Supply-Chain-Management-Maßnahmen profitieren Automobilzulieferer? Gabler Springer, Wiesbaden, 2012

Bretzke, W.-R. (2005): Supply Chain Management: Wege aus einer logistischen Utopie, in: Logistik Management 2/2005, S. 21 – 30

Bretzke, W.-R. (2007): AvailabletoPromise-Der schwierige Weg zu einem berechenbaren Lieferservice, in: Logistik Management 2/2007, S. 8 – 18

Dombrowski, U./Hanke, T. (2011): Lean Ramp-up: Handlungs-und Gestaltungsfelder, in: Zeitschrift für wirtschaftlichen Fabrikbetrieb 5/2011, S. 332 – 336

Domschke, W. (2007): Logistik: Transport-Grundlagen, lineare Transport-und Umladeprobleme, 5. Auflage, Oldenbourg, München, 2007

Dörr, M. (2007): Zwischen e-Business und Rohrpost-kollaborative Abstimmung in der Praxis, in: Logistik in der Automobilindustrie, Hrsg. von: Gehr, F./Hellingrath, B., Springer, Berlin, 2007, S. 49 – 51

Eckseler, H. (1999): Industrielle Beschaffungslogistik, in: Handbuch Logistik. Management von Material- und Warenflussprozessen, Hrsg. von: Weber, J./Baumgarten, H., Schäffer-Poeschel, Stuttgart, 1999, S. 150 – 165

Fander, R./Grammer, A. (2002): Transparenz in der Stahl-Logistikkette durch SCM, in: Logistik für Unternehmen 7 – 8/2002, S. 6 – 9

Fitzek, D. (2006): Anlaufmanagement in Netzwerken: Grundlagen, Erfolgsfaktoren und Gestaltungsempfehlungen für die Automobilindustrie, Haupt, Bern, 2006

Frey, R./Kimmich, J./Stommel, H. (2007): Die Bedarfsplanung als Grundlage von SCM-Planungen, in: Logistik in der Automobilindustrie, Hrsg. von: Gehr, F./Hellingrath, B., Springer, Berlin, 2007, S. 52 – 59

Gehr, F. (2007): Netzwerkübergreifende Logistiklösungen entwickeln und realisieren-Die Zielsetzung des Projektes LiNet, in: Logistik in der Automobilindustrie, Hrsg. von: Gehr, F./Hellingrath, B., Springer, Berlin, 2007, S. 23 – 47

Glöckl, H. (1997): Positive Logistikeffekte durch verstärkte Modulanlieferung an das Montageband, in: VDI-Bericht Band 1343, VDI, Düsseldorf, 1997, S. 135 – 148

Göpfert, I./Braun, D. (2017): Stand und Zukunft des Supply Chain Managements in der Automobilindustrie-Ergebnisse einer empirischen Studie, in: Automobillogistik-Stand und Zukunftstrends, hrsg von: Göpfert, I./Braun, D./Schulz, M., 3. Auflage, Springer Gabler, Wiesbaden, 2017, S. 27 – 36

Göpfert, I./Grünert, M. (2006): Logistiktrends in den Wertschöpfungsnetzen der Automobilindustrie, in: Jahrbuch Logistik 2006, Hrsg. von: Wolf-Kluthausen, H., Free Beratung, Korschenbroich, 2006, S. 130 – 137

Göpfert, I./Grünert, M. (2009): Logistiknetze der Zukunft-Das neue Hersteller-Zulieferer-Verhältnis in der Automobilindustrie, in: Logistik der Zukunft-Logisticsforthe Future, Hrsg. von: Göpfert, I., 5. Auflage, Gabler,

Wiesbaden,2009,S. 127 – 191

Gudehus,T. (2006):Dynamische Disposition,2. Auflage,Springer,Berlin,2007

Gutenberg,E. (1983):Grundlagen der Betriebswirtschaftslehre,Erster Band:Die Produktion,24. Auflage,Springer,Berlin,1983

Harrison,A. (1995):Themes for Facilitating Material Flow in Manufacturing Systems,in:International Journal of Physical Distribution & Logistics Management 25(10)/1995,S. 3 – 25

Harrison,A./van Hoek,R. (2008):Logistics Management and Strategy-Competing Through the Supply Chain,3. Auflage,FT Prentice Hall,Harlow,2008

Hartmann,H. (2004):Lieferantenmanagement. Gestaltungsfelder,Methoden,Instrumente mit Beispielen aus der Praxis,Deutscher Betriebswirte-Verlag,Gernsbach,2004

Hartmann,H. (2008):Grundlagen und Grundtatbestände der Lieferantenbewertung,in:Lieferantenbewertung-aber wie? Lösungsansätze und erprobte Verfahren,Hrsg. von:Hartmann,H./Orths,H./Pahl,H. -J. ,4. Auflage,Deutscher Betriebswirte-Verlag,Gernsbach,2008,S. 15 – 26

Herold,L. (2005):Kundenorientierte Prozesssteuerung in der Automobilindustrie,Deutscher Universitäts-Verlag,Wiesbaden,2005

Heß,G. (2008):Supply-Strategien in Einkauf und Beschaffung-Systematischer Ansatz und Praxisfälle,Gabler,Wiesbaden,2008

Holweg,M./Pil,F. (2004):The Second Century-Reconnecting Customer and Value Chain Through Build-to-Order-The Road to the 5 Day Car,The MIT Press,Cambridge,2004

Hubmann,H. -E. (2001):Lieferantenbewertung-ein Schlüssel zur effizienten Partnerschaft,in:36. Symposium Einkauf und Logistik,Hrsg. von:Bundesverband Materialwirtschaft,Einkauf und Logistik e. V. ,Frankfurt,2001,S. 269 – 286

Jacobi,C./Hartel,D./Ohlen,O./Wendik,H. (2004):Logistik-Management-Gestalten und Beherrschen der Supply Chain,Emporias Management Consulting,Unterföhring,2004

Jahns,C. (2005):Netwerkmanagement:Königsweg oder Irrglaube?,in:Supply Chain Management 2/2005,S. 55 – 56

Janker,C. (2008):Multivariate Lieferantenbewertung. Empirisch gestützte Konzeption eines anforderungsgerechten Bewertungssystems,2. Auflage,Gabler,Wiesbaden,2008

Keller,J. (2006):Vendor ManagedInventory hält Einzug in das Bestellwesen der Industrie,in:Logistik für Unternehmen 3/2006,S. 58 – 59

Kirsch,W. (1997):Strategisches Management,die geplante Evolution von Unternehmen,Kirsch,Herrsching,1997

Klaus,P. (2007):Supra-Adaptivität in der Automotive"Supply Chain:Die Rolle von Logistikdienstleister-Einbindungen und Dienstleister-Strukturen",in:Neue Wege in der Automobillogistik,Hrsg. von:Günthner,W. ,Springer,Berlin,2007,S. 205 – 217

Klug,F./Reuse,M./Lanzinner,T. (2001):Integration der Informationen in einem Data Warehouse-Logistikplanung bei Audi,in:is report 8/2001,S. 28 – 31

Krog,E. H./Richartz,G./Kanschat,R./Hemken,M. (2002):Kooperatives Bedarfs-und Kapazitätsmanagement der Automobilhersteller und Systemlieferanten,in:Logistik Management 3/2002,S. 45 – 51

Kruse,O./Hoferichter,A. (2005):Strategische Planung für das After-Sales Logistiknetzwerk der DaimlerChrysler AG,in:Supply Chain Management 2/2005,S. 27 – 34

Kuhn,A./Hellingrath,H. (2002):Supply Chain Management-Optimierte Zusammenarbeit in der Wertschöpfungskette,Springer,Berlin,2002

Kummer,S./Lingnau,M. (1992):Global Sourcing und Single Sourcing,in:Wirtschaftswissenschaftliches Studium 8/1992,S. 419 – 422

Küpper,H. U. (1993):Controlling-Konzepte für die Logistik,in:Logistik-Controlling,Hrsg. von:Männel,W. ,Gabler,Wiesbaden,1993,S. 39 – 57

Langemann, T. /Mielke, A. (2003): Spielregeln für die Collaboration, in: Logistik heute 5/2003, S. 42 – 43

Lee, H. /Padmanabhan, V. /Whang, S. (1997): The Bullwhip Effect in Supply Chains, in: Sloan Management Review, 38/1997, S. 93 – 102

Lochmahr, A. / Wildemann, H. (2007): Die Einführung logistischer Konzepte in Theorie und Praxis-Fallbeispiele Kapazitätsmanagement, in: Neue Wege in der Automobillogistik, hrsg. von: Günthner, W. A. , Springer, Berlin, 2007, S. 509 – 524

Meyr, H. (2004): Supply Chain Planning in the German Automotive Industry, in: OR Spectrum 4/2004, S. 447 – 470

Mößmer, H. /Schedlbauer, M. /Günthner, W. (2007): Die automobile Welt im Umbruch, in: Neue Wege in der Automobillogistik, Hrsg. von: Günthner, W. , Springer, Berlin, 2007, S. 3 – 15

Müssigmann, N. (2007): Strategische Liefernetze: Evaluierung, Auswahl, kritische Knoten, Gabler, Wiesbaden, 2007

Nayabi, K. /Mandel, J. /Berger, M. (2006): Build-to-Order: Durchlaufzeiten reduzieren, in: IT &Production 5 – 6/2006, S. 20 – 22

Pfohl, H. -C. (2004): Logistikmanagement, 2. Auflage, Springer, Berlin, 2004

Piller, F. T. /Waringer, D. (1999): Modularisierung in der Automobilindustrie-neue Formen und Prinzipien-Modular Sourcing, Plattformkonzept und Fertigungssegmentierung als Mittel des Komplexitätsmanagements, Shaker, Aachen, 1999

Przypadlo, T. (2007): In-und Outbound-Logistik eines 1st Tier Zulieferers-Logistikdienstleistereinsatz im automobilen Netzwerk, in: Neue Wege in der Automobillogistik, Hrsg. von: Günthner, W. , Springer, Berlin, 2007, S. 231 – 243

Ramsay, J. (2001): The Resource Based Perspective, Rents, and Purchasing's Contribution to Sustainable Competitive Advantage, in: The Journal of Supply Chain Management 37(3)/2001, S. 38 – 47

Richter, K. (2005): Forschung und Entwicklung im Wandel-Veränderung in der Zusammenarbeit zwischen Automobilherstellern und-zulieferern, in: Zeitschrift für die gesamte Wertschöpfungskette Automobilwirtschaft 4/2005, S. 6 – 10

Rinza, T. /Boppert, J. (2007): Logistik im Zeichen zunehmender Entropie, in: Neue Wege in der Automobillogistik, Hrsg. von: Günthner, W. , Springer, Berlin, 2007, S. 17 – 28

Saatmann, M. (2007): Supra-adaptive Architekturen in der Automobilindustrie-eine Blaupause, in: Neue Wege in der Automobillogistik, Hrsg. von: Günthner, W. , Springer, Berlin, 2007, S. 139 – 148

Schraft, R. /Westkämper, E. (Hrsg.) (2005): Lieferantenparks in der europäischen Automobilindustrie, Handelsblatt, Düsseldorf, 2005

Schuh, G. (Hrsg.) (2006): Produktionsplanung und-steuerung, 3. Auflage, Springer, Berlin, 2006

Schulte, C. (2005): Logistik-Wege zur Optimierung der Supply Chain, 4. Auflage, Vahlen, München, 2005

Simchi-Levi, D. /Kaminsky, P. /Simchi-Levi, E. (2004): Managing the Supply Chain, McGraw-Hill, New York, 2004

Steglich, T. (2002): Lieferant sieht rot, in: Logistik heute 12/2002, S. 60 – 61

Stockmar, J. (2001): Modulare Bauweise aus Sicht der Lieferanten, in: VDI-Bericht 1653, VDI, Düsseldorf, 2001, S. 423 – 445

Stölzle, W. (2008): Logistik-Audits, in: Handbuch Logistik, Hrsg. von: Arnold, D. /Isermann, H. /Kuhn, A. /Tempelmeier, H. /Furmans, K. ,3. Auflage, Springer, Berlin, 2008, S. 1108 – 1116

Voss, H. (2006): Logistik-Outsourcing in der Automobilindustrie-Eine Untersuchung zur Flexibilität, Studie im Rahmen des Forschungsverbundes ForLog, Nürnberg, 2006

Voss, H. (2007): Supra-Adaptivität durch Outsourcing-Dienstleistertypen und Kompetenzprofile, in: Neue Wege in der Automobillogistik, Hrsg. von: Günthner, W. , Springer, Berlin, 2007, S. 219 – 229

Zäpfel, G. /Wasner, M. (2002): Strategische Gestaltung internationaler Logistiknetzwerke für den flächendeckenden Stückgutverkehr durch Kooperation, in: Logistik Management 4/2002, S. 53 – 60

第6章 物流规划的任务

在产品生产过程中,物流规划是所有措施的概括总结,从启动车辆项目到生产开始,确定物料结构和流程,及其所必要的信息流。这里,规划重点是供应交付厂家之间的物流,根据逆序规划原则,即由外部和内部运输、中途转运和存储过程,一直到安装地点。第4.1节中已经描述了各个物流阶段,而在本章中,将从物流规划角度给予更详细的讨论。主要内容是关于规划方案、相应方法的介绍,可为汽车行业物流规划人员的日常业务提供参考。

6.1 器具规划

6.1.1 器具类型

器具通常是作为承载、包裹并在必要时作为隔离用途的辅助性物流工具/设备,用以保护物料,并且便于运输、配送和存储。基于物流中的特定要求和应用领域,实际使用的器具类型在其几何形状、尺寸范围和制造材料方面非常不同。然而,原则上对于汽车工业中使用的器具可以根据其尺寸、转运能力、使用的普遍性作为基本标准来进行区分(参见 Klug 2016a 第 466 页)。图 6-1 中以矩阵形式再现了四种基本类型的器具,也通常被称为承载器。

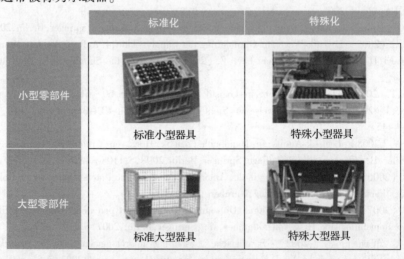

图 6-1 器具的分类

1. 小型器具

根据德国工业标准 DIN 30820，小型器具是指未经结构强度加固的容器，最大底面积为 600mm×400mm，可以人工或自动化进行转运。在大多数情况下，小型零部件和散装货物存放在小型器具中。通常，在汽车工业中主要采用德国汽车工业协会（VDA）标准和国际 ISO 标准，使用小型器具。由于物流精益管理，目前趋势为在装配现场，配送和存放的数量越来越少（规模缩小），进而汽车行业对小型器具的需求正在逐步上升（参见第 7.3 节）。对于汽车行业而言，小型器具是最佳的、可回收性的包装系统。这种器具通常由彩色工程塑料制成，可堆垛，可组合，具备一定的抗冲击性。其底部的梳状筋条提高了器具强度，且减轻重量。在器具上的提升把手和定心孔，可实现自动化操作。出于要符合人体工程学及人工操作的职业安全要求，小型器具的最大重量不得超过 20kg（对于日常工作而言，男性最多 15kg，女性最多 12kg）。

2. 大型器具

大型器具更加坚固，通常适用于大型零部件的包装。由于其尺寸和重量较大，这类器具仅通过地面输送设备（例如叉车）进行。大型器具有各种尺寸，有的有襟翼，有的可折叠，具有不同的堆垛系数和承载能力。常见标准大型器具的一个示例是欧盟笼箱（短式存储笼，如图 6-2 所示）。该器具可以在组合过程中随意交换。将装满的存储笼箱与空箱进行交换时，

图 6-2 欧盟笼箱

如果不遵守约定的返货截止日期，就会产生交换或延迟费用。笼箱的外部尺寸为 1240mm×835mm×970mm。笼箱的自重为 70kg，承载能力为 1000~1500kg，可堆垛到五层。越来越多的轻质大型器具正用于汽车工业。这种可堆垛性的塑料器具具有很高的承载能力，且自身重量很轻。该器具的三个主要组成部分（托盘、插入式框架和盖子）可以在空载时折叠在一起，从而减小了运输和存储时占用的体积，最高节约空间可达 80%。

3. 标准器具

标准器具是已标准化、确定尺寸的器具，通常基于德国工业标准 DIN 或者德国汽车工业协会 VDA 标准。它们不仅适合于特定的零部件类型，而且没有固定的内部构件。标准器具可以很普遍和灵活地使用，因为它们并不是针对某一特定部件或者一组零部件而设计的。因此，这种标准器具也称为通用承载器（通用器具）。其主要目标是要设定整个行业范围内使用的器具标准，来实现跨越厂商和公司范围的广泛应用。使用标准器具还增加了器具调度和空箱管理上的灵活性。

标准化的 VDA 器具有两种不同的高度（700mm 和 975mm），以及两种不同的底面积（800mm×600mm 和 1000mm×1200mm）。在德国汽车工业，对于小型零部件，根据 VDA 4500 的建议，通常使用小型标准化的器具。该塑料器具可以人工和自动化操作（在自动化的小型零部件仓库中）。以下示例罗列出了汽车行业中使用的 VDA-R-小

型器具的尺寸。这些塑料器具有两种不同的高度（147mm 和 280mm）以及三种不同的底面积（200mm×300mm、300mm×400mm 和 400mm×600mm）。最大装载重量为 20 或 50 kg（表 6-1）。

表 6-1 德国汽车工业协会 VDA-R-KLT 小型器具的尺寸（参考 VDA 4500 第 7 页）

编号	额定尺寸（长×宽×高）/mm	颜色
6429	600×400×280	RAL 5003
6415	600×400×147	RAL 5003
4329	400×300×280	RAL 5003
4315	400×300×147	RAL 5003
3215	300×200×147	RAL 5003

由于小型器具的尺寸均已标准化，故这些器具可以模块化使用。标准器具的模块化，主要基于欧洲托盘（1200mm×800mm）或工业托盘标准（1200mm×1000mm）尺寸间的相互协调。因此，包容式的器具与平板式器具（托盘）可进行最佳协调。由于模块化和标准化，组合可重复使用的器具可以实现体积优化，且以无损失的方式堆垛在一起（例如小型器具堆垛）。通过兼容式的肩部和底部类型，可以以自锁方式实现器具之间互锁嵌套，这对于构成器具垛显得尤为重要。因此减少了运输、存储和转运成本。所谓自锁式小型器具垛，就是通过将多个小型器具堆垛在承载托盘上而构成的，比如像 KLT 6429 一样，每层由 4 个器具组成（图 6-3）。可由一个锁定端板进行相互锁定，使器具内均匀地分布载荷，具有安全和保护功能。一个小型器具垛，可作为一个装载单元进行处理、堆垛和存储（参见第 8.8 节）。小型器具组合避免了拉伸、收缩和捆扎等紧固方式，不需要额外的固定措施。除了物流技术之外，由于使用器具垛作为装载单元，还具有信息流方面的优势，因为交货单和转运单都不再需要单独列出所包装的零部件（参见第 8.7.1 节）。这种彩色的塑料器具可用作为人工和自动处理的存储和运输器具，比如小零部件自动化仓库。

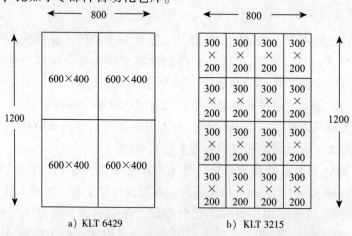

图 6-3 根据德国汽车工业协会 VDA 的建议，小型器具的模块化

4. 特殊器具

特殊器具（特殊用途承载器）是为特定零件或部件专门研发、设计和制造的运输容器或运输货架。其承载部分由金属、塑料或木材制成，呈框架形式，具有单个或多个承载点。与标准器具相比，这种器具只能用于特定的零件或组件。使用特殊承载器的原因各有所不同：

1) 零部件的特殊几何形状或者表面特性不允许使用标准器具。
2) 自动装配或提取零部件时，需要高定位精度的特殊器具（例如车身结构）。
3) 质量标准要求高，而标准器具不能完全保证交货质量的安全性。
4) 经济性原因，使用标准器具只能在付出高额包装（内部）费用的情况下进行，相对而言，考虑其总的使用寿命，该费用已超过对特殊器具的一次性投资成本。
5) 在配送和接收零部件过程中，特定的人体工程学要求。
6) 增加了对零部件重量、体积或者功能的要求。

特殊器具也可根据使用的材料进行分类，比如钢材、塑料、木材和纸板类器具。在特殊情况下，可以是带隔层或泡沫衬垫的标准器具，因为它们是为特殊零部件定制的，所以也归为特殊器具。

6.1.2 器具的选择标准和要求

对某一零部件系列选择相应的器具，要在考虑各种标准的情况下进行。以下是最常见的主要标准：技术、质量、经济性、人体工程学和安全性、生态和具体的物流规范数据。

1. 技术标准

出于技术原因考虑，主要使用自动或半自动化操作设备、准备和装卸容器。因此，这要求零部件安放在器具中的具体位置。可以引用以下器具选择标准：

1) 静态、动态和气候影响的负载能力。
2) 器具的使用寿命，通常针对某一个产品周期所设计。
3) 面向操作的设计。
4) 不易燃（特别是在车身制造中的飞溅火花）。
5) 模块化和标准化设计。
6) 对零部件具有防潮保护。
7) 可堆垛性（最大堆垛负载、或者堆垛系数）和可折叠性。
8) 滚筒式输送机输送的适用性。
9) 使用叉车进行操作无限制性。
10) 带有叉式导向器，用于自动承接器具。
11) 堆垛应采用形状定位。
12) 辅助性工具的可使用性。
13) 表面平整和器具开口大。
14) 直立安全性和抗倾倒。

2. 质量标准

质量标准的最高目标其实就是在安装地点无故障地交付无任何损伤的零部件。为了达到相应的质量要求，器具必须具有保护功能。这可以保护零部件免受外界环境的负面影响。而对器具内部的保护，旨在完全保护好所包装物料的使用价值。另外，器具还必须相应地保护其零部件免受丢失、损坏和被盗。为此，器具必须在运输、配送和存储过程中能够安全地吸收由此产生的静态和动态载荷。此外，还须考虑气候条件，比如温度、湿度、降水和太阳辐射等对零部件产生的可能的影响。这样，除了外包装外，还可能需要某些内包装措施。这些内外保护措施都要求运输包装具有一定的强度、耐用性和紧密性。应尽可能避免零部件的移动、相互接触和碰撞或者钩挂缠绕。

3. 经济标准

经济标准涉及的目标乃是尽可能地、以最低的成本费用进行器具的开发、采购、生产和运营，兼顾最大物流性能。由于物流涉及的各个相关层次的功能，这一选择标准在器具规划中可认为是一个特殊的障碍。要重视器具的经济性，应该考虑以下几点：

1）在考虑首选标准尺寸的指导思想下，组成合理的装载单元。
2）器具最小自身重量。
3）器具由单人操作的可能性。
4）最佳器具填充度，且不影响零部件质量。
5）适合于配送的构造，以减少运输、存储和处理成本。
6）拆包时间短，零部件的提取简单容易。
7）在所有生产工厂中，器具的普遍适用性。

4. 人体工程学和安全标准

考虑到人体工程学和职业安全，工作场所需要按照人体工程学的标准进行设计，从而避免对生产人员身体健康造成损害性风险。整个的交付、配送和供应方案作为框架条件，构成了器具规划的基础。例如，人工从器具中取出零部件时，要注意到零部件的重量、人体的弯曲和旋转运动。为了避免用力不均匀和用力过猛，器具应该放置在高度可调节的倾斜表面上。

5. 生态标准

这主要涉及所用材料的可溶性和可回收性（参考 Wels、Kettner 2016 第 28 页）。在这种情况下，选择和设计器具时，必须考虑到许多环保法规以及废物利用和处理：

1）原则上应避免使用一次性包装。
2）避免、减少和回收包装材料。
3）使用可回收性材料。
4）无复合材料和涂层（如蜡、石蜡等）。
5）仅使用聚乙烯（PE）和聚丙烯（PP）进行额外包装（箔、袋、硬质泡沫），例如作为保护和绝缘材料。

6）仅使用塑料（PP）或钢带作为捆绑带。

7）对可回收性材料，用自然色彩清晰地标记材料。

8）防腐纸必须不含对纸张生产有害的物质，并标有"RESY"符号。

9）根据联合国法规，使用经过热处理或熏制的木材。

生态要求不仅决定了合适的器具选择，还决定了一个物流链中所有过程的组成部分。原则上，任何运输、存储和活动都会产生经济和生态影响。有关汽车物流中生态方面的综合介绍，请参阅有关文献（参考 Lochmahr 2016）。

6．运输、配送和存储标准

进行物料的物流处理需要开发运输器具、存储器具和配送器具，以便可以简单容易、有效率和安全地提取、拾拣、移动、放置和存放物料。因此，器具可对物流链的盈利能力产生重大影响。作为器具规划的首要目标，是实现操作简单容易、节省运输和存储的场地和空间。器具的形状和强度必须无缝连接，并能安全地多层堆放。器具尺寸以及要承载的零部件重量，应尽可能与器具的尺寸和货运承载设备的能力相匹配。

结合适当的识别技术（条形码、射频识别），器具还承担了识别和传递数据信息功能。其目标是完整地、实时性获取器具在物流链中的运行情况（参见第 8.9 节）。

已发布的与物流相关的标准有：

1）避免重新包装（运输单元＝存储单元＝处理单元＝供应单元＝消费单元）。

2）易于器具操作（人工或自动）。

3）优化空间和场地使用。

4）选择从器具内提取零部件的最佳方式（可选、批量）。

5）地面输送设备进行无损伤、无故障操作（德国工业标准 DIN 15140）。

6）可折叠式器具，可减少空货运输空间。

7）易于提取零件，无故障处理。

8）没有固定安装的构件。

9）最大承载单元高度为 1000mm。

10）使用可堆垛、标准化、与承运人匹配的器具，优化货物空间利用率。

11）通过地面输送设备，快速且轻松地进行装卸。

12）统一识别规则，例如，标签始终在器具的正面。

7．全散件组装交付的特殊标准

1）机械应力强度如同批量生产用器具。

2）提高低温度性（-30~60℃）。

3）高防潮性（30%~100%）。

4）运输和存储时间长（最长 6 个月）。

5）包装尺寸适应固定包装批量。

6)一个包装单元的最大高度不得超过1100mm。

7)包装设计要考虑40ft海运集装箱(长×宽×高)11998mm×2350mm×2330mm(无门)或11998mm×2261mm×2286mm(带门)的内部尺寸。

8)确保相同的输送和装载单元的可堆垛性,器具内部高度最高可达2286mm。

9)一次性使用的纸板尺寸基于模块化尺寸系统,要与货物器具协调匹配。

6.1.3 器具需求的计算

6.1.3.1 通过安全裕量计划确定器具需求计划

计算器具需求的基础是某个车辆型号的物流数量草案,按照多个层次级别,从平台到单一零部件进行细分。此物流数量草案确定了必须在器具中安放的零部件数量。

器具需求必须在产品生产过程中进行计算,并作为标准和特殊器具采购计划的基础。对要采购的每个零件,其器具需求由以下公式经过计算给出:

$$器具需求(个) = \frac{周转时间(天) \times \frac{每天的车辆订单(个)}{天数(天)} \times \frac{零部件数量(个)}{订单(个)} \times \frac{安装率(\%)}{100}}{器具空间\left(\frac{个}{个}\right)} + 安全裕度(个)$$

其中的计算参数定义如下:

周转时间:周转时间描述了器具在装满和空箱状态下的一个完整运行时间。它以天为单位,取决于在器具运营中进行的物流活动。

每天的车辆订单:这是一个与销售和生产计划相关的计算参数,描述了平均每天生产的车辆数量。

每个车辆订单的零部件数量:该技术参数表示了一个车辆中共安装了多少零部件(例如,每辆车安装一个转向盘)。

安装率:安装率可以描述某个零部件平均的使用频率,它取决于客户特定的车辆配置。比如,批量生产配置的安装率大约在100%之间,特殊配置仅占几个百分点。

器具空间:在器具规划期间,要确定每个器具内的零部件的数量,这可以通过实际或虚拟性包装测试来确定(参见第6.1.4节)。

除了每个车辆订单的零部件数量以外,其他的计算因素来自车辆的设计规格,器具空间受到几个随机量,即周转时间、每日车辆订单以及安装率的影响,随其随机性波动。为了在计算器具要求时考虑到这一点,在器具需求的最终计算中,还需要额外考虑安全裕度,这一参数依赖于各自不同的物流链。安全裕度定义为

$$安全裕度 = f_1[标准偏差 f_2(周转时间, 每天的车辆订单, 安装率)]$$

通常,随机性参数周转时间、每天的车辆订单和安装率的波动范围越大,在器具需求计算中所需的安全裕度就越大。

器具空间代表了一个固定的计划周期,但是它通常会在产品生产过程中发生变化,其填充度亦在批量生产进行中不断优化。其原因是,在产品规划阶段,对零部件不断地进行设计更改,这对器具内放置的零部件和包装密度都有相应的影响,在批量生产开始之前,可以借助虚拟性包装规划,尽可能在早期就确定包装密度和器具填充度,这是减少器具投资支出的重要先决条件之一(参见第 6.1.4 节)。

1. 周转时间计算的影响因素

计算一个器具的周转时间,通常在器具运营实践中是一个特殊挑战,原因是存在着许多随机和不确定性影响因素。每个计划的出发点都要进行器具周转分析,它描述了各个不同时间长度的流程阶段,以及可能的干扰因素(图 6-4)。

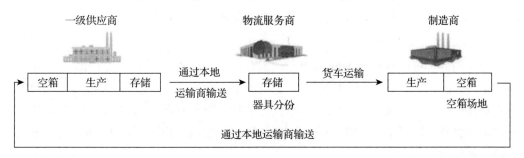

图 6-4　器具周转时间计算

可举例列出以下参数作为器具周转时间的影响因素:

2. 运输时间

这里必须考虑从供应商到制造商收货点的整个货物运输时间,还要考虑从制造商清空仓库到供应商的清空时间。在德国境内,完整货物运输时间通常为 1 天,返回运输的时间由于复杂的空箱流程,平均为 2 天。运输时间在很大程度上取决于所选择的运输方案(参见第 6.7.2 节)。

3. 库存

在这里不仅要考虑客户的库存,还要考虑供应商的库存。库存数量越高,如果按先进先出原则运营,则需要器具的时间就越长。

4. 清空管理

空箱管理取决于供应商选择的供应方案、周转策略与空箱本身。在直接运输中(参见第 6.7.2.1 节),进行满箱和空箱之间 1:1 的对换,可以降低空箱的周转时间而循环式取货(参见第 6.7.2.2 节)或者收集运输(参见第 6.7.2.3 节)的配送和运输时间要高得多。供应商、货运商和汽车制造商进行空箱的收集、存储和分配,这在器具需求规划中起着至关重要的作用。缓冲所需的空箱数量和空箱平均存储时间,都取决于空箱的交付节奏。这些必须由每个供应商与制造商的供应工厂进行协调和同步。

5. 器具组合

采用不同的生产方法对器具的需求都各有差异。通过生产批量化,物流乃至器具也可以进行组合捆绑。器具的转移并不是在装满后以单个形式进行,而是以多个成组捆绑的方式进行的。但这种捆绑效应和时间上的延迟,会导致物料流动的不连续性。

同时,运输往往不是简单的器具叠加。为了有效地利用运输能力,将物料和器具成组捆绑在一起,最初为组合成较大的运输批量,先进行物料缓存,然后再运输和配送。在器具需求计划期间,必须考虑到这些物流的更改性和延迟性。

6. 存储和交付地点

相同的器具可以存储在不同的地点。因此,可以根据不同的需要提供相同的组件(例如,批量件、全散装件或者备件)。这对于平台型和零部件策略(参见第3.5.2节)特别重要,因为它们被跨越产区的地点使用。物流网络中的存储和交付地点越多,器具的需求就越高越复杂。这里,必须分别考虑各个供应循环中(比如全散装件C循环)的器具周转时间。

7. 可提供性

在运行期间,器具并非总是可以提供使用的。质量保证部门对零部件维修或者禁用,都是器具脱离出使用循环的常例。这些经常发生或无端出现的干扰因素,也必须在采购新器具规划中作为附加需求计算在内。

其他影响因素有生产组织(流程或车间生产)方式、交付周期和零件部差异。在器具没有真正用于预定目的时,这时会出现这类问题。这样的话,这些器具将从使用流程中撤出,目的是要维持满箱和空箱的循环。这样的结果可能是由于缺少此类器具,将显著地导致额外的成本支出。

供应商延误时间,可以通过以下几个示例给出:

1) 供应商的内部生产周期超出合同约定时间。
2) 临时存放半成品。
3) 供应商处的仓储超出当前交货计划。
4) 制造商使用自己的器具进行物料供应循环。
5) 备件库存。
6) 供应商的批量生产超出了制造商交货要求。

6.1.3.2 蒙特卡罗方法模拟随机性器具需求

通过采用安全裕量,这种确定性计算方法的最大缺点(参见第6.1.3.1节)是仅考虑用平均值进行需求计算,这只能是尝试以一种简化的方式来反映真实的物流过程。

在日常操作中，器具循环时间和零部件需求的不确定性，在这一方法里并没有被充分地考虑。图6-5显示了计算器具需求中的影响变量。

根据车辆技术规范，可以预先确定一些设计变量，比如每个订单的零部件数量。虽然这些变量可能会有所不同（例如，出于技术原因的零部件变化），但它们多取决于内部决策。但是大多数要设计的变量都受外部变量影响。这些都是基于客户要求（例如，每天的零部件需求）和所计划的物流运输、配送和仓储流程。而且未来才能选定的与器具相关的生产组织形式也会影响到器具的需求。图6-5中的所有计划变量都考虑的是其平均值，使用在确定性器具需求计划中有固定的安全裕度，用于缓解规划中的不确定性。对于长期性的器具需求计划，在批量生产开始以前，这种方法通常还是较合理的，因为尚缺少更准确的计划数据；但在中期和短期性的器具需求规划中，要求规划模型适应真实的随机性环境条件，这样才可以减少物流计划中的不确定性。对器具需求的现实性规划，不仅会对器具的即时投资要求产生影响，也改进了对运输、配送和存储活动中总的物流工作量的估算准确度。每个器具都还与相关的运输、配送和存储关联，这也可以在产品生产过程中更切合实际地给予规划。

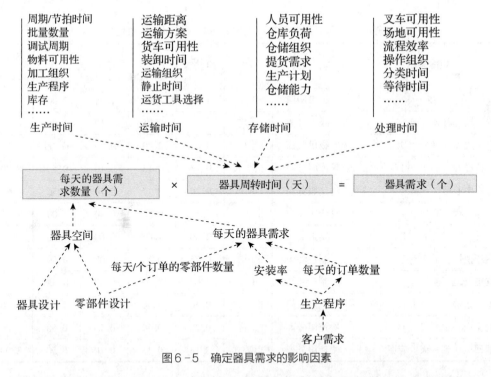

图6-5 确定器具需求的影响因素

考虑到物流过程的动态性进而提高规划质量，可以使用蒙特卡罗模拟（Monte Carlo Simulation）方法，确定所需器具的最佳数量（参考Klug 2011第254页）。在这种情况下，对器具需求的计算不像通常那样使用固定的输入值，而是使用概率分布进行计算。即根据分布中给出的出现的概率，这些输入分布方式可用于随机性地选取要计划的数值，并计算随机性器具需求。采用计算软件进行重复运算，最后根据输入分布得出器具需求的分布情况。这种统计概率形式的器具需求分布，提供了预期需求有关波动范围的信息，以及预测性的器具需求。如果需求波动幅度高，则表明在物流过程中存在着许多不确定性，并且最终导致安全裕度要增加，以弥补这种不确定性。为了说明该方法，下面将基于一个实例更详细地说明该方法的过程和优点。

▶ **蒙特卡罗模拟应用实例**

这一计算的出发点，是对所规划的器具周转进行过程分析，在整个器具周转过程中，描述其中的满箱和清空活动。作为过程示例，使用图6-4中所述的一个一级供应商，在发货运输过程中，向制造商交付类型确定的器具（参见第6.7.2.3节；处理时间有所更改）。对于各个单一流程的运行，使用经验性的概率分布，而不是静态计算中的平均值。表6-2显示了在器具周转中各个流程相应的分布形式和分布参数等。比如，在汽车制造商处清空的器具在空箱场地的停留时间由一段正态分布描述。预期值通常为5天，标准偏差为3天。最短存储时间为0.5天，最长存储时间为10天，这取决于制造商的物料需求、空箱场地上的器具库存，以及器具清空、分类和维护所需的服务和处理时间。

表6-2 器具周转分布形式和分布参数（以天为单位）

物流活动	实施单位	分布	期望值	标准偏差	最小	最大	平均到货率
收货/仓库（空）	一级供应商	正规	4.00	2.00	1.00	7.00	
器具填充时间（满/空）	一级供应商	平均	0.55	0.26	0.10	1.00	
仓库成品（满）	一级供应商	正规	3.00	2.00	0.00	11.00	
预备过程（满）	物流服务商	指数式	0.13	0.13	0.10	0.50	8.00
物流中心运作（满）	物流服务商	正规	0.20	0.10	0.10	0.50	
运作过程（满）	物流服务商	指数式	0.50	0.50	0.50	1.00	2.00
进货/仓库（满）	制造商	正规	2.00	1.00	0.00	6.00	
生产使用（满/空）	制造商	平均	0.26	0.14	0.02	0.50	
空箱场地（空）	制造商	正规	5.00	3.00	0.50	10.00	
返回运输到物流中心（空）	物流服务商	指数式	0.50	0.50	0.50	1.00	2.00
物流中心运行（空）	物流服务商	正规	0.20	0.10	0.10	0.50	
返回运输到一级供应商（空）	物流服务商	指数式	0.13	0.13	0.10	0.50	8.00

在下一步中，必须对每天所需要的器具定义一个相应合适的分布概率。起点是销售计划，其中包含有预测的订单数量和特殊配置的安装率。每个订单中的零件数量和相应的器具空间，通常可作为固定值估算根据当前的发展状况作为包装测试的结果（参见第6.1.4节）。可以在文献Klug 2011 第258页中找到对这一过程组成和相关的概率函数更详细的描述。

根据蒙特卡罗方法，可以通过不断变化的取值反复进行计算，进而可描述器具需求的真实动态和不确定性。这里，规划参数的概率分布（密度函数）预先指定，即将此频率变化值代入需求计算。与确定性计算仅计算一个器具的需求值不同，基于软件的模拟为器具需求创建概率函数。由于要采购的器具将在今后 7 年内被使用，而一个器具的平均运营时间为 17 天，因此在其整个生命周期内，大约有 130 个运营周期（按每周工作 6 个工作日计算）。这个数字可用作模拟运行次数的基本值。

图 6-6 描述了一个零件需求密度分布函数，其中指定出 310 个器具作为期望值，它与确定性平均值 306 个器具仅略有不同。然而，蒙特卡罗模拟的一大优势在于它考虑了实际的概率函数。而在 136~460 个器具之间，器具需求的波动范围很大。其中标准偏差（51 个器具）可用作器具周转中过程可靠性的指标。通常，器具需求的变化范围（标准偏差）越大，必须选择的安全裕度就要越大。这里，安全裕度 α 为 0.3（图 6-6）对应于 399 个器具（307 个器具 + 92 个器具）的采购数量。但是，该值仅涵盖了器具需求数量的 91%。通常在采购器具时，需要完全覆盖所有器具需求，这在我们的计算示例中是通过 460 个器具实现的。蒙特卡罗模拟可以比较不同的器具投资成本、相应的不同的器具需求（比如 100%、90%、80% 等），及其对应的不同满足程度（所谓的服务水平）。只有平衡所能保证的供应安全性与由此产生的投资支出，才能明智地做出经营选择。同时，借助于器具需求函数的波动范围，来检测物流过程中的薄弱环节。

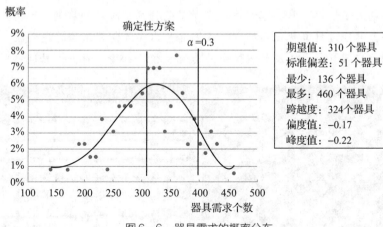

图 6-6 器具需求的概率分布

6.1.4 标准器具规划过程

选择合适的标准器具是通过包装试验进行的，这可由汽车制造商自己或服务提供商承担。通常，有两种方法。

1. 实际包装试验

在实际包装试验中，原型、预系列或系列零部件以最佳方式安放在器具中。在这种情况下，最佳意味着实现最多的器具空间，即最大填充度，同时兼顾到不同的限制条件,比如质量要求、提取零部件的操作要求。而其缺点是要使用真实的零部件,而这是在产品生产过程后期才能提供,并且在原型生产阶段也非常昂贵的。此外,即使有经验的规划人员,人工的测试方法在测试效率上也会受到限制。而基于信息技术软件的规划工具,可以在早期阶段就将填充度提高20%以上,同时缩短了测试时间。

2. 虚拟包装试验

随着虚拟工厂概念的推广(参见第2.1节)和相关的新型软件技术,实际包装的试验方法越来越多地被虚拟试验所取代。使用特殊设计的软件、经过验证的计算和优化算法,可以模拟标准器具的包装和空间优化。在获取包装零部件的三维数据、设置等各种规划参数(比如优选的位置、零部件距离、重量限制、有没有中间隔层)之后,就可确定标准器具中零部件的最佳空间布置(图6-7)。由于完全考虑了零部件的几何形状,即使是很复杂的零部件,同样也可以节省空间,以最佳的方式进行包装。使用软件支持的规划工具,可以自动生成如何包装相同零部件的建议方案,作为包装报告提供给软件使用者。

在早期规划阶段进行虚拟包装试验,不仅要确定关键性规划指标,还要调查它们对其他流程的影响。而且进行包装方案的经营评估,在物流设计中对车辆进行某些修改(参见第3.3节)也起一定作用(参考Bracht、Bierwirth 2004第94页)。使用虚拟包装试验的优点有:

1) 虚拟包装不依赖于真实零部件(本身昂贵,原型阶段的后期才可用)。
2) 一个器具经过计算优化后的利用率远远超出实际包装试验的规划值。
3) 早期确定器具特性以及物流链中的其他参数(运输、存储、转运、器具要求)。

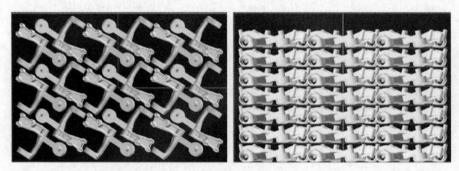

图6-7 实例: 使用虚拟规划软件,进行变速器支架包装试验(来源: Fraunhofer SCAI)

6.1.5 特殊器具规划过程

为了描述器具规划过程,通常在实践中使用规划指南,它描述了特殊器具的设计和规划的基本流程。规划指南常被经验丰富的包装规划人员作为业务参考或标准指南,可尽量减少新规划人员所需的培训时间。特殊器具的规划指南应提供规划流程、使用方法和包装规划交界处的概述。

特殊器具的规划过程可分为以下主要阶段：

1) 确定包装要求。
2) 器具方案选择和设计。
3) 采购特殊器具。
4) 器具调整和验收。
5) 创建和维护包装数据。

1. 第1阶段：确定包装要求

通过定义包装要求，参与规划过程（生产计划、包装规划、供应规划、质量管理、供应商等）的合作伙伴，相互之间协调，将提出的要求记录并存档。这一工作的出发点是零、组件和物流流程分析。为此必须为内部开发部门、外部开发供应商或工程服务提供商，及时提供零部件的计算机辅助设计几何数据。同时，必须提供设备方案以及生产计划的节拍表，以评估技术和组织方面的框架条件。将来的运行条件（如冲压车间、焊装车间、涂装车间、总装车间）以及各个供应地点的物流数量，这些数据在规划中都发挥着一定的作用。例如，在焊装车间，操作机器人自动从器具中取出冲压制件，与人工的装配部门相比，这对零部件的定位精度要求更高。这些特殊的过程性参数，必须作为同步工程工作的一部分进行提取和记录（参见第4.2节），并不断地调整以适应当前的规划状态。首先，要对需要包装的零部件有一个总体的了解，测量其几何尺寸，分析其关键的提取位置，或者干涉碰撞点。在第一个计划阶段，根据零部件要求，进行相应的填充度初步分析，这将在后续阶段更详细地说明。

通常，器具规划人员被整合到产品生产过程中的时间越晚，留给特殊器具规划的自由度越低。在物流设计方案中（参见第3.3节），有必要降低与设计相关的物流成本。物流设计是在给定的设计和方案规范内，充分利用项目给定的自由度，同时兼顾产品设计和物流方面的因素。因此，特殊器具规划人员参与重要的物流活动可以影响规划过程，他们与其他规划部门协调，确定成本最优的选择方案。除了器具的实际投资成本之外，还涉及由器具引起的运输、转运和存储成本的估计。可更多地投入器具资金（例如增加包装密度），当然，这可能是更有效的，但前提是后续的批量生产将可以大幅度地节约成本，弥补之前对器具的投资支出。在车辆生产期限内的运输成本（处理成本）可以是原始器具投资的一二十倍。因此，出于器具规划的物流要求而导致零部件在设计上的某些修改，从企业经营角度来看还是有意义的。

要找到合适的器具方案，可以采用决策树。决策树辅助支持器具规划人员制订方案、评估方案和选择方案。考虑器具的要求，规划人员要做出各种选择决定，比如，是否可重复使用或者仅一次性使用，是否需要钢制或者塑料材料，是否使用热成型薄膜形式的附加包装。以下关键问题，对于找到合适的器具方案具有一定的重要意义：

1) 器具必须满足哪些主要功能？
2) 器具必须具备哪些辅助功能？

3) 对器具方案有哪些流程、质量和人体工程学要求?
4) 功能和性能如何与收益相关?
5) 与过去的器具相比,改进后的器具方案如何?
6) 已经实施和验证过的器具方案可以继续采用或者标准化吗?

2. 第2阶段:器具方案选择和设计

首先,必须定义若干初步方案,粗略地描述特殊器具的使用方法和基本结构。对所选择的器具方案,要权衡评价其机会和风险,然后可作为在虚拟工厂环境中进行器具计算机辅助设计的基础(参见第2.1节)。虚拟器具规划借助计算机辅助设计,基于零部件的三维模型,建立相应的器具模型并进行器具几何尺寸设计(图6-8)。

图6-8 实例:CAD 侧壁框架器具数据
(来源:奥迪公司)

目前的技术水平提供了必要的信息技术设备用于零部件和器具开发。信息技术辅助器具设计可以是在企业内部的,也可以通过器具供应商或计划的服务提供商进行外包。这里重要的是当零部件设计更改时,自动和及时地向器具设计者提供相应的数据。使用基于参数的设计方法,非常有利于相关的规划领域在零部件的几何形状发生变化时同时引发的器具规划的改变,尽可能地降低修改工作量。几何参数的变化直接影响器具的形状,比如,器具的主支柱发生变化,器具的横向支撑将可以进行自动调节。比较关键的规划工作可以说是在运输、存储和装运过程中,如何估算出零部件和器具之间动态性的相互作用。由于日常运输的真实条件(比如,由于运输会导致的器具振动),器具规划采用的静态安全方案可能会因此失效,导致容器中的零部件位置发生变化,以致零部件损坏。因此,器具需要特别稳固,且保证安全裕量设计。

通过组合零部件和器具的 CAD 数据,就可以进行虚拟包装试验。这样可以对现场的使用情况进行实际评估。除了对器具的装载和卸载、可安放性和碰撞性进行考查,还要确定器具空间的确切性。在早期就对包装密度进行确定,可就此获得大量可靠的规划数据(参见第6.1.3节)。所有运输、存储和配送流程均由此参数确定。包装密度越高,与器具相关的每个零部件的物流成本就越低。

实证研究表明,特殊器具的尺寸和设计并没有充分利用设计方面的优化潜力。其结果是高度异性和多个种类的器具、有效载荷和总载荷比差、维护和修理成本高(参考 AVIF 2006)。用于相同的零部件而不同系列的特殊器具,通常在器具方案中配置和结构方面显示出相当大的差异。这种特殊性表现在底层结构、器具侧壁、器具顶部、器具内部中的零部件安放。模块化原理形式的特殊器具,可以作为一个可能的解决方案,以设法在特殊器具规划和投资中节省成本开支。因此,应以参数化方式创建若干预定义的器具组件,并存储在器具规划系统中。在一个新的规划任务中,器具规划人员可以调用访问前面已建立的组件库,修改相应的参数以构建新的器具。通常,从基本框架开始,然后是设计器具的侧壁、器具顶部以及零部件接收位置,如此可以逐步地完善器具结构设计。图6-9显示了一个模块化大型器具的设计方案(参见 AVIF 2006)。

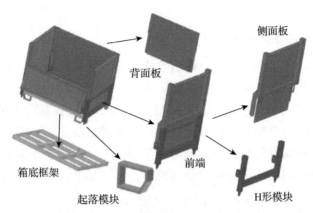

图6-9 实例:模块化大型器具设计方案

除了器具组成件的标准化之外,对于特殊器具的基座(例如 1200mm×1000mm、1400mm×1200mm、1600mm×1200mm、1800mm×1200mm),也仅使用几个预定的标准尺寸。这可降低物流链中的成本,因为只需要针对一定的基座尺寸进行设计。

3. 第3阶段:采购特殊器具

要开始采购必须将请求转发给采购部门。这是一个出自器具规划而制订的规格表,其中包括技术要求、前提约定,以及特殊器具的物流框架。所要采购的器具要求是事先确定的(参见第6.1.3节)。采购部门检查,并在必要时扩充器具规划所需的供应商清单,并在财务和能力审查分析后,进行后续的招标工作。采购部门在收到所有报价后,将它们转发给特殊器具规划人员。规划人员将对这些报价进行比较评估。在审查和评估后,提出协商价格,然后就可以提名器具供应商了。

在器具的采购阶段,必须根据规划状态或产品开发阶段区别对待。因此,对于样品和批量生产器具,都要有各自相应的采购过程。与零部件开发类似,可以根据器具的规划程度,将器具区分为以下几种类型:

1) 样品型器具。在原型构造阶段使用样本器具,以便在硬件方面反映和评估器具方案。新的样品器具经调整以适应新的零部件,修改后重新展示器具,这将作为生产工厂的参考器具,作为测试标准以分析不同的规划方案。

2) 参考型器具。参考型器具借助于批量生产设备制造,用于检查批量生产中器具的尺寸精度。

3) 系列型器具。一旦批准了参考型器具,就可开始生产系列型器具。目的是为预批量生产提供器具，以便在早期阶段就尽可能接近批量生产和物流环境。每周的交货批量会有波动，这取决于器具的复杂性和器具供应商的企业规模。最初，交付数量较小，随后每周将逐渐地增加。为了确保系列型器具的质量，将委托给一个检验公司，在供应交付器具以前，检查器具是否遵守制造商之前所制订的规范。这种检验侧重于尺寸精度、功能、涂装和所使用的材料。此外，必须对焊缝进行目视检查。

4. 第4阶段：器具调整和验收

在提交了第一批器具样品后，要将当前的器具规划情况转告给各个相关的规划部门（物流、生产、供应商、职业安全、质量保证、装配、设计）。这里要澄清说明，是否已考虑到了各个部门所提出的要求。器具实物演示可直接在将来的使用站点进行。查看当前规划现状后，必要的更改将记录存档。在经过变更商讨和拟议后，将再次提出新的器具规划，直到对器具规划实施情况全部达成一致。对于器具调整是强制性的要求，对于器具制造商以及所提供的器具而言，其样品部件要尽可能接近实际生产的环境条件。

为了测试器具的动态特性，必须进行运输试验，在铁路运输的情况下，进行试运行试验（即分流冲击试验）。这对于具有较大尺寸和重量的零部件的器具（比如发动机货架）尤其重要。器具放置在离铁路货车车厢后壁约1m处，然后将货车加速到规定的速度（6km/h或8km/h）。然后在这个速度下驶向一辆处在静止状态的货车。可以使用高速摄像机，拍摄器具动态载荷，然后进行更详细的分析。

5. 第5阶段：创建和维护包装数据

如果特殊器具的规划状态已准备好进行批量生产，则必须在相应的器具信息管理系统中输入所有相关的器具数据信息（图号、尺寸、空间等）。这些数据在批量生产操作中，将用于所有物流流程，例如物料处理、清空管理、收货和物料供应。除了器具，还需要包装辅助性材料，保护零部件在运输过程中免遭损失、损坏和污垢等，比如塑料衬里或倾斜网格垫。这些包装材料要与器具主数据同时输入器具信息管理系统。

零部件包装说明即包装数据表，对于供应商而言具有法律约束力。这种主要通过电子传输的数据表，包含了所有包装组件（参考VDA 5007第23页），按德国汽车工业协会VDA 4931规定，所需的必要信息数据还可选择性地附加包装过程的简短描述和适当的图片或视频。包装数据表以存储的有效日期发送给供应商，并且仅在确认后才有效。包装数据表将构成包装协议的基础，该协议由供应商确定，因此必须在交付合同（零部件采购条件）以及在批量化生产开始的持续性交付计划中都予以考虑。供应商承诺按照包装协议进行供应交付，并承担因未与制造商商定的替代包装（比如一次性包装）交付而产生的其他额外费用（比如在制造商处的重新包装成本）。

图6-10总结了所有包装规划步骤以及最重要的交接部分。

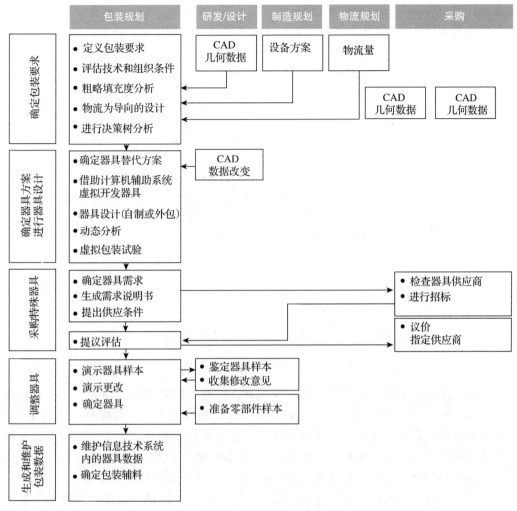

图 6-10 特殊器具规划流程

6.2 工作场所的物流规划

在工作场所中物料的最佳可用性（时间、数量、质量及人体工程学）是供应计划的最高目标，因为工作场所具有物流瓶颈性、最大的附加值部分，同时也是最高的资本操作环节。必须在工作场所及时提供足够的数量、保证质量的物料，以便生产员工能够发挥其最大能力。对于规划任务而言，必须确定物流优化布局、工作场所的人体工程学要求，以及物料存放问题。

6.2.1 物流优化布局

工作场所布局设计的目标是发挥物料的最佳可用性、最大化资本密集型的价值创造和生产力利用。原则上，除了在工作场所的零部件提取、供给和定位活动，必须避免其他任何一种物流活动（参考 Dickmann 2015 第 190 页）。在汽车制造业中，物流优化布局的基本结构可以图 6-11 所示的一个车辆最终装配例子给予说明。

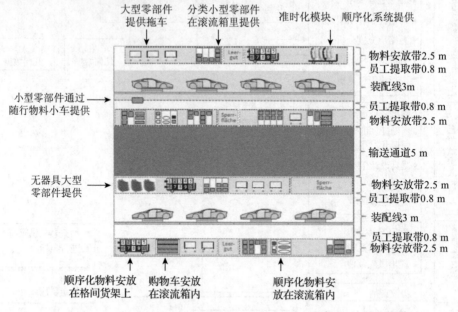

图 6-11　车辆装配中的物流优化布局

为确保装配员工不必远离直接性工作区域，完全专注于其增值任务，这里对物流的挑战在于，要求所供应的零部件都应该集中安放在一个所谓的装配员工"三角形"可直接提取的区域内。这样在增值性工作中，员工不会中断其主要工作步骤，专注保证工作流程持续运行（参见第 7.3.2 节）。只有连续和稳定性的生产流程，且每个工作步骤的运行时间波动很小，最终才可能会推动高效率生产和高质量的工作。

通常，装配工人的物料提取半径应该在 0.8 m 以内，因此，在规划装配线上的物料供应时必须考虑到不应超过这一范围。缩短员工每一条行走和提取路径，在较短的节拍时间前提下，如果一个车型的平均生产时间为 6 年，则可以显著地节省装配时间。在场地空间经济化管理中，物料供应密度尤其可以通过使用模块化（插入式系统）、可移动式物流货架来实现，以尽可能地减小范围，以理想化方式为装配人员供应零部件。在这一系统中，供料货架不是作为仓库，而是在时钟化的物料供应运输和客货时钟之间进行同步。为了保证库存的透明度，所需物料从超市（参见第 6.5.2 节）预订到装配线上。这种流动货架中的库存，可以扩展到组装和制造过程中的一个供应周期，其中还另外包括至少一个供应周期，作为安全库存和波动均衡量。这种安全库存确保可以安全地提供多变异型、需求量大幅度波动的零部件。在这种情况下，小型器具在压缩材料供应密度的背景下，具有特殊的作用和功能（参见第 7.3.4 节）。除了通过缩小器具尺寸和生成场地区域空间之外，还允许简化操作，因为物料可在没有辅助工具的情况下进行移动并且简易地提取。

物流优化布局的另一个措施是考虑安灯（Andon）系统，实现可视化物流状态（参见第 7.3.2 节）。安灯方法可以被理解为不同类型的可视化技术，有助于为员工不断地提供有关生产和物流状态的信息。零部件在工作场所附近以密集的方式存放，使得可采用安灯这种简单的监控方法。因此，可在员工与需要地点的分散式库存之间，由员工自行进行库存控制，他本身也是物料的使用者。这可以通过在器具中标注最大限制值，以避免任何物料积压，以及控制紧急情况的最小限制值。此外，车间地面上的区域性标记、堆垛高度限制标记以及信号灯和看板（参见第 7.3.2 节），都有助于提高工作场所的效率。

为了避免与员工发生碰撞，每个装配员工必须在规定的节拍时间内专注于他的工作场地空间。因此，在装配过程中应该最小化标准零部件和外来零部件之间的时间间隔，以优化员工的工作负荷。第一步开始的规划过程要记录多个工作小组中每个工作段点的工作负荷（时间间隔、浪费、平衡时间）。由此可以消除无用的操作。按节拍装配线被细分为多个工段，并在地面上给予标记，使其更可视化（图 6-12）。将装配线按照节拍进行细分，这为反映出装配中的偏差（返工）和某些时间上的浪费提供了必要的透明度。装配线的划界区域要有各种不同的颜色标记。另外，这种彩色标记还用于表示相应的节拍或时间间隔。这些标记构成了持续性改善过程的基础。

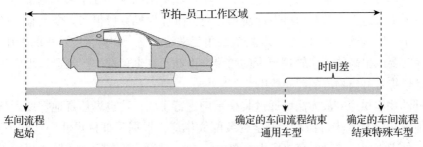

图 6-12　时间段可视化

6.2.2　人体工程学要求

为了减少对员工的健康风险，所有物流规划都在实际工作场所进行，并充分考虑人体工程学标准。物料应以这样的方式提供，即员工可以尽可能地在最短距离内就可提取（例如一个手臂的长度），而不需要过于沉重的体力活动。出于这个原因，所提供的零部件必须易于提取，安放的位置优化，并且可清楚地进行识别（参考 Boppert 2008 第 66 页）。在物流工作场所设计中，出于人体尺寸和体力限制，在布局工作场所时要尽量避免强迫式姿势。原则上，工作场所必须不依赖于人的使用，不会造成健康损害的风险。从物流角度来看，出于特殊人体工程学考虑，物料提取是规划中的重点。特殊的提取操作需要与人体工程学协调给予确定。员工提取物料的区域设定在 0.2~0.8m 之间。因此，还定义和设立了若干人体工程学区域，比如最大提取高度，或者货架高度为 1.6m，标准化的货架深度为 0.8m。同时，很重要的是还要考虑零部件的重量，以及在提取零部件时员工身体的弯曲和扭转动作。应尽可能在提取过程中避免身体的拉伸和弯身动作（图6-13）。

为了抵消受力过高和载荷不均匀分布，器具被放置在高度可调节并且倾斜于提取方向的货架上。当今，可以使用虚拟软件辅助支持人机工程学规划（参见第2.1节）。可以通过合适的人体模型、零部件数据（CAD数据）与生产环境的相互作用，综合分析员工的人体工程学身体负荷情况。通常，负荷情况可通过红绿灯功能进行评估，主要考虑的是负载大小和持续时间。红绿灯功能可对以下风险进行评估。

图6-13 优化物料提取区域

1) 红色：有引起疾病或者伤残的高风险，在计划中必须设法排除。

2) 黄色：具有导致疾病或受伤的风险，在计划期间基本上要被排除在外。

3) 绿色：引起疾病或受伤风险较低，建议可以使用。

6.2.3 物料存放

由于零部件种类增加，同时工作场所可用区域空间减少，近年来出现了各种新型的物料供应形式。过去常常对物料进行预先分类，而且物料数量很多，今天有一种趋势是供应数量小，但按顺序交付。首先从物流的角度来看，整个物料供应过程的工作量增加，这是因为需要以更高的频率管理更少的数量。由此，在直接性生产制造过程中生产率提高，通常这将会补偿物流的额外费用。

不同的物料供应安放方法可通过装配示例进行说明，这也可任意地扩展到汽车工业中的其他领域。为了获得稳定、安全的装配线供应，根据零部件尺寸和装配中变型量，可以有4种密集形式的物料存放形式（图6-14）。从这个物料存放矩阵中可以得出以下基本类型：

	变异数量少	变异数量多
小型零部件	• 按小型器具类型，存放在滚流箱内 • 小型器具堆叠式存放 • 随行货架，小型零部件存放 • 外部C-类零部件存放	• 顺序存放在滚流箱内 • 购物车存放 • 随行货架，小型零部件存放 • 外部C-类零部件存放
大型零部件	• 大型器具存放在拖车上 • 不需要器具，大型零部件存放	• 顺序存放在平板车上 • 购物车存放 • 准时化模块，顺序化系统存放

图6-14 物料存放的类型

1. 流利货架和分类小型器具供应

频繁的物料供应,以及尽可能减少安装现场平均库存,要求以更少的物料数量进行供应,因此也需要更小型的器具和器具内更少的物料。目前趋势为标准小型器具,其实这也可以以最一般的要求来表达,即标准器具始终优先于特殊器具,小型器具优先于大型器具。以小型器具形式,减少交付、转运和供应数量,可以是由对此负责的供应商承担,也可由靠近装配线的超市来承担(参见第6.5.2节)。在这种情况下,装配线附近的超市作为车辆生产的缓冲性库存,保证几个相邻工作区域的零部件供应,稳定地对沿途进行物料准备。在发出由消耗控制的供应交付要求之后,小型器具直接从托盘或者货架上取下(图6-13)。通过滚流式货架,使用滚动通道式存放,可实现强制性的先进先出系统。每个滚道都可单独调节至适合器具的尺寸,以便存放。仓库主要还是通过停靠点的货架划分,对整个装配线进行供应。而超市的布局反映了所要提供的装配线的部分工段。在特殊情况下,可以直接在装配线上以成组的形式提供小型器具。通常,在装配线上,单一形式的小型器具比堆垛形式供应更应该优选。在拣选后将器具放在分格货架车厢内(图6-15),或通过货架技术进行供应(图6-16),因此可以实现小型零部件仓库自动化物料准备。

图6-15 在平板车内进行小型器具拣选(来源:Scherm Gruppe)

图6-16 小型器具供应货架(来源:戴姆勒)

另外，为了优化物料供应场地的利用，应使用标准化的流利式货架技术。除了根据给定的场地条件，对工作场所可进行个性化调节的可能性之外，这种标准化和模块化的方式还提供了将供应设备分别单独进行调整，以满足节拍特定要求的可能性。通过使用流利式货架，可以灵活地响应装配线的节拍转换，以及停靠点优化（参见第 7.3.5 节）。在超市中，或者在装配线物料供应带上，使用流利式货架，可以一致性地实现先进先出原则，进行物料配送和存放。

2. 随动小货架车供应小型零部件

短距离，同时频繁地提取物料，需要接近所装配的车辆，这就是随动式物料供应。基于此，使用随动小货架车，随动小货架车通过磁铁吸引，或者简单地悬挂在所装配的车辆上，或者在传送带上运行，从而能够同步地进行零部件供应（图 6-17）。为了提供装配工具和小型零部件，也可以使用导轨式输送设备。这些是由节拍控制，在到达工位终点时，利用弹簧辅助设备独立地返回起点复位，而无须再在初始状态下进行断开和连接操作。这可以减少不符合人体工程学的活动和员工不必要的步行路径。随动小货架车在附近的超市进行物料补充，也可以通过拖车或自动输送系统进行供应。

图 6-17　随动小货架车（来源：戴姆勒）

3. 流动箱和分格货架车进行顺序供应

当零部件变异数量超过某一预定的限制时，由于物料分类工作提高了对场地空间的要求，所以必须提前对其进行排序。大型零部件可以采用分格货架车，而小型零部件通过使用流动箱供应。所采用的拣选策略、技术和物流流程将在第 6.5.1 节中讨论。

如果安装位置单一并且零部件使用的频率非常不均匀，则可以考虑分离常用件和罕用件。在这里，罕用件在超市里按需排序，而常用件由其消耗控制，由分类小型或者大型器具进行供应。

将顺序流程转移到超市，其中的一个问题是，过去装配人员在装配线上完成操作，而现在缺乏对车辆的接近性。虽然通常在装配线上，员工在安装过程中（比如彩色的零部件）已经意识到他提取了错误的零部件（例如 A 柱），但在超市情况不同。这使得有必要通过适当的方法提高物料拣选的可靠性。

4. 购物车供应

通过序列化预拣选式供应,即成套购物车,装配员工可以不离开他的工作节拍范围,完全集中精力于增值性的安装操作。购物车的组成,实际上是一些预先挑选的特定的零部件(参见第 6.5.2 节)。购物车按照零部件安装顺序,排列要提取的物料。此后,装配线路服务是每一辆车配置一个购物车,或者每一个节拍中一个购物车对应多个车辆。与顺序提供一个零部件的不同之处在于,购物车的构成由要装配的特定车辆有多少个不同的安装件决定。这里,可区分为完整式和部分式零部件拣选。顾名思义,完整式提供了所有的零部件,而部分式仅提供有限数量的零部件。通常在购物车里,仅选入中小型零部件。非常小的标准部件,如螺钉、垫圈和螺母,以及重型和大型部件,则都单独供应(参考 Muckelberg 2006 第 53 页)。

通过附近的超市供应物料,该超市存放了若干相邻工作段点所需的物料。作为节拍式线路输送,与各个相应的站点的安装率协调,购物车在装配线附近供货,或者集成到车辆中。

5. 拖车供应大型器具

对于公司内部,长距离运输可使用拖车(参见第 6.4.2 节)。在拖车运输中,可通过人工或无人驾驶运输系统牵引多辆挂车(图 6-18)。

图 6-18 无人驾驶运输系统(来源:宝马)

挂车由一个钢框架组成,底部带有四个轮子(框架轮)和拉杆,以尽可能灵活地适应不同的器具尺寸(图 6-19)。停靠点都有两个器具,对应一个零部件目编号(双器具原理)。生产线工人从器具中取出相应的物料。当器具完全清空时,将其缓冲放在特殊标记的场地上,以便用满装的器具进行替换。在下一次拖车交付时,通过定时的路线,现在的空箱由一个满箱替换,空箱放到挂车上,拖车连接到牵引车后,被拖走进行处理。采用滚筒滑动式器具,使得装配员工可以独立地自行用满装的器具更换空器具。相对堆垛式供应而言,物料供应人员要进行大型器具交换,不再需要等待时间,也不存在中断。

图6-19 拖车运输大型器具（来源：宝马）

6. 无器具大型零部件供应

与传统的大型零部件输送相比，大型器具一般占地面积大，且难以操作，在此过程中，大型零部件没有器具，而是利用特殊的台架供应。由于大型器具的尺寸和重量都较大，在供应中需要大量的人力物力资源，因此尽可能地不使用器具进行运输供应就显得特别重要。但是大型零部件的无器具供应必须满足一定的使用条件。因此，必须从人体工程学角度，设计这类特殊台架。对于装配员工来说，给他们创造最科学的工作条件就显得非常重要，要根据具体零部件的尺寸和重量，进行相关装配操作。零部件的质量还不应受到装卸运输过程的影响。无器具供应大型零部件的流程，首先确定所涉及的零部件（比如车顶内衬），以及规划多个选择性方案（比如运输车或者货架），同时协调超市的定时交付。

7. 外部顺序化模块和系统供应

在顺序化模块或顺序化系统供应中，模块和系统（参见第3.5.1节）由供应商根据顺序调用，进行现场交付，并与装配流程同步（参见第8.3.2节）。由于在装配线上，场地空间非常有限，对零部件尺寸有限制，通常要以非常短的时间间隔（例如每20min），以很高的输送频率进行供应。一般由外部供应商或物流服务商负责零部件交货以及空箱和满箱之间的交换。只有当物料直接安放入特殊的序列器具中，或直接放置在安装地点时，才会将风险从供应商转移到车辆制造商（图6-20）。

8. 外部C类零部件供应

通常，C类零部件本身价值低于1欧元，但占据了很大一部分供应范围。进而，采购和供应流程的成本远远高于零部件价值。为了降低德国工业标准DIN类、标准类、目录类小型零部件的供应成本，该范畴通常由这些零部件的制造商或物流服务商进行运作（参考Ihme 2006第308页）。通过使用消费驱动和计算机辅助补给系统，可以降低采购成本。

图6-20 顺序化交付前端模块（来源：奥迪）

C类零部件将存储在小型器具中。每个小型器具都附带一个条形码，条形码中包含器具信息，比如客户编号、使用地点、产品编号和数量（参见第6.3.2节）。如果器具已空，则其条形码标签由物料管理人员进行扫描，直接发送到服务提供商或者制造商的物流中心。后续供应的时间间隔在系统中给予定义，不断地进行检查和监控。物流中心存储这些已检索到的器具，并为汽车制造商进行拣选。经过称重检查后，拣选器具将转移到交换设备上，通过分配网络运送到最靠近收货地址的调度仓库。从这个仓库补充完整的器具供应需求。通常对于企业内部物流处理，制造商将为服务提供商提供内部设施和场地空间。

6.3 物料要求规划

物料要求用于产生需要在工作场地补充物料的信号。它应与物料消耗同步，并尽可能简单地生成。但应避免由于多个需求组合造成的捆绑效应，也要避免这一呼叫生成的延迟性。一般而言，可以分为受需求和消耗驱动的推动式和拉动式物料要求方案，如图6-21所示（参考Klug 2006第188页）。

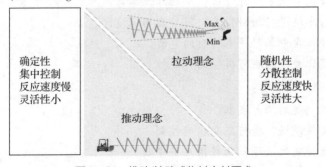

图6-21 推动/拉动式物料交付要求

从需求和消耗控制的物料供应要求的角度来讲，所提供的物料是否准确且无剩余（需求为导向），被视为是需求驱动；而面向器具，相对提取周期，以整箱为单位的提取，则被看作是消耗驱动（消耗为导向）。

6.3.1 需求驱动的物料要求

需求驱动，或者称为程序控制的物料要求，对应于推动式思维方法。在这种物料要求理念中，是基于车辆程序规划，精确且确定地计算了在安装现场各个确切的时间必须提供哪些数量的某种物料。根据此规划，发出内部和/或外部物料要求，将物料推入物流链。需求驱动的过程之所以如此，正是因为根据物料需求计划（参见第9.4节）计算每个相应生产区域（冲压、焊装、涂装、总装）的零部件要求，作为物料要求的触发器。

在车辆装配中，以需求为导向（以程序为导向）的物料要求，主要是基于已生产过的车辆数据，试图自动且准确地确定供应要求。这种物料提取要求，其实是根据生产计划系统，经过计算定时形成的纯辅助性要求（参见第9.4.3节）。在物料需求规划的基础上，通过零部件明细表，加之库存情况，进行确定性地计算具体的客户订单中零件、部件、模块和系统的附加需求有多大。在此基础上，计算出自身生产的零部件和外部采购的零部件二者分别要求的数量，然后提出进货要求或自身生产要求，将它们同步到车辆生产过程中。以需求为导向最著名的代表，就是同步生产中的准顺序化物料要求（参见第8.2.1节）。

这一集中强制性控制，承担了调节零部件和器具的任务。车辆制造商通常是基于企业内部软件，即生产计划和控制系统。根据车辆的计划或生产进度，启动零部件要求脉冲。需求驱动的物料要求，根据相应的提前期时间，兼顾安全缓冲时间，延迟进行。提前期的计算基于上游物流和生产过程。对采购件而言，这涉及外部的补货时间，这是在准备采购范围时所必需的。对于企业自身的零部件，必须考虑到内部生产和供应的提前期。

使用需求驱动的物料交付要求方法，具有以下优点、缺点和前提条件。

以需求为导向的优点有：

1) 可提供多种变异零部件。
2) 通过减少物料的提取时间，提高了员工在工作场所的生产能力。
3) 准确的提供确保了库存量低，从而降低库存成本。
4) 通过针对车辆进行物料供应，可节省场地空间。
5) 没有缓冲库存中物料技术过时的危险。
6) 需求量变化大，仍有可提供的可能性。

以需求为导向的缺点有：

1) 很高的控制规划工作成本。
2) 要求在安装现场，进行完全精确控制。
3) 如果物流链发生故障，物料供应将中断。

以需求为导向的前提条件：
1) 实施带来原则。
2) 所要求的零部件高变异、多样性。
3) 订单控制后订单稳定，车辆生产顺序稳定性高（参见第 9.6 节）。
4) 要求提供 100%的合格零部件。

6.3.2 消耗驱动的物料要求

消耗驱动的物料要求对应于拉动式理念。在拉动式理念中，后续交付材料要求不是通过中心管理区域发出的，与需求驱动的要求不同，消耗驱动的要求通过分散在现场的员工启动。如果库存降低到先前确定的最低值以下，则会触发要求补充物料的订单。因此，当需要某些物料时，它不会像需求驱动方法那样，预先进行计算。这种随机过程使得物料供应更依赖于装配现场，属于离散式物料情况。物料的交付仅由后续工作场地的消耗确定。在消耗驱动的控制循环中，前端的价值创建流程提出后续物料交付要求。之所以被称为消费驱动过程，是因为某一装配区域材料消耗情况启动对前端区域物料补充要求。物料消耗来自员工的生产（比如组装）或物流活动（比如购物车），这时装配线都需要物料。这种物料的提取实际上取决于当前在车辆上完成的生产任务，或者准备过程中的物流活动，但与控制中心的车辆序列规划相分离。因此，这里是员工通过他本人，在他的工作场所工作任务完成的速度来确定后续交付的节奏。员工在现场触发后续物料交付要求，如同需求导向一样，这可以免除对集中式资源密集型的要求。这种触发要求可以在几个制造和物流层次进行。这创建了一种网状式自调节控制回路，允许分散式库存控制（参考 Zäpfel 2000 第 229 页）。这种分散式自我调节控制，更倾向于灵活性的物料流动，可以更快地适应当前的工作情况。

消耗驱动分散式物料要求，可以以不同的形式进行：
1) 所缺少的器具安放在做有明显标记且标注有预定器具数量的区域内。
2) 提供空器具。
3) 在货架上挂出红旗。
4) 从器具上扯下货卡，并将其放入邮箱。
5) 低于器具下方的一个标识填充度的标记。
6) 信号灯照明。
7) 通过扫描条形码，生成物料需求脉冲。
8) 通过传感器获取小型器具内物料数量，以电子方式生成要货脉冲。

最重要的消耗驱动的物料流程是看板系统，随着丰田生产系统变得更加普及，该系统在汽车行业之外也广为人知。根据物料要求的脉冲产生方式，可以区分为卡片、器具、信号和电子看板方法（参见第 8.2.2 节）。传统的看板（日本钟摆或显示卡）要求脉冲由卡片（看板卡）控制。从装配器具的开头端取出看板卡片，将其放入看板信箱。看板卡片上存储有零部件的特定信息，比如零部件编号、来源、去处，每个器具内的零部件的标准数量，以及看板序列号。对此，物流回路负责的物料供应人员，根据预先给定的最大清空时间，取出和清空相应的看板信箱。同时，提供上一次往返途中的物料，并处理积累的空箱。其循环周期具有给定的最大保证更换时间，与器具使用范围协调，从而在装配中避免零库存。看板周期中的零部件供应，通常由靠近传送带附近的超市供应（参见第6.5.2节）。

使用传统看板卡片所产生的缺点在于捆绑单一物料要求（看板卡），以及将物料要求继续转送到物料补给源，这一过程会造成时间延迟（图6-22）。其捆绑效应发生在整个看板周期中。首先，由于物料要求，在一定的节拍范围内收集了多个零部件编号，因为清空点（看板邮箱）的数量减少了，所以通过物料要求简化了提取过程。其次，根据用于交付物料的运输回路，捆绑若干个看板信箱。最后，将通过若干运输回路收集到的看板卡，在最后一个周期转发到物料补给负责的仓库。每个捆绑阶段都导致最初的要求信号被相应个别的需求信号（看板卡）所更改，并且批量式形成，导致具有峰值要求的周期性波动。为了避免物料供应中瓶颈的出现，物流能力（物料要求者、物料供应商和仓库运营商）必须适应这些最大的物料要求峰值，这就降低了生产能力的平均利用率。最终将导致对物流资源的额外需求，同时降低了当前实际材料要求的透明度。为了降低物料要求波动和相应的资源消费，需要使车辆生产程序均衡（参见第7.3.1节）。看板卡多个层次的转移所造成的时间延迟，导致更换时间的波动裕度增加，这倾向于通过增加装配线上的库存来补偿。基于卡片的看板系统，其他缺点是对多个物料要求要进行条形码多次扫描，这种流程要付出手工劳动，以及有可能丢失卡片。

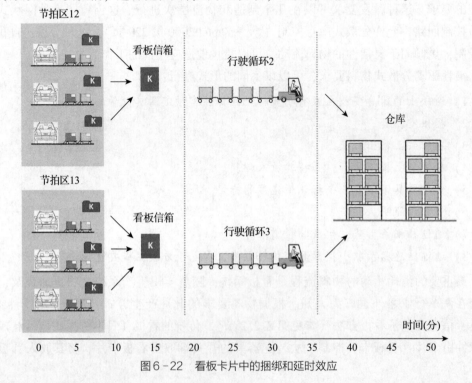

图6-22 看板卡片中的捆绑和延时效应

消耗驱动控制物料供应要求具有以下优点、缺点，以及应用的基本条件。

消耗驱动物料要求的优点如下：

1）车辆规划和控制的高度灵活性。
2）交付周期短。
3）通过连接物料和信息流，实现自动控制物料流动过程。
4）高交付能力，能保证流程可靠性和交付时间。
5）物流链中的低库存率。
6）物流的高透明度。
7）必要的安全库存低。
8）在生产数据采集方面投入很少。

消耗驱动物料要求的缺点如下：

1）仅适用于稳定的物流，强烈波动的生产数量是不可控制的。
2）只能适用于有限数量的变异。
3）如果发生故障，数量小的缓冲库存会导致所有后续生产中断。

消耗驱动物料供应要求的基本条件：

1）对每个后续物料消费点实施拉动原则。
2）由合格且具灵活性的员工承担控制任务。
3）系统可用性高，设备转换时间短。
4）变异数量有限。
5）提供100%的合格零部件。
6）定义库存控制的最小和最大库存量（超市和装配线）。
7）以流程为导向安排物流层次。
8）平稳的连续性物流（物料数量的小幅度波动）。
9）短暂且均匀的运输周期（节拍式供应）。
10）数量少且稳定的交货批量。
11）所有员工熟悉自己的工作（信息、培训）。

1. 看板系统的制订

对于看板系统的制订，必须确定看板周期中有多少物料或者器具，以确保工作循环的供应可靠性。在看板控制中，需求波动不像传统的物料供应方法通过改变采购批量来进行补偿。在其整箱和空箱循环内，可以通过增加或者减少看板器具的周转频率来实现调节适配。这也就是为什么物料要求数量仅允许在一定的波动范围内变化的原因，因为如果超过限制要求，供应链将要中断。原则上，这种供应瓶颈可以通过增加循环中的器具和库存量来补偿。然而这种通过提高库存水平、补偿需求波动的方法，并不符合提高供应安全性、降低库存物料控制的看板目标。

一个看板周期中的流动库存，可由看板卡或者器具的数量来定义，它们在整个系统中受到约束。以下公式适用于在控制回路中计算最佳看板卡的数量（参考 Wildemann 2000 第 283 页）：

$$看板卡数量 = \frac{单位时间内所需要的数量 \times 重新补充所需要的时间 + 安全裕度}{标准数量}$$

标准数量/个数	一个看板器具的容量 （一个看板卡片所需要的零部件数量）
单位时间内所需要的数量/（个/时间）	每一个规划单元在物流层次所消耗的零部件数量
重新补充所需时间	将一个空器具再填满所需要的时间
安全裕度/个数	作为均衡需求动态波动，器具在周转中出现故障时进行补偿的数量

在上述计算公式中，假设当提取第一个物料时，看板卡被放进看板信箱中。如果仅在器具完全清空时才发出提货要求，则必须对整个循环添加一个标准数量（看板卡）（参考 Dickmann 2015 第 210 页）。

同样的理论也适用于物料补充提前期的计算，以及器具需求计划中的循环日期计算（参见第 6.1.3 节）。它包括供应商生产批量处理时间、设备转换和等待时间，以及器具的交货（满箱）和取货时间（空箱）（参考 Zäpfel 2000 第 232 页）。上述公式表明，看板卡的需求随着补料时间的延长而增加。因此，对基于看板的物料要求系统而言，补料时间还限制了它的运行能力。因此，器具周期的稳定性也在看板需求规划中起着一定的作用。通常来讲，循环次数的波动范围越大，必须选择的安全库存就越大。基本上可以确定地说，看板适用性将随着安全库存的增加而降低（参考 Jodlbauer 2007 第 191 页）。

2. 使用蒙特卡罗模拟计算看板需求

上述方法的缺点在于使用单位时间的消耗、更换时间的平均值。但是整个看板过程依赖于许多随机变量。比如在装配线，看板器具的物料提取时间随着车辆程序而变化，因此物料要求在时间上存在着波动。此外，在看板计算的标准公式中，假设的是一个实际上不存在的连续性循环过程。而整个物流过程的特点是不连续性，因为在看板器具的运输、配送和存储过程中，都存在捆绑效应（图 6-22）和时间延迟。

考虑到确定看板数量时的许多随机变量，并由此改进规划质量，一种可能性就是进行蒙特卡罗模拟。该动态方法已经在器具需求计划中用示例给予了描述，可以类似地转换到看板规划去理解（参见第 6.1.3.2 节）。在蒙特卡罗模拟中，看板需求不像通常那样使用固定的平均值计算，而是使用概率分布计算。根据分布中给出的概率随机选择确定计划值，随后用于计算随机看板需求。基于信息技术软件，通过反复迭代计算流程，再根据输入分布，求得看板需求的输出分布。这一概率分布提供了预期需求的波动范围和针对看板需求在未来的若干可预测性的信息。如果波动幅度大，则表明看板周期的不确定性，并最终会导致安全裕度增加，以弥补这种不确定性。图 6-23 显示了一个看板需求的随机分析结果。可以看出，采用静态平衡方案中 7.5 个看板，仅涵盖了所能出现的小部分需求。如果引入安全裕度分别为 10% 和 30%，则供应情况相应可以得到改善。

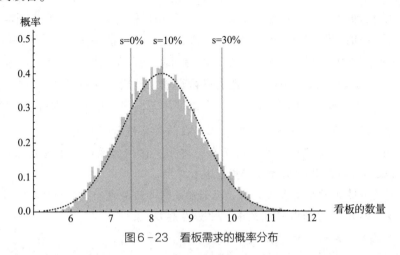

图 6-23 看板需求的概率分布

蒙特卡罗模拟的最大优点，可以说是定量化描述所用的看板数量与所谓的 α - 服务水平的比率。α - 服务水平评估的意义是在没有时间延迟的情况下，满足看板周期中所有物料要求的概率。表 6-3 显示了不同的看板所对应的 α - 服务水平关系。

表 6-3 不同的看板数量所对应的 α - 服务水平

看板的数量	6	7	8	9	10	11	12
α - 服务水平	1.0%	9.6%	38.5%	76.4%	95.8%	99.7%	100.0%

虽然 8 个看板（凑整）的静态解决方案仅覆盖了 38.5% 的应用情况，但在物流循环周期中使用 12 个看板可以完全满足所有物料要求，而不会有任何时间延迟。如果随后考虑决策相关的成本评估，则对看板库存和材料可用性可以做出最佳选择决策。

6.4 企业内部运输

要选择合适的运输方案，取决于若干决定性因素，比如所运输货物的运输数量、运输频率、行驶路线、物流系统的结构，以及法律框架条件。在下文中，将更详细地介绍在汽车工业中最重要的运输工具——叉车、拖车、无人驾驶运输系统和无通道限制的运输系统。而在企业内部，经常使用的输送工具是滚筒式输送轨道、链式输送机、滚筒输送机、传动带输送机、无动力输送机、链斗式输送机、轨道式拖车、链式输送机、升降台、起重机、传动高架输送系统和气动输送设备。虽然有许多不同的方案，但主要区别特征在于物料流是连续的（连续性输送设备）还是中断的（间歇性输送设备）。与此同时，还区分为通道式和非通道式输送设备。

6.4.1 叉车运输

叉车可以说是公司内部最灵活的运输系统之一（参考 Koether 2001 第 29 页）。在公司内部物流活动中，叉车主要用于叉取、提升和运输器具。主要操作对象是托盘和器具。进行堆垛和卸垛、运输货车的装卸，以及在仓库内区域进行出货和进货等操作。根据其动力驱动类型，可以区分为电动、内燃机和混合驱动式。叉车的行驶路线类似于出租车，在一个装载点取得物料，接着进行运输，然后在卸载点卸放物料。

根据使用地点、运输的货物和距离，可以使用不同类型的叉车进行物料供应：

1) 手动式起降车，运输距离更短，比如在收货处进行器具处理。
2) 没有或者带有支架平台的电动叉车，比如，在拣选区域内进行空箱和满箱之间的交换（从底部叉取器具，从顶部补充器具）。
3) 不同负载等级的平衡重式叉车，比如在进货部门装载和卸载的货车（图 6-24）。
4) 在狭窄区域使用的前移式叉车，比如在超市。
5) 横式叉车，比如用于铁路货车装载车身。

图 6-24　实例：叉车运输铸造件（来源：BLG Logistics）

使用叉车产生的不利之处在于，由于运输路线交叉，事故风险较大。此外，对于大型、容易造成视觉障碍、笨重器具的运输，如果需要倒车行驶，则更增加了事故风险和运输时间，特别是对于较长距离的运输，从人体工程学的角度来看，容易对驾驶员造成危险。使用叉车的另一个缺点是其有限的运输能力，即每一行程可达到的器具承载能力。随着运输距离和运输量的增加，叉车的优势也随之减小。此外，在精益物流领域出现了一些新的需求，这也限制了叉车的实际应用（参见第 7.3.5 节）。

6.4.2 拖车运输

由于叉车运输的缺陷，以及当今的发展趋势要求以更高的供应频率，提供更小型的器具，目前，尽可能地采用少叉车或者无叉车式物料存放。因此，对于公司内部的长距离运输,大多数使用拖车(参考 Koether 2001 第 32 页)。在拖车运输准备过程中,使用手动或者自动牵引车拉动,将多个挂车连接在一起。挂车为钢架结构,由车轮、车轮架和牵引杆组成,从结构设计上应尽可能地灵活,以适应不同的器具尺寸(图 6-25)。从功能原理上可以将拖车区分为插入加提升和滚动加移动方案(参考 Baerwolff 2011 第 159 页)。根据车间内或者室外的使用区域,拖车又可以区分为电动、内燃机或混合动力拖动。拖车的行驶路线类似于公交车原理,在其往返行程中设置有多个不同的装卸点。在各个物料转运点,对每个物料编号都有两个器具(双器具原理)。生产员工从器具中提取出相应的物料。当器具完全清空时,将其放置在特殊标记的场地,暂时缓冲存放,然后用满箱的器具进行替换。按照节拍给定的往返路线,在下一次物料交付时,先在空箱处场地进行满箱器具的替换,空箱装上挂车,挂车连接到牵引车上,然后被拉走处理。通过将不同的物料编号与波动的物料要求相结合,拖车装卸载路线可发生某些变化。为了保持平稳的物流供应,必须通过适当的控制性机制,以确保各个物流回路的均匀利用(参考 Boppert 2007 第 353 页)。

图 6-25 实例:拖车运输(来源:曼)

在适当的物流基本条件下,拖车进行物料提供优于叉车。拖车的主要任务是确保生产流程中连续均匀的物料流动,并补偿装配线上的需求波动(参见第 7.3.5 节)。与叉车相比,它是在循环路线期间,以预定的节拍提供预定数量的物料。总的来说,这使物料供应的波动性减少,最终还可避免内部长鞭效应(参考 Klug 2013 第 303 页)。然而,只有保证有稳定的物料消耗时,拖车的节拍才有意义(参考 Günthner 等 2012 第 9 页)。如果每次的运输量增加,则内部运输的次数会减少,进而内部交叉运输数量也将减少。拖车运输除了降低事故风险之外,还可以提高企业内部物流的稳定性,并增加物流透明度。同时,车间内通道的宽度可以大幅减小,因为拖车比叉车通常需要的转弯半径更小,并且拖车可单向行驶。此外,如果每次行程的运输量增加,则会带来规模经济效应,人员成本降低,每个器具的投资减少。

在使用拖车进行物料供应时,必须确定以下规划参数:

1)所需使用的拖车数量。
2)确定牵引力的最大值,每辆牵引车的挂车数量(通常最多为4个)。
3)确定和统一挂车和器具的尺寸。
4)确定相应的装卸点(停靠点、货站点、超市),定义静态或者动态路径(时间表)。
5)确定静态或动态路径频率。

在已确定的行驶路线和装卸站点的基础上,确定拖车的装载计划,其中挂车要根据它的位置连续性地编号。此外,在相应装卸点还需要标记将要运输的物料编号,以及器具的数量和布置。拖车的运输流程包括货车站、停靠点以及节拍,这些都要给予明确定义,并且在沿途明显地以可视化方式给予标识。拖车在运行周期内是单向行驶,所以必须按其行驶路线进行规划,使之与其他拖车路线的交叉点尽可能少,以及不妨碍其他生产运行和员工活动(图6-26)。

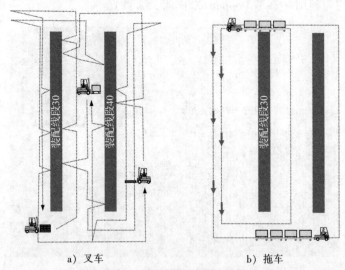

图6-26 叉车与拖车物料供应比较

原则上,拖车方案的可能性和优势取决于所规划的应用领域及其物流基本参数。除了使用拖车可带来精益物流的优势,随着运输距离的增加,运输量将趋于增加,这将增强使用拖车的可能性。在Günthner和Keuntje(2016)的文献中,可以查找到有关拖车供应系统整体方案的详细描述。

6.4.3 无人驾驶运输系统

无人驾驶运输车辆是一种在地面上行驶的通道式输送工具,具有自身的行驶驱动装置,可自动控制,而且控制系统无须与地面接触,如图6-27所示。此外,无人驾驶运输系统将控制系统中的各个组件,诸如定位系统、位置监控、数据传输、基础设施与其他外围设备集成在一起。

图6-27 物料自动化输送系统(来源: 宝马)

如果不使用驾驶员，就需要用传感器来检测通道上的障碍物或人员。在无人驾驶运输系统的内部，通过摄像头、雷达和传感器实现控制和调节。由于无人驾驶运输系统中使用了大量的系统型组件（模块），其整体性能和可靠性将取决于各个子系统的特性及其集成效应（参考 Ullrich 等 2005 第 690 页）。无人驾驶运输车辆具有多种构造形式。新一代创新型控制和传感器系统，已广泛地应用于汽车物流。无人驾驶运输车辆的最大优势在于其灵活性，可同时实现平稳输送和装配线稳定性。还可以在紧急情况下进行超车、人工卸载和更改顺序。而该系统的一个显著缺点是其有限的装载能力，增加了对场地空间的需求，并且投资成本很高。此外，与更简单的人工传输方案相比，控制工作要复杂得多。

无人驾驶运输系统的应用示例如下：

1）在冲压车间运输和提供钢带卷。
2）在缓冲存储区和需求工位之间，传输冲压制零件的器具。
3）在装配车门和翼子板时，运输车身壳体。
4）在汽车装配中，提供满箱物料和处理空箱。
5）运输购物车，这些购物车事先已在超市中经过挑选，然后被运送到装配线。
6）作为发动机和变速器总成中的工件托架，以及承担各个工作段点之间的运输。
7）在底盘和车身对接过程，承担运输和安装任务。
8）在测试和完工区域运输成品整车。

6.4.4 无通道限制的运输系统

1. 起重机

起重机的优点在于，使被输送的物料可在垂直和水平方向运动，而且其方向是任意的，并且这两个方向的运动可以同时进行（参考 Martin 2006 第 212 页）。特别是在输送重型物料,当在该工作区域内的物料运输频率较低时,可使用起重机。

起重机的一个重要应用部门是冲压车间。这里有重达几吨的冲压工具,以及钢带卷和钢板垛,都要进行转运处理。可以通过桥式起重机完成,它安装在冲压车间工作区域的上方。另外还可借助塔吊和提升设备,这样物料、模具和工具可以在厂房内自由移动。

以下是在冲压车间中起重机的应用领域:

1) 从货车和火车车厢内装卸钢卷和冲压工具。
2) 从卸载点,经过中间缓冲,一直到冲压生产线,输送冲压工具。
3) 将钢带卷运输到切割设备处,处理钢板垛。
4) 为冲压生产线提供毛坯。
5) 更换冲压工具。

其他常见的应用领域是发动机、变速器、底盘生产和最终车辆装配,通常,对重型零部件、模块和系统,采用桥式起重机、龙门起重机或者塔式起重机(图6-28)。在拣选部门,如果物料重量超过提升设备的允许重量限制,也可能需要使用起重机。

图6-28 实例:组装中采用起重机运输车门(来源:奥迪)

2. 悬挂式输送机构

这是些具有可线性物料流动无通道式的输送机构,固定在车间天花板或支撑件上,利用轨道输送物料(参考 Koether 2001 第22页)。悬挂式输送机构包括回转式输送机、无动力输送机和架空单轨系统。除了主要的传输功能外,还具备仓库缓冲功能。将要运输的各种物料暂时存放在悬挂式输送机中,并根据需求再进行提取。对于运输物料的分配、合并和分拣,可以使用带有分支式的环形式输送路线。垂直方向的输送可通过提升设备,或者靠自身重量下滑,下坡度高达5%(参考 Martin 2006 第210页)。悬挂式输送机构的最大优点可以说是它不受地面通道的限制,因此,输送线路可以使用尚未利用的车间天花板区域。但通常悬挂式输送机构的缺点,是需要高额投资费用、维护成本支出,以及复杂的控制逻辑。而且在改变装载或者卸载点时,所需的更改和转换成本很高。

在企业内部运输中,悬挂式输送机构的应用领域可以是:

1) 将焊接组件运输到车身制造车间。
2) 将喷漆后的车门,实施从第一个组装节拍到组装的运输,组装过程内的输送,最终进入到整车安装节拍(图6-29)。
3) 在最终车辆装配中进行物料输送,同时具有在垂直高度水平上的调节功能。

图6-29 通过悬挂输送设备传输车门(来源:Volkswagen)

3. 气动管道输送系统

在无通道式物料输送领域,这是一种特殊的解决方案。气动管道输送系统使用气压作为驱动力。在气动管道系统内,可以以6~10m/s的速度,输送5~10kg的批量件和备件。与传统的运输系统(悬挂式输送机构、滚筒输送机等)相比,这种系统的优点是投资成本低、具有很高的可使用性,采用集中式空气压缩机产生输送驱动力,可使维护成本很低。

这里的一个应用示例是车辆锁定系统的分离式快速传输。不同的锁定系统(门锁、行李舱锁、点火锁、手套箱锁)以组合捆绑方式,集中交付给一个使用场所,还必须将它们输送到各自相应的安装位置。点火锁、手套箱锁和钥匙将通过一个管道系统,在驾驶舱预装配过程中,提供到安装地点。这种传输方案使用先进先出原则,可进行快速且无混淆的安全传输。

6.5 企业内部转运

6.5.1 拣选

6.5.1.1 功能和意义

企业内部物流需要不同的物料数量和组成。为此,有必要将物流过程进一步细分,使之具有各自不同的物料组成。这一任务就是通过拣选来完成的。所谓制造拣选,是根据制造需求信息（VDI 3590），从所提供的物料总量中选择出特定的装配用零部件。拣选是前段的存储流程与后续生产流程之间的连接纽带。由于它在企业内部物流网络中具有高度网络化和互动性的系统特性，在汽车企业内部，对拣选提出的要求最为苛刻（参考 Gudehus 2007 第 685 页）。对拣选规划的挑战在于要选择正确的流程、技术和策略。与生产相关的订单拣选，其重点是车辆装配，这将在下面专门介绍。

要提供的物料变异越多，装配线上的物流场地空间就越少，这造成在相对普通车型和明确类型的物料供应需要大大地增加生产中的场地空间，这正是因为，所有的零部件及其所有的变异，都必须在交货地点提供。平均而言，装配节拍中有更多的零部件，也意味着待组装的零部件供应地点与装配站点之间的距离更长，这增加了在装配线上的员工非增值性操作的占比。近年来，车辆制造商越来越多地致力于优化零部件拣选，以提高装配线的生产率。因此，要处理的拣选订单的数量增加，而平均拣选订单的尺寸减少。拣选系统主要用于生产中同步式物料供应，以确保在生产过程中，以优化组成形式和简化的处理顺序，高效率地集成所需的零部件。

物料需求信息由装配流程以拣选订单的形式发出，从而产生装配－拣选关系。物料要求、订单拣选、物料运输和物料存放，必须彼此之间进行最佳协调，以实现拣选内容的同步交付。这不仅可以降低后续处理成本和返工时间，还可以加快周转时间，提高内部和外部客户满意程度。拣选系统是客户订单流程中不可或缺的一部分，有助于维护装配的连续性，并最终实现准时交货（参考 Laffert 2000 第 83 页）。

拣选性能取决于订单拣选流程、所使用的物料输送设备、订单范围、拣选系统、物料尺寸和重量、产品范围，以及信息技术支持的类型。针对性地选择合适的拣选系统，必须详细检查物料的组成结构和动力学特性，并通过适当的选择标准，将其分配给特定的拣选等级（图 6－30）。

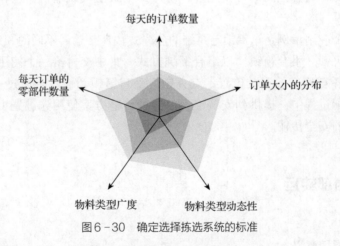

图 6－30　确定选择拣选系统的标准

6.5.1.2　拣选策略

根据物料范围的主要标准，每个拣选订单的物料最合适的拣选策略应该是订单拣选（图 6-31）。订单拣选，就是说对每个拣选订单均由一名员工进行完全处理，这正是装配拣选中的规则。因此，可以根据精益物流的要求来保证较短的处理和供应时间（参见第 7 章）。

	物料数量大	物料数量小
订单中物料数量大	• 动态提供 • 货到人 • 顺序订单处理	• 静态提供 • 人到货 • 顺序订单处理
订单中物料数量小	• 静态提供 • 人到货 • 并行订单处理	• 静态提供 • 人到货 • 顺序订单处理

图 6-31　拣选策略的选择矩阵（参考 Kummetsteiner 1997 第 167 页）

1. 静态拣选

这里，工作人员移动到存储区域中的物料处（人到货的原则），并根据拣选订单，提取所需的装配零部件。工作人员的移动可以是步行，也可以借助移动和升降货架或者通过拣选叉车实现。如果需要拣选几何形状不同的零部件，而且拣选性能高度波动，则可以有效地使用这一原理。一般而言，根据人到货的原则进行拣选，具有以下优点和缺点（参考 Gudehus 1973 第 137 页）。

优点：

1）可直接提取所有物料。
2）可实现低成本支出。
3）灵活应对强烈变化波动的要求。
4）缩短平均订单周转时间。
5）可处理紧急订单。

缺点：

1）人员长距离移动，生产率低。
2）从人体工程学角度，员工负荷重，因为没有提取区域的最佳设计。
3）物料补充困难。
4）难以运输、清除空箱。

2. 动态拣选

在此过程中，将器具从拣选仓库中移出（通常是自动化的），并在一个中央提取点提供给工作人员（货到人的原则），如图 6-32 所示。在拣选过程中，工作人员不会离开上述工作站。工作人员根据拣选订单，挑选所需的每个物料及其相应的数量。在拣选结束之后，发出器具的反馈信息，将器具送返回到仓储存放。可以按人体工程学要求，安装辅助性设备，以便提取。实施这一原则，只对具有特殊拣选站的自动化仓库才有意义。原则上，这种按照货到人的原则进行拣选的方法，有以下优点和缺点（参考 Gudehus 1973 第 137 页）。

图 6-32 物料到人式拣选（来源：大众汽车）

优点：
1) 员工无行走时间，提高了拣选效率。
2) 无空行路径。
3) 可以使用拣选辅助工具和进行其他预处理。
4) 可以优化拣选工作站的设计。
5) 容易输送已空载设备。
6) 更容易处理空箱器具。

缺点：
1) 输送设备和控制系统的投资成本高。
2) 只有少数物料可以直接提取。
3) 需求发生波动时，缺乏相应的灵活性。
4) 平均订单交货时间更长。
5) 系统发生故障时，停止而无法运营。

3. 顺序拣选

在这种情况下，订单由工作人员完全按顺序陆续进行处理。基于此，工作人员可能需要访问超市内不同的存储或者提取区域（大型和小型器具）。

优点：
1) 无须对物料进行重新分类。
2) 无须物料合并流程。

缺点：
1）订单处理时间长。
2）行程时间长，尤其是跨越存储区域的拣选。
3）内容繁多的订单可能需要不同的运输方式。

4．并行拣选

并行拣选就是一个订单被细分为多个不同的拣货单，并由多个工作人员同时处理。通过并行处理流程，可以大幅度减少拣选订单的处理时间。

优点：
1）单个订单的处理时间短。
2）特定工作人员，专门针对一定的产品系列和仓库区域。

缺点：
1）可能需要重新分拣或重新包装。
2）必须进行合并和出货检验。

6.5.1.3 拣选技术

最佳拣选技术的问题无法以简单笼统的方式回答。最终，必须为每个汽车生产厂区各自制订单独的拣选策略，这具体取决于零部件的构成、要拣选的数量和变异、仓库结构，以及每个零部件的物料供应策略。订单拣选物流与物料管理系统信息流之间联动的可能性，可作为决定性的选择标准。所有拣选订单都应尽可能及时地满足零部件的装配需求，这就需要一个迅速而快捷的需求报告，而且要完全正确地说明所需的数量和名称。拣选安全性要求还决定了所选用的技术和相关的资源投资需求。

在拣选过程中，不同控制机制决定了所采用的拣选过程的自动化程度，诸如：
1）零部件和顺序的可视化控制（在顺序式零部件的情况下）。
2）与清单进行比较。
3）零部件和拣选清单之间的比较扫描方式。
4）重量控制，计算既定重量并与实际重量进行比较。

以下技术主要用于汽车生产厂的装配拣选领域。

1．按表拣选

在这种传统的拣选方法中，使用打印出的拣选清单。根据这种纸质文档，挑选对应的物料。拣选员工勾选列表中的各个物料位置，签署已完成的拣选清单，进行拣选流程控制。如果已处理了所有的拣选内容，则可在仓库管理系统中启动确认。基于纸张清单的拣选，这一方法的缺点是很高的额外时间消耗，比如，识别下一个物料位置以及列表处理的复杂性（参考 Ten Hompel、Schmidt 2005 第 46 页）。

2．使用移动数据收集设备进行拣选

这是由计算机系统接管拣选订单的管理，在此系统内存储了所有物料和库存数据，以时间和路线优化的方式提供拣选订单（参考 Martin 2006 第 371 页）。拣选订单可通过数据无线传输，在移动数据采集设备上显示。已拣选的物料在移动数据采集设备上给予确认，并且可以输入短缺的物料要求。可以将这些信息及时地反馈给物料管理系统。通常，由于移动数据采集设备直接连接到仓库管理系统，所以可以连续性地监控当前的拣选状态。无须额外的数据输入操作即可更新，近乎实时性地修改库存数据。通常，移动数据收集设备配备有条形码扫描仪，可与射频识别读取器结合使用。在拣选物料之后，可实现对拣选表中零部件号码条形码与货架上零部件条形码进行扫描比对。

3. 信号灯引导进行拣选

通过信号灯可视化要拣选的物料位置。另外，数字化显示要拣选的物料数量。当完成每个物料拣选后，通过一个操作按钮给予确认。同时，可借助于一个校正按钮，向上和向下改变物料数量。经过确认后，物料信息将及时反馈给仓库管理系统。此外，还可以通过激光传感器监控和记录操作，无须反馈，进而提高了订单拣选的安全性。

4. 声音信号引导进行拣选

拣选清单与工作人员之间的沟通是通过语音控制的。可使用一个无线耳机，与一个掌上电脑连接，传输拣选工作指令。首先，拣选员工被告知在哪个货位上拣选物料。在取货现场，工作人员在货架上给定一个校验或字母码。如果输入了正确的校验码，则会指示给工作人员，从货架上拣选多少个物料。拣选后，通过关键字给予确认和反馈。也可以使用射频识别系统，辅助支持语音控制拣选（参见第 6.9.1 节）。由语音命令输入校验码，通过语音命令驱动一个集成式应答器，并将提取信息传输返回仓库管理系统。由于并行运行提取和反馈功能，可以实现拣选效率的提升。借助语音指导，工作人员就可使用双手进行拣选，从而提高拣选效率。无论员工口音如何，语音识别系统现在都能可靠且快速地工作，并且将噪声源屏蔽和过滤掉（参考 Martin 2006 第 372 页）。

5. 视觉拣选

视觉拣选是一种增强现实形式的拣选技术，在这其中，工作人员的真实环境被虚拟信息给予丰富。所有与拣选相关的信息，都是使用数据眼镜直接显示在工作人员的视野范围内（图 6-33）。拣选数据通过头戴式显示器进行显示，其内容依赖于上下流程，即工作地点和位置、时间、视野以及订单处理的状态（参见 Günthner 等 2009）。使用一个跟踪系统（比如带有图像识别软件的相机），可以确定工作人员所处的位置、他的视线，及其周围的环境。因此，除了静态文字信息之外，还可以根据员工的观看方向，动态地显示虚拟对象。这使得直观和近乎徒手式工作成为可能，从而降低了订单拣选过程中发生错误的概率，并加快了拣选工作进程。

图6-33 批量生产中使用数据眼镜（来源：大众汽车）

6.5.1.4 拣选流程

在车辆装配中进行零部件供应，其中的拣选流程，可包括以下步骤：

1) 生成拣选订单。
2) 提供拣选清单（纸质表格或电子表格）。
3) 在拣选或补货现场，以合适的供应单元提供所需拣选物料。
4) 提供空的拣选器具。
5) 接受来自打印机或电子形式的拣选清单（移动式数据采集设备、触摸屏、显示器等）。
6) 记录零部件所处的存储位置。
7) 确定并找到存储位置的路径。
8) 乘车或者步行前往拣选站点。
9) 识别拣选物料的存储位置。
10) 从器具中有计划地拣选所需的物料和数量。
11) 前往拣选器具的存放场点。
12) 将零部件放入相应的收集器具。
13) 对多级拣选，将拣选器具或者物料组合在一起放置在月台。
14) 检验已拣选的零部件。
15) 反馈拣选订单。
16) 发放拣选器具，进一步运输和配送。

为了最小化工作人员的行程时间，采用适当的计算算法生成拣选订单中的拣选顺序。这里通常使用决策学的研究方法。

6.5.2 超市

超市是一种生产场所附近进行物料转运的物流系统，用于在较短生产周期内进行物料分批、分类和排序，以生产同步的形式进行物料准备和供应。通常在生产的转运流程中，超市的使用提高了场地空间生产率（参见第7.3.2节）。通过预备或压缩的物料供应，可以减少生产线上由物料数量和变异引起的复杂性。同时，物料转运量增加，零部件供应波动减少。第一家汽车厂商的超市于1953年在丰田汽车城推出（参考Ohno 1993第52页）。这术语是由大野耐一（Taiichi Ohno）创造的，他将美国超市的原理转移到企业内部物料供应上。在商品超市里，客户都可在他需要的时候，获得他所需要的商品和相应的数量。然后超市立即补充商品。与此类似，在物流超市中，物料拣选完全与生产同步，这些物料正是后续车辆装配所需要的。通过供应分类器具和外部或内部供应商提供的器具进行超市库存的补充。

6.5.2.1 超市的功能

通常，超市具有以下四个主要功能：
1）以需求为导向，拣选车辆所特定的购物车。
2）需求驱动的车辆零部件排序。
3）装配线上消耗驱动的物料补给。
4）物流单位的分份（缩小规模）。

1. *需求驱动的购物车拣选*

购物车从构成上讲，是对特定的车辆由预先经过挑选的零部件组成。购物车按照物料的装配顺序排列要拣选的物料。此后，在装配线上的供应，可以不依赖于节拍进行，每辆车配给一个购物车，也可以是每个节拍中几辆车配给同一个购物车。与顺序式提供一个装配零部件相比，在购物车成分上，其不同之处在于，车辆特定的组成包括了几种不同的装配范畴。这里可以区分为完整和部分式拣选，即提供全部或者仅有限数量（部分）的待安装零部件。通常，只在购物车里挑选出中小型零部件。生产线工人根据预定的生产方案，连续性地提取零部件，比如，从左上角到右下角，并立即进行安装。零部件在特定的格层分配放置，使得在供应链中的所有阶段都可以立即识别缺失的零部件，诸如在超市拣选时、在内部运输期间或者在安装地点放置物料时。可以尽早地采取应对措施，从而大大减少错误的发生频率和装配线停运的风险。提高拣选安全性的另一个步骤，可以是在购物车中额外地采用特定零部件凹槽（比如，按零部件轮廓形成的热成型薄膜）。

需求驱动发出拣选订单要求，发出时有一个时间上的延迟，以便进行拣选、内部运输和物料存放。根据装配订单，可以通过分解零部件明细表，生成需求驱动的拣选订单（参见第6.3.1节）。在完成订单拣选过程，反馈完成拣选信息之后，使用合适的物料输送技术（例如无人驾驶输送系统或拖车），在给定的转移区域提供购物车。在车辆装配线上，组装员工将购物车固定在所组装的车辆内部（内部零部件）或车辆外部（外部零部件）。购物车通过最后一个工作场所后，空的购物车被员工移除，返回到超市。

2. *需求驱动的排序（即时供货方式）*

超市的另一个重要任务是装配物料的排序。大型和小型器具排序在场地空间上是分开的，因为必须使用不同的供应和存储技术。所使用的拣选策略、技术和流程已在第 6.5.1 节中讨论过。在需求驱动的排序中，一个重要的简单且省时的方式是使用成组拣选。在这样做时，一个排序货架中的各个格间的位置不是连续性处理的，而是由物料编号确定的（图 6-34）。拣选订单（拣选清单）列出了物料编号以及相应的格间编号，物料将放入其相应的格间。此过程还可提高拣选的安全性。如果之前将物料放入了错误的格间中，则可以在随后的填充过程中，观察到该格间已被占用，以此来识别出该错误安置的物料。

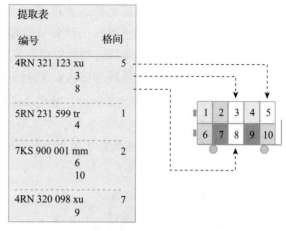

图 6-34　以块的方式进行拣选

如果各个零部件的使用频率非常不均匀，则可以区分出高频需求件和低频需求件，分别进行提供。低频需求件按消耗驱动，在超市排序，而高频需求件由需求驱动，分配入分类器具。

将排序过程转移到超市进行，所导致的一个问题是在车辆附近缺少拣选工作人员，这在过去是由装配员工在装配线上完成的。虽然经常在装配线上，员工在安装（比如彩色零部件）中识别到他提取了错误的零部件（例如 A 柱），但这在超市不再是直接可行的。因此，它需要附加的安全方案，比如通过在规划中引入防误（Poka Yoke）系统（参见第 7.3.2 节），来确保订单拣选安全性。分类物料编号可以提供重要帮助，因为这些通常为 9~12 位数字的编码，很难掌握，并且导致员工精神疲劳，由此更容易出错。一种简单的分类方法可以将简单的关键字明确地分配给每个物料编号。然后，拣选清单不再是由物料编号构成，而是根据由吸引人的名词（例如足球运动员、城市名、鲜花等）组成（图 6-35）。然而，物料编号受到零部件变异数量方面的限制（约 15~20 个变体）。

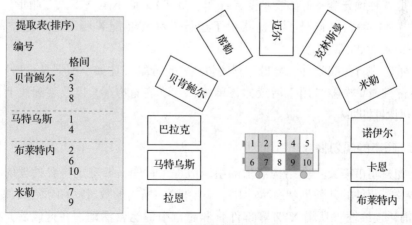

图 6-35　复杂物料编号处理

若物料变异数量大，简化拣选流程的另一个选择可以是在存储场地进行拣选。在这种情况下，对拣选订单中的每个物料只需要给定仓库平面和仓位号，就说明货架通道和格间位置，确定了每个拣选物料的确切位置。

在物料排序过程中，可提高拣选安全性的其他方法是：

1) 使用条形码标记每个零部件，通常在格间内插入物料后，对该格间编号进行扫描。
2) 在零部件上使用发送应答器（参见第 6.9.1 节）。
3) 使用防误器具（参见第 7.3.2 节），由于器具特定的形状，只能放入具有相应几何形状的零部件。

3. 消耗驱动的物料补给

为了确保小型零部件的短交货周期，小型器具的补货是由生产线附近的超市供应的。在这种情况下，超市作为车辆生产的缓冲库存，多个相邻节拍的装配件出于稳定装配线供应的目的，在超市进行存储和预备（参见第 6.2.3 节）。在消耗驱动要求时，常用物料小型器具直接从托盘上拣取，而罕用的物料从小型流动货架拣取，构成整个运作循环。通常，拣选区域上方的搁架用作补充存储点。对物料提供而言，超市的布局反映了装配线的部分工段。

4. 分份

分份是指将一定数量的物料再次细分，或者将类似的物流单元重新拆包，再包装成较小的单元（即缩小尺寸）。

在缩小尺寸的过程中，零部件从大型器具取出，分配给若干个小型器具。这将导致供应量的减少，同时运输频率增加。虽然这一过程与保持物流一致性的基本原则相矛盾，但它确实是通过减少拣选路径和物料存放期间简化器具处理，提高了工作场所的生产率。通过缩小器具的尺寸，不仅可以尽可能地减少物料库存，而且生产线上高度集成的物料存放调整也减少了员工的行走距离。这是将装配过程中的增值活动与非增值性物流过程分开。因此，装配人员可以集中主要精力进行车辆安装工作，因为这是直接提取各种预先准备好的物料变异（车、货架），而不是"工人三角形"（必须离开自身的节拍区域）。此外，这还减少了运行库存和装配线所需的场地空间（参考 Rother、Shook 2006 第 42 页）。

除了重新进行包装之外，分份过程还包括物料分组（比如小型器具堆垛），以便生成单个零部件或单个器具用于后续的订单拣选、填装购物车，以及装配线上消耗控制的单一小型器具供应。

6.5.2.2 超市的规划参数

建立物料超市需要一个结构清晰的组织流程。首先，要确定将要处理的零部件范畴，这涉及零部件的几何形状（大、中、小零件）、所需的数量（频繁需件、偶尔需要件）、消耗连续性（所谓 XYZ 零部件）和超市中的运营活动，在这以后，必须根据所确定的物流场地空间要求，检查现有场地空间的可用性，并进行相应的全面性评估。超市的结构取决于在其供应地点物料的定位和可视化要求，而物料需求由消耗和需求驱动。在这种情况下，还必须针对超市和装配线的供应和处理过程（清空），确定适当的涉及该车辆范畴的物料交付方法（参见第 6.3 节）。根据存储技术的设计特点（参见第 6.6 节）、器具方案（参见第 6.1 节）和物料存放方案（参见第 6.2.3 节），选择所需的运营操作设备。此外，为保证稳定的装配线和超市供应，还需要设计与此相协调的输送方案（参见第 6.4 节），可以是节拍式输送路线的形式。在此，还必须注意超市的位置选择要尽量地使运输路线长度最小化。涉及器具和物料处理、超市中的拣选区域，在设计上对应于装配线的提取区域。因为其缓冲和供应功能，虽然超市中的库存范围大于装配线的库存范围，但该范围是与装配过程中的客户节拍相关的（参见第7.3.1 节）。超市的平均库存水平要确保零部件供应，时间长度约为 4～6h。采用外部采购进行超市供应可通过直接提供交付来确保，从而超市的理想位置（绿地工厂）应该位于交付对接站或者货运货车停靠大厅与实际的车间装配线之间。在超市物料提供方案中，要将目视物料控制考虑和整合进来。就此，可以立即识别出超市或者特定器具中的库存水平，并通过已预定的最大和最小值限制规范进行相应的操作管理。由于在启动一个新车辆项目时，通常采用并行操作模式，所以在超市中预留一定的场地空间是有意义的，这可以在排序和小型器具供应要求增加时，给予提供使用。

引入超市进行零部件供应，可达到以下目标：

1）分离物流与生产过程。

2）减少装配员工的移动和搜索时间，提高生产率。

3）装配物料的交货路线短，因为交货不再是每个工作站点单独完成，而是通过超市，以集中的方式进行的。

4）快速响应车辆装配计划的变化。

5）仅使用批量性包装（无替代包装），重新拆包完全在超市完成。

6）通过适应于物料几何轮廓形状的购物车，可减少错误零部件，降低返工成本费用。

7）减少生产线上的库存，从而减少物料安放的场地空间需求。

8）快速灵活地响应运行干扰和过程偏差。

6.5.2.3 超市的物流流程

在企业内部，采用超市转运方案可以分为以下基本流程（图 6-36）。

1）通过交叉配送站或者货车大厅，使用叉车卸载和交付大型和小型器具。在理想情况下，可根据卸载位置对货包进行预分类（参见第 6.8.1 节）。

2）在收货站点接管所交付的物料（参见第 6.5.3 节），以整箱形式缓冲存储大型器具（GLT）和小型器具（KLT）堆垛。

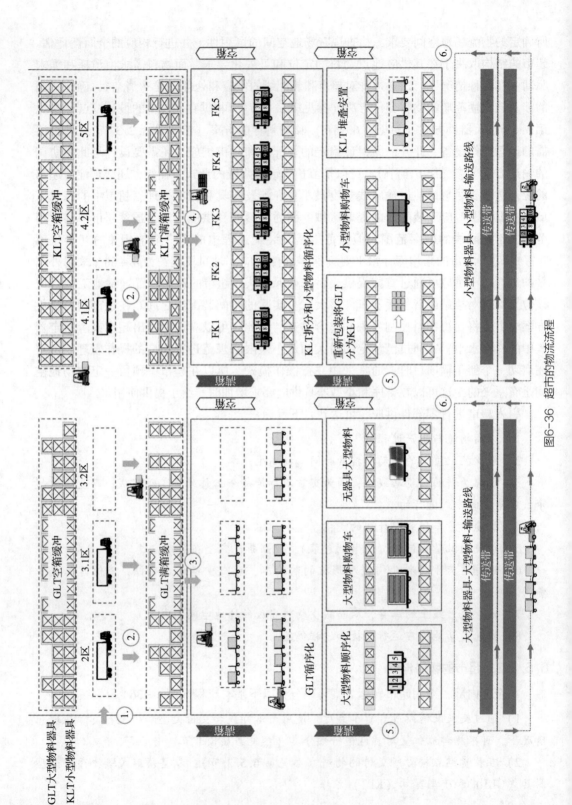

图6-36 超市的物流流程

3）根据物流计划，准备装载大型器具拖车，这要根据供应的区域分别处理（参见第 6.4.2 节），在理想的情况下，最好直接从收货的库存缓冲开始。

4）从小型器具堆垛提取满箱缓冲，为输送系统做准备。按照输送循环中物料提供顺序，进行小型器具分离和顺序化，装载平板货架。此外，针对特定的小型零部件进行排序。

5）在大型器具转运区域，采用叉车供应（大型零部件排序、大型零部件购物车、无器具式大型零部件供应、重新包装大型和小型器具），小型零部件器具转运区域（构成小型零部件购物车、小型器具堆垛）亦是如此。沿叉车循环行驶路线，通过各个超市区域时，进行空箱对满箱更换操作，这些空箱在返程后，放置在大型和小型器具存储清箱缓冲区。

6）在装配线供应中，按照节拍给定的循环运输（参见第 7.3.5 节）依次在装配线上进行空箱收集，在返程中送还超市，在那里安放在指定的缓冲区域，给予清空收集。

6.5.3 收货

从组织功能讲，收货是将由供应商或货运代理商交付的物料，转移到公司内部的处理区域。因此，收货表现为外部和内部物流之间的接口。作为整个物流组织工作的一部分，其具体任务是准备卸货、缓冲、拆包和重新包装、分类、组合，以及准备入库储存（参考 Martin 2006 第 319 页）。除了从供应商或货运代理商处接受所转移的物料外，还包括所有涉及交付的管理工作，以及信息技术操作记录（图 6-37）。

图 6-37 实例：使用移动数据提取设备进行收货（来源：Scherm Group）

对于收货的地点通常有集中式、分散式解决方案，或者两个方案的组合（参考 Schulte 2005 第 336 页）。目前的趋势是分散式收货，以加速内部信息和物料流动。同时，这可以减少公司内部厂区之间物料配送和货车的等待时间。分散式收货减少了交货时间，并确保在需要的时间、在需要的场地，更好地同步进行物料交付、组合和物料放置（参见第 7.2.2 节）。

在进行收货时,有以下几个目的:

1) 尽可能自动提取物料数据。
2) 均衡和校正货车交付。
3) 避免货车停车场和卸货区域的交通拥堵。
4) 减少供货货车等待和操作时间。
5) 提高进货货车的透明度。
6) 使用不同的信息流,避免使用信封。

收货的物流过程:

1) 收货部门行政管理,引导货车到卸载区。
2) 验收、运输和处理供货单据和发货单。
3) 订货货物、数量和交货日期(检查发货单、预定与实际情况)与实际交货符合性检查。
4) 按照包装规范,检查标记是否正确、器具有无损坏。
5) 批准卸载,在预定的场地卸载。
6) 卸载所提供的器具(通常是由叉车运输),目视检查所交付的物料数量、重量、载体和质量(图6-38)。
7) 如果物料或器具存在与预定不同,比如数量不足或过多,则要对差异进行记录(转发给供应商和审计部门)。
8) 若供应的物料存在质量问题,通知相关质量保证部门,由其决定进行物料退回、报废或者重新打包(生成运输损坏报告)。
9) 对于错误、损坏或者假冒的器具、错误包装数量,将该物料使用不同的器具重新包装(文档记录重新包装、器具和维修费用)。
10) 使用信息技术系统,在交货后对物料和器具进行签收。
11) 有可能的话,根据德国汽车工业协会VDA 4902建议,打印出货签(如果还不可能,或者不按VDA标准,则要给器具挂标签)。
12) 发布和批准可进行物料库存,或者直接提供给生产过程,将收货信息传递给审计部门。

除了常见标准性收货工作之外,还可有其他各种特殊性任务,比如处理海关货物、投诉处理,以及在发现物料运输损坏或者货物不正确时,退还运输订单。其中质量控制仅限于随机抽样,借鉴设定的某些质量检验标准(比如百万分缺陷率),而且事先与供应商协商和签订有关合同。

在公司内部规范的基础上,按质量保证要求检查所供应物料的状况。检验可通过简单的目视比较,或者在实验室进行测试(参考 Ten Hompel、Schmidt 2005 第26页)。

传统意义的收货任务以前在公司内部进行,现在正在越来越多地放在采购物流的早期阶段。这样,可以使用新型的物流交付方案,比如移动式数据收集,将物流服务转移给外部合作伙伴来实现(参见第8.7.1.1节)。

上篇 产品生产过程中的物流管理

图6-38 进货目视检查（来源：BLG Logistics）

6.6 企业内部仓储

企业内部存储的主要功能在于保存和预备原材料、半成品和最终产品。而仓库的任务是平衡物流活动中不同的交付方式和速度。这是进行物流起点和终点之间的协调，以确保所需供应的安全性。其目标是通过优化调整交付和消耗流程，实现最小化或消除库存。

在汽车生产厂中，可以根据以下标准对各种不同的存储级别进行分类。

1) 与需求场点的空间距离：装配线缓冲仓库、使用点附近缓冲仓库、订单拣选仓库、车间之间分离仓库，以及收货仓库。

2) 所存储的零部件类型：小型零部件存储、车门存储、钣金件存储、冲压件存储、轴类零部件存储、发动机存储、变速器存储、驾驶舱存储，以及布线系统存储等。

3) 生产区域：冲压车间存储（板、钢圈、工具）、焊装车间存储（骨架存储、附件存储）、涂装车间存储（颜色分类存储），以及装配车间存储（小型零部件仓库、模块存储）。

4) 存储类型：格间存储、货架存储、行式存储，以及堆垛存储。

5) 自动化程度：人工仓库（比如拣选仓库）、半自动仓库（比如装配线附近散件仓库）和全自动仓库（例如小型零部件仓库、高架仓库、发动机仓库）。

6.6.1 仓储类型

设计和布置存库场地存在各种可能性，形成了各种不同的存库类型（参考 Gudehus 2007 第 583 页）。对于一个存库类型的具体实施，还需要确定存储场地、货架、存储设备、供应和输送技术，以及仓储控制，总体上称为存储技术。图6-39 显示了最常见的仓储技术，该技术普遍用于汽车行业中零部件的存储。关于具体设计标准以及相应存储技术的优点和缺点，可参考相应的专业文献（Gudehus 2007，Arnold、Furmans 2007，Ten Hompel 等 2007，Koether 2001，Martin 2006，Ten Hompel, Schmidt 2005）。

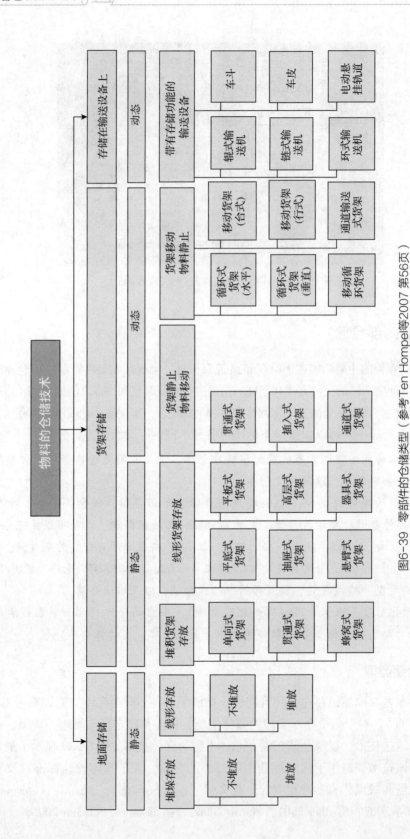

图6-39 零部件的仓储类型（参考Ten Hompel等2007 第56页）

从汽车行业中各种不同的存储技术设计中,以装配线附近的仓库为例介绍拣选和补货仓库。

1. 装配线附近的仓储

这里涉及一种地面和货架式存储技术,用于大型器具的短期性、缓冲存储(参见第 6.1.1 节)。它适用于平衡生产线上的交付与外部供应商交付。由于要求物流同步,所以缓冲存储必须尽可能地靠近使用现场,以确保短的输送距离和响应时间。

这种仓库的物料在地面上堆积式存储,器具相互并排布置。这样器具被紧凑地组合在一起,就是说,可将器具直接地彼此间在上方、后方和旁边堆放(参考 Ten Hompel、Schmidt 2005 第 107 页),如图 6-40 所示。在存储场地,可通过前部或者推移式叉车进行操作,利用组合式进料和出料通道进行仓储操作。

图 6-40　实例:地面堆垛存储(来源:Takeo)

堆垛存储具有以下的优点和缺点(参考 Gudehus 2007 第 592 页及 Martin 2006 第 337 页)。

堆垛存储的优点:

1)灵活性存储。

2)无须投资货架。

3)提取时间短。

4)存储设备数量充足,清理时间短。

5)场地布局易于更改。

堆垛存储的缺点:

1)堆垛高度有限。

2)只有顶部物料可轻松提取。

3) 有限的空间填充度，物料特定的空间占用。
4) 无法随意单独插入器具，因此，对未分类存储物料更改工作费事。
5) 组合式的进出过程，违反了先进先出原则。
6) 如果库存量大，存储操作路径长。
7) 如果堆垛过高，可能会导致倾斜和挤压危险。

在物料数量要求低且具有大量变异的情况下，经常使用货架存储系统。它们可以是单一模块单位，而一个模块分布在一个或多个存储点。模块的设计与以下参数有关：器具类型、尺寸大小、形状和重量、所选择的操作技术可能性、所需的存储和提取性能，以及场地空间条件（参考 Ten Hompel、Schmidt 2005 第 109 页）。在货架设计上，模块彼此左右或者上方相邻，组合成货架板块。两个板块共同与一个货架通道一起构成一个通道模块。

货架存储可以是线状或方块状的。线状存储的特点在于，保证可以随时、随机地直接提取每个器具或每件物料，而无须重新排列（图 6-41）。在方块状存储中，存储单元彼此间一个接着一个，上下在多个货架货位中放置。这样不能保证随机提取。使用货架存储，有以下优点和缺点。

图 6-41　实例：货架格层随机存取（来源：宝马）

货架的优点：

1) 可提取每个存储单元，具有简单的深度存储特性。
2) 单位存储填充度可高达 100%，无存储分布限制。
3) 货架高度加大，可使场地空间利用率更高。
4) 仓库运营路线短。
5) 提取时间短。
6) 可改换库存结构，具有灵活的可用性。

7）清理时间短，存储设备数量充足。

货架的缺点：

1）每个存储场地的承载能力低。

2）货架和储存技术需要高投入。

2. 带有补给的拣选仓储

在拣选仓库中，从所提供的所有物料中，根据预定的需求信息，拣取出一部分物料，构成一个拣选订单的物料内容（参考 Martin 2006 第 312 页）。拣选仓库就是实现这一功能的。对拣选仓库可以进一步划分，形成若干特定的范围作为子存储区域。这种区分可以是基于将要存储的物料、订单构成或物料的需求类型（参考 Schulte 2005 第 248 页）。拣选仓库通常划分为 A 类、B 类和 C 类固定区域。这样可以更简单地提取到转运量最大的零部件（人到货原则）。物料的分配和位置必须根据车辆生产程序，动态地进行调整。由于装配拣选的高吞吐量，将装载和卸载的空间进行分离好处众多（参考 Gudehus 2007 第 706 页）。拣选存储可以分为地面存储、货架存储、专用场地存储、旋转货架存储和流利式货架存储。

在拣选仓库中，补给存储用于消耗驱动的供应。它可以位于拣选仓库附近，也可以远离拣选仓库。

6.6.2 仓储的物流流程

仓储的核心流程如下（参考 Gudehus 2007 第 583 页）：

1）使用仓储设备，进行物料入库。
2）在仓储场地空间保存和预备物料。
3）根据先进先出原则，使用仓储设备，拣选出所存储的物料。

仓储过程的实际实施取决于各自流程的自动化程度（人工、半自动、全自动）。以下流程描述，涉及一个全自动化的高架仓库，其流程很复杂。仓库存放器具为欧洲货盘格式，具有一个深度的格层，借助于自动货架操作设备，这一设备可进行双重操作，即上架和拣选。

1. 入库

在仓库面积较大的情况下，物料可通过若干个安置点，以拉链方式合并到主存储通道上。在实际入库之前，对器具进行可存入性检验。这样，可以识别器具是否损坏以及不正确包装造成的物料突出。这两者都可能不同程度地损坏自动化处理设备。

在入库之前，必须在识别点处对物料进行身份验证（所谓 I 点），检查其零部件编号、数量和器具之间的对应关系。扫描器具中的进库标志。可简单地通过目视检查器具和物料，与器具文件进行比较。对于小型零部件和散装物料，器具中的数量可通过称重确定，然后与预订数量进行比较。如果出现偏差，可以在信息技术系统中记录其实际物料数量，并生成新的入库凭证。同时，为要存储的器具分配相应的高架仓库中的存储位置。而库存位置分配，是基于大量标准给予确定的（图6-42）。要存储物料在技术方面的要求、运营优化，以及技术安全和法律影响因素，都应同时给予考虑（参考 Ten Hompel、Schmidt 2005 第30页）。

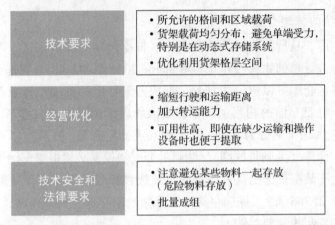

图6-42　库存位置分配标准（参考 Ten Hompel、Schmidt 2005 第31页）

在检验放行之后，通过输送线将器具输送到存储区域。从这时起，器具通过信息技术设备被记录存档下来，以便以后在输送线上随时可进行识别。由此，器具在一个虚拟式存储位置上完成定位。通过一个跟踪系统，可以快速定位每个单一的器具（参考 Ten Hompel、Schmidt 2005 第29页）。而实际的物理存储（提取），则由一个货架操作设备负责。对于入库的器具，货架操作设备配备有一个类似于叉车的伸缩叉，其设计上满足相应的器具尺寸和重量要求。物料上架完成后，在进货单上记录货架位置和入货时间，并将其反馈给相应的仓库管理系统。

2. 保存和预备

物料存储后，仓库的核心功能开始启动，这正是进货和再次出货过程之间的时间过渡。以时间和数量作为参数，形成入库和再次出库曲线，通过该曲线可观察到库存动态地增加或者减少，这可通过仓库管理系统实时而且连续地进行监控。

3. 提取/出库

物料库存提取信息要由生产部门相应的交货订单或内部库存级别的补货订单触发。这里要根据优先级列表，处理当前的出货订单。对于紧急情况，可以手动更改由仓库管理系统预先确定的优先级。出货过程类似于进货过程，只不过是在相反的方向进行，但仍借助于货架操作设备。提取出物料后，将信息反馈给仓库管理系统，以释放过去占用的存储空间。对于所有出仓的器具生成出仓标签，并悬挂在相应的器具上预定的位置（所谓K点）。从仓库中移除后，将器具沿出仓路线分配到相应的接收点，或者按特定的订单进行合并。

6.7 企业外部运输

企业外部运输保证了车辆制造商与其物流合作伙伴之间所需物料在空间上的过渡。这里必须澄清的问题涉及选择最佳的物料载体和相应的外部运输方案。进行外部运输规划的基础，是要对预期运输流量进行分析。这就构成了整个规划的前提，即基于运输量的物料分配，要采用的主要运输方式通常为直接式、循环取货和收集运输。

6.7.1 运输工具的选择

一般而言，在国内入库和出库运输最佳运输工具可以是公路货车、铁路火车、航空飞机和内陆水运方式。考虑延伸到国际，多是多式联运，采用近海和远洋的海上航运。

6.7.1.1 公路货车

迄今为止，公路货运是德国和欧盟最重要的运输系统。德国和欧洲货车货运量超过了70%，凭借这一事实，在运营商选择中，公路货运仍然是无可争议的领先者（参考 VDA 2016 第 62 页）。由于相对于铁路和内陆水道运输，货车具有如此巨大的优势，这一发展将继续延续下去（图6-43）。

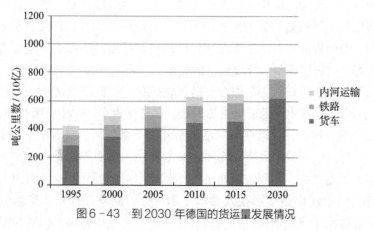

图6-43 到2030年德国的货运量发展情况

在国内货运中，公路货运这一突出的地位也适用于汽车行业，因为汽车行业日益复杂的运输网络，只能通过灵活、快速和具有成本效益的运输方式才能实现。由于德国公路网络密集，货车可以进行全面的运输覆盖。尤其在近距离交通方面，相对于铁路，货车在时间上的优势尤为突出（参考 Ihme 2006 第 145 页）。

货车运输的优点：

1）公路网络密度高，可区域性覆盖。
2）可轻松地到达许多目的地。
3）运输时间设计上，具有高度灵活性。

4) 很高的运输频率和便利性。
5) 对所有商品都相对灵活。
6) 良好的运营商可用性。
7) 运输速度相对较快。
8) 更适用于点对点运输的直接运输。

货车运输的缺点：
1) 交通繁忙和非通行时间会降低运输速度。
2) 依赖于气候条件和交通状况。
3) 运输量有限。
4) 增加道路使用费用。
5) 排除某些危险品运输。
6) 没有准时的时间表。
7) 政治性因素限制（驾驶禁令、环保区域、速度限制）。
8) 陆路运输的空间限制。

6.7.1.2 铁路

德国不到20%的货运是通过铁路运输实现的（图6-43）。对于通过铁路运输的货物，必须区分为单一车厢运输和整列货车运输。在货物运输计划当中，若干车厢被单独分离出来，按照特定目的地，分发给若干客户。装载后的车厢，将被收集起来，按照目的地区连接成完整的货运列车。通常在达到最终目的站前，不可缺少地要进行转轨，这通常在编组车场多次进行调整，连接到新的列车上（参考 Ihme 2006 第148页）。由于在运输之前，需要收集装载好的货车和必要的调轨信息，在铁路系统中，运输时间通常就需要几天时间。此外，货物跟踪变得更加困难。在整列货车运输中，货物直接从出发站，发送到最终目的站。然而，可以在中间站中断开若干个车厢。在汽车工业中，使用整列货车主要用于厂际运输，其中大型（比如涂漆车身）和重型零部件（比如发动机、变速器、车轴）以及大量货物，间隔定期地进行长距离运输。这种货车通常有16~20个车厢。在汽车工业中，经常使用侧壁滑动式货车车厢，推动侧壁，打开车车厢侧面的1/3或者1/2，然后通过叉车或起重机，自由地进行装卸（参考 Ihme 2006 第149页）。

铁路运输有以下优点和缺点。

铁路运输的优点：
1) 安全性好。
2) 可靠性高（时间表）。
3) 货物运输量大的性能。
4) 经济性地长途运输大量货物（比货车便宜10%~15%）。
5) 保护生态环境（能源消耗是公路交通的1/4）。
6) 比货车具有更高的有效载荷和货容量（整列货车相当于大约20-25货车）。

铁路运输的缺点：

1) 无法进行区域性运输。
2) 对个性化运输需求的适应性较差。
3) 铁路网络使用会变得更加困难（线路停止使用，拆除支线、货运站和联轨线路）。
4) 强大的工会联盟影响，比如可能会罢工。
5) 私营线路费用高。
6) 通过组合和时间表限制，以及一定的运输数量要求，灵活性较低。
7) 托运人通常抱怨铁路公司组织工作缺陷和缺乏服务项目。
8) 在转轨过程中，冲击性载荷会损伤货物。
9) 越境运输的问题，例如，不同轨宽、电力系统、信号技术、车厢外部尺寸限制。
10) 没有足够的竞争对手，来获得更大的灵活性，更高的输送频率和更短的交付周期。

铁路运输的主要应用领域是成品车辆配送。今天在德国，每两辆车中的一辆车就是由铁路运输完成的（参考 VDA 2016 第 62 页）。然而，铁路运输的成本优势仅在一定的运输量，以及超过 300km 的运输距离之后才会显现，因为固定成本是由于单车捆绑而产生的（图 6-44）。

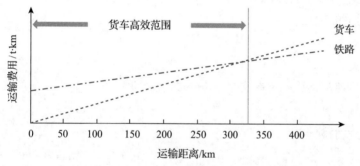

图 6-44　货运货车和火车运输的经济性比较

汽车行业要求铁路运输应该有更大的灵活性、输送更少量货物的可能性，此外还应有顺利和平均分配货物、更高的输送频率和透明度。欧洲铁路系统相互兼容的操作性，也是进行高效汽车物流的必要条件。而在电力系统，铁轨宽度标准、车厢外形尺寸和转轨装置方面，仍存在显著的互不兼容问题（参考 Ihme 2006 第 148 页）。原则上，近年来已经表明，铁路运输在汽车工业运输中的份额正在增加，这样的努力主要是出于政治动机，但是最终铁路货运公司对汽车行业的物流需求只能在部分领域不充分地给予满足。

6.7.1.3　内河驳船

内陆水路运输主要用于散装运输，其运输量不到德国国内货运量的 10%（图 6-43）。德国的主要水路交通在莱茵河上运营。到目前为止，德国汽车工业利用内陆水路运输，在莱茵河上于瑞士巴塞尔和荷兰鹿特丹之间进行成品车辆配送（参见第 10.3.2

节），也利用多瑙河运输到欧洲东南部地区（图6-45）。与此同时，内陆水运在入库物流中占据一席之地，例如运输重载和时间不紧迫的物料（例如钢带卷）。

图6-45 成品车的内陆水运（来源：BLG Logistics）

内陆水路运输有以下优点和缺点。

内陆水路运输的优点：

1）运输成本低。

2）载荷量大。

3）没有严格的限制，如道路交通（例如驾驶禁令）。

4）减轻陆路交通。

内陆水路运输的缺点：

1）运输时间长。

2）受河水水位、冰漂和雾的影响。

3）水路网络有限。

6.7.1.4 近海航运

近海航运（Short Sea）主要用于区域性沿海运输。在欧洲，它作为短途运输区域连接若干个欧洲大陆港口。在某种程度上，近海航运可以用作公路或者铁路的替代品。世界上主要的航道，比如欧洲有德国-英国、德国-斯堪的纳维亚半岛、英国-法国、西班牙-泽布鲁日和伊比利亚半岛-斯堪的纳维亚半岛-英国-爱尔兰；而在美洲，仅有美国和墨西哥之间的近海航线，因为这一带铁路网络非常发达。

近海航运有以下优点和缺点。

近海航运的优点：

1）运输成本低，不收过路费。

2）可靠性和可持续性高。

3) 长距离、大规模运输。
4) 作为货物汇集流程可替代铁路。
5) 没有国际交通限制问题。
6) 免受罢工影响（可以不受频发罢工干扰，比如法国）。

近海航运的缺点：

1) 运输速度低，运行时间长。
2) 缺乏可靠性和灵活性。

6.7.1.5 远洋海运

远洋（Deep Sea）货船通过海运提供全球性市场服务。远洋货运是欧洲与世界其他地方最重要的货运方式。它属于长途运输。主要使用集装箱船，现在它可容纳2万多个20ft（1ft＝0.3048m）的国际标准化组织（ISO）集装箱（TEU：20ft当量单位），如图6-46所示。从汽车制造商的角度来看，海运主要用在入库物流（比如亚洲供应商的物料交付）和出库物流（成品车辆分发），并且随着全球化贸易发展，这将变得越来越重要。

图6-46　北海（Northsea）布莱梅港（Bremer Haven）集装箱船终端（来源：BLG Logistics）

远洋运输有以下优点和缺点。

远洋运输的优点：

1) 长距离运输，良好的容量效益比（Mass Power Capacity）。
2) 运输成本低。
3) 装载重量和体积大。
4) 固定的时间表。
5) 多式联运，集装箱运输。
6) 唯一的分发出口车辆方案（比如，在美国）。

远洋运输的缺点：

1) 运输时间长，导致灵活性降低。

2) 缺乏守时性。

3) 到岸后，继续运输问题（腹地交通）。

4) 固定路线，定期服务。

5) 要保护货物免受盐分和冷凝水的影响，所需费用支出高。

6.7.1.6 航空运输

航空运输采购件和成品车辆，由于成本过高，可完全排除在外。原型车、原型零部件、时间紧迫的备件和参展车辆，可以考虑空运。当运输时间短的优势能够弥补高昂运输成本费用的劣势时，还是可以使用空运的，在这种特殊情况下，运输时间是采用这种运输方式的决定因素。

采用航空运输有以下优缺点。

航空运输的优点：

1) 运输速度和能力高。

2) 在全球范围都有足够的运输点。

3) 运输安全性高。

4) 不需要如同海运所需的包装。

航空运输的缺点：

1) 固定的空运时间，不灵活。

2) 运输成本高（因此，仅适合相当小的货运量，时间紧迫、高价值的商品）。

3) 需要冷凝保护包装。

4) 运输前后的装卸、转运和海关通关时间，占总运输时间的90%。

5) 夜间禁飞。

6.7.1.7 联合货物运输

联合运输或者称多式联运是指有两个（双式联运）或更多个（多式联运）运输承运人，而不需改变运输器具进行货物运输的方式。之所以需要联合运输，是因为一方面，大多数运输工具只有有限的运输距离；另一方面，还不能将货物从发货处直接运送到收货处。与此同时，采用多式联运链，将有针对性地利用不同运输工具的特定优势，但在更换运输工具时，则特别需要考虑如何简化货物转运（参考 Ihme 2006 第 154 页）。

除此之外，汽车制造商在区域性货运领域也使用多式联运。在这种情况下，普通货物通过货车在运输中进行区域性整合（参见第 6.7.2.3 节），然后转运至铁路进行主运输（图 6-47）。交换或器具转运会增加运输费用，而通常只能在汇合区域相距很远方可获得经济回报。在国际车辆分配运输过程中，现在主要是多级和多式联运模式（参见第 10.3.2 节）。远洋海上运输在多式联运中，通常使用三到四个阶段的流程。对于主要运行方式,则是选择具有船舶运输的海上航线。在准备和后续阶段中,成品车辆再由货车或者铁路,进行合并或拆分运输。

图6-47 货车-铁路双式联合运输中的货物转运(来源:Logwin)

采用什么样的运输工具或者交付组合,所要考虑的主要标准是运输成本和时间。首先要列出各个运输方式的优缺点后,才可以说明多式联运是否能够使用,以及如何组合所选取运输工具的优越性。但是还要考虑转运过程所需的等待时间和物料重新装卸带来的损坏风险,这都可能是联运的不利因素。此外,通过将运输过程细分成多级运输链,可能要加长运输路径,结果可能是成本费用和能量消耗的增加,因为在某些极端情况下,运输行进的路径与目的地的方向完全相反。

6.7.2 运输方案的选择

企业的外部运输主要作为一种货物在空间上的过渡,这可以是入库运输,如供应商和车辆制造商之间;也可以是出库运输,汽车制造商和经销商之间,以及制造商工厂网络中需要厂区间运输,以便扩大自身增值范畴,比如,发动机、变速器、车轴和冲压制零件从各自生产工厂位置运输到组装厂。

根据逆序原则(参见第4.4.1节),以入库物流方式描述运输方案,但在原则上它可以任意转移到入库和出库运输。对于入库而言,在外部运输期间,物料调度、物流服务商和供应商的责任相互连接。在产品生产过程的物流规划中,选择合适的运输方案,首先需要分析预期的运输量。计算未来运输量需要以下计划数据:

1) 产品生命周期内,车辆的计划生产数量。
2) 每辆车所需的零部件数量所推导出的器具需求量。
3) 零部件的包装数据,特别是器具空间、器具尺寸和堆垛系数。

根据这些规划数据,可以计算未来的运输量。由于入库物流的变化,还必须不断地审查长期性运输计划。在短期性物流规划和控制中,根据车辆生产规划以及所派生的物料交付时间表，可确定运输流程（参见第 8.7.1 节）。如果根据所计划的物料需求，按巴雷托分析（ABC Analysis）方法推导出运输量，则可得到图 6-48 所示的物流量分类结构图。这一分类基于制造商每个交付产区地址、每周的预期交付量（参考 Hartel 2006 第 48 页）。

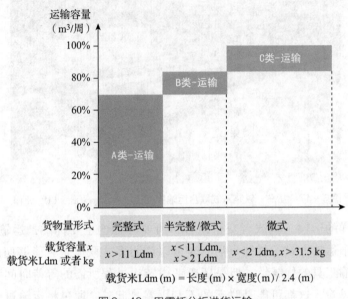

图 6-48 巴雷托分析进货运输

除运输量外，要选择合适的运输方式，其他标准也起着重要作用。其中包括以下标准（参考 VDA 5010 第 41 页）：

1) 运输结构数据：运输距离，变异数量，器具类型。
2) 交货频率：供应商的交货时间表。
3) 负荷结构：场地空间要求，重量，体积，可堆垛性。
4) 供应商的生产地点：在供应现场整合为往返的可能性。
5) 运输量稳定性：计划期内交付时间表的波动。
6) 运输量的可组合性：无故障、连续性汇集零部件。

根据上面的运输选择标准，可以通过决策树（图 6-49）进行运输方案的选择（图 6-50）：

1) A 类运输，是指密集型的供货，其中每天有多次满载交付，是直接运输方式。

2) B 类运输，通常为中等密度型供货，并且为一般货物（31.5~2000kg），运输容积量较小。这类运输通过循环取货或者收集式运输方式实现。

3) C 类运输，每个供应商的运输容量较低，而货运关系较多。这类运输包括传统的一般性货物，通过货物分组收集。

上篇 产品生产过程中的物流管理

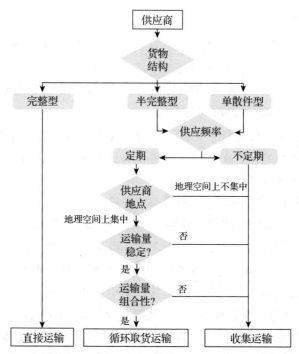

图6-49 运输方案决策树（参考德国汽车工业协会 VDA 5010 第41页）

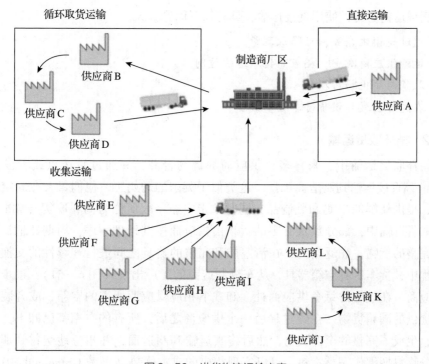

图6-50 进货物流运输方案

187

6.7.2.1 直接运输

直接运输就是一个单级的运输链,在这其中,从供应商处开始,到物料直接交付给汽车制造商,没有中间流程。它的前提条件是要求输送量高,且输送频率恒定。由于运费下降,在满负荷范围内,直接交付代表了最具有成本效益优势的运输方式。

直接运输主要采用以下供应交付方案:

1) 需求驱动的准时化或顺序化供应交付,其中要求满载,每天多次同时供应生产。货车直接驶向制造商工厂的卸货点,并立即进行卸货。进行一对一整箱对空箱交换(参见第 8.3.1 和 8.3.2 节)。
2) 消耗驱动的货车供应交付,通过外部看板程序调用物料要求(参见第 8.3.3 节)。
3) 满载和部分满载的货物在转运终端合并,以完整形式供应交付(参见第 6.8.1 节)。
4) 从外部仓库进行满载交付,以供应生产,比如钢带圈和坯料(参见第 6.8.3 节)。

在平衡货物满载和空箱量时,通常使用循环货车。但当使用可折叠式器具时,器具回收中的货运量将会减少,因此,在直接运输中使用循环货车并不总是经济的(参考 Hartel 2006 第 49 页)。在这种情况下,还是建议采用单向行程,不进行完整的循环,只进行满载运输,每个多次交付(这取决于器具的折叠系数)后取回空箱。通过中间缓冲空箱,增加了器具的周转天数,进而增加了器具的平均需求量(参见第 6.1.3 节)。此外,中间缓冲器具区域,存储容量也将受到限制。

在满载运输范畴,使用直接运输,具有以下优势:

1) 通过规模化经济,可降低运费。
2) 运输供应商减少,相应简化了运输控制。
3) 收货时简化物料操作。
4) 在进货区域,供货货车数量减少。

6.7.2.2 循环取货运输

在循环取货运输中,来自多个供应商的货物合并,并通过转运点或者没有转运(主运行),直接运输到制造商工厂。这类似于英国的送奶工,他们每天在固定的往返路线上,提供新鲜的牛奶和乳制品,同时拿走空瓶,故而称为循环取货(Milk Run)。在循环取货运输中,部分数量有限的货物由供应商按其地理顺序,周期性地提取,并组合成完整的货物。往返期间,在清空的和完整的器具之间进行连续性的交换。在主运行流程中,货车带有空箱器具,从车辆制造商的工厂出发(图 6-51),逐步地驶往各个供应商。在途中的每个供应商处,卸载下相应供应商所需的空箱,或者装载由该供应商提供的满箱货物。在经过最后一个供应商之后,所有的空箱都已卸下,在理想情况下,生成了完整的全部货物,然后将其运输到制造商,并相应地交付到那里。通过将部分物料捆绑成完整物料,可以实现相应的成本优势(参考 Grunewald 2015 第 36 页)。这与单个供应交付相比,逐步将部分物料合并成所需的完整物料,既降低了运输费用，又增加了供应交付频率（参考 Conze 等 2013 第 138 页）。同时，可以更好地规划收货能力和流程，这是因为，在制造商处货车的定期交付是在固定时间进行的。

原则上，静态和动态循环取货运行之间存在着一定的区别。在静态循环中，始终为相同的供应商，以固定的时间周期提供服务，具有确定的路线和恒定的货物交付量。如果运输条件稳定，则可以将固定的路径组合，以固定的频率遍历各个供应商。车辆生产计划的变化，以及从中导出的交付时间表，使运输数量及其物料组成受到不断波动的影响。尽管物料需求和运输量发生变化，但仍需进行循环取货方式，这就经常要求以动态式循环取货运行，灵活地对此做出反应。而对动态式循环取货而言，在很大程度上可能要改变货物提取周期、供应商或者每个供应商的货物数量。在供应商被通知所要提供的数量、容量和重量之后，供应商的数量和取货频率相应地会发生变化。动态式循环取货规划的主要任务，可以说是面向负荷的整合计划。在这种情况下，根据交付量，就是根据制造商的交付时间表和物流限制（供应商位置、交通基础设施、装载时间、交货时间等），制订相应的运输路线，以确保利用最大货运空间。借助于捆绑多个供应商的运输量，可以通过高容量、轻型和低容量的重型零部件之间进行平衡和补偿，来提高产能利用率和交付频率（参考 Hartel 2006 第 50 页）。对于供应商整合计划，需要以下规划数据，在理想情况下，这些数据存储在相应的计划数据库中，并可借助相应的货运优化工具进行评估（参考 Conze 等 2013 第 140 页）：

1) 潜在的可整合供应商。
2) 供应要求的运输数量和连续性。
3) 供应商的地理位置。
4) 供应商收到货物的时间。
5) 制造商工厂交货时间。
6) 物流服务商的当前运费。

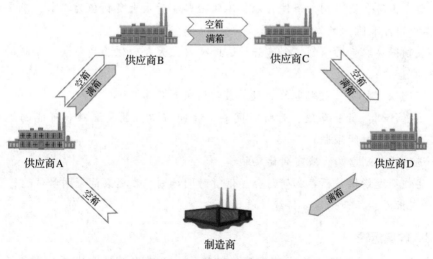

图 6-51　循环取货的物流流程

一般来说，取货路径规划可以分为短期性和长期性的。长期性的路径规划，通常由车辆制造商制订，并指定其框架数据要求。根据可能的各种参数变化，要定期检查和修改规划。而短期性的本地运输控制，通常由物流服务商或者供应商自己制订。

只有满足供货结构中最基本的条件，才能形成循环取货。如果满足了这些基本条件，在实践中就可有效地实施循环取货，但是管理层对运输成本节约的期望通常很高。最主要的前提条件是运输数量的稳定性，这通常只有较高、恒定的供应能力才能成为可能（参考 Hartel 2006 第 51 页）。作为循环取货的基础，首先要在中期性和短期性车辆生产计划中，确保均匀和平稳的生产过程（参见第 7.3.1 节）。除了定期性交付频率、运输量稳定性之外，还需要供应商必须在地理位置上相对集中，以方便地进行物料整合（图 6-49）。对于时间调度规划，除了每个停靠站的往返运输时间之外，还必须考虑装载过程所需的时间，以及等待时间（参考 Wildemann 2001 第 70 页）。循环往返的供应商数量应该有限。当使用大型货运货车，平均有效载荷为 25t，货物容量为 100m^3，可以考虑在每个装载点提供的最小运输重量约为 2t，最小运输容量为 8m^3。考虑到对驾驶员的驾驶和休息时间的限制，供应商与供应商之间的距离，以及对装满货物和空箱所需最少时间的考虑，每个循环取货运输，供应商的数量通常控制在 5 个。

如果要将循环取货作为产品生产过程的一部分，则在规划中应该考虑执行以下具体步骤（参考 Wildemann 2004 第 37 页）：

1) 从地域性角度，确定各个供应商的供货数量和重要性（这将在战略采购规划中，确定供应商候选和器具计划）。

2) 选择潜在的循环取货供应商：根据计划货运量（体积和重量限制），采用巴雷托分析方法，筛选出完整型供应商（A 类 – 运输）以及微型供应商（C 类 – 运输）。

3) 审查预先选定的循环供货供应商，兼顾其重要性（直接型供应商，对未来重要），与批量前物流进行协调。

4) 确定循环取货限制性条件（以标准供应频率时最大负荷值为参数，确定相应的重量和体积的标准值，定义波动范围、供应商的最多数量）。

5) 兼顾循环取货的限制，创建若干选择项（最大整合供应商数量、物料的重量和体积、时间窗口）。

6) 可选项（标准：循环取货次数、最佳运行利用率）。

7) 运行计划：行驶路线、目标时间表、时间窗口、数量配额和可能的规划修改（例如，未能履行时间限制）。

8) 进一步识别潜力，决定付诸实施。

9) 实施：邀请供应商参加研讨会、供货时间计划、发送装运说明和试运行。

10) 在批量生产开始后，持续性进行监控。

6.7.2.3 收集运输

在这里，一般是单件货物或若干部分的货物，不满足循环取货的前提条件，因而无法进行循环取货运行，进而由若干供应商在预定的时间段内，对其货物进行收集和分组，再由区域性货运代理商交付给制造商工厂。对来自特定区域的入库货物，其责任转移到单一货运代理商。因此，可以根据车辆生产程序，将部分物料和单件货物，以较高的供货频率，兼顾运输成本优化的方式进行输送。这种组合捆绑货物的方式，可达到一定的协同效应。将供应交付进行组合，可将货运公司的工作能力发挥到最佳状态。相应地，必须协调制造商各个厂点的交付计划和货物细分。

整个运输链可以断开一次或两次，由预备运行和主干运行组成。货物从供应商到货运代理商的合并点（收集点），这一运输可以由区域货运代理商本人（自营职业），或者由负责处理区域性货运的其他运输代理商执行。除了在中央枢纽直接交付的单级供应外，还可以选择在两个阶段的过程中，将区域中心的交付数量进行合并。随后，几个区域的交付量合并在一个中央终端并进行转运。初步运行，一方面可以通过在区域货运代理的合并点（枢纽）直接交付，另一方面，可以通过循环取货进行。在某些情况下，交付捆绑若干个制造商工厂，并提前进行收集。因此，可实现大规模经济效益，从而降低单位运费。通过这种区域性货运代理的第三方业务，加强了这一效应，基于他在这一区域的货运代理客户，生成了自己的额外货运量（参考 Bretzke 2008 第 182 页）。这种方式存在的问题是运输量和距离的波动性，这必须通过智能化规划，控制供应网络中的运输，来相应地给予均衡和补偿。对于收集运输，可以理解为运行循环取货的准备流程，其基本运行原理与循环取货的主干运行流程相同（参见第 6.7.2.2 节）。

在区域货运代理中心，对交付的部分物料进行合并后，可根据目标区域或制造商接收工厂，对各个货物装载单元进行分类，并根据每个相应的制造商工厂进行捆绑。通过交叉转运（Cross Docking）整合为满载货物流（参见第 6.8.1 节）。在一个给定的时间点，将分组货物按制造商工厂要求合并，转运给主货运公司。在区域性货运代理的收集点处，货物被转载。在大多数情况下，采用货车进行预备运输和主干运输运营，尤其在近距离运输中，可显示其优越性（参见第 6.7.1.1 节）。对于更远距离的收集区域，相对德国来讲，特别是在其他欧洲国家，只要相应的制造商生产站点的运行时间要求允许，铁路运输也可用于主干运输。这通常是晚上行驶的货车。在主干运输运营中，货物通过铁路直接运输到相应的工厂。这必须根据制造商指定的时间窗口进行物料交付和卸载货物。在制造商接收工厂卸载后，根据区域货运代理商的交货时间表，将相应的空箱返回运输。这些空箱将分发给各自的供应商，以换取下次运行所需的物料（参见第 8.8 节）。

区域货运代理商承担一个收集货运代理的任务，并且还必须具有资格能力、严格遵守时间表、保证运输时间短、能够处理高度波动的运输量和不断变化的交付地点（参考 Schulte 2005 第 185 页）。通常，区域货运代理商需要有适当的企业规模，才能有效处理区域性运输中的货运量。一般大型货运代理商可以通过捆绑和优化潜力，使用标准化的基础设施，更有效地经营自己的运输网络。从制造商的角度来看，收集到的交付量和工厂位置越多，实现规模化经济的可能性就越大。因此，大型汽车集团（如大众集团）相对较小的竞争对手，能够更多地降低运输成本，因为它的入货流量很大。

对于区域性货运代理规划，必须确定供应商所供应的货物数量和日期框架。在具体规划时，进行一个货运结构分析，这就必须考虑以下的规划参数（参考 Parbel 1984 第 8 页）：

1) 运输容量和重量。
2) 供应商和制造商工厂的地理位置。
3) 交通运输基础设施。
4) 交付时间间隔取决于制造商的供货要求。
5) 装载器具类型和发送结构。
6) 集中区的转运商。

通常来说，引入区域性货运服务代理商可带来的优越性如图 6-52 所示。

图 6-52　区域性运输服务商的优点（参考 Wildemann 2001b 第 169 页）

6.8　外部存储和转运

外部存储和转运的目标是以低资源消耗形式进行物料交付，但仍具有高度的供应安全性，具有提供与物料相关的咨询信息能力，与此同时兼顾生产厂商和整个物流过程结构。作为外部存储和转运系统，主要是转运终端、供应商物流中心，以及汽车制造商的入货物流中的外部仓库。

6.8.1　转运终端

转运终端（TT）是一种转运系统，作为多个阶段交付流程的一部分，它具备收集和再分配功能。其主要的任务是运输单元（器具、包裹等）的收集、缓冲、分类和分送。转运终端不是外部存储。进货通常在同一天进行合并、定向、转载和发送。作为动态式库存缓冲区，转运用于分离供应商和车辆制造商的物流（图6-53）。

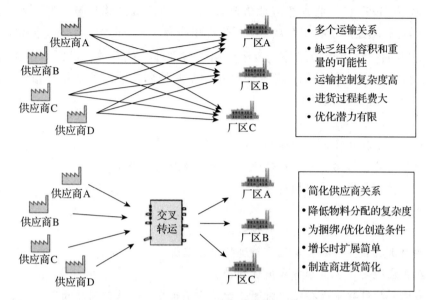

图6-53 转运方案的原理和优越性

转运终端最特殊的优点，在于能带来运营成本的节约，这得益于运输过程中捆绑货物流量，以及保证物料及时和以准确的顺序式进行供应交付，适用于短期性物料需要及物料品种繁多的情况（参考 Hartel 2006 第52页）。

对于转运终端的功能，在汽车物流领域中有大量的同义词，例如物流中心、交叉货仓、整合中心、转运中心、供应中心、中转站、生产供应中心、供应商物流中心、在线供应中心、物流服务中心或货物配送中心。

转运终端的基本任务是在数量和时间方面对物流进行合并和分类，以便在汽车制造商的工厂实现货物的优化交付。之前，大量混合物料的货车交付，首先在转运终端进行整合，按照后续卸货地点进行分拣。生产工厂的供应是通过循环式运营的货车进行的，而通常仅前往一个卸载点。

在入库物流中，插入转运终端可带来以下优点：

1) 通过提高交付频率，可减少工厂内场地占用面积。
2) 更快地处理货车运输，减少停车时间和滞期费。
3) 一对一整箱、空箱交换，简化了器具控制流程，减少工厂内部对空箱存放场地的空间需求。
4) 减少工厂内的交通运输量。
5) 简化入库货车控制和调节，改善物料提供时的可安排性。
6) 根据多重规模经济原则，可简单地扩展转运能力，同时增加运输量。

在转运终端内部，实际上物料的处理是根据交叉对接原则进行的。术语"交叉对接"，来自于美国物流实业界，指的是将若干个货车对接在转运终端的一侧，执行卸载进货流程，而在转运终端的另一侧，若干货车则在各个接收点接收和装载货物（参考 Schulte 2005 第 495 页）。必须相应地协调入库和出库之间的物料量。除了入库中全部物料外，转运终端还用于将空箱从工厂返送回供应商，以及向经销商和车间供应备件。

除了主要的物料周转功能外，转运终端还与管理外包有关，可以承担额外任务，包括物料交付规划、运输时间优化，以及承担某些控制功能，例如差异报告和成本分析（参考 Jacobi 等 2004 第 80 页）。

转运终端的物流流程如下：
1) 转运终端收到货车交货通知。
2) 引导入站和出站货车，在转运终端两端分别相对停靠。
3) 入库货车卸货，进行物料分离。
4) 在收货处，收集物料（参见第 8.7.1.1 节）。
5) 根据生产厂需求，将交付的物料进行分类。
6) 按照供应点，对物流单元重新进行组合捆绑。
7) 在相应的发货区，预备和提供物料。
8) 当达到物料数量或指定的时间，出站货车出货，即将物料运出。

物流优势：
1) 减少货车在厂区的停留时间，因为只需要接近一个卸货点。
2) 更好地在组织和时间上，安排入站和出站货车（避免过度和交付不足）。
3) 由于成组化，从而节省费用。
4) 特别是综合性地引入一个拖车场系统（Trailer Yard System），可减少滞留费（参见第 8.7.1 节）。
5) 增加转运频率，工厂库存减少。
6) 增加平均运输量，同时减少运输公司数量，从而减少运费。
7) 增加平均交付量，降低交付频率，对卸货点的货物收集过程而言，使其简化并平稳运营。
8) 可以进行一对一满箱、空箱交换，实现精益化空箱回收流程。
9) 减少厂区内存放空箱的场地空间需求。
10) 减少厂区内部的货车交通流量。为实现捆绑特定供应物流，除了采用单级转运终端方案之外，还可以使用双级转运终端方案。类似于区域性货运系统，在此过程中，物流在供应商附近的某些采购区域被捆绑（参见第 6.7.2.3 节）。通过第二次交叉对接，区域性第一转运终端的入站流，可按特定的卸载地点进行分类。转运终端作为运输网络节点，为制造商生产站点提供输入物流。多级转运终端、固定的交通运输路线和周期性的物料提取，可确保一个平稳和节拍式的入库运输流程，实现精益物流框架内的一致性（参见第 7.3.8 节）。

由于转运终端的高投资和运营成本，需要很高的转运量才能降低相应的固定成本，确保运作的经济性。对大型汽车制造商而言，一般拥有众多的生产基地和一致性的平台，可以引入并采用双级转运终端方案，相比小型的竞争对手，具有更大的成本节约潜力。跨越制造商，使用一个多级转运系统，可能会挖掘出尚未利用的节约潜力，特别是在汽车行业中供应商结构存在着相当大的重叠性的情况下。

6.8.2 供应商物流中心

供应商物流中心可以理解为一个靠近客户或使用场地的仓储中心，其目的在于优化组装现场物流供应，实现制造商在装配场地的最小库存。其存储的主要物料类型为标准件和变异少的小型零部件（B类／C类零部件）。在供应商物流中心，以前各个供应商分离的仓库物料在这里汇总。不同的仓储和组织结构合并，并移交给一个独立的物流服务商。供应商物流中心的具体位置可以在制造商厂区的内部或外部。通过集成一个服务提供商，最初由于这一中间阶段，交付过程变得更加复杂。然而与此同时，合并许多供应物流量，并且由于运营服务提供商的专业化和更有效的流程，比如更快的转运操作，从而可实现降低存储和转运成本。此外，所涉及的供应商必须付出较少的固定成本，以便为物料峰值需求时提供必要的资源服务，因为物流合并会产生所谓的汇集效应，从而弥补了存储需求中的个别波动（参考 Roth 2007 第 252 页）。供应商物流中心通常在装配地点附近，甚至经常就在汽车制造商的厂区现场（参考 Schraft、Westkämper 2005 第 35 页）。其目标是解除在供应商和制造商之间传统的两级仓储。尽管物流链中的库存减少，但单级存储增加了对制造商的供应安全性。通过密切的信息技术协调，提高了库存的透明度，此外物流功能的外包可以进一步节省运营成本。

供应商物流中心，在设计上如同寄售仓库。在供应商的经济性批量生产，以及制造商特定物料调用要求之间，供应商物流中心可作为一种缓冲。通过将库存补给供应与制造商的物料交付进行分离，供应商可以捆绑物料需求，并优化其批量大小（参考 Graf 等 2005 第 8 页）。然后可以以满载的形式优化货运费用。

供应商物流中心的控制管理，由所谓的供应商管理库存（Supplier ManagedInventory）系统承担。以下基本过程描述了这样一个系统：

1）通过观察系统的变化，供应商及时获得制造商的库存和需求信息。

2）根据此信息，供应商开始规划交货流程，包括相应的交货数量和时间。供应商自主性地决定何时、多少数量以及交付哪些物料。制造商为供应商指定其最小和最大库存范围。在这一调度限制内，供应商自己来进行仓库经营。

3）根据当前的规划参数（需求数量、运输成本、交付可靠性等），循环性地计算供货需求（最小、最大库存）。

4）在交付之前，将计划的交货数量、交货日期和时间输入系统，制造商将收到物料通知。

5）物料送达之后，将直接存储入供应商物流中心，而无须进一步再检查。

实时性地提供库存和需求信息，这可提高制造商和供应商双方的物流透明度，减少库存占用，同时提高供应安全性。除了短期性库存和交易数据外，供应商还可以获得传统意义上的交付时间表，进行长期和中期性规划。

6.8.3 外部仓储

外部仓储是外部储备仓储，以供应车辆制造商的生产。由于汽车厂本身的场地空间日益稀缺，仓库功能越来越多地实行外包。老式的棕褐色厂区更是如此，随着多年工厂结构的历史演变，生产范畴和产量增加相结合，导致这种厂区的场地空间更加短缺。

外部存储方案的另一个推动因素是全球性采购的趋势（参见第5.1.3节）。国外供应商的数量和在交付和接受地点之间地理上的平均距离，正在不断地增加。因此，外部仓库用于应对外国供应商日益增加造成的物流不确定性；而且由于运输距离越远，零库存的风险就越大。在运输、转运和器具管理方面，都存在着一定的不确定性，这意味着与区域性或者本国内的供应商情况相比，生产现场可能需要更多的库存。外部库存可以作为一种缓冲，以均衡全球物流链中可能出现的波动，这通常以多式联运方式进行。外部仓库通常集成在一个两级仓库交付系统中，其中，除了靠近制造商的外部仓库之外，还有一个供应商运营的发货仓库。通常，外部仓库紧邻要供应的制造商产区，例如一个汽车制造商的工业园区（参见第8.5节）。过去外部仓库分散在制造商周围的区域，而今天它们越来越多地集中化，以实现相应的大规模经济效益。这种仓库可由制造商本身或物流服务商进行经营管理。就物流服务商而言，它接管了工厂进货、上架、仓库管理和出货和交付等操作流程。物流服务商承担对外部仓库的操作，其优点在于可增加存储容量而不增加仓库地点的固定成本。这就降低了制造商的风险，并保证在规划物流流程中具有一定的灵活性。此外，外部仓库的功能和成本参数可作为测试内部物流过程的基准。

6.9 信息和通信方案规划

在物流规划的背景下，进行物流优化设计，有必要将这一设计与相关的信息流有机地结合起来考虑。物流可通过信息流进行协调，并且在理想情况下互相同步。这就需要可靠和尽可能及时的信息和通信方案。

6.9.1 识别技术的选择

识别系统可以认为是信息技术系统和物流之间的数据接口。它提取物料物理特征（比如打印的字符），并将其赋值给预定义的数据信息（比如物料编号）。在物流中，特别使用基于字符的标志方法。在汽车行业中，条形码是传统的识别技术。然而，作为射频识别技术的一部分，感应式方法也越来越多地进入汽车物流领域。

6.9.1.1 条形码

由于其高度的标准化和低成本费用,条形码是一种全球性广泛使用的标签系统(参考 Kortmann 2006 第 26 页)。有各种各样的条形码酶谱,这是一系列不同宽度的条形图,可用来编码,最多可达 252 个字母数字(参考 Strassner 2005 第 56 页)。在一维条形码中,只有少数数据是可以编码的。有关物品类型的信息只能以欧洲物品编号(European Article Number,EAN)的形式给予存储。这无法再为后续物品分配一个唯一的序列号。而在二维条形码系统中,则可以在更小的空间内容纳和存储更多的信息。使用二维条形码,最多可以加密 2300 个字符。这样的系统使用堆栈码或矩阵代码,可实现更高的数据容量。仅需要一个扫描过程,所有逻辑相关的数据都可提取到(例如 PDF 417 条码),从而可简化物流过程。由于二维条形码的尺寸较小,也可以应用于较小的零部件。然而,与一维条形码相比,二维条形码则需要更复杂和昂贵的扫描设备,以及改进的打印机驱动程序。在汽车行业物流中使用条形码,现在的例子是奥德特运输标签(Odette Transport Label),及其用于商品标签的全球运输标签(Global Transport Label)。

1. Odette 运输标签

在欧洲汽车行业,商品标签的主流标准是 Odette 运输标签(OTL 1),该标签于 1986 年推出。在德国,该标准称为德国汽车工业协会标准 VDA 4902(图 6-54)。

图 6-54 实例:Odette 运输标签(来源:TEC-IT)

根据德国汽车工业协会 VDA 的建议,货物标签用于识别公司内部物流中的产品(装载器具)和运输包装(装载单元),以及在货物供应商、承运人和收货人之间的运输路线。条形码打印在 Odette 运输标签或德国汽车工业协会 VDA 商品标签上,用于加密以纯文本形式显示的信息,并可通过扫描过程自动读取。在商品标签中,其上部区域包含有关发送数据,下部区域为货物的生产数据。

可以对标准进行单独调整，这也是必要的，比如，在顺序化交付的情况下（参见第8.3.2节）就需要一些附加信息（例如序列号）。

2. 全球运输标签

全球运输标签系统的目标是将在汽车行业中使用的不同条形码标签在世界范围内给予标准化。尽管有欧洲奥德特规范，但标签的细节彼此不同。全球运输标签已被欧洲、北美和日本汽车行业的主要协会采用。由于汽车价值链的全球性定位日益增加，国际性统一的标准就变得越来越重要。国家和地区性的标准越来越不受青睐。

采用全球运输标签有以下优点（参考 Horn 2003 第28页）：

1) 灵活的标签设计，可为物流合作伙伴提供某些区域性的可修改选项。
2) 供应商对供应商区域的独立定义。
3) 支持新型的交付方案（看板、准时化）。
4) 使用二维条形码 PDF - 417，对可校正模式的交货信息进行加密，即使代码有损坏，也可以读出和重建信息。
5) 在全球范围内，每个运输单元都有唯一的识别号码，它由国际上定义的公司编号和供应商指定序列号组成。
6) 通过识别号码可明确地识别货物，这就可以在生产中对货物进行标记（在发送货物时，交货单编号与识别号码组合通过电子数据方式进行传输）。
7) 通过信息技术所发送的货物对比交货单数据（通过识别号码），简化了制造商的收货过程。
8) 可以追踪和跟踪货物。

6.9.1.2 射频识别

射频识别（Radio Frequency Identification，RFI）系统的架构如图6-55所示（参考 Strassner 2005 第58页）。

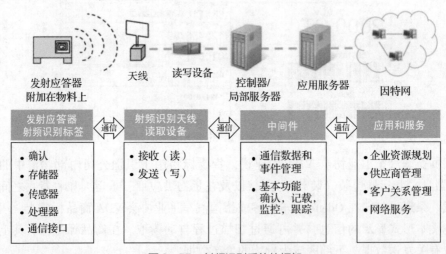

图6-55 射频识别系统的框架

发射器，又称发送应答器，也称为射频识别标签，它可以存储数据，被附加到待识别的货物上。发射器是射频识别系统中的发送单元，它存储了关于其所要标识货物的数据。发射器最基本的部件是一个芯片，芯片存储了货物的数据；天线作为与读-写单元的连接元件；还有一个发射应答器载体、一个电容器（参考 Obrist 2006 第 18 页）。根据其工作能源供应的类型，发射应答器又可细分为被动式和主动式（参考 Finkenzeller 2006 第 23 页）。

无源应答器，可以说是射频识别应答器中最简单的版本。它没有自己的电源，因而是被动式的，因此，在由外部电源供电之前，它不起任何作用。而电源由扫描仪提供，可持续性地发出高频信号。如果无源应答器进入到一个读写单元（扫描仪）的接受范围，则通过电感耦合生成的电源给予激活。根据发射应答器的设计，标签标识，先前存储的数据被传输出（参考 VDA 5520 第 13 页）。所获得的能量，既用于操作微型芯片，又用于产生响应信号，这一信号是由扫描仪检测到的。在这种类型的应答器中，使用非易失性存储器，比如只读存储器或可编程只读存储器，将所存储的数据以被动状态保持（参考 Franke、Dangelmaier 2006 第 22 页）。

对有源应答器而言，如果需要，还可以额外集成一个电池作为电源、一个数据存储器和一个传感器系统（图 6-56）。有源应答器能够持续性地提供均匀的能量，以进行更大、更易变化的数据存储，可在其上安装程序，甚至自己的操作系统。为了节省能量，有源应答器在待机模式下，应远离扫描仪的工作区域。这种类型的应答器不利之处就是设计结构较大、成本高，频繁使用将缩短寿命（参考 Franke、Dangelmaier 2006 第 26 页）。

图 6-56　实例：射频发射应答器 IT 67
（来源：Intermec）

射频识别系统还可根据其使用的频率范围分为低频（100~135kHz）、高频（13.56MHz）、超高频（欧洲 868MHz，美国 915MHz，亚洲 950MHz）和超大高频系统（2.45GHz）（参考 Jansen、Meyering 2006 第 36 页），见表 6-4。

表 6-4　射频技术的可用频率范围

工作频率	低于 135kHz	13.56MHz	860~950MHz	2.45GHz
工作原理	通过线圈的电感耦合		反向散射耦合或自身产生电磁波	
能源供应	被动	被动和半主动	被动和主动	通常为被动
读写特性	只写和读写	几乎都是读写	只读，一次写多次读，读写	通常为读写
工作范围	低（比如 0.1m）	低（比如 1m）	高（比如 5m，被动）	很高（比如 100m，主动）
金属影响	磁场强烈弱化，共振频率调整		金属表面反射，涡流损耗，共振频率衰减	

（续）

工作频率	低于135kHz	13.56MHz	860~950MHz	2.45GHz
液体影响	低	低	高	很高
群体效应	技术上可行（当前很少实现）	可能（理论上可到100个）	可能（理论上可到500个，实际仅60个）	可能（理论上可到500个）
存储能力	比如，仅读64bit，读写，被动可到2kbit，读写，主动可到32kbit			
数据传输率	低（典型为4kbit/s）	中等（比如106kbit/s ISO）	高（比如140kbit/s）	很高
应答器形式	玻璃管、棒状、钉状	标签	标签，塑料箱体	
		币状、卡、盘		
发射应答器的价格（单个）	0.5~1€，被动	0.4~0.7€，被动；6€，带温度传感器	0.2~0.7€，被动（标签）；2~6€，被动（箱体）；60€，带温度传感器	30~50€主动

将应答器的频率放在读写单元的工作范围内，就可以传输信息。根据电感耦合原理，数据传输通过电场、磁场或电磁场进行，线圈或天线作为耦合元件（参考 Obrist 2006 第 17 页）。通过校验方法检查读出数据，这意味着读出的错误性或不完整的数据将被识别出来，并给予拒绝（参考 Finkenzeller 2006 第 209、439 页）。

读写单元（扫描器）用于读出应答器存储的信息，在某些情况下，还可以进行射频识别标签的写入。为此，扫描仪以及带有耦合元件的应答器，都配备了一个天线或者一个线圈。这些就构成应答器和扫描仪之间的接口。通过读写单元生成高频传输功率，应答器被激活，并传输数据。扫描仪可以是固定式的，也可以是移动式的。所接收到和解码的信息数据，通过另一个接口从阅读器传输到一台计算机（参考 Obrist 2006 第 20 页）。这中间的软件解决方案（中间件）捆绑扫描仪收集的数据，并根据给定的规则，对其进行数据过滤。因此，避免了数据处理中可能存在的容量瓶颈，这种瓶颈会导致在进一步处理中操作信息系统的工作性能下降（参考 Strassner 2005 第 58 页）。

6.9.1.3 汽车行业中射频识别技术应用实例

根据设计类型，发送应答器可具有不同的存储容量，因此不仅可以存储单纯的货物身份数据，还可以存储与物流相关的状态和过程数据（参考 VDA 5520 第 12 页）。在汽车行业中，射频识别技术的应用领域涵盖了整个供应商管理领域（参见第 5.3.2 节），从生产过程中的车辆控制，直至配送物流，到对成品车辆的跟踪（图 6-57）。

下面例举若干非接触式射频技术潜在或者已经实现的应用实例。

1. 货物交付和收货

当卸载配备有应答器的器具时，汽车供应商通过由货运承运人（比如货车挂车）提供的扫描仪，检查货物的正确性。然后将扫描记录的数据进行组合和生成交货单，并将其存储在车辆的应答器上。如果货车离开供应商工厂，交货单数据将由安装在工厂出口处的天线自动接收，然后通过远程数据传输网路，作为装运通知，继续传输给相应的汽车制造商（参见第 8.7.1 节）。同时，数据传输到仓库管理系统，将货物在供应商处过账。此外，如果需要，可以生成海关文件，并将其传送给主管部门（参考 Schmidt 2006 第 73 页）。

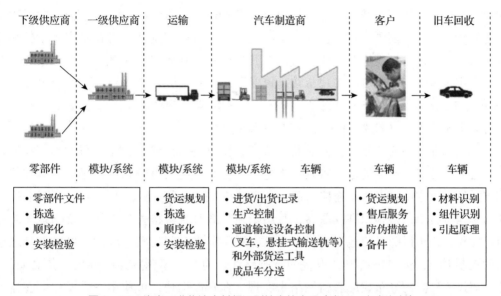

图 6-57　汽车工业物流中射频识别技术的应用（来源：大众汽车）

汽车制造商厂门安装了射频识别设备，当供应商货车驶过厂门时，可以在收货处自动对它进行登记。所有的货物信息被准确和完整地记录下来。对于交付货物的数据采集，不再需要目视或者卸载时查对（参考 Franke、Dangelmaier 2006 第 125 页）。可以读出存储在货车应答器上的电子送货单，并将有关的物料数据传送到制造商的物料管理系统。利用中央数据管理系统、应答器识别号，以及相关的详细信息，可以从全球产品电子代码管理中心（EPCglobal）（参考 Strassner 2005 第 183 页）获得。收到的交货数据将会自动与订单数据进行比较。因此，货车驾驶员可以及时地被引导到相应的卸载场地，或者其他等待位置。

通过在制造商厂区内安装射频识别扫描仪网络，可以随时对货运公司的供货车辆进行定位。在目的地，通过另一个射频识别读取器，登记货车的到达，并且如果需要，通过警告信号通知驾驶员，他可能处在错误的卸载点。例如，接货确认可以通过电子数据交换系统，直接传送给供应商（参见第 6.9.2.2 节，Schmidt 2006 第 60 页）。

射频识别技术在进货中的另一个应用领域就是进货检验：对所交付的货物，进行定性和定量特征性检验。由于实际运作成本很高，仅进行了较少的精确性控制。目前，货物数量检验是通过扫描条形码，手动或半自动地进行，因为人为因素会导致错误风险增加。通常恶劣的运输和存储条件,可能还会影响条形码的可读性。使用射频识别控制的收货,可以通过全自动扫描,替换手动式定量性记录交货。为此,必须将射频识别读取器安放在收货区域中,在这个区域内,就可读取记录装有发射应答器的物料、包装或器具。再通过将射频识别系统连接到企业物料管理系统,还可以比较订单数据,记录收据,并因此可以确保物料的快速提供。这样,内部运输工具的选择、目的地的选择,甚至退货决策,都可以当场做出(参考 Strassner 等 2005 第 183 页)。除了杜绝人为的错误之外,还可节省大量的收货时间。由于射频识别技术可在没有光学接触情况下通过扫描进行批量检测,所以可以在几秒内精确地测量货物载体,而无须特殊的控制和定位操作。这样可以实现货物高速度周转,并且更有效地利用收货资源(参考 Franke、Dangelmaier 2006 第 125 页)。混合性货物不再需要以耗时的方式进行分拣,而是可以批量式收取(参考 VDA 5007 第 13 页)。

如果已在收货处记录、检查和批准交货,则可将其运输到指定的目的地。在进货检验之后,可确定仓储场地,将其作为电子转储订单进行货物入库,这些数据和信息将传递给一个仓库员工或运输控制系统(比如叉车控制系统或 FTS 控制)。通过安装在通道输送设备上的射频识别读取器,可用于在装载时直接检查是否是按要求运输的物料;此外,还可以随时随地观察哪些车辆与哪些货物一起运转。因此,可以由与之连接的控制系统,指定物料输送设备的行驶路线。为此,车辆的连续性定位是必要的,这可通过工厂内的分布式应答器网络来实现。在仓储场地,可使用一个发送应答器来检查是否存储了正确的物料,或者用来更新仓库管理系统中的库存数据(参考 Schmidt 2006 第 62 页)。

2. 装配中的零部件识别

宝马公司使用射频识别技术自动识别电缆线束。顺序化供应商使用发送应答器,标注每天提供的电缆线束,而发送应答器安装在可重复使用的运输袋上。这一标签中包含有可用于识别各种线束变异的数据信息。在供应交付时,电缆线束数据经过扫描被提取并存储。在进行安装时,合适的线束经过事先识别,进入到装配流程,并在放入车身之前再次进行验证。寻找工作、质量保证文件,以及错误性安装的成本费用(在极端情况下,可能意味着整辆车报废)都会由此而降低(参考 Strassner 2005 第 4 页)。

另外,宝马还使用一个射频识别技术系统进行车轮装配。这里强调的不仅是将正确的车轮安装在相应的车辆上,而且是要将正确的车轮安装在正确的位置(图 6-58)。自动输送设备在正确的时间,以射频识别技术控制的方式,在正确的安装位置供给正确的车轮(参考 Hager 2007 第 45 页)。

图 6-58 实例:借助射频识别标签识别零部件(来源:Intermec)

3. 生产过程中的车辆控制

基于射频识别技术的制造，其目标是保持所有与控制相关的数据始终一致的可用性。这需要从冲压车间到焊装车间，再经过涂装车间，到总装车间，整个过程前后一致，无接口界面方式进行相关生产数据的提取。为此，在生产过程开始时就使用了发送应答器。这些发送应答器直接附着在车身上，或者安装在相应的运输载体上。在汽车生产中，必须考虑对发送应答器本身的要求将有所增加，因为它要伴随车身，通过所有的生产过程。因此，必须考虑温度波动、湿度和干扰信号的影响（参考 Schmidt 2006 第 68 页）。在涂装车间，所有必要的制造数据，比如车辆类型、车辆颜色及待涂装车辆的订单号，都写入了所连接的发送应答器，并将传递给涂装设备中的各个控制器。这必须是一种特殊耐高温型的应答器，可以承受高达 210℃ 的高温，并且仍然能够进行数据信息传输。为了抵消在任何制造过程中都无法避免的金属性干扰影响，汽车工业越来越多地使用在 13.56 MHz 频率范围的发送应答器系统，相比 125 kHz 的长波系统，它具有更高的数据传输速率，并且仍然可处在工业干扰频域之外。

当已涂装的车体进入总装车间时，发送应答器安装在发动机舱盖或车顶上，当到达工作站点时，从中读取必要的数据；同时，进一步生成处理所需的信息，或者工作指令被传送到工作站，装配工作人员可通过操作终端进行读取。生产线工人在操作终端签署他所完成的工序，或者记录可能出现的任何错误或故障（参考 Strassner 2005 第 102 页）。来自各个工序的过程数据，比如自动螺栓扭紧站的紧固力矩、制动数据、燃油填充水平，或者驾驶路线调节装置，都可以清楚地分配给相应的车辆，并提供给更高级别的质量控制系统（参考 Gottsauner 2006 第 28 页）。同时，与驾驶安全相关的零部件（比如安全气囊或制动系统），都要准备有法定要求的书面文件。由于通过发送应答器进行自动化数据采集，可以与基于射频识别技术的生产控制同时进行，强制性文档可以大大简化。在组装完成后，发送应答器返回起始点，以便后续重复使用（参考 Finkenzeller 2006 第 441 页）。

4. 交付成品车辆

路虎（Land Rover）在工厂厂区内使用有源射频识别标签，以快速地找到所需的成品车辆。所谓的安全门发放（Secured Gate Release）机制，就是成品车辆在装载出厂之前，必须通过这一检验区域，以确定该车辆是否已被发放，可以进行装载运输，以确保在质量管理的框架内，避免装载了错误的车辆，或者尚未完工的车辆。在检验区域内，以及在入库和出库时，车辆数据的提取不再是通过扫描条形码或手动输入车辆识别码，而是通过读取发送应答器数据来自动地执行（参考 VDA 5520 第 12 页）。同时，该技术将优化车辆的分发。射频识别技术不仅可以更好地跟踪运输路线，在从制造商到客户的分销链中，还有助于更好地组织众多的中途运输节点，比如汽车终端和港口

(参见第 10.3.2 节)。因此,通过更快速和平稳的库存运营,可以缩短车辆的停留时间,并且降低存储成本和场地需要。

使用发送应答器不仅提供了自动识别车辆的可能性,而且在原则上,还通过三角测量(有源应答器)定位系统,或者通过物流人员携带的移动式数据提取设备(无源应答器),来进行车辆准确定位。这样,可以在天线范围内对车辆轻松地进行定位,并减少搜寻到未正确停放车辆的时间(参考 VDA 5520 第 12 页)。通常,传统的纸质标签附着在汽车风窗玻璃上,使用射频识别标记可以消除这个缺点。受恶劣天气影响,纸质标签难以阅读;暴露在强烈阳光下,标签随着时间推移会褪色。另外,纸质标签本身具有不同的标准,这使得阅读变得更加困难。逐一扫描每个标签,这对于有数万辆车的大型终端来说,将是非常耗时低效率的。通过有源射频识别标签,对于每辆车都可以精确地跟踪到其停靠位置,因此很容易找到其所在地点。射频识别标签的另一个巨大优势是增加了车辆的安全性。比如,如果车辆在夜间移动,则会被自动地检测到,并触发警报信息。射频识别技术不仅节省了时间和费用,而且可以更好、更轻松地进行组织,更加有效地利用停车场地。

在汽车行业内,有很多射频识别技术应用的例子:

- 福特公司英国埃塞克斯厂区使用射频识别技术,存储发动机质量保证记录。在装配载体的应答器中,存储了与质量相关的数据信息,监控在发动机交付之前所采取的质量保证措施(参考 Strassner 等 2005 第 186 页)。

- 通过在生产工具物流中使用射频识别技术,可以在企业生产资源及生产工具使用规划中,在透明度方面上表现出显著的优势。为此,必须为生产工具配备发送应答器,并且在存储区域和使用场地安装扫描仪网络。这样,所提取的数据可以传输到生产工具管理系统,并进行管理和有关处理,成为可以使用的自动定位和规划工具(参考 Strassner 等 2005 第 190 页)

- 在叉车上使用射频识别应答器,可对其进行相关的地理定位,可以控制叉车系统的使用状况。如果所标记的某个运输工具进入到工厂的某个区域,则可以自动触发系统控制,执行预定的操作。此外,通道式输送设备的使用情况和具体位置,都可以通过射频识别提取和记录。具备射频识别的通道输送技术,可作为数据技术上的引导、指挥和管理性的耦合元件。

6.9.1.4 条形码和射频识别技术的比较

条形码的优点是成本效率比高、标准化程度高及使用范围广(表 6-5)。而每个标签的数据容量相对较低(通常仅足以存储序列号),以及易于受损坏,潮湿和污染影响。条形码只能通过人类视觉引导,进行接触性扫描,而且必须连接到所要识别对象的外部,这种方式带来的风险是相当大的(参考 Weigert 2006 第 29 页)。

表6-5　条形码和射频识别技术比较（参考 Strassner 2005 第 55 页和 Obrist 2006 第 36 页）

比较项目	条形码	射频识别技术
每个标签的数据量	可达到 2335 个数字字符（二维码）	可达到 33000 个数字字符
可读性	通常具备可读性，但需额外标记	可能具备可读性
成组登记	不可能	不可能
提取时标签位置	需要直接目视观察	无线电传输，没有直接视觉接触
读取速度	低，约 4s	很快，约 0.5s
环境影响因素	污染、潮湿	金属、液体
易出错性	容易	较困难
可以重写性	不能重写	可以重写
费用	很便宜（每个标签 0.01 欧元，投资低）	相对昂贵（每个标签 0.2 欧元，投资高）

　　射频识别系统的优点在于可高速读取和写入，还有批量性读取（同时读取多个转发器）的可能性，数据信息存储容量高，还可变更数据存储，以及通过无线电和无视觉引导无接触性地数据提取。射频识别标签对环境影响非常不敏感，但是液体和金属会影响其功能。较长的使用寿命和可多次重复使用也是它进一步发展的优势，但无论是标签本身，还是实施措施，其运行成本高。

　　不同的实际应用领域对自动识别系统有不同的要求，因此，尽管射频识别系统的功能显著增强，但可以假设在短期内，射频识别不会完全取代条形码，因此需要确定哪种识别系统对哪种实际应用更为合适（参考 Obrist 2006 第 36 页）。

6.9.2　数据标准和通信技术的选择

6.9.2.1　数据标准

　　对于电子数据交换，要确保所有物流合作伙伴都可以以相同的方式阅读、正确地理解所传输的数据。而数据格式正是要确切地定义以哪种形式传输哪些信息，以进行相互间的信息交换。相互不同的数据格式会增加各自的运行成本，并降低对可能出现的变化做出及时和灵活反应的速度。特别是，通常对于汽车供应商，当他为多家汽车制造商提供零部件时，还必须满足不同制造商的不同数据要求，这将导致信息技术费用成本增加。为了使信息发送者和接收者都使用相同的数据格式，已经开发了若干标准的格式和相应的协议，使得在汽车工业中数据交换变得更为简单容易。这些数据标准必须在语法和语义上明确地给予说明。在这种数据标准里，句法确定了所要传输的数字字符逻辑顺序，比如，数据字段长度和分隔符，而语义则描述各个数据段的预定含义。

　　就德国汽车工业的情况来看，目前以下这三个组织发布的数据标准在汽车制造商、供应商和物流服务提供商之间的数据交换中正发挥着重要的作用：

1) 德国汽车工业协会（VDA）。
2) 欧洲数据交换远程传输组织（Odette）。
3) 联合国欧洲经济委员会（Edifact）。

1. VDA 标准

在汽车行业进行数据信息交换时，基础性和可供参考的具体要求可参照德国汽车工业协会（VDA）编制和发布的建议（图 6-59）。此外，VDA 还发布了其他使用建议，诸如 Odette 文件传输协议消息类型，其他 Odette 标准（比如 Odette 产品标签）及 EDIFACT 消息类型的 Odette 子集。

由 VDA 创立的工作组，首先从纸质类物流文件的标准化工作开始。接下来确定在远程数据传输中德国汽车制造商、供应商和物流服务提供商之间所使用的数据元素和信息类型。这样，在德国汽车工业中电子信息可以以标准化的形式进行交换。然后再通过指定和标准化的数据字段，实现汽车行业内清晰而简化的信息通信。为了便于数据处理，VDA 消息类型仅包含具有固定长度的必写字段（参考 Weid 1995 第 36 页）。

图 6-59 实例：德国汽车工业协会建议

对于汽车工业中标准化电子数据交换，可以以如图 6-60 所示的示例进行具体描述。每次交付物料之前都会有一个要求交货预告（VDA 4905），以便通知供应商在接下来的几个月或几周内需要交货的物料范畴。此交付预告提供给供应商，供应商可以安排自己的生产资源，或调控材料供应来源（参见第 8.2.1 节）。借助详细交货要求（VDA 4915）或生产同步供货要求（VDA 4916），生成实际的交货计划，并且确定其货物交付数量和准确的时间等信息。货物发出后不久，供应商将通知客户，向他们提交交货单（VDA 4913）。此电子交货单包含所有有关交货和物流的信息。制造商在收到货物交付后，供应商每天都会收到每日收货单（VDA 4913）。在这一通知中，组合记录了一天内消耗的零部件及物料补充订货单。此外，有关的当前库存信息可以在物流合作伙伴之间互相交换。这一信息流的结束是进行计费，计费可以是以账单（VDA 4906）或信用单（VDA 4908）的形式。

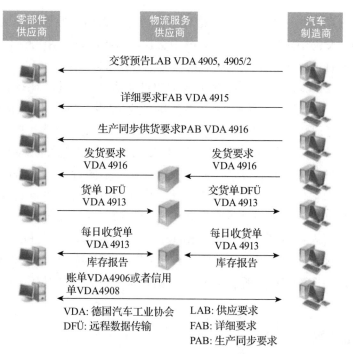

图 6-60 德国汽车工业协会建议：电子数据交换

2. Odette 标准

欧洲数据交换远程传输组织（Organisation for Data Exchange by Tele Transmission in Europe，Odette）创立于 1984 年，负责欧洲汽车行业物流流程的标准化。Odette 信息标准代表了在欧洲范围内德国 VDA 建议的进一步发展，它包括大约 25 种消息类型。可能的通信合作伙伴几乎都是欧洲汽车制造商及其供应商，这使得 Odette 成为一个国际性行业标准。其通信内容及要传输的数据结构，主要基于下面提出的国际 Edifact 标准，因为 Odette 将被进一步发展为 Edifact 的一个子集（Subset）。

3. Edifact 标准

除上面已经提到的数据标准之外，汽车制造商还使用不基于 VDA 或 Odette 建议的标准，即 Edifact 标准。Edifact 被定义为一个独立于行业的国际性标准（ISO 标准）。

在 Edifact 标准的发展和制定过程中，主要追求以下目的：

1) 全球通用有效性。
2) 数据元素含义的明确性。
3) 行业中立性。
4) 应用独立性。
5) 不依赖于计算机硬件和通信网络的独立性。

Edifact 由联合国欧洲经济委员会开发制定，并于 1987 年批准为国际标准（ISO）。因此，Edifact 设计和开发了一套非常有效的标准，该标准也已纳入欧洲标准（EN）和德国工业标准（DIN），从而提供了一整套全球适应的数据交换规则，这样，可以在跨行业的国际商业交易中实现商业文件的电子交换。Edifact 的一个特殊优点就是将接口减少到最小，并且可以在整个价值链中实现统一的数据交换。

自从 Edifact 出现以来，已经定义了大量的可能信息，因此，现在有 220 多种不同的信息类型，可以描述几乎所有可以想象的业务流程。最常用的信息类型有订单（ORDERS）、装运通知（DESADV）、账单（INVOIC）及多重付款（PAYMUL）。

由于汽车工业的国际化程度不断提高，标准的全球有效性这一优势将越来越重要，这推动了标准的进一步扩展和传播。而其缺点在于，不同行业特定的业务流程需要不同的解决方案，而它是一个信息类型集，几乎代表了所有可以想象到的过程。这导致所提供的功能过度，以致可能是更多潜在错误的来源，并增加了实施的工作量。为了避免这个问题，引入了所谓的子集（Subsets）概念。这是一些从 Edifact 中经过挑选、明确定义的部分规则，并且根据特定用户的个别需求而定制，同时又不偏离实际标准。目前，已经批准的子集都符合所有 Edifact 规则和标准，并支持基于一组有限的信息类型进行跨行业的数据传输。

6.9.2.2 数据交换

1. 电子数据交换

电子数据交换是电子式交换方法的统称，它在物流网络中描述了不同的应用系统之间，异步式和全自动化的信息数据交换。作为结构化信息，这里是指以表格的形式，描述在合作伙伴之间所有定期性交换的完整数据。借助电子数据交换可确保更快速、更可靠及更同步化的信息流，从而显著提高整个供应链的性能。而快速的数据交换，实际意味着更迅速地响应可能发生的变化，因此，在理想情况下，物流和信息流可以实时地连接耦合。与基于纸张式的数据交换不同，电子数据交换允许合作伙伴以结构化的方式在其应用系统之间交换信息。在最佳的情况下，数据在信息技术系统中自动生成和发送，由接收系统收到后，随后及时进行处理。但是其前提条件在于，发送方和接收方采用统一的数据格式，并具备可支持电子数据交换的企业资源规划系统。

一个电子数据交换系统基本上由转换器和电信软件组成，它通过接口与内部企业资源规划系统连接。在发送数据时，电子数据交换系统的转换器将内部格式的数据转换为标准格式（比如 VDA/Odette/Edifact）。而接收器在接收到数据后，将这些数据通过其相应的转换器，再转换为其企业资源规划系统的内部格式。传统意义上讲，电子数据传输的形式为点对点（Point to Point，PTP），或基于增值网（Value Added Network，VAN）的方式。

通过点对点连接，数据交换可直接在合作伙伴的系统之间进行处理。这种通信形式要求相应的数据处理或通信系统具有很高的可用性，因为双方都必须具备持续性，保证处在准备发送和接收状态。如果要交换的数据本身具有很高的数据容量、涉及时间等关键信息（比如生产同步式物料要求），则采用点对点连接是有意义的。除了租用固定专门线路（Leased Line）进行持续性在线访问以外，还可以使用所谓的拨号线路（Dial-Up Internet Access），这种线路只在需要时才被建立或撤销。

而在具有增值网（VAN）的存储转发过程中，数据交换不是直接在合作伙伴的系统之间进行，而是通过一个邮箱系统间接进行的，但这由服务商（也称为 VAN）进行操作。虽然数据交换是在不同时间进行的，但电子数据交换用户只需建立一个连接，就可集成所有合作伙伴。

在整个汽车价值链中，持续性地取代纸质数据交换形式，这也反映了电子数据交换在当前汽车行业仍是一个相当重要、可以优化和进一步挖掘潜力的领域（参考 Göpfert、Braun 2017 第 32 页）。虽然许多供应商都有电子数据交换接口（EDI 转换器），可与汽车制造商进行数据交换（约占 90%），但在业务流程中，与其本身系统的连接程度却还不到 20%。电子数据交换能力是评估供应商的重要标准。如果不使用电子数据交换，就不可能实施准时化物流方案，因为准时化物流要求业务合作伙伴之间更快速、更正确，而且更具成本效益的数据交换。

2. 基于万维网的电子数据交换（WebEDI）

基于电子数据交换的核心思想，在过去几年中，随着因特网的日益普及，使用万维网进行电子数据传输各种各样的可能性都已经成为现实，但这与传统的电子数据交换不同。WebEDI 综合了通信运营商传统的 EDI 和用户方面的电子表格。如果传统的电子数据交换对大型一级供应商是最佳的数据交换形式，那么通过互联网进行的数据交换主要是为了简化那些在全球分布、数据交换量较少的这一类供应商与制造商之间的数据通信。同时，WebEDI 为供应链中的第二和第三级供应商提供了数据交换平台。

与传统的电子数据交换相比，通过 WebEDI 进行数据传输期间，数据不会直接从发送系统传输到接收系统，而是通过中间门户（Web Portal）进行交换。为此，WebEDI 系统的提供商为其业务合作伙伴提供一个网站，这样，客户可以使用传统的网络浏览器，以电子方式处理先前的交易。因此，无论企业规模大小，WebEDI 对所有的供应商都可以统一对待，并提供相同的标准化数据（比如交货时间表）。此外，在汽车制造商的整个货物交付过程中，数据管理可以切换到电子媒体。这样，电子传输交货单数据取代了之前的手动数据采集方式（参考 Horn 2002 第 71 页）。

WebEDI 其实是一种客户端/服务器应用。WebEDI 服务器经营商将 EDI 数据以 Web 表单形式提供给采购合作伙伴，同时附上数据表单，以便通过因特网（Internet）或合作网络（Extranet）进行数据收集。这些可以由用户在门户（Portal）上拨入要求，直接查看、编辑和返回特定给他们的数据。数据交换由表格单处理，使用可扩展标记语言（XML），在此作为具体描述 EDI 文档的基础。接口格式描述和构造数据通过互联网交换，并且无信息损失地处理有关数据。使用 XML，数据或文档还可以在因特网上以图形方式显示。此外，XML 是一种构建数据的通用数据格式，并且作为开放性标准，还可以连接到不同的信息技术系统（参考 Deiseroth 等 2008 第 47 页）。为了传输数据包，制造商的企业资源规划系统将相应内部数据格式通过转换器转换为 XML 格式，并以此形式传输到 Web 门户，并且存储在供应商的收件箱中。通常，供应商通过电子邮件收到通知。汽车供应商可以将这些 XML 格式的文件准备为表单进行查看，还可以使用转向（Turn-Around）功能进行订单确认。在大多数情况下，供应商可以选择性打印消息，在某些情况下，也可以直接下载数据（参考 Nollau、Ziegler 2002 第 51 页）。

6.9.2.3 通信平台

对于数据传输，可以使用本国电信服务商提供的服务业务（例如，在德国有德国电信的 ISDN 或者 Datex-P）。然而，在汽车行业中，通常传输高度敏感性数据需要隐私保护，发送方和接收方使用共同认证的标准，比如，欧洲汽车工业的行业网络代表是 ENX（European Network Exchange）。

ENX 是一个基于互联网、封闭式工业网、带有数据加密、基于虚拟连接的虚拟专用网络（Virtual Private Networks，VPN）。其目的是网络环境、通信协议和传输技术的标准化。ENX 支持跨越所有平台的常用通信服务，通过加密和身份验证来保证其机密性。只有在德国汽车工业协会注册，并分配给相应的注册号（IP 地址）后，才能授予访问权限。只有在互相交换 IP 地址后，才建立起网路连接，未经授权的第三方不可以进行任何访问。在一个节点，ENX 可连接到企业内部网络，可以像常用的 Web 一样使用。在 ENX 内部，每个公司都可以创建自己的 VPN，为其他 ENX 参与者提供更高的安全性。未来，ENX 将通过与其他主要汽车生产国（美国、日本及亚洲其他国家）网络的合并扩展为全球汽车网络交换（Global Automotive Network Exchange，GNX）。

参考文献

Arnold, D./Furmans, K. (2007): Materialfluss in Logistiksystemen, 5. Auflage, Springer, Berlin, 2007

AVIF (2006): Forschungsprojekt A 207: Entwicklung eines Baukastensystems für Großladungsträger aus Stahlleichtbaukonstruktion, Hrsg. von: AVIF-Forschungsvereinigung der Arbeitsgemeinschaft der Eisen-und Metallverarbeitenden Industrie e. V., Ratingen, 2006

Baerwolff, C. (2011): Routenzüge-Ein prozessorientierter Ansatz, VDI-Bericht Nr. 2136, Düsseldorf, 2011, S. 159 – 168

Boppert, J. (2008): Entwicklung eines wissensorientierten Konzepts zur adaptiven Logistikplanung, Dissertation, Fakultät für Maschinenwesen, Technische Universität München, München, 2008

Boppert, J./Schedlbauer, M./Günthner, W. (2007): Zukunftsorientierte Logistik durch adaptive Planung, in: Neue Wege in der Automobillogistik, Hrsg. von: Günthner, W., Springer, Berlin, 2007, S. 345 – 357

Bracht, U./Bierwirth, T. (2004): Virtuelle Logistikplanung bei einem Automobilhersteller, in: Jahrbuch Logistik, Hrsg. von: Wolf-Kluthausen, H., 2004, S. 92 – 96

Bretzke, W.-R. (2008): Logistische Netzwerke, Springer, Berlin, 2008

Conze, M./Sailer, T./Günthner, W. A. (2013): Combined call-off and transport control for milk runs based on order pearl chains in the vehicle sector, in: Annals of the Faculty of Engineering Hunedoara 11 (1)/2013, S. 137 – 142

Deiseroth, J./Weibels, D./Toth, M./Wagenitz, A. (2008): Simulationsbasiertes Assistenzsystem für die

Disposition von globalenLieferketten, in: Advances in Simulation for Production and Logistics Applications, Hrsg. von: Rabe, M. , Fraunhofer IRB, Stuttgart, 2008, S. 41 – 50

Dickmann, P. (2015): Schlanker Materialfluss mit Lean Production, Kanban und Innovationen, 3. Auflage, Springer Vieweg, Berlin, 2015

Finkenzeller, K. (2006): RFID-Handbuch. Grundlagen und praktische Anwendung induktiver Funkanlagen, Transponder und kontaktloser Chipkarten, 4. Auflage, Hanser, München, 2006

Franke, W. / Dangelmaier, W. (Hrsg.) (2006): RFID-Leitfaden für die Logistik. Anwendungsgebiete, Einsatzmöglichkeiten, Integration, Praxisbeispiele, Gabler, Wiesbaden, 2006

Göpfert, I. / Braun, D. (2017): Stand und Zukunft des Supply Chain Managements in der Automobilindustrie-Ergebnisse einer empirischen Studie, in: Automobillogistik-Stand und Zukunftstrends, hrsg von: Göpfert, I. / Braun, D. / Schulz, M. , 3. Auflage, Springer Gabler, Wiesbaden, 2017, S. 27 – 36

Gottsauner, B. (2006): Mehr Produktivität an der Fertigungslinie, in: Ident 1/2006, S. 28 – 29

Graf, H. / Metzger, J. / Nowak, W. (2005): DaimlerChrysler optimiert S-Klasse-Logistik im Werk Sindelfingen, in: Logistik für Unternehmen 6/2005, S. 6 – 9

Grunewald, M. (2015): Planung von Milkruns in der Beschaffungslogistik der Automobilindustrie-Ein Ansatz zur Integration von Bestandsmanagement und Tourenplanung, Springer Gabler, Wiesbaden, 2015

Gudehus, T. (1973): Grundlagen der Kommissioniertechnik. Dynamik der Warenverteil-und Lagersysteme, Cornelsen, Essen, 1973

Gudehus, T. (2007): Logistik 2-Netzwerke, Systeme und Lieferketten, 3. Auflage, Springer, Berlin, 2007

Günthner, W. / Schröder, J. / Meißner, S. / Grinninger, J. (2009): Potentiale des Konzepts der stabilen Auftragsfolge in der automobilen Wertschöpfungskette-Ergebnisse einer empirischen Studie in der europäischen Automobilindustrie, Bayern Innovativ, Nürnberg, 2009

Günthner, W. A. / Galka, S. / Klenk, E. / Knössl, T. / Dewitz, M. (2012): Stand und Entwicklung von Routenzugsystemen für den innerbetrieblichen Materialtransport: Ergebnisse einer Studie, Lehrstuhl für Fördertechnik Materialfluß Logistik TU München, München, 2012

Günthner, W. A. / Keuntje, C. (2016): IntegRoute-Ganzheitliche Konzeptauswahl für Routenzugsysteme zur Produktionsversorgung, Forschungsbericht, Lehrstuhl für Fördertechnik Materialfluß Logistik TU München, München, 2016

Hager, P. (2007): Just-in-Sequence-Produktion mit RFID, in: Ident 4/2007, S. 44 – 45

Hartel, D. (2006): Transportmanagement auf Basis typologisierter Inbound-Lieferungen, in: Supply Chain Management 1/2006, S. 47 – 54

Heiner, H. -A. (1984): Fördereinrichtungen, in: Handwörterbuch der Produktionswirtschaft, Hrsg. von: Kern, W. , Poeschel, Stuttgart, 1984, S. 618 – 627

Horn, A. (2002): Direkter Draht zum Lieferanten, in: e-Logistics 2/2002, S. 70 – 72

Horn, A. (2003): Global Transport Label erobert die automobile Lieferkette, in: Logistik für Unternehmen 3/2003, S. 28 – 29

Ihme, J. (2006): Logistik im Automobilbau, Hanser, München, 2006

Jacobi, C. / Hartel, D. / Ohlen, O. / Wendik, H. (2004): Logistik-Management-Gestalten und Beherrschen der Supply Chain, Emporias Management Consulting, Unterföhring, 2004

Jansen, R. / Meyering, M. (2006): Testreihen zeigen: Passiven RFID-Systemen gehört die Zukunft, in: Logistik für Unternehmen 3/2006, S. 36 – 39

Jodlbauer, H. (2007): Produktionsoptimierung-Wertschaffende sowie kundenorientierte Planung und Steuerung, Springer, Wien, 2007

Klug, F. (2006): Synchronised Automotive Logistics: An Optimal Mix of Pull and Push Principles in Automotive Supply Networks, in: Logistics Research Network 2006 Conference Proceedings, Hrsg. von: Bourlakis, M. / Cullinane, K. / Mulley, C. / Nelson, J. , Newcastle, 2006, S. 187 – 191

Klug, F. (2011): Automotive supply chain logistics: container demand planning using Monte Carlo simulation, International Journal of Automotive Technology and Management Vol. 11 No. 3, S. 254 – 268

Klug, F. (2013): The internal bullwhip effect in car manufacturing, International Journal of Production Research 51/1, S. 303 – 322

Klug, F. (2016a): Erfolgspotenzial Behältermanagement-Ergebnisse einer empirischen Analyse in der Automobilindustrie, in: Zeitschrift für wirtschaftlichen Fabrikbetrieb 7 – 8/2016, S. 466 – 469

Klug, F. (2016b): A hybrid push/pull design of kanban systems during production ramp-up phase, International Journal of Services and Operations Management Vol. 24 No. 3, S. 397 – 417

Koether, R. (2001): Technische Logistik, 2. Auflage, Hanser, München, 2001 Kortmann, M. (2006): RFID-Einsatz in der Produktionslogistik, VDM Verlag Dr. Müller, Saarbrücken, 2006

Kummetsteiner, G. (1997): Systemauswahl bei Pick & Pack-Kommissionierung, in: Jahrbuch Logistik 1997, Hrsg. von: Hossner, R., Handelsblatt, Düsseldorf, 1997, S. 166 – 170

Laffert, J. (2000): Informations-und Materialflüsse in internationalen Logistiksystemen der Volkswagen AG, University Press, Kassel, 2000

Lochmahr, A. (Hrsg.) (2016): Praxishandbuch Grüne Automobillogistik, Springer Gabler, Wiesbaden, 2016

Martin, H. (2006): Transport-und Lagerlogistik, 6. Auflage, Vieweg, Wiesbaden, 2006

Muckelberg, E. (2006): Kitting-Verfahren ergänzt Kanban-Prinzip, Logistik für Unternehmen 10/2006, S. 51 – 53

Nollau, H./Ziegler, O. (2002): EDI und Internet, Eul, Lohmar, 2002

Obrist, A. (2006): RFID und Logistik. Innovationen-Chancen-Zukunft, VDM Verlag Dr. Müller, Saarbrücken, 2006

Ohno, T. (1993): Das Toyota-Produktionssystem, Campus, Frankfurt am Main, 1993

Parbel, J. (1984): Gebietsspediteur-Systeme in der Beschaffungs-Logistik, in: RKW-Handbuch Logistik, Hrsg. von: Baumgarten, H., Berlin, 1981, S. 1 13

Roth, A. (2007): Supra-adaptive Netzgestaltung durch Multi-User-Center (MUC)-Erfolgsversprechen und Potenzial, in: Neue Wege in der Automobillogistik, Hrsg. von: Günthner, W., Springer, Berlin, 2007, S. 247 – 294

Rother, M./Shook, J. (2006): Sehen lernen, Lean Management Institut Aachen, Aachen, 2006

Schmidt, D. (2006): RFID im Mobile Supply Chain Event Management: Anwendungsszenarien, Verbreitung und Wirtschaftlichkeit, Gabler, Wiesbaden, 2006

Schraft, R./Westkämper, E. (Hrsg.) (2005): Lieferantenparks in der europäischen Automobilindustrie, Handelsblatt, Düsseldorf, 2005

Schulte, C. (2005): Logistik-Wege zur Optimierung der Supply Chain, 4. Auflage, Vahlen, München, 2005

Strassner, M. (2005): RFID im Supply Chain Management-Auswirkungen und Handlungsempfehlungen am Beispiel der Automobilindustrie, Deutscher Universitäts-Verlag, Wiesbaden, 2005

Strassner, M./Plenge, C./Stroh, S. (2005): Potentiale der RFID-Technologie für das Supply Chain Management der Automobilindustrie, in: Das Internet der Dinge. Ubiquitins Computing und RFID in der Praxis. Visionen, Technologien, Anwendungen, Handlungsanleitungen, Hrsg. von: Fleisch, E./Mattern, F., Springer, Berlin, 2005, S. 177 – 196

Ten Hompel, M./Schmidt, T. (2005): Warehouse Management, 2. Auflage, Springer, Berlin, 2005

Ten Hompel, M./Schmidt, T./Nagel, L. (2007): Materialflusssysteme: Förder-und Lagertechnik, 3. Auflage, Springer, Berlin, 2007

Ullrich, G./Simen, F./Sommer-Dittrich, T. (2005): Quo vadis, FTS? (1), in: Hebezeuge und Fördermittel 12/2005, S. 690 – 692

VDA (2016): VDA Jahresbericht 2016-Die Automobilindustrie in Daten und Fakten, hrsg. von: Verband der Automobilindustrie, Frankfurt am Main, 2016

VDA (4500): VDA-Empfehlung 4500-Kleinladungsträger (KLT)-System, Hrsg. von: Verband der

Automobilindustrie, Frankfurt am Main, 2006

VDA (4905): VDA-Empfehlung 4905-Datenfernübertragung von Lieferabrufen, hrsg. von: Verband der Automobilindustrie, Frankfurt am Main, 1996

VDA (4906): VDA-Empfehlung 4906-Datenfernübertragung von Rechnungen, hrsg. von: Verband der Automobilindustrie, Frankfurt am Main, 1993

VDA (4908): VDA-Empfehlung 4908-Datenfernübertragung von Gutschriftanzeigedaten, hrsg. von: Verband der Automobilindustrie, Frankfurt am Main, 1996

VDA (4913): VDA-Empfehlung 4913-Datenfernübertragung von Lieferschein-und Transportdaten, hrsg. von: Verband der Automobilindustrie, Frankfurt am Main, 1996

VDA (4915): VDA-Empfehlung 4915-Datenfernübertragung von Feinabrufen hrsg. von: Verband der Automobilindustrie, Frankfurt am Main, 1996

VDA (4916): VDA-Empfehlung 4916-Datenfernübertragung von Produktionssynchronen Abrufen (PAB), hrsg. von: Verband der Automobilindustrie, Frankfurt am Main, 1991

VDA (5007): VDA-Empfehlung 5007-Leitfaden zum Behältermanagement, Hrsg. von: Verband der Automobilindustrie, Frankfurt am Main, 2006

VDA (5010): VDA-Empfehlung 5010-Standardbelieferungsformen der Logistik in der Automobilindustrie, Hrsg. von: Verband der Automobilindustrie, Frankfurt am Main, 2008

VDA (5520): VDA-Empfehlung 5520-RFID in der Fahrzeugdistribution, Hrsg. von: Verband der Automobilindustrie, Frankfurt am Main, 2008

Weid, H. (1995): Wettbewerbsvorteile durch Electronic Data Interchange (EDI), Huss, München, 1995

Weigert, S. (2006): Radio Frequency Identification (RFID) in der Automobilindustrie-Chancen, Risiken, Nutzenpotentiale, Gabler, Wiesbaden, 2006

Wels, J. / Kettner, F. (2016): Umweltorientierte Logistik-Schritt für Schritt zu nachhaltigem Erfolg, in: Praxishandbuch Grüne Automobillogistik, hrsg. von: Lochmahr, A., Springer, Berlin, 2016, S. 23 – 35

Wildemann, H. (2000): Einkaufspotentialanalyse, TCW, München, 2000

Wildemann, H. (2001a): Logistik Prozessmanagement, 2. Auflage, TCW, München, 2001

Wildemann, H. (2001b): Das Just-in-Time Konzept-Produktion und Zulieferung auf Abruf, 5. Auflage, TCW, München, 2001

Wildemann, H. (2004): Partnerschaft nach Konzept, in: Logistik heute 10/2004, S. 36 – 37

Zäpfel, G. (2000): Strategisches Produktions-Management, 2. Auflage, Oldenbourg, München, 2000

第 7 章
精益物流

7.1 物流中的精益管理

精益方法和设想自 20 世纪 40 年代在日本丰田诞生以来就改变了全球汽车工业的物流流程。并非是牢固的基础理论奠定了这一方法的基础,但这是一种经过数十年发展,并不断完善的方法,确实是基于汽车行业的运营经验和检验。自 20 世纪 80 年代以来,丰田模式在欧洲汽车工业日益普及。1990 年,麻省理工学院 James P. Womack、Daniel T. Jones 和 Daniel Roos 发布了一份有关国际汽车行业的研究报告,报告指出,欧洲和美国汽车制造商相对日本汽车制造商,在汽车生产能力上存在哪些差距,报告基于大量事实充分证实了这一点(参考 Womack 等 1990)。要完整地描述这种方法,除生产和物流外,它还渗透到公司内部所有领域。麻省理工学院的研究人员创造了精益管理这一术语。

成功实施精益管理最主要的目标和前提条件之一,就是持续性地避免企业运营中各种无谓的企业资源浪费和滥用。根据丰田的说法,有七大浪费(图 7-1)。丰田将浪费滥用定义为超出最少需要的资源、材料、零部件、空间和工作时间而引起的无益多余。因此,避免浪费对于增加产品价值至关重要(参考 Becker 2006 第 278 页)。在精益管理的背景下,许多避免浪费的方法、理论基础,包括各种物流设计原则,将在本章中按照精益物流原则有关的定义及普遍有效的基本原理(图 7-2),给予更加详细的描述。

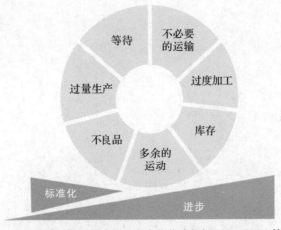

图 7-1 日本丰田精益管理理念中的七大浪费(参考 Liker 2004 第 28 页)

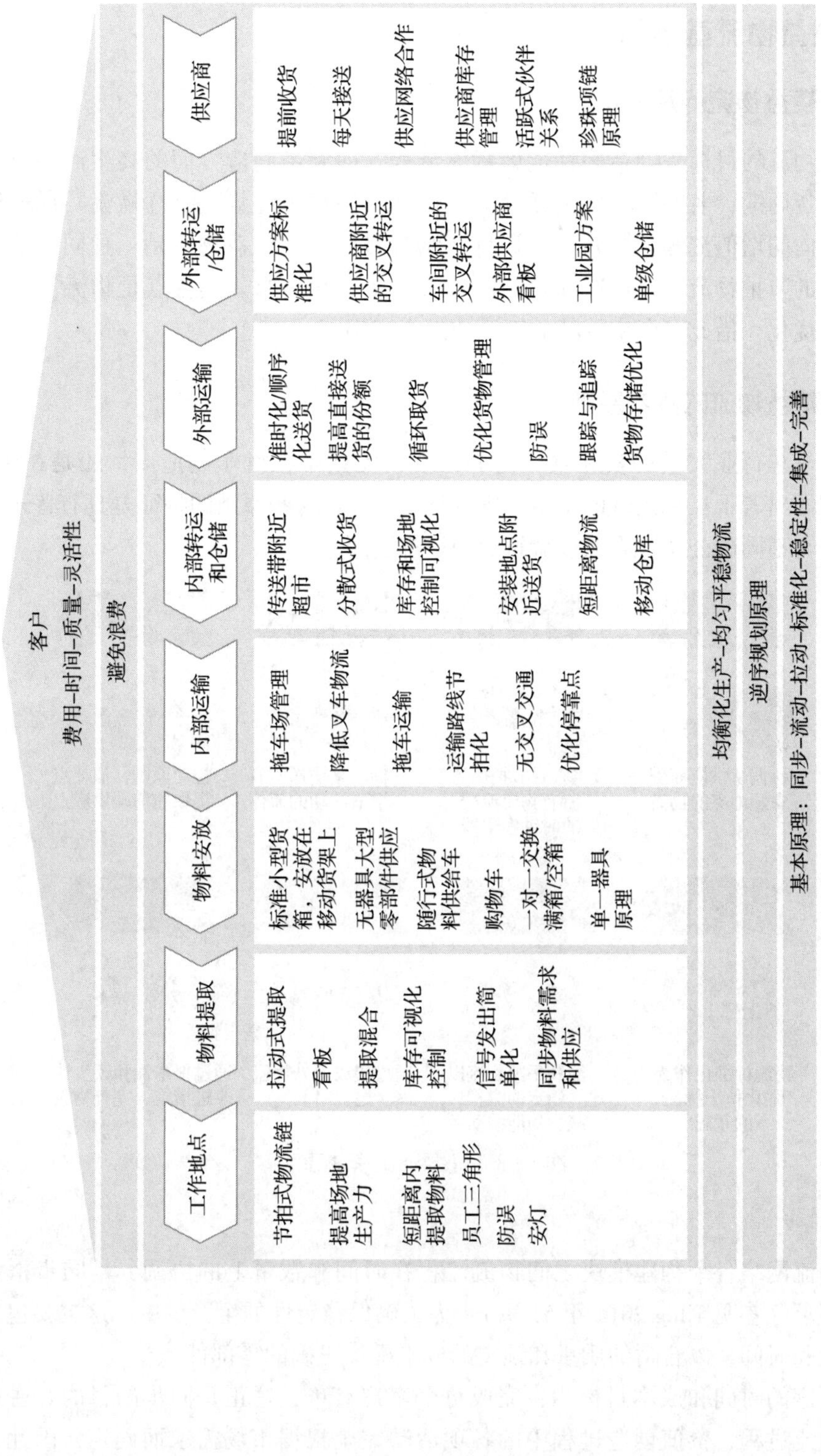

图7-2 精益物流原理

客户
费用-时间-质量-灵活性
避免浪费

工作地点	物料提取	物料安放	内部运输	内部转运和仓储	外部运输	外部转运/仓储	供应商
节拍式物流链	拉动式提取看板	标准小型货箱，安放在移动货架上	拖车场管理	传送带附近超市	准时化/顺序化送货	供应方案标准化	提前收货
提高场地生产力	提取混合	无器具大型零部件供应	降低叉车物流	分散式收货	提高直接送货的份额	供应商附近的交叉转运	每天接送
短距离内提取物料	库存可视化控制	随行式物料供给车	拖车运输	库存和场地控制可视化	循环取货	车间附近的交叉转运	供应网络合作
员工三角形	信号发出简单化	一对一交换满箱/空箱	运输路线节拍化	安装地点附近送货	优化货物管理	外部供应商看板	供应商库存管理
防误	同步物料需求和供应	单一器具原理	无交叉交通	短距离物流	防误	工业园方案	活跃式伙伴关系
安灯			优化停靠点	移动仓库	跟踪与追踪	单级仓储	珍珠项链原理
					货物存储优化		

均衡化生产—均匀平稳物流
逆序规划原理
基本原理：同步—流动—拉动—标准化—稳定性—集成—完善

7.2 精益物流基础知识

7.2.1 精益物流的定义

精益物流的目标是创造高性能的物流流程,即满足制造方面的高生产率要求,同时缩短交货周期,兼顾高度的灵活性,提供战略性竞争优势。精益物流实现最佳的以客户为导向的增值流程,同精益工厂进行结合和协调。精益物流是一种同步式、以流动为导向的节拍物流,以逆向和拉动的方式满足客户需求。其特点是物流活动的稳定性和过程优化,借此可以实现精益工厂的高生产率。

7.2.2 精益物流的基本原则

来自汽车行业大量的实际项目经验证明,无论是在汽车制造商,还是在供应商,都可以推导出若干反复出现的基本原则(图7-3)。这些原则的特征是具有普遍性,即使它们来自不同的公司、企业或者行业领域都适用。

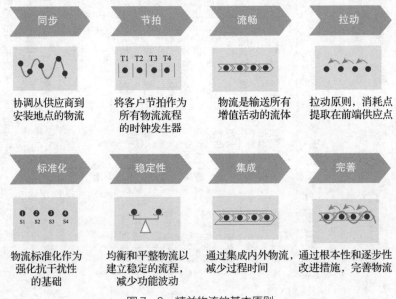

图7-3 精益物流的基本原则

1. 同步

在物流网络各个构建模块之间物流流程在时间和数量上的协调,是同步精益物流的主要要求(参见 Klug 2014 第51页)。为了确保稳定性的生产供应,这主要包括在准确的地点和时间,以合适的质量和预定的成本提供正确的零部件。

在给定的时间和成本目标内,完成每个客户订单,这正是同步的目的。通过同步生产和物流过程,价值创造过程中的各项活动完全根据市场需求而确定,因此,可以实现以客户为导向的生产，避免过量生产。过量生产被视为最大的挥霍浪费（参见第7.1节）。通过物流方面的同步，计划规划、装配和其他与零件供应有关的过程，都将更密切地联系在一起。因此，库存量可以持续性地降低，提高了工艺可靠性和产品质量，改善了服务水平。此外，同步可以避免未使用的生产资源仍持续性地保留在生产（例如在涂装车间）和物流（例如存储器具中剩余的物料）中，这最终都意味着浪费。物流流程越同步化，生产时间就越短，公司的平均库存数量就越低。在这里，节拍作为同步过程的起搏器。

2. 节拍

节拍好比节奏和脉冲发生器，用于公司的所有生产和物流流程。在这里，计算节拍的起点是客户节拍，它作为公司所有物流活动的"心跳"。客户节拍作为参考数据，对生产或物流费率进行设计和调整。客户节拍的计算首先根据每个计划期间可提供使用的纯生产时间，将它再除以每个计划期间车辆的产量（参考 Rother、Harris 2004 第13页）。

公司中所有物流活动都使用节拍原则进行同步。虽然节拍可以根据客户需求定期地调整，但是在规划期间（例如生产换班）保持不变，它必须固定在一个预定的节拍级别。通过这种做法，物流将能够适应特定的生产数量和灵活性要求，还避免了裕量库存、场地空间以及不必要的辅助资源浪费（参见第7.3.1节）。此外，借助节拍，可简化公司内部的生产能力规划工作（参考 Liker 2004 第94页）。根据每辆车的总生产周期时间和节拍时间作为每个生产站点车辆的停留时间，可以确定整个制造过程所需要的工作站点数量。

当客户需求变化时，引入节拍变化的目的是实现工厂灵活性，这使得可以基于灵活的工作时间和模型，根据预定的时间窗口，响应市场销售量的变化。

3. 流畅

精益物流的重点是最佳地组合所有增值活动。在增值活动之间的物流流动原则，是将所有物料和成品的连续性运动定义为是最高要求（参考 Womack、Jones 2004 第65页）。延迟交货会导致生产停工，而如果过早交货，库存则会出现拥堵（参考 Bretzke 2008 第7页）。因此，一个连续稳定的生产流程要求除了增值工作之外，其物流流程也要相互协调。根据流畅性生产原则，进行生产重新组织安排，这构成了流畅性物流优化的基础，因此，还需要同时规划生产和物流流程。这里，物流流程不能是由工厂结构所决定，流畅原则是一个基准，它面向物流工厂结构规划（形式遵循流程），这在规划工厂布局结构时，就应该考虑到，特别是在所谓的绿色工厂（Greenfield）。

就流畅性优化的生产和物流而言，所希望的理想目标是所谓的单件流系统（One-Piece Flow System）。加工和运输的批量被拆散，这样在一个单件流路径中，零部件在加工处理后，立即一个接一个直接地输送到下一个工作站点。在生产和物流运行期间，生产批量被分解，以便最后再组合完整（参考 Lödding 2005 第99页）。通过这种小批量运输、紧密的工艺过程衔接，可实现连续性的零部件加工和供应过程。

物流流量优化的基本要求是设备调试时间要短。为此，Shingo 发明了所谓的快速换模法（Single-Minute Exchange of Die）（参考 Shingo 1989 第 43 页）。缩短了非增值性设备工具更换时间（等待时间和空转），从而大大减少了调试时间和费用。

4. 拉动

物料控制中的拉动原则，其真实含义在于，只有当后续流程有需求时，才进行配送（参考 Liker 2004 第 104 页）。因此，它不是基于预测而预先生成的，而是及时性和真正需要的请求。采用拉动原则可以将资本密集型库存和转运降至最低，因此，只需要很少的安全性缓冲措施，就可以实现高效率、无浪费的生产。该方法的另一个优点是其分散性和高响应性，因为物流的运行并不是基于一个中央物料需求规划系统，而是由现场使用员工决定的。

精益物流中的拉动原则主要还是基于一致性客户导向，而这种导向超越了生产过程中的物料控制。最终客户通过其经销商订货，由客户订单为整个物流发出控制信息（参考 Holweg、Pil 2004 第 6 页）。在理想情况下，这一信息延伸到整个物流链，作为按订单生产策略的一部分，因此，它可以根据客户需求在所有分销、生产和采购阶段进行经营操作（参见第 9.1.2 节）。

5. 标准化

除了提高产品质量和保证质量的持续性外，标准化还可以实现物流流程的统一化和简单化。标准的制定可以避免引发特殊的流程，特殊流程总是以增加资源支出为代价。标准化涉及所有与物流相关的领域，包括器具、仓储、运输和配送。其目标是采用预定义的标准程序，尽可能地覆盖公司现有的物流流程，这些标准化的程序被视为解决实践问题的最佳方案。然而，通过标准化所获得的成效具有局部的有效性，还必须通过持续性改进，以不断适应当前的状况。

6. 稳定性

上述基本原则（同步、节拍、流畅、拉动和标准化）共同作用可形成稳定和牢固的物流流程。在公司内部，平稳和流畅的物流可以提高物流计划性，同时减少物流过程中干扰敏感性（参考 Harrison 1997 第 75 页）。特别是在汽车行业，通过增强物流系统动态稳定性，是可提高成本效益，同时提高生产能力，这是精益物流所需要的最基本条件。然而，稳定性并不意味着缺乏灵活性。精益物流的优势恰恰在于这两个原则的结合。

7. 集成

在整个生产过程中，每一个物流接口都意味着等待时间和资源消耗。因此，尽可能地减少接口界面，贯通式的物流必须作为最重要的规划准则。这样可以避免过程中的摩擦损失、组织协调和数据转换。因此，集成公司业务流程，是奠定优化物流活动的基础。

8. 完善

完美的物流流程应该能够现场进行故障检测，并立即给予纠正。汽车车型和模型号动态性不断变化的频率高,很多流程只能是临时性标准,这需要持续性地给予优化(参考 Womack、Jones 2004 第 115 页)。在思维层面上,物流完善工作永远不应结束,这正是因为高度变化的市场状态,虽然它只能是一个要争取的目标,但绝不是最终结果。在不损害客户利益的情况下,如果实在没有可以省略的东西,才能算实现了完美。

7.3 精益物流的设计原则

7.3.1 均衡生产是平稳物流的基础

21 世纪汽车工业的特点是广泛丰富的车型策略。这种产品高度的差异性,加之不稳定的客户市场,导致客户需求强烈地波动。一个未经筛选的销售计划直接传递到生产计划,将导致生产和物流系统高度波动,失去其平稳性,只能通过额外的支出和资源来给予满足。就精益物流流程的必要条件而言,就是需要一个均匀和稳定的生产计划,以消除物流中的波动和可能的中断(参考 Womack、Jones 2004 第 75 页)。在客户需求和生产供应之间,为保证在时间上中长期的一致性,且出于生产稳定性考虑,车辆和设备总计划通常暂时与客户需求相脱节(图 7-4)。丰田提出的均衡化生产概念,追求平稳和均匀性的生产过程,这不仅包括产量的均匀性,还包括产品内配置组合的均匀性。这种管理理念寻求平衡均匀的生产组合,使人感觉不到在生产过程中进行着不同型号车辆的生产,试图在规定的时间段内,订单分布均匀地进行生产(参考 Hütter 2008 第 73 页)。这两种互相补偿的原则都可以使物流系统稳定化,均匀地利用生产能力,使生产和物流系统能够应对客户需求的波动。而均衡化生产的实际实施则需要各个业务部门,即产品销售、计划和生产控制,都恪守预先制订的规范。在这种情况下,就必须在计划中考虑对客户要求的某些限制(参见第 9.3 节)。

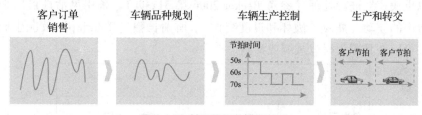

图 7-4 基于平均节拍的装配

这里的目标是将某一时间段内的订单数量,设法调整到各个具体的日期,尽可能在每天生产相同数量、相同结构组成的车辆。这样就可以安排生产和物流流程的节拍,使在所有生产站点都以均匀的速度运营。通过这种均匀式平滑生产计划,可将客户订单的波动提升到某一平均值水平,以下公式是计算客户节拍的出发点:

$$客户时钟 = \frac{每一个计划期间可提供使用的净生产时间}{每个计划期间所需要生产的车辆}$$

出于生产和物流过程之间的稳定性和同步性，该节拍长短不能随意改变，并且必须在规定的时期内保持不变，例如在一个生产班次内。该节拍只能取事先预定的离散值，例如50s、60s或70s，而且这些预定值也是在兼顾资源需求后，进行了相应的协调匹配。生产和物流的均匀化表现在一个确定的价值流动过程中。所谓的起搏过程，通常涉及车辆的最终装配过程（参考 Hütter 2008 第73页）。除了均衡装配线上的工作节拍之外，还需要在制造过程中，调整和协调增值链中的所有环节，以及所需的零部件供应流程。

通过这种方式，作为真正意义的节拍生成器，客户节拍决定了所有物流流程的总节拍（图7-5）。可从装配节拍反向推导出在单位时间内所需准备的物料数量。因此，节拍的变化不可避免地导致物料需求和交付节奏的变化。而供应流程的运行是在固定的物流数量和节奏中进行的。这可实现制造和物流流程之间无浪费的同步化，也就意味着无堆积的物料安放、输送路线的节拍（参见第7.3.5节）必须按照装配线的节拍进行动态调整。在这种情况下，可以从运输流程能力，兼顾器具的填充度，计算出预备流程的节拍，这个节拍通常是客户节拍的整数倍。所有前端物流和价值创造阶段，从超市的物料转运到接货处的收货，从外部运输到供应商，都必须根据节拍原理，相互之间进行协调。在所有的生产阶段，这种同步都唯一性地通过客户节拍的发生器给予实现。

工厂车间结构（多层次生产、狭窄的通道、有限的天花板负荷、稀缺的场地空间及电梯运输等）以及组织结构的条件限制，往往与协调和流畅物流的目标相矛盾。因此，必须在物流链中建立备用灵活性，使之有可能弥补上述限制所造成的生产波动。提高灵活性的一个重要潜力，在于灵活的工作和运行时间。除此之外，还可以通过灵活的组织安排员工（少人化）得以实现，这推动了员工资源使用的灵活性，并提高了员工操作水平的要求。灵活地安排员工提高了效率，这也反映在产品型号改变和维护中，可以更快速地进行处理（参考 Becker 2006 第311页）。备用灵活性可以平整和减缓物流链中的波动（瓶颈、破坏和过度交付）。所谓长鞭（Bullwhip）效应生成的振荡式波动，可以在其源头得以减缓或抑制。

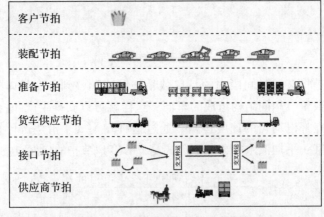

图7-5 整个物流网络的同步节拍

在物流链中，另外一个可以考虑的因素是新型的、具有稳定订单顺序的生产控制程序以保证物流稳定和平滑进行（参见第9.6节）。因此，早期确定组装链内固定的零部件顺序是保证物流稳定性的必要条件。一个具有互相协调控制参数的智能系统，可以稳定整个价值创造过程。所谓珍珠项链设计原理，其作用如同平稳机制，可以系统和快速地对干扰做出反应。此外，生产和物流系统略有微波动性，也是成功引入拉动为导向的物料控制系统必不可少的基本条件（参见第9.6.5节）。

根据逆序原则（参见第4.4.1节），下面的章节将详细描述物流链中从工作场所开始每个阶段精益物流的主要组成部分，以及现在在汽车行业的实际应用。有关精益物流流程规划方法更详细和以实践为导向的描述，请参阅 Günthner 等（2013年）、Durchholz（2014年）和 Günthner、Boppert（2014年）的有关文献。

7.3.2 工作场所

1. 节拍物流链

根据逆序原则，客户节拍是整个物流链（从工作场所的物料安装到供应商）的时钟。对与节拍同步的物流链提出了以下要求：

$$\text{工作场所零部件提取节拍} = \text{安装地点的供应节拍} =$$
$$\text{安装地点附近超市的交货节拍} = \text{外部交货和运输节拍} = \text{供应商节拍}$$

无可否认，节拍原则在物流链中保持，尽管有关的物流单元发生变化，但它始终应该是安装现场零部件提取周期最小值的整数倍。出于经济性原因，在节拍之间设立缓冲库存是比较有意义的，这可弥补短期的数量和时间波动，而且缓冲区还具有增值效果，描述如下（参考 Bretzke 2008 第 7 页）：

1）缓冲区通过平衡环境干扰影响来稳定流程波动。
2）缓冲区防止局部性物流中断扩散到整个物流链（防止多米诺骨牌效应）。
3）缓冲区可以实现生产和物流的规模化经济，并确保高水平的产能利用率。

然而通过建立缓冲库存，根据拉动理念确定的中期客户导向决不能丢失。

2. 提高场地生产力

客户希望产品多样性，致使产品结构日趋复杂，在同样的生产加工深度情况下，这直接导致了对生产中物流场地空间的需求增加。然而，由于受各种固定性短期和中期条件限制，工厂内的场地空间通常是非常有限的。虽然生产场地空间是增值资源，但可通过引入新的设备使生产率得到提高，这通常会获得一些补偿回报。出于这一原因，生产场地空间通常被优先考虑，并且往往占据工厂总面积中比较大的比例。但这通常会相应减少厂区内部可用于运输、配送和存储的物流场地空间。与此同时，对物流的需求也就相应增加，比如，由于产品质量要求的提高，这需要提供更多的零部件变异，或者更复杂的零部件处理工艺流程。因此，为了避免企业内部物流瓶颈，还有必要提高物流场地空间的生产率（参见 Klug 2012 第 72 页）。物流场地空间的生产率可以如下定义：在一定的观察时期（例如一天）内，物料转运数量（比如在器具中的零部件）与标准化单位面积（例如 $1m^2$）的比值。根据最大化原则，应以这种方式管理可用区域，即可使用的场地面积在单位时间内达到最大的转运能力。提高物料的场地空间生产率同时会降低平均库存水平，进而场地空间需求也按一定比例降低，另外还增加了库存透明度。此外，这样清理出的场地空间可用于新的生产和物流任务。但是必须在物流流程的整体背景下考虑场地空间生产率的优化。仅仅单个区域的最大利用率还不一定意味着，企业内部的整个物流链已经从收货到生产中的物料供应进行了优化。因此，除了考虑个别物流区域外，还必须兼顾整个供应链的物流互动。故而场地空间规划不能与物流供应规划相脱离（参见第 4.4 节）。

在有限的场地空间内，增加物料流动量的唯一方法是提高场地空间的生产力。这一方面可通过增加零部件供应密度来实现，另一方面可通过增加单位面积的周转率来实现。安排紧凑的物料供应和短的交货周期，可以同时满足上述两个要求，这可以通过精益物流的方法来实现。

提高物料的场地空间生产率将会降低平均库存量、提高库存状况透明度。另外，装配线可以相应缩短，为超市创造和提供场地空间（参见第 6.5.2 节）；在物流共管方案背景下，供应商直接在装配线上定位供货（参见第 3.6.1 节）。

3. 短距离内提取物料

在生产工作场所中，基于节拍的优化装配物料供应是当今汽车工业装配线（多产品流水线）提高生产率和灵活性的基础。由于资源和资金投入高，生产时间往往高于相对资源消耗少的物流时间。随着对装配区域投入的增加，在装配优化的物料供应方面对物流的需求也随之增加（参考 Klug、Mühleck 2008 第 38 页）。因此，所需要的零部件和安装工具应该尽可能地靠近车辆装配地点，并且以连续性和以节拍定时的方式与生产流程同步。通过超市方案，可实现规模缩小（参见第 6.5.2 节）方案。提供较少数量的零部件，以及在购物车中放置预先挑选出的零部件，这也可减少零部件平均提取路径距离。超市的额外费用，通常可通过工作场所生产力的提高而得到足够补偿。

减少物料提取距离一个重要的基本方法是货架技术，它可以最佳方式、灵活地适应工作场所对装配技术和物流的要求（图 7-6）。最适合于此的是模块化货架系统（图 7-7），它可以单独且快速地适应使用环境。模块化货架系统可在工作现场提供多种功能、更符合人体工程学的物料管理和工作场所设计。此外，使用标准化的多功能自组装系统，可以持续不断地改进本身对工作场所的适应性。

上篇 产品生产过程中的物流管理

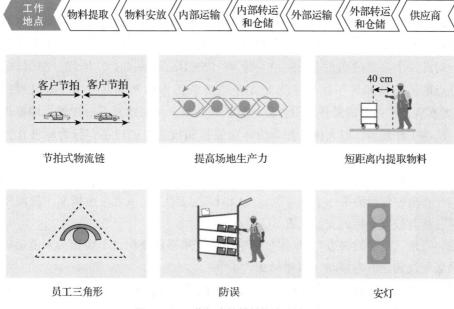

图7-6 工作场点的精益物流设计原则

图7-7 模块化货架系统（来源：Trilogiq）

4. 员工三角形

在增值性装配工作期间，装配员工不应该远离装配区域进行必要的物料提取。必须尽可能消除不必要的空程和动作（浪费）。进行装配员工运动分析，可确定各种运动类型（比如零件拆卸、处理和装配），可收集在每个工作站点员工操作运动路线的总和，再以图表形式进行描述（所谓的意大利面条图）。其基础是促成跨越公司的价值流分析，它为评估工作场点性能设定了框架条件和规范（参考Tapping等2002）。在实际测量记录中，其他参数可以是每个装配站点的装配工具数量、所提供的零部件数量。同时，将增值性和非增值性活动区分开，将其结果显示在一张利用图中。此外，对所有工作流程进行照相或拍摄，随后与相关员工在小组会议中对工作流程进行评估，以得出可能最佳的实际性工作标准。

借助员工三角形,可以描述在装配步骤中,理想化的、避免无用和浪费性的员工操作序列。零部件的安放布局以工作站点为导向,这可推导出最佳的人体工程学工作条件。对此一个必要的条件是 5S – 1→家政(5S Housekeeping)原理,根据该原理,工作站点的清洁性和秩序化被视为是无差错高效工作的基础(参考 Imai 1997 第 21 页)。要实现工作站点的最佳组织,就是要始终一致、不断重复五个步骤,即整理工作现场,清洁工作场所,以人体工程学为导向安排和放置生产设备,行为标准化,具备持续性改进和完善的思维方式。

员工三角形的边可由以下动作产生:

勾(直角三角形的第一个直角边):从物料供应带上,或者供应货架中提取所需的零部件,将其放置车辆的安装位置。

弦(直角三角形的斜边):根据装配顺序进行零部件装配,车辆和工人由运输设备带着沿装配线传送方向移动(参见第 9.7.4 节)。

股(直角三角形的第二个直角边):在装配过程结束后,员工返回到他装配周期的出发点。

员工三角形越扁平(装配线附近配置),则三角形的面积越小(物料密集型部署),运动过程在路径和时间方面就越优化。理想情况下,是将员工集成入制造过程,即人体工程学上优化,员工坐在可移动的座椅上,直接随着车辆移动;装配零部件和操作装置,可自动化地随着移动,而且为员工提取进行了优化(图 7 – 8)。

为了避免员工之间的动作碰撞,每个装配人员都必须重点关注他的工作场地空间,在给定的节拍时间内(一个节拍)完成操作。在装配过程中,必须尽量减少标准零部件和特殊零部件之间的时间差,以便最大限度地提高员工的工作效率。这就必须通过车辆控制(构成组装珍珠项链,参见第 9.6.1 节)及压缩物料供应量给予辅助性支持。

图 7 – 8 人体工程学优化和集成式组装(来源:奥迪)

5. 防误

防误的思想就是通过技术性的预防措施，可以立即进行故障检测和排除。借助于防误理念，可以自动地识别装配错误，以及使用错误的零部件。使用防误作为一种错误预防性机制，一方面减少了车辆无谓的返工，另一方面更简化了员工的装配线工作，这样就可以把精力完全集中在增值活动上。尽管防误性措施需要使用技术辅助工具进行早期的错误检测和错误预防，但成本费用相对较低，同时在物流中可以快速地实施。在物流活动中，采纳防误的基本思想，将通过下面两个实际例子给予描述。

▷ 应用示例：防误货架

如果错误引起的成本特别高，那么对防误技术性设施的投资通常会得到相应的回报。在车辆装配过程中，如果颜色数量多，或者相似的颜色变化多（特别是灰色调），这时要确保正确地安装各种颜色的零部件变体就显得特别重要。不正确安装的零部件，仅在测试和完成区域中才能发现，这可能导致重新拆卸所带来的额外费用和高成本。后期才能检测到错误，这将意味着，在经销商处进行费用昂贵的返工，或者在交付前仍未发现的情况下造成客户的极度不满意。

通过在装配中使用防误货架，可以避免风险以及降低相关的后续成本。在这种情况下，首先对所需安装的零部件，通过安装在车辆上的发射应答器（参见第6.9.1.2节），非接触式地提出询问（图7-9）。正确零部件的提取信息由一个轻型提取安灯（Pick by Light）货架提供，它通过一个信号灯向装配工作人员指示出准确的格层提取位置（参见第6.5.1.3节）。在提取零部件时，通过安装在轻型货架上方的运动传感器监控整个过程，如果员工在错误的格层提取，则通过声音信号以示警告。此外，在物料供应人员进行物料补充期间，通过扫描货架和器具标签，可以避免加入错误器具的风险。这个过程可以最大限度地提高物流过程的准确性，但它总还是有些额外风险（比如错误的器具标签）。因此，对于每个防误项目，必须更多地权衡过程安全性和投资成本，以减少相应的错误故障成本（包括售车后客户不满意造成的销售损失）。

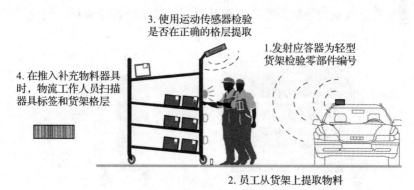

图7-9　组装中的防误货架

▶ **应用示例：防误器具**

某汽车供应商公司，生产由轻型复合材料制成的车身底衬（参见 Klug 2010 第 17 页）。至今，良好的订单情况加之额外向新车型提供模块，使公司感到有必要将生产和物流场地空间扩大四倍，并投入新的生产设施和工作人员。为了应对增加的产量，需要大幅提高生产率，同时增加各种零部件变异。这需要从小批量规模过渡到批量生产、大规模经济生产模型，因而需要建立一个新型的制造和物流组织。然而，产量和变异的快速增长也导致物流链中存在着巨大的潜在错误。因此，为了在未来无差错地制造和组装车身底衬，该公司将以下要求定义为它的出发点：

1) 涉及车辆变异时，对非常相似的组件要100%避免混淆。
2) 车辆特定的成套件。
3) 将零部件编号唯一对应地分配给相应器具类型。
4) 简单目视检查当前器具预定的填充度。
5) 无堆积型制造和装配。
6) 人工根据消耗控制器具运输。
7) 100%保证先进先出原则。

为了通过精益方法满足上述要求，该公司研发出了图7-10中的防误移动货架。在实施中出于成本原因，采用了市场上常见的钢框架结构可移动货架。在框架的垂直结构上，增加了水平格层和扁钢型支架，它们可根据相应的零部件几何形状对具体位置单独地调整。在多个生产工序（加热板、压制、激光切割、最终组装）中，这个货架具有防混淆措施，用于运输经激光去毛刺处理后的零件。车身底衬的初加工首先通过加热轻质复合材料，然后在高压下通过模具压制成型。可能的物流干扰性差错就是前段工序发生零部件混乱，而且这在从激光器中取出零部件时不可避免，但这在往防误移动货架上堆放时，可以被检测识别出来。同时，移动货架可按每辆车特定的要求，对不同的零部件分类编组成套，随后由人工运输，传送到相应的最终装配工段。在这里，零件的安放是以地面导轨为准。这样就限制了货架的随意移动，避免了货架紊乱，从而保证了先进先出原则。

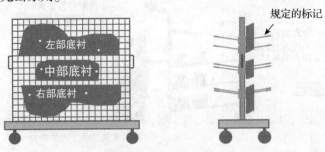

图7-10　防误移动货架

6. 安灯

安灯法可以被理解为不同类型的可视化技术。而安灯原理的目标被视为迅速地将所有与生产和物流相关的控制信息传输给员工。与物流相关的可视化技术有：

1）物料库存状况可视化。
2）生产物流中的产量信息（车辆装配的目标/实际数量）可视化。
3）缺失零部件可视化。
4）当前平均节拍时间可视化。
5）物料短缺和积压可视化。
6）发布鼓励员工的信息。
7）团队完善改进活动可视化。

借助安灯显示屏幕，所有的制造和物流员工都持续地了解这一工班的生产状态，比如计划装配（目标）和已完工（实际）车辆的当前信息。此外还会显示生产过程中所有可能导致整个流水线停止工作的故障中断（图7-11）。除了通过安灯屏幕（灯光指示出现故障问题的工作地点）显示当前出现的问题，一个可暂停的流水线系统，当生产过程中出现问题时，每个员工都有可能停止整个装配线运行。装配员工通过拉动连接在自己工作场所的拉绳发出光学信号（比如大屏幕显示器上的信号灯）和声学信号（比如播放特定背景的音乐），显示和告知生产流程出现了问题。在识别并报告错误之后，首先在小组负责人或直接主管的支持下解决问题。如果无法在预定的工段内消除错误，则要停止装配线，请求专家团队寻求解决方案。为了不因安灯使装配线的整体使用性受到影响，必须在装配线上适当的分段部分安装去耦缓冲器。

图7-11 实例：装配中的安灯屏幕（来源：Electro-Matic Visual Products）

安灯系统的目标就是保证100%的产品质量转移，避免后续错误和所造成的成本费用。通常，只有满足质量要求的零部件可以被接受，继续加入生产并向后续工序传递。每个与标准的偏差，都必须使用相应的安灯技术，及时地给予警告性显示。

7.3.3 物料交付需求

1. 使用看板的面向拉动式交付要求

由消耗控制的物料交付要求，对应于拉动式理念。在面向拉动的交付理念中，根据装配线上的物料要求，触发物料交付要求脉冲（图7-12）。在这种面向消耗的控制回路中，前段增值流程执行对后续交付的控制。由消费控制（参见第6.3.2节）且通过看板，这两个连续的工作流程形成一个链接，作为自我调节控制回路。从组织上讲，零部件消耗的工作流程可认为是客户（＝汇合），前段的零部件工作流程可认为是供应商（来源）。这里，看板卡用作发出物料要求脉冲，它包含所需物料的所有相关信息（例如编号、零部件的类型和数量、原产地和目的地等）。看板系统基于一个自控制回路系统，因为每个工作流程本身同时充当来源和汇合，并且通过正向物流和反向信息流相互连接。从需求工作地点提取所需物料，可实现面向流动和同步的物流。

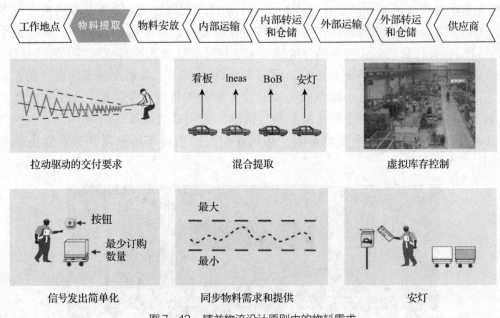

图7-12 精益物流设计原则中的物料需求

2. 混合提取方法

每种物料交付方法都有一定的优缺点，因此，仅单独地使用某种方法，不符合物流的异质性要求。可能的要求方法可以从拉动驱动（通常优先选用）到推动驱动的方法。同时，这些常见方法的技术化程度也大不相同。除了传统的简单型卡片看板之外，还可采用具有高度过程可靠性（比如使用射频识别设备）的电子方案（电子看板）。而哪一种方法最合适，还不能简单地统一回答，因为这还取决于各自的物流条件要求，比如要求交付的数量、变异的数量、最小和最大数量，这些都对方案选择有一定的影响。所谓精益思维，就是在当前条件下，试图通过改进和完善物流过程不断地调整自身，而在这里，解决方案的简单性是进行决策的首选因素，而不是复杂的信息和通信技术。

尽管可以使用不同的交付要求方法，但每种方法都是根据零部件的具体要求所决定的，要求它必须符合物料管理部门的标准。在整个公司内部，必须尽可能标准化本身的基础物流方案。只有这样才能实现生产经济性规划和精益物流。

3. 虚拟库存控制

物料安放在工作场所附近，这样可简单地监控其存量。因此，在员工和所需处的分散式库存之间的直接联系及库存监督，都由员工本人承担，员工在此是消费者。这可以是通过目视完成，比如，监督器具中的最大限量标记，以避免任何物料积压，以及在低于最小限度标记时进行紧急情况处理；还可以是车间地面上的标记或用于物料堆垛高度的标记（用以提高工作场所的效率）。对库存进行简单的可视化监控，总是要优于采用信息技术的方法，因为它更可靠、更便宜和快捷，最终员工还更容易接受。

4. 信号发出简单化

发出物料交付呼叫信号的时间必须要及时，并与物料消耗同步。与由需求驱动的确定性方法相比，这种精益思维更受到青睐（参见第 6.3.1 节），即由消耗驱动的随机式物料提取方法，只有在消耗实际发生时才被激活。理想情况下，交付呼叫信号生成是实时性的。呼叫信号的每个延迟都会导致装配线上的物料库存增加，以弥补时间延迟，避免短缺。

5. 同步物料需求和提供

在发出物料交付呼叫时，精益物流的同步链是要害点。由于长鞭效应，在物流链的早期阶段尤为重要，要将信息不失真、毫不拖延地继续传送。考虑到物流元素（器具、运输批量及处理单位）的不连续性，在理想情况下，所有要求都要真实地反映对物料的实际需求。

在物料需求与呼叫生成产生之间，任何时间上的延迟都不可避免地导致装配线上物料的过剩（图 7-13）。而且呼叫收集时间越长，生产和物流系统中的平均库存就越高，以弥补信息失真。使用物流工作人员巡查监督装配线上的库存情况，会产生特别不利的影响。在此，物流工作人员以预定的时间间隔（根据工作人员的路径），巡回目视检查物料交付状况，当低于所需要的存量时，就发出物料要求信号。通常，这借助移动式数据收集设备扫描相应的器具来完成。由于以循环为导向、时间上的延迟处理，这种方法常常导致要求推迟，进而增加流水线上的库存。

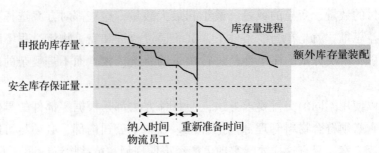

图7-13 时间延迟导致物料过剩

7.3.4 物料安放

1. 标准化的小型器具安放在移动式货架上

采用紧凑安放物料方式、减少装配地点的平均库存量，这就需要比较小的供应数量，因此，较小的器具尺寸或为首选。器具应用原则应该是标准器具优先于特殊器具，小型器具优先于大型器具。在工作场所使用较小的器具，可以减少装配员工的非增值性活动。为此，器具内的物料与相应节拍所需的物料应匹配，并在移动式货架中采用相应的标准小型器具。这种同步式的器具供应，可由对此负责的供应商或装配线附近的超市承担，并以小规模数量供应（参见第6.5.2.1节）。

采用小型器具的另一个优点是更有效地使用稀缺的场地空间，同时为工作场所提供更大的物料透明度。尽管存在多种物料变异，但仍有可能提供单一品种。另外，为了优化物料供应面积，可使用标准化、移动式的货架技术。使用标准化和模块化的移动货架，不仅提供了工作场所布局个性化的可能性，还可根据给定的框架条件，有可能个性化地利用与之相适应的供应货架、供应车或购物车。通过使用移动式货架，可以灵活地适应装配线节拍的转换，以及对输送车辆停靠点的优化做出相应反应（参见第7.3.5节）。

2. 随行式物料供给

在短距离内提取零部件和工具，并且运动频率很高，这就需要物料供尽量在装配的车辆附近，并随着车辆移动而移动（图7-14）。为此，使用可移动式物料车，它们在移动的滑台上自动行驶，并进行同步式零部件供给。这样员工可以减少不符合人体工程学的运动及不必要的行走路径。借助随行式物料供给车，可以在保证节拍的限制条件下，快速提取物料和工具，甚至可以实现灵巧的双手抓取功能。由此减少了员工之间的碰撞和有可能对车辆的损坏。

随行式物料车在附近的超市给予加料（参见第6.5.2节）。交付通常是通过拖车（参见第6.4.2节）或者无人驾驶的输送系统实现的（参见第6.4.3节）。

物料安放的另一种可能的方法是将购物车定位在车辆内部。车辆内部零部件以预先强制性确定的顺序放置，员工从中提取，以减少不正确的装配。

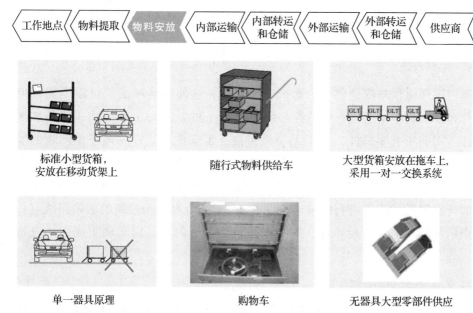

图 7-14 精益物流设计原则下的物料安放

对小型零部件和工具，可以使用轨道式货架。这些受节拍控制，在到达预定的工作地点后，通过弹簧拉力辅助自动返回，重置为初始状态，无须断开或接合操作。

3. 大型货箱放在拖车上，以一对一交换方式运输

用满载器具直接更换空器具，可采用相对方向运进和运出方式，这是器具管理中最有效的方法。通常，器具应始终打开，没有盖子，并且也没有包装，放置在安装现场。对空货箱进行处理属于非增值活动。在空货箱场地，就传统的清理空货箱过程而言，首先要额外地进行单一化分类和组合活动；而如果按照供应节拍通过超市供货，这种直接式、预先准备的清理方法在上述活动中可以省略掉（参见第6.5.2.3节）。使用轮式拖车作为大型货箱的运载设备，可以增加在工作场所货箱处理的灵活性（图7-14）。用满载的货箱更换空货箱，当然可以由员工独立且无须等待地在材料供应处进行，与叉车供应相比，这增加了物料的流速和零部件的可提供性。

4. 单一器具原理

物料转运供应延迟及提供周期的波动，必须在装配线上由多个库存给予补偿。及时的物料供给，比如使用电子看板（参见第8.2.2节），在短交货周期内，结合节拍控制的输送路线（参见第7.3.5节），可以更好地同步生产线上物料要求和供应时间。这样就可以省去用于大型物料的缓冲器具和安放设备。传统的提取式器具，以及其后续或前段的补充器具（双器具原理）可以省略而简化为单一器具。但是，这需要在器具上做出显示库存量的标记（剩余数量），以便员工启动物料要求信号。尽管可保证安全供应的库存量减少，但可通过及时提供物料确保供应安全。重新包装剩余物料必须由

质量管理部门进行评估和批准,这就限制了单一器具原理中零部件品种类型的使用范围。

5. 成套购物车

通过序列化预先拣选供货,即成套购物车,这使得装配员工可以不离开他的节拍操作范围,集中精力进行增值性的装配活动(图7-14)。由购物车供给装配工人其操作所需的所有零部件,员工无须再去搜寻零部件,这样缩短了生产线的节拍时间,并提高了生产效率。由于能正确地供给要安装的零部件,所以提高了生产线的透明度,并减少了装配错误(参考 Muckelberg 2006 第 53 页)。材料供应和安放都是通过装配线附近的超市进行的(参见第 6.5.2 节)。对节拍控制的运输路线与各个工作站点的零部件消耗率相匹配,购物车是在生产线附近,以车辆集成形式进行物料供应。

6. 无器具大型零部件供应

传统的大型零部件交付方式通常难以调整处理,需要满足特殊场地要求的大型载重车,在无器具大型零部件供应技术中,不需要大型器具,大型零部件安放在特制的货架和推车中(图7-15)。因此,在物料供应交付中,其尺寸、重量和资源都特别地需要大型设备,所以要尽可能地无器具交付,这一意义特别重要。由于不需要大型器具,可以增加零部件供应密度,并且可以实现供应量的灵活性。但是在无器具式物料安放时,必须满足一定的使用条件。因此,必须考虑劳动科学方面的因素来设计这种特殊的货架。对装配人员来说,涉及相关零部件的组装操作最重要的是其工作条件要符合人体工程学。类似地,根据经济性和员工人体工程学考虑,对货架安放过程而言,可以在一个动作中处理多个零部件。在这两个过程中,零部件质量不得受到影响。此外,必须考虑要在靠近装配地点的超市进行必要的重新包装和排序工作。

图7-15 无器具物料供应(来源:Trilogiq)

7.3.5 内部运输

1. 拖车场管理

拖车场是一种接近生产区域、货物拖车的停放缓冲区,通常在生产现场附近(参见第8.7.1.4节),如图7-16所示。这种运输控制方法允许将货车运输与其卸载过程相分离。其目的是可根据生产进度,灵活地、同步地控制货车进入生产厂内卸货点。这种拖车缓冲器可确保更快速地处理进货货车,缩短停车时间,改善棕褐色厂区普遍存在的内部交通紧张的状况。被分离的拖车将被记录登记,准备好可投入生产提取。生产流程根据当前缓冲情况和生产进度(节拍时间)进行拖车调用。

图7-16 精益物流设计原则下的内部运输

尽管有完全同步化物流链的愿景,但仍有必要设置缓冲功能,把它作为两个控制方式不同的物流链之间的分离点。作为外部货车运输和内部物料供应之间的接口,拖车场的作用尤其重要。货车交付周期由当前的交通状况、运输路线和货物组合优化决定,因此,从短期性角度观察,货车交货频率尚不能与实际物流的零部件供应要求保持一致。

2. 通过拖车运输减少叉车物流

过去,叉车主导了汽车厂区内的物料供应,而今天拖车使用越来越多(参见第6.4.2节),如图7-17所示。这是由于叉车固有的劣势(参见第6.4.1节),以及更高频率、更小型器具的需求趋势,进而不断地增加无堆垛式或低库存性物料供应。这里采用了多节公共汽车原理,大型器具放置在平板拖车上,由电动车牵引运输。拖车的使用主要考虑在最大限度上实现无堆垛式对传送带进行物料供应,显著地减少叉车容易引发的事故风险。此外,拖车具有更大的运输容量及灵活性、适应性。拖车运输最大的优势是更高效的零部件供应、短的交货周期及更经济化的零部件安放。物流链的节拍要求在较短的周期内供应数量较少的物料,这使得叉车的使用更不经济。固定的节拍可确保已确定的补货时间,从而保证物流稳定、物料供应与生产同步(参考 Günthner 等 2012 第 9 页)。采用拖车进行连续性和高频输送,可使物流流程更加标准化、均匀和平稳地运营。当然,仍必须尽可能地优化拖车的装载计划,以尽量减少在卸载点(仓库、超市、装配线)的运动流程,避免任何非增值活动所造成的资源浪费。

图 7-17 通过拖车减少叉车物流(来源:大众汽车)

3. 运输路线节拍化

如果具有规律性的时刻表和行驶路线,那么拖车的准备工作可以更规律并平稳地进行,这同时增加了物流过程的透明度。拖车系统的先决条件,是在超市中整合一个拖车场,以进行平稳的传送带供应。拖车时间表必须与当前的客户节拍相协调。通过设置节拍式拖车系统,可以实现降低和平整交付要求的峰值。拖车的运行周期越短,对交付要求峰值的影响就越小。因此,类似于看板原则,安装地点的交付要求波动不是通过调整运输批量而是通过交付频率的动态变化给予平整。动态调整交付频率和可能的运输路线,就可降低工作场所的物料要求波动。因此,在内部运输过程中,这种物流波动将得到缓解,将减小内部长鞭效应的发生概率(参考 Klug 2013 第 303 页)。

4. 无交叉交通

与叉车相比,每辆拖车的运输能力较大,可减少通道输送设备的交通量。此外,与叉车供应方式相比,不再能自由地选择运输路线,因为拖车始终是沿着固定的输送路线在固定的停靠点进行循环移动作业。这两者都导致物料供应流程均匀平稳,并且错误概率减小。应尽可能减少输送路线中的交叉,减少运输作业的等待时间,降低碰撞事故风险。因此，在交通路线的规划阶段就必须给予一定的考虑，遵守单向行驶交通规则，尽可能地实施无交叉交通。

5．优化停靠点

受节拍控制、物料密集型供应需要压缩先前分散性的物料供应点。首先，拖车的每个停靠点都意味着时间上的损失，应尽量减少。此外，随着停靠点的减少，到每个交货地点的平均距离会增加。因此，必须在拖车停靠点和供应路线优化之间，在工作节拍上找到一种平衡、协调，这可能需要将货架移近运输线路，或者改变停靠点的位置。对每个物料货架的平均消耗量进行分析可提供与此有关的信息，通常，每个停靠点都将提供几个小型器具和几个货架。在输送路线上，停靠点应该用色彩标记清楚，以便拖车驾驶员观察和识别。

7.3.6　内部转运和存储

1．装配线附近的超市

超市是精益物流供应的核心元素，可承担各种物流任务。除了减少库存外，将库存从装配地点转移到装配线附近的缓存区域，可认为是精益物流的基本要求之一（图7-18）。简单地，可以将超市理解为一个生产站点附近的物流系统（场地、货架、订单合同打印机等），用于转运装配物料，以实现在较短的交货周期中以优先级形式进行排序，同步地为装配现场提供物料。在物流超市中，物料以面向加工生产的同步方式被提取，而这正是后续装配场所需要的。而重新补充超市库存，可由外部或者内部供应商提供。

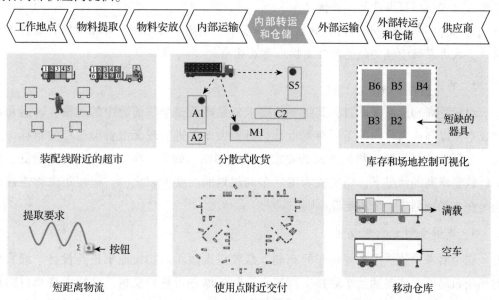

图7-18　精益物流设计原则下的内部转运和存储

虽然精益物流供应的理念在物流准备过程中就需要消耗额外的时间和精力（排序、缩小尺寸、从器具中提取零部件等），然而随着生产领域中生产力和灵活性的直接提高，这些额外消耗大幅度地给予了弥补。此外，对许多公司来说，装配线员工相对物流员工的薪酬差距可能要超过 20%，这对超市的经济评估可能发挥了一定的作用（参考 Meißner 等 2012 第 14 页）。在超市中，所有的物流工作必须尽可能地导向和接近物料需求，因此，它必须集成到制造部门。但是，同时又必须保证外部物料的直接交付，或者在超市附近区域进行。这就应优先选择一个分散式收货来完成。

2. 分散式收货

在丰田精益生产系统中，不必要的运输是七种浪费之一。通过进货运输交付物料，如果经中央区域转运，就需要额外的运输路线，这必须要给予避免。因此，分散式收货的思维是要求尽可能近距离地和及时地在附近区域的超市提供要交付的物料。每个超市都必须有自己的进货功能。而分散式收货可使信息和物流的速度加快，同时还提高了物流过程的透明度。

3. 库存和场地控制可视化

这反映了安灯原则的直接应用领域，它可以扩展到整个物流链（参见第 7.3.2 节）。其目的是简单地收集物流状态信息（比如区域内的器具丢失），且通常不需要投资密集型的技术解决方案。库存和场地控制中的精益解决方案可示例如下：

1) 用颜色编码缓冲区域，并将器具的轮廓绘制在地面，这样通过空闲器具区域的数量，就可识别出当前的库存情况。

2) 对可堆垛多个物料的存储器具附加多个水平高度标记，就可以读取存储的填充水平，或者在低于预定数量时触发供应要求脉冲。

4. 短距离物流

对短距离物流系统而言，其主要的要求就是降低整个物流链中的运输、转运和存储成本。以物流为导向的工厂布局设计，可极大地促进实现无浪费型工厂的目标。因此，工厂布局必须考虑物流方面的要求，反之亦然。如今，在生产深度不断降低，且交付数量增高的情况下，物流成为工厂布局规划的主要因素之一。而短距离物流被认为是在布局规划中一个决定性原则。

5. 使用点附近物料交付

这个要求导致要重新规划车间布局，且要根据短距离物流原则进行设计。细长形的车间布局可允许多辆货车对接，直接在车间外墙进行物料交付，这样可将交付的物料尽可能靠近后续的装配现场。这种在装配地点附近进行物料交付的例子前面已经介绍过，比如欧宝在德国吕塞尔斯海姆的装配厂（参见第1.1节）及宝马在莱比锡的组装厂（参见第1.2节）。

6. 移动仓库

在货车运输和装配现场之间，最简洁的物料输送接口形式就是通过移动仓库方式进行交付。在这里，满载货车停靠在装配车间附近，在理想情况下，物料只需在几米的距离内直接从货车进行交付（图7-18）。其先决条件是可移动式器具，这些器具以预先排列好的顺序，与生产流程同步提供。卸空的器具返回到第二个拖车，第二个拖车紧邻着满载的第一个货车。如果第一个货车完全卸载完毕，它可被用于转运空器具。然后，再用一辆满载的货车接替这辆空载货车，而且这辆满载的货车通过拖车场管理系统，直接由供应商或物流服务商提供。

7.3.7 外部运输

外部运输中精益物流的设计原则如图7-19所示。

1. 准时化/顺序化供应

分类零部件准时化或精确排序式的顺序化交付，都是准时化思维的基石，特别受到丰田的推崇。准时化/顺序化交付是指一种生产组织原则，其目标是在时间和数量上协调内部和外部物流。在这里，模块和系统（例如驾驶舱、前端、座椅）由外部供应商预先进行组装，然后直接在安装地点按需交付。制造商的生产引起的物料要求，以及供应商的供应和交付要求，都是同步的。这种无仓储式供应流程仅使用若干分散的物料缓冲区（参考Graf、Hartmann 2004第124页）。准时化/顺序化交付的应用条件及相应的物流流程，将在第8.3.1和第8.3.2节中有更详细的描述。

2. 增加直接交付的比例

对传统式仓库而言，通常物料停放在那里几天，等待生产的交付需求，在精益物流中则不然。在规划新的工厂布局和外部交付方案时，必须更多地考虑增加直接交付的比例（参见第8.3节）。直接交付是一个单级式运输链，其中从供应商处开始，物料直接交付给汽车制造商，无须任何中间环节。直接交付的先决条件是交付数量要大，同时交付频率恒定。在满负荷范围内，由于运费下降，直接交付代表了最具经济效益的交付方式。因此，还可以降低入库物流的复杂性，因为内部的运营过程，诸如入库、仓储、出库、内部运输至安装地点全部被取消。并且可以通过自动交付要求系统，简化直接交付的流程控制。通过直接交付，库存和场地空间的需求都可以最小化。这对装配线附近区域非常重要，因为这些场地是非常稀缺且昂贵的。借助于直接交付，汽车制造商可以大大减少非增值场地的需求。这正是通过减少生产线的库存来实现的，但也导致了交货频率的增加。

3. 循环取货

在物料装载区域，一个可进行优化的可能性是循环取货形式（参见第 6.7.2.2 节）。在循环取货过程中，对来自多个供应商的货物进行合并，并通过一个中间转运点，或不需要转运直接运输到汽车制造商工厂。在往返期间，进行满载货架与空货架的交换。这样，可以在降低运费的同时提高交货频率。

4. 货物空间优化

运输管理中器具的规划、选择和使用标准也提供了成本节约潜力。大量地使用标准器具，使之与运输设备的货仓尺寸相匹配，可以提高货物装载的利用率，并且降低单位运费（参见第 8.7.3.3 节）。要进一步增加运输中货物空间利用率，可提高器具的填充度，避免混合托盘，确定最小交货数量，避免替代性包装和使用双层货车等。

5. 跟踪与追踪

同步和低库存物流通常需要有关物流的可靠数据信息。这里，基本思想是用更优质的信息去替代和减少物流链中的库存。可通过跟踪和追踪改善和提高外部交付和转运过程的透明度（参见第 8.9 节）。跟踪是指在特定时间确定物料运输的当前状态。如果一个物料的运动随着时间的推移，要通过几个物流中间站点，这被称之为跟踪，而且是通过最后一个物流站点，逆序地重建物料流动历史。在汽车行业中，使用跟踪和追踪（T&T）系统的目的是对整个物料流，从采购到生产再到配送进行完全透明的设计，尽可能以最佳的方式进行控制。

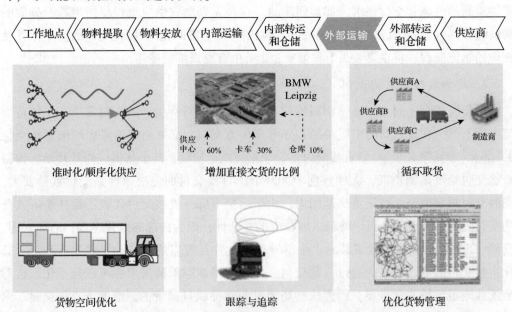

图 7-19 外部运输中精益物流的设计原则

6. 优化货运管理

原则上，精益物流概念要求以更高的频率、更小的器具进行交付和配送，但这往往会增加运输成本。因此，采取相应的措施给予补偿抵消尤为重要，以避免运输成本的增加。为此，应提高物料的可使用性，同时节省运输成本。优化运输管理的主要方法之一是物流的捆绑。物流捆绑使运输量增加，并且运费下降，每个运输单位的运费也更便宜（参见第 8.7.3.1 节）。但问题是，具体的实施要面临这样的事实，即配送和货运管理部门往往没有最佳协调。主要问题在于，物流参与者各自以不同的角度观察问题，导致观点和目标的多样性。虽然调度人员是按零部件特定的供应方式行事，通过时间和空间上捆绑相同或空间上相对集中的供应商，以节省货运成本。这一问题的解决方案，可以是使用计算机辅助软件规划工具。这里涉及对货运能力和需求的最佳协调，可通过调度人员和查询物流服务商提供的优化报价来进行（参见第 8.7.3.4 节）。

7.3.8 外部转运和存储

1. 供应方案标准化

标准化是使流程平稳运行且易于管理的基础。通常在一个汽车厂内，供应方案的多样性和特殊性使对流程的评估和控制变得极其困难。将日常供应流程中的方案及其相应的运转活动，诸如交付、转运和存储进行分类，这是建立有效和高效率物流的基础。一方面，它们通过定义其结构和技术条件，为规划提供安全保证；另一方面，员工以目标流程为导向，保证了操作安全性和稳定性。所有交付过程的参与者，如汽车制造商、供应商和物流服务提供商，通过制定和使用跨越公司的物流标准，可以提高他们各自的运营效率，并发挥出协同效应的潜力。

2. 供应商附近交叉转运

在精益物流概念中，缩短了吞吐量时间，这是通过缩短物流链的节拍时间来实现。这需要在高交货频率下，同时降低交货数量，这正是在进行入库运输中所需要使用的新方案（参考 Jones 等 1997 第 158 页）。一种方法是组合捆绑物流，同时减少货物运输设备，也可以是一个多级交叉型转运系统（参见第 6.8.1 节）。具有固定路线，进行周期性材料提取，且通过多级交叉转运流程，以确保一个稳定和节拍式的入库运输流程。通过在运输过程中组合捆绑物流，即使是短期、多品种类型的零部件交货，也能确保按时交付正确的数量，交叉转运系统实现了成本优势。

在两级交叉转运的情况下，首先将供应商附近的物流与汽车制造商特定的物流进行组合捆绑（图7-20）。通常，交付是按循环取货原则，在固定路线中进行。其目标是即使交货量很小，也可以在供应商处每日提货。通过1:1的满载和空车交换都一致性地使用小型器具，可以实现从供应商到安装现场的高效率物料交付。在交叉转运中，仅交换完整的器具，而单一零散物料仅在超市中进行。通过第二次交叉转运，来自第一个交叉转运级别的入站流，根据卸载顺序进行排序。多级交叉转运系统的成本效益，取决于通过这个系统所处理的总货运量。

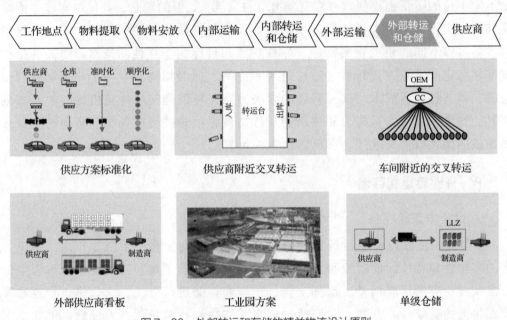

图7-20 外部转运和存储的精益物流设计原则

3. 外部供应商看板

基于消耗的物料交货要求可以超出运营限制。制造商处物料的消耗决定了供应商的交货日期和周期。就分散拉动控制方法而言，它的优点在于减轻了集中式物料分配的负担，将后续工段继续交付零部件的责任转移给了供应商。同时，货车的调度也可以转移给供应商，这样就创建了一个自治过程，这是一个由汽车制造商明确确定的框架规范（最小/最大库存、最小交货周期、满载等）。

4. 工业园方案

从汽车行业的角度来看，工业园区是一个以客户为导向、以社区型为基础的物流解决方案，通常由汽车制造商、若干家附近的供应商和物流服务供应商构成（图7-21）。供应商在制造商附近集中性定位，由供应商为客户车辆装配提供零部件，这具有众多的战略优势。重要的准时化/顺序化供应商聚集在制造商附近，以及在工业园区聚集物流服务，这些都符合短距离物流的理念（参见第1.2节），并且扩展到汽车制造商和一级供应商之间的层次。正是因为靠近制造商工厂，才可以快速地响应生产变化,这使得无需准备安全库存。此外还形成一个透明的物流供应链,汽车制造商可以从它本身的角度对其进行规划,并监控其经济效益。精益物流的理念要求供应商尽可能地接近制造商,但这却与供应商关系国际化的趋势背道而驰。

图 7-21 奥迪工厂(左侧)和附近的奥迪工业园(右侧)

5. 单级仓储

通过短距离物流可提高透明度,进而减少物料库存。在精益物流战略中,两级仓储(供应商的成品仓库、汽车制造商的货物接收仓库)已经趋于过时。但是要实现这一点,则要求充足的物流信息(交货计划、库存数据、运输数据等),更密集性地进行交换,以给予供应商时间和机会,尽早获悉来自制造商的计划变更。只有这样,供应商才能够通过其生产灵活性(改变节拍时间和设备)而不是成品库存来应对制造商的生产灵活性。其基本思路,就是以及时的信息替代难以预知的库存。

7.3.9 供应商管理

1. 提前收货

在这里,收货的目的是将汽车制造商的收货功能转移到供应商。提前进行货物数据验收,可以在提取时就识别出供应商货物、在交货/发送和实际提供的货物之间可能出现的各种偏差(参见第 8.7.1.1 节),如图 7-22 所示。首先,在供应商处,运输代理商对零部件编号,以目视检查方式对数量和包装进行验证。随后,使用移动数据收集设备,提取运输器具上的商品标签中的信息(参见第 6.9.1.1 节),并将提供的数量与每个商品编号的列表进行比较。会有出现超量、不足和错误交货的可能,这必须尽可能就地给予纠正,并且记录入装运单据。如果所要提取的物料缺货,将及时通知汽车制造商的材料调度员采取适当的措施。作为综合性偏差管理的一部分,检测到计划和实际货物之间的偏差越早,可以用来应对处理物流障碍的时间就越多。如果在物料交付时制造商才发现问题,这时很难再启动应急措施以挽救所造成的经济损失。

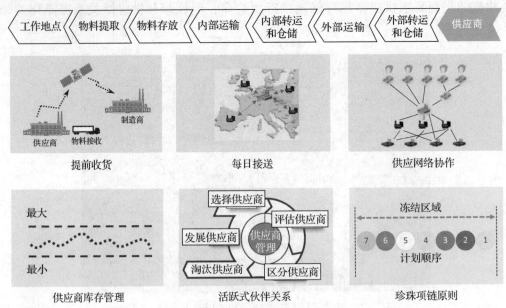

图 7-22 供应商管理中精益物流的设计原则

2. 每日接送

通常,供应商的生产是根据制造商确定的客户节拍制订的,因此,每个供应商每天至少都要接触一次制造商。此外,所要求的物料在交付要求后被放置在混合托盘上,而且这些物料在一个固定的转移区域上为后面提取做准备。为此,从供应商提取物料时必须使用精益物流方法。快速对接、无延迟性装载器具和传递货物文件,构成了无浪费物料提取的先决条件。

3. 供应网络协作

供应网络协作的思想,即所有物流要素(供应商、物流服务商、汽车制造商)的合作都可以融入精益物流理念(参考 Hines 1996 第 14 页)。由于生产和物流合作伙伴的网络关系日益增强,同时增加了互动的频率,企业精益物流的行动不仅仅取决于自身的能力,还取决于市场合作伙伴的潜力。只有在合作伙伴之间互相交换信息,才能减少不确定性因素和无用库存。在整个物流网络中,通过调整节拍时间和批量大小,可以削弱负面的长鞭效应。与传统的孤立计划和控制相比,整体性思维方法可以挖掘出更多的协作潜力。其目标是提高供应商或者上游供应商在仓储库存、物料需求和提供能力方面的透明度,以及尽早地识别出瓶颈情况(参见第 5.3.2 节)。

4. 供应商库存管理

在供应商库存管理系统的帮助下,库存责任从制造商转移到供应商。制造商及时提供给供应商有关库存和需求数据,以便供应商在此基础上独立地计划交付流程,这包括相应的交货数量和时间(参见第 6.8.2 节)。将制造商的物料提取过程与供应商的交付过程进行分离,这样即使在需求量很小且需求频率很高的情况下,供应商也可经济化地生产,完成交付。

5. 活跃式伙伴关系

活跃式伙伴关系始于产品规划,这是后期物流流程的触发因素。因此,具有重要战略性的供应商,作为同步工程的一个组成部分,必须在早期阶段就融入产品开发过程(参见第 4.2 节)。与供应商建立物流合作伙伴关系,其目标就是要保证一个无故障性的物料供应渠道。借助于供应商物流管理,确保合作伙伴的物流流程能力和稳定性(参见第 5.2.1 节)。供应商在必要时提升物流服务,以便能够满足汽车制造商的物流要求。以目标为导向的供应商管理,即物流供应商评估,用以识别具有一定能力的市场合作伙伴(参考 Hartmann 2004 第 94 页)。对供应商进行评估,旨在发现并消除物流过程中的缺陷,并不断改善和提高现有的供应关系;在发展物流供应商的过程中,实施纠正错误的措施(参考 Janker 2008 第 78 页)。

6. 珍珠项链原则

如果在生产控制中客户订单为稳定序列(参见第 9.6.2 节),则可明确地确定车辆装配序列(装配珍珠项链),这将为精益物流提供必要的平稳性与规划安全性,可以在公司内建立一个平静顺畅的物流链。在生产控制中进行后期订单分配,这就可能不需要像往常一样,在启动装配线时才将交货单转发给供应商,而是在几天前就可进行(参见第 8.2.1.3 节)。这样供应商就具有信息优势,因为他们可以根据车辆订单确定基于零部件号的具体要求,来优化他们自己的生产。就是说,物流信息的早期确定可以确保整个物流网络的平稳运行(参考 Meißner 2009 第 5 页)。此外,还可以通过扩大车辆编组,对物流流程进行优化。基于此,对供应商的发货安排、准备、运输、交付和配送批量进行相应的调整。

参考文献

Becker,H.(2006):Phänomen Toyota-Erfolgsfaktor Ethik,Springer,Berlin,2006

Bretzke,W.-R.(2008):Logistische Netzwerke,Springer,Berlin,2008

Durchholz,J.(2014):Vorgehen zur Planung eines schlanken Logistikprozesses-Wertstromdesign für die Logistik,Dissertation Lehrstuhl für Fördertechnik Materialfluss Logistik TU München,München,2014

Graf,H./Hartmann,C.(2004):Just-in-Time,Just-in-Sequence,in:Taschebuch der Logistik,Hrsg. von:Koether,R.,Hanser,München,2004,S. 121 - 132

Günthner,W. A./Boppert,J.(2014):Lean Logistics-Methodisches Vorgehen und praktische Anwendungen in der Automobilindustrie,Springer Vieweg,Berlin,2014

Günthner,W. A./Durchholz,J./Klenk,E./Boppert,J.(2013):Schlanke Logistikprozesse-Handbuch für den Planer,Springer Vieweg,Berlin,2013

Günthner,W. A./Galka,S./Klenk,E./Knössl,T./Dewitz,M.(2012):Stand und Entwicklung von Routenzugsystemen für den innerbetrieblichen Materialtransport: Ergebnisse einer Studie, Lehrstuhl für Fördertechnik Materialfluß Logistik TU München, München, 2012

Harrison, A. (1997): Investigating the Sources and Causes of Schedule Instability, in: The International Journal of Logistics Management 2/1997, S. 75-82

Hartmann, H. (2004): Lieferantenmanagement. Gestaltungsfelder, Methoden, Instrumente mit Beispielen aus der Praxis, Deutscher Betriebswirte-Verlag, Gernsbach, 2004

Hines, P. (1996): Network Sourcing in Japan, in: The International Journal of Logistics Management 7(1)/1996, S. 13-28

Holweg, M. /Pil, F. (2004): The Second Century-Reconnecting Customer and Value Chain Through Build-to-Order-The Road to the 5 Day Car, The MIT Press, Cambridge, 2004

Hütter, S. (2008): Simulation einernivelliertenProduktion in der Automobilzulieferindustrie, in: Advances in Simulation for Production and Logistics Applications, Hrsg. von: Rabe, M., Fraunhofer IRB, Stuttgart, 2008, S. 71-80

Imai, M. (1997): Gemba Kaizen-A Commonsense, Low-Cost Approach to Management, McGrawHill, New York, 1997

Janker, C. (2008): Multivariate Lieferantenbewertung. Empirisch gestützte Konzeption eines anforderungsgerechten Bewertungssystems, 2. Auflage, Gabler, Wiesbaden, 2008

Jones, D. T. /Hines, P. /Rich, N. (1997): Lean logistics, in: International Journal of Physical Distribution & Logistics Management 3-4/1997, S. 153-173

Klug, F. (2010): Störungstolerante Logistikprozesse durch Poka-Yoke-Fehleranfällige Logistikprozesse richtig managen, Productivity Management 3/2010, S. 17-20

Klug, F. (2012): Steigerung der Flächenproduktivität durch Logistiksupermärkte, in: Zeitschrift für wirtschaftlichen Fabrikbetrieb 1-2/2012, S. 72-76

Klug, F. (2013): The internal bullwhip effect in car manufacturing, International Journal of Production Research 51/1, S. 303-322

Klug, F. (2014): Produktivitätssteigerung durch synchronisierte Logistikprozesse, Industrie Management-Zeitschrift für industrielle Geschäftsprozesse 1/2014, S. 51-54

Klug, F. /Mühleck, W. (2008): Schlanker Materialfluss in der Automobilindustrie, in: Logistik für Unternehmen 11-12/2008, S. 36-39

Liker, J. K. (2004): The Toyota Way, McGraw-Hill, New York, 2004

Lödding, H. (2005): Verfahren der Fertigungssteuerung, Springer, Berlin, 2005

Meißner, S. (2009): Logistische Stabilität in der automobilen Variantenfließfertigung, Dissertation Lehrstuhl für Fördertechnik Materialfluss Logistik TU München, München, 2009

Meißner, S. /Conze, M. /Habenicht, S. /Günthner, W. A. (2012): Lean Supply Chain Management-Einstufige Materialbereitstellungskonzepte zur Versorgung der variantenreichen Automobilproduktion, in: Industrie Management 6/2012, S. 14-18

Muckelberg, E. (2006): Kitting-Verfahren ergänzt Kanban-Prinzip, in: Logistik für Unternehmen 10/2006, S. 51-53

Rother, M. /Harris, R. (2004): Kontinuierliche Fließfertigung organisieren, Lean Management Institut Aachen, Aachen, 2004

Shingo, S. (1989): A Study of the Toyota Production System From an Industrial Engineering Viewpoint, Productivity Press, New York, 1989

Tapping, D. /Luyster, T. /Shuker, T. (2002): Value Stream Management, Productivity Press, New York, 2002

Womack, J. P. /Jones, D. T. (2004): Lean Thinking, Campus, Frankfurt am Main, 2004

Womack, J. P. /Jones, D. T. /Roos, D. (1990): The Machine that Changed the World, Free Press, New York, 1990

下 篇
客户订单流程中的物流管理

第 8 章　汽车制造中的采购物流

第 9 章　汽车生产过程中的物流

第 10 章　配送

第 11 章　备件物流

第 8 章
汽车制造中的采购物流

8.1 标准交付方案

借助于交付方案,从供应商到车辆制造商的物流这一过程的具体设计即可确定了。在产品多样化的推动下,汽车行业已经形成了大量的个性化交付方案。每个交付方案的特征都再现了各个制造商的结构框架,以及不同的物流策略。为了使物流流程尽可能高效率和有成效地运转,需要对企业内部的交付方案进行标准化(参见第 3.6.3 节)。物流流程的多样化可借助于标准化而减少,方法是将类似的流程组合为一类,然后从物流的角度统一处理。应该在模块化系统的意义上,将经过验证的交付方案进行相应的组合,然后供特定的情况使用(图 8-1)。

只有通过标准化和随之的高频率重复使用,才能实现公司资源高效益和有效地充分利用(参考 Imai 1997 第 19 页)。因此,标准供应方案奠定了企业物料交付、经济化规划、实施和控制的基础。一方面,它通过定义流程结构和条件,保障了规划的安全性;另一方面,通过员工对目标流程的定位,确保了实际运营的可靠性和稳定性。参与交付过程的各方,比如制造商、供应商和物流服务提供商,都可以通过采用跨越公司标准提高自身运营效率,并共同利用协同效应。

图 8-1 中所示的标准交付方案可认为是各种方案形式的基本类型。而一个专用供应方案的选择,要由与物流过程相关的决策性参数确定,比如交货频率、运输量、零部件重量、器具和供应商位置。最主要的标准是要回答这样的问题:在供应时(直接或仓库交货)是否还要插入一个中间存储阶段,或者这是涉及什么样类型的交货要求(需求或者消费驱动的交货计划)。为了更好地对具体的交付形式进行分类,下面将介绍汽车行业物流供应实践中最常遇到的交付方案。每个方案的具体实现可以与上述所描述的基本类型有所不同。尽管如此,物流和信息流设计的基本结构仍然保留。为了能够更好地分类和比较各个方案,下面基于六个基本问题及从中导出的六个基本特征来描述这些方案。

1) 要求供应商以何种形式供应所要交付的物料?
2) 供货地点在哪里?
3) 供货时选择了哪种运输方式?
4) 供应流程内插入了哪些中间存储环节?

5) 在制造商工厂，货物在哪里交付？
6) 供应的零部件如何安放在器具中？

对于每一个交付方案，通过组合上述六个特征值，可生成一个二维评估矩阵。这构成了一个形态表，可作为在以下章节中用以构建和系统化供应方案。这些组合再现了日常供应业务中最常见的情况。除了这些供应方案的原型之外，汽车行业还有大量特定的组合选项，考虑到本书仅探讨基础性物流，因此，在这里将不详细地讨论。

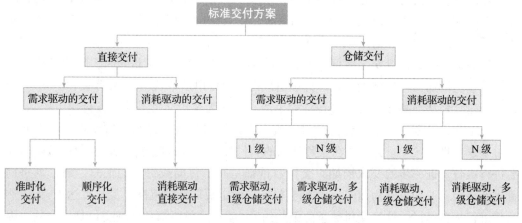

图8-1 采购物流中的标准交付方案

8.2 交付要求系统

交付要求系统作为一个联网系统，用于管理汽车制造商与其外部和内部供应商之间的物料调度和交付（参考 Thaler 2001 第 183 页）。通过改变对供应商的订货数量或时间，交付要求系统能够生成交货计划，来补偿车辆生产过程中的波动性变化。制造商向供应商传递的物料需求准确性越低，将来的物料需求就越大。为了保证供应商有一定程度上的计划确定性，将与所计划要求数量的偏差定义为最大允许波动范围。供应商有义务在收到交货要求后，检查其合理性和可行性，并据此表示同意、给予确认。交付要求是控制供应商的核心要素，原则上，可以区分为需求驱动和消费驱动的交货要求。

8.2.1 需求驱动的交付要求

需求驱动或者计划控制的交付要求对应于推动理念（参见第 6.3.1 节）。采用面向推动的理念，交付要求是根据车辆规划计算出必须在安装现场提供多少物料的（参见第 9.3 节）。在这些确定的数量基础上，生成外部交货预告（购买部件）或内部生产预告（自制件）。外部供应商的交货要求系统可以通过少量的修改转告内部供应商，以便所有后续的经营活动针对该外部供应商。该过程称为需求驱动的交付要求，因为确定性的物料需求计划（参见第 9.4 节）是交付要求的触发器。

车辆生产计划构成了计算每天所需物料需求的基础（参见第 9.4.3 节）。在对自身库存和运输中的物料进行核对后，可生成对自制件和采购件的净从属交付要求。随后考虑到交付配额，在物料级别确定相应的供应商（单一采购）或多个供应商（多方采购）。所要求的物料数量要根据各个供应商参数（比如交付时间、呼叫频率、满载器具、交付工作日、批量大小、交货延迟、人工更正等），来生成制造商的交付要求计划。需求驱动的交付要求是确定性的，即在交付准备阶段已经准确地确定各个物料的交付时间和数量。根据计划范围，显而易见，计划的准确性随着计划范围的增加而减小，所以按照交付要求的期限和细节的不同，要采用一个多级流程。有关需求量的长期预测数据，随着物料安装时间的接近不断地给予精确化。与此同时，随着经销商计划订单量的增加，初步计划的客户订单由最终客户订单所取代（参见第 9.1.3 节）。因此，交付计划从预测交货要求（按计划生产）演变为客户交货要求（按订单生产）。

整个交付计划可以分为计划交付预告、交付要求预告、详细交付要求和生产同步交付要求（图 8-2）。通常，在实际计划的交付日期之前的 8 周，要求交付的数量每天要进行报告。进一步的要求周期、交付数量都是基于每周或每月的汇总。该计划每周都更新一次，波动范围为 20%。详细交付要求确定短期计划范围，最长可达 15 天，然后将进行物料交付。这里交付数量的偏差约为 5%。交付要求和详细交付是耦合的，因为过去的交付要求必须完全被新要求取代。

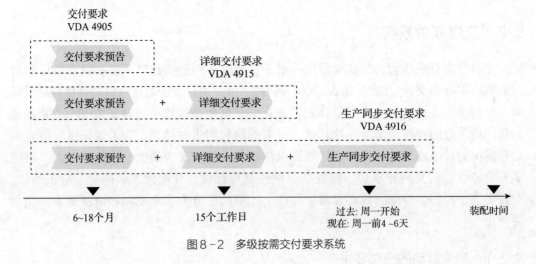

图 8-2 多级按需交付要求系统

8.2.1.1 计划交付预告

每次交付的依据是与供应商协商好的，交付的数量、质量和时间等应在合同中约定。制造商应给供应商（外部）未来 6~12 个月，甚至 18 个月的交付预测。

由于长达 18 个月的规划期交付预告仅基于预测数据（参见第 9.1.3 节），这会导致个别预告的波动和销售相关调整。交付预告在时间上划分成各个等级，其中由制造商通知何时必须交付特定数量的物料。由于计划需要有确定性，所以第一次交付是固定的，而在长期性交付中，交付功能将具有校正的可能性。当前的交付要求具有一种替换功能，就是说，在这种情况下，前一个交付要求都会被替代，从而无效。交付内容仅包含与零部件相关的编号，而无须与具体车辆相关。

此外，对于每个交付要求，都要送交一个累计数量，即从一个定义的时间开始，累计交货（供应商）和接收数量（制造商）。此累计数量包括从一个计算日期开始（例如，从相应年度的 1 月 1 日开始）到当前截止交付日期，供应商正（缺货）或负（积压）的所有预订送货。由此，当前在运输中的库存可以简单地从供应商发货的累计数，与汽车制造商收货的累计数之间的差值导出。

在德国汽车行业，交付要求已根据德国汽车工业协会 VDA 4905 和 DELINS（Odette）进行了标准化。除了 VDA 4905 建议之外，基于 Odette 和联合国电子数据交换管理，商业和运输的 VDA 交付要求 4905/2 通常也提供给供应商进行供应交付运作（参见第 6.9.2.1 节）。

8.2.1.2 详细交付要求

与制造商密切相关的供应商，除了交货要求之外，在交付日期前 15 天通常会接到制造商的详细交付要求，比如根据 VDA 4915 建议的。除了 VDA 4915 的建议外，Odette CALOFF 或 Edifact 标准 DELFOR，通常也可供供应商使用（参见第 6.9.2.1 节）。

详细交付要求，就是基于制造商安排的车辆生产订单，针对一个特定物料准确日期的交付要求。详细交付要求是根据生产计划中每天的批量（参见第 9.3.3 节）计算出来的，不会再进一步细化。这样可确保将物料分配给相应的车辆订单，或者生产编号，以满足每天的总需求。详细交付要求至少每周一次发送给供应商，每天最多一次。考虑到当前的每日生产量，详细交付要求每天重新进行计算，作为生产订单发送给供应商，使其能控制其物料的可提供性进行物料发送。而在每天的经营中所出现的问题是相对供应商的计划数量详细交付要求经常会发生波动。其原因在于，制造商采用了完全不同的物料需求计划系统（参考 Kimmich、Wahl 2007 第 60 页）。

8.2.1.3 生产同步交付要求

仅针对顺序化供应商进行订单相关的顺序控制（参见第 8.3.2 节），根据 VDA 4916 的建议，制订一个生产同步交付要求。生产同步交付要求可每天进行多次，并基于车辆订单发出相应零部件编号的交付要求。按运行车辆规划，每周或每日生产批量构成了这种交付要求的基础（参见第 9.3.3 节）。针对具体要组装的车辆，与安装顺序完全一致的交付通过明确地将零部件编号分配给相应的车辆给予实现。这种交付要求，其内容包含零部件编号、与客户订单相关的车辆编号，以及一个序列信息（序列号）。因此，交付要求与车辆的安装顺序完全匹配。除了 VDA 4916 建议之外，通常车辆制造商还提供 Odette 或 Edifact 标准的子集 SYNCRO 和 DELJIT，以进行交付运营业务（参见第6.9.2.1节)。生产同步交付和详细交付都是顺序化交付策略的重要组成部分。除了实际的生产信息之外,还传输了附加的物流信息。

为了降低控制、运输和转运费用,对于一定数量的车辆(例如20辆),交付要求可以分组,成为所谓成组供应。这种交付要求用于供应商的生产和发货安排、货物的发运准备,以及确定运输、交货和交付批量。通常,制造商为这种交付所指定的时间窗口(计划收货日期)比较狭窄。

原则上,生产同步供应要求可分为顺序式预告(计划顺序交付预告)和顺序交付要求(实际顺序交付)。预告数据作为特定车辆生产的日常程序,连续性地发出。此数据一般可以传送到供应商的任意一个交付点。通常,预告数据的传输发生在零部件组装之前4~8天。由于在制造商或供应商处出现生产、质量和物流问题,在发出顺序交付预告后,出现已计划的车辆生产程序发生变化,这就意味着已经计划安排的车辆不会获准放行进入生产流程,或从生产流程中移除。另外一些原因可能是车辆相关的零件明细表错误(参见第9.4.2节),或者供应商的零部件有缺陷。这种已经计划、已确定的组装珍珠项链将受到扰乱(参见第9.6.1节)的结果是,直到它们进入组装之前,所计划中的物料顺序仍然会改变。因此,根据供应商的供货范围及其地点,要为每个供应商定义交付状态点。常见的状态点是规划调度、外壳组装开始、外壳结束、涂装开始、涂装结束、车身入库、车身出库及进入总装配线。只有通过状态点进入装配线,才能进行交付要求的零部件与车辆的100%同步。从这里开始,所确定的安装珍珠项链、车辆的装配顺序将不会再改变。

如果在生产过程中车辆到达相应的状态点,则通过顺序化供应要求系统自动地生成一个交付要求,并通过远程数据传输,将其发送给汽车供应商。顺序化供应要求补充和完善了顺序预告数据信息,例如通知可进入装配线的一个确定的收货日期。

在序列预定和序列要求(生产脉冲)之间,是否要对更改的交付数据进行调整,这取决于顺序化供应商的生产地点。供应商与制造商的交付点距离越远,对序列变化做出反应可能性就越低(参见第8.3.2节)。因此,远程顺序系统的交付经常要求在制造商现场进行物料转运,或者重新顺序化。这一任务可以由制造商或委托物流服务提供商、供应商在制造商工厂厂内或工厂附近的工业园区中进行。

除了批量交付要求之外,交付要求系统还必须允许补订。如果一个零部件订购出现错误、交货不正确或者损坏,则要在顺序交付要求中人工启动重新订购,并将所需零部件的状态给以注释。如果采用电子数据传输,计算机系统或者网络连接发生故障,供应商还可通过传真接收信息,进行所需零部件的发送。

8.2.2 消耗驱动的交付要求

消耗驱动的供应交付要求,对应于所谓的拉动理念(参见第6.3.2节)。在面向拉动的交付要求理念中,从后续(下游)物流层面(客户)的物料需求开始,向前段

(上游)的物流层面(供应商)发出交付要求。消耗驱动的物料交付取决于汽车制造商的零部件消耗。与需求驱动的交付相比,该原理避免了集中式物料控制中的多次干预操作,交付要求由现场员工分散性生成,从而提高了反应速度。如果供应商位于客户附近,那么基于消耗的交付要求系统对供应商的整合尤其有效(参考 Lödding 2005 第 207 页)。对物流需求的反应越快,物流链中所需弥补波动的库存就越少。此外,消耗驱动交付涉及一种无需安排配置的方法,因为交付要求是分散性的,且完全由下游层次的消耗产生。为了支持供应商的中长期规划,根据 VDA 4905,供应商首先收到了一个无约束力的交付要求,由此可对本身的物料采购和生产规划做出一个需求预测。但是消耗驱动的交付要求,其约束性的定量交付要求将在相对较短的时间内确定。物料安排的责任在供应商。

根据消耗驱动的交付要求信号发送给内部供应部门,或者传输给外部供应商,这样就可以区分内部和外部交付要求。本节随后的叙述都只涉及外部交付计划,但在生产物流中,可以类似地转移到内部消耗的准备流程。

最重要的消耗驱动过程是看板系统,在汽车行业,该系统已获得高度的国际认可。就外部供应商看板而言,其目标是尽量减少运转库存,兼顾实现供应安全、准时交货以及物料交付和配置的高度灵活性。供应商仅在实际真正需要时才向制造商供货。

本书第 6.3.2 节中已经讨论过的所有内部看板交付要求,都可以以相同的方式转移和使用到外部交付要求。

可以使用不同的方法来生成和传输消耗驱动的外部交付要求,这些方法简要描述如下。

1. 卡片式看板

卡片式看板对应于看板器具标签,因此,从控制技术角度讲,它代表了看板周期中最小的可移动、可控制单元(参考 Dickmann 2015 第 297 页)。这种卡片式看板控制系统的最大优点在于其简单性,不需要任何信息技术支持,节省投资成本,并避免了信息技术带来的数据处理问题。但却存在卡片丢失风险,因为每张卡片都对应一个标准数量的物料,卡片丢失立即会导致补货系统中的库存减少。在极端情况下,卡片丢失可能导致供应链中断。通常,特别是对于那些供应商看板,看板卡片要在较长距离上传输,这对看板系统造成干扰的危险非常高。因此,具有保护措施的卡片系统,通常仅针对供应商在汽车制造商附近时才使用。比如,在共管模式中,供应商直接位于制造商主装配线上,此时可以使用基于卡片的看板系统。

现在已经开发了类似交通管理信号灯原理的看板系统,用于看板卡片控制(图 8-3)。卡片从左向右插入看板。根据相应的设备调整和重新补货时间,为各个零部件定义了相应的收集数量,在此范围内,将不进行物料补充。只有在降低到预定的最小要求数量时,才能提出(启动)或者必须(紧急情况)提出供应交付要求。除了物料预定的库存限制之外,还可以对交付要求附加相应的优先级别(比如,交付优先级从上到下减小）。在计算重新补充物料提前期时，必须考虑这些收集到的数量信息，因为基于看板卡片的信息传递，在时间上有延迟的可能性（参见第6.3.2节）。

2. 器具式看板

使用器具式看板，器具本身用作交付要求脉冲。在这种情况下，制造商将使用过的空器具返回给供应商。必须至少有两个看板器具在流通中，以便空器具由生产供应商进行填充，而完整的器具在消费客户处使用。制造商与供应商的距离越远，物料要求的波动性就越大，进而看板周期中流动的器具就越多。这样，空器具自动用作对供应商的交货要求，供应商返回给同样数量的满货器具。因此，与看板卡片相比，交付要求错误传输的风险性大大降低。同时，通过看板器具，信息流（空箱）与物料流（满箱）将更紧密地结合，减少了物流供应链中的交货时间和平均库存数量。

零件编号	正常					开始	紧急
4C3 423 R							
4C3 314 S	卡1	卡2	卡3	卡4	卡5		
4C4 288 T	卡1						
4C4 111 R	卡1	卡2	卡3				
4C5 325 U			卡1	卡2	卡3	卡4	
4C5 326 U	卡1	卡2					

图8-3 带有信号灯的看板

3. 信号式看板

信号式看板，或者称查看看板，利用的是人类的视觉感官。看板信号可以以许多不同的方式产生，在最简单的情况下，是在涂有标记的场地空间或货架的隔层中，缺少一个器具。如果一个器具被移除，就可通过它原来所在处的彩色地面标记立即被发现。对外部看板，供应商与看板之间没有直接的视觉联系（除了共管区和模块化联合体以外），所以完全有可能发送给供应商的交付要求在时间上有延误效应。一种解决的办法是使用网络摄像机来连续监视看板区域。使用与网络连接的摄像头，供应商可以识别是否从某一场地或者货架上移除了若干个物料器具，然后立即启动相应的后期交付程序。

4. 电子式看板

就电子式看板（e-Kanban）而言，在一个看板控制周期内，实体卡片被信息技术系统中有关库存和订单信息所取代（参考Dickmann 2015第551页）。物流的流出量在一个账号中进行收集,当达到最低订单数量时,将在供应商处生成一个电子交货要求。除了这种采购库存逻辑方法外,还应该显示当前物料库存。这可以分为库存、交货要求和所收集的物料信息。汽车制造商可以采用不同的技术收集物料消耗的数据信息:

1)在货架中使用电子开关作为传感器。当移除了前面一个器具,后面一个器具跟随滑动时,传感器自动触发,并转换成电子呼叫信号。

2)通过按下车辆制造商处的呼叫按钮,生成电子呼叫信号,并自动传送给供应商。

3)使用便携式数据设备扫描收货单上的条形码,将在供应商或物流服务提供商处触发自动补货订单。

电子式看板交付要求还可无线传输(比如数字增强无线通信、蓝牙技术、红外线),或者有线传输到与 PC 电脑兼容的控制器,并在那里通过本地网(LAN)、内联网(Intranet)或互联网(Internet)转发到供应商或外部物流服务提供商相应的物料管理系统。

供应商也可以用较少的费用支出,通过互联网访问制造商的物料管理系统。供应商可定期查询物料管理的重要参数,比如零部件编号、库存水平和零件消耗量。根据这些信息,供应商的工作人员会在双方约定的限制范围内确保后续物料补充交付(参考 Jacobi 等 2005 第 68 页)。

电子式看板的优势在于及时且不失真地传输当前库存和物料消耗信息,因此在物流链中不会发生捆绑效应(参见第 6.3.2 节)。但这一方法的缺点是信息流与物流的分离,进而不能立即识别实际物流过程中发生的故障;同时,存在着不正确的企业资源规划数据风险,这可能导致错误的控制操作。

8.3 直接交付

8.3.1 准时化交付

准时化交付是即时化生产理念的组成部分,尤其被日本丰田公司(图 8-4)采用。准时化描述了一种组织原则,旨在实现内部和外部物流中,物料供应在时间和数量上精准的协调。通过整合规划、调节和控制增值链中的物流和信息流,旨在实现高水平的市场和客户导向,这在以需求为导向的高质量交付服务中已经得到了证实。准时化的理念是努力实现客户所希望的无浪费生产(参见第 7.1 节)。这是在制造商和供应商之间,通过密切协调来实现,在所承诺的交付范畴内,供应商在适当的时间将所需数量和质量的零部件交付汽车制造商。尽管实施准时化交付涉及大量规划和控制工作,但与传统的仓库式交付相比,它却具备更多优势(参见第 8.4 节)。通过直接交付,可以最小化生产过程中所需的器具资源,进而减少对场地空间的要求。这是非常重要的,特别是在流水线区域,因为这里是场地空间稀缺、昂贵的生产区域。通过准时化交付,制造商可以显著地降低非增值性场地空间要求。但这是通过减少生产线的库存范围来实现的，从而导致了物料交付频率的增加。此外，由于物料供应的责任转移给供应商或外部物流服务提供商，可以降低自身内部物流的复杂性。

交付要求	需求驱动				消耗驱动	
交付地点	供应商工厂		制造商附近 JIT/JIS工厂	工业园区		共管区
运输	直接运输			循环取货运输	收集运输	
仓储级别	不需要	需求点附近	移动式购物车	制造商	制造商附近	远离制造商 供应商
交货	需要点		超市		交货点	拖车场
器具内容	分类				排序	

图 8-4 标准规格的准时化交付

成功实施准时化理念的先决条件，必须是在制造商与供应商或物流服务商之间建立密切的合作伙伴关系。以下四个基本原则描述了准时化的基本思想（参考 Wildemann 2000b 第 51 页、Wildemann 1997 第 466 页）：

1) 库存是被约束的生产力。
2) 库存掩盖了错误。
3) 时间（特别是交货时间）、交付周期和补货提前期，代表一个相对独立的竞争因素。
4) 不是对功能而是对流量进行优化，就可实现准时化供应和生产。

在准时化理念中，作为其核心组成部分之一，准时化供应是通过集中式控制与生产同步的交付方案。在此，这一术语用作描述准时化交付的总称，以及下一章中将要讨论的顺序化交付。准时化交付的目标（图 8-5）非常复杂，但它反映了汽车行业中实施即时系统所需满足的高标准。

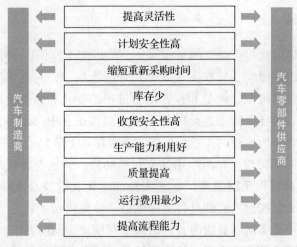

图 8-5 准时化交付的目标（参考 Wildemann 1988 第 17 页）

纯粹的准时化交付是一种需求驱动的物流概念，在客户地点连续性地（每日或每日多次）直接交付。在此，制造商生产引起的物料供应要求及供应商的供应交付要求是完全同步的。这种无仓储式供应流程仅使用分散性的物料缓冲区（参考 Graf、Hartmann 2004 第 124 页）。分类的货物以标准或特殊器具供应。在供应商的交货缓冲区中，根据生产同步调用要求（每个器具只有一个物料编号或一个颜色变异），拖车装载已分类的器具。通过这种近乎即时的交付，实现制造商与供应商之间制造和物流流程的同步。在交货、转运和配送过程中，不会发生器具交换，因此不需要额外操作。

准时化供应交付需要大量的计划和控制工作，并且融合了顺序化交付，与外部供应商协作，代表了当今物流集成的最高水平。由于相当多的控制性工作及对整个供应链过程同步的高要求，准时化或者顺序化交付主要用于处理大批量、高质量交付、高转运交付量范畴。

这种供应方式，企业将受到资金投入的约束，需要在存储、运输和配送方面增加资源投入。虽然准时化交付只适应于数量有限的变异，但因为交货时间明确，顺序化交付仍可提供多种多样的交货方式。实现准时化交付方案，必须满足以下前提条件（参考 Wildemann 2001b 第 156 页）：

1）有限数量的供应商（通常是单一采购）。
2）通过框架协议实现长期合同保证。
3）直接和紧密的信息和通信联系。
4）物料和信息的高度流程能力。
5）均衡的消耗，需求的可预测性。
6）供货质量、交货数量和按时交货方面绝对的可靠性。

由于入库量大，交货和货物处理由直接配送的循环货车完成（参见第 6.7.2.1 节）。这种穿梭货车在供应商和客户之间定期运行。对于交付，定义了很狭窄的时间窗口。物料配送应尽可能地接近制造商现场。远程传输点可通过自动输送系统连接到安装点。在理想情况下，货车停靠在装配线上的物料消耗点附近。这些物料对接点，通常位于组装车间的外墙位置。这使得移动式仓库方案，特别是如果物料所有权的转移能够尽可能地晚，将显著缩短运输路线和降低库存。在移动式仓库方案中，通常在每个交付点使用两个对接点。一个对接点用于满载拖车直接卸货，所产生的物料空箱将转载捆绑到第二个拖车。如果上面所提到的满载拖车已清空，也可在现场进行一对一满箱换空箱，把拖车装满空箱。这一操作可以由供应商或其物流服务提供商、制造商本身通过拖车场管理系统给予具体实现（参见第 8.7.1.4 节）。

迄今为止，直接来自供应商的准时化交付已用于制造商的安装现场或附近的生产地点。由于供应商非常靠近工厂，所以可以在制造商生产启动期内生产、配送和交付相应的物料数量。启动期，也称为控制阶段，实质上是物料交付与生产线上物料要求这两者之间的时间差。通过具有稳定订单序列的生产控制（参见第9.6节），准时化交付要求和交付日期之间的启动阶段可以大大延长。这为供应商在选择生产厂点和物流方案方面提供了更多的灵活性。

如果供应商和制造商工厂之间距离较远，则可以引入一个中间缓冲存储区。交付责任要求是针对供应商，或者授权的物流服务提供商。因此，对于准时化交付的零部件，其纯粹的生产可以在供应商的组装厂中进行。通常从那里，准时化交付的零部件大多数以消耗驱动的方式被运输到制造商自己的仓库。然后按照需求驱动方式，由供应商或签约服务提供商负责发放和准备所需的准时化零部件。

通过减少整个物流链的库存，汽车制造商的供应风险将会增加。如果供应商出现问题，会立即产生后果，甚至可能导致制造商装配线停止运行。这种风险可以通过提高流程能力及制订相应的紧急方案来弥补。

8.3.2 顺序化交付

顺序化交付类似于准时化交付，属于需求驱动的物流方案，连续性（每天或每日几次）地向客户直接交付（图8-6）。制造商提出供应需求，供应商的供应交付与制造商完全同步。顺序化交付包含有准时化的主要元素，但其不同之处在于所进行的交付不是单一类型物料，而是混合型的，采用了相应的特殊器具。这种形式适用于交付复杂的、货容量大的特制模块和组件，由于其变异数量多，以顺序化和准时化的方式在组装现场交付。顺序化交付的典型例子如前端、座椅、门、保险杠和车顶内衬。大量的变异物料和较大的空间要求进行预制通常是不经济的。由于车辆的复杂性和种类增加（参见第3.4.1节），顺序化交付越来越多地取代了分类式的准时化交付。

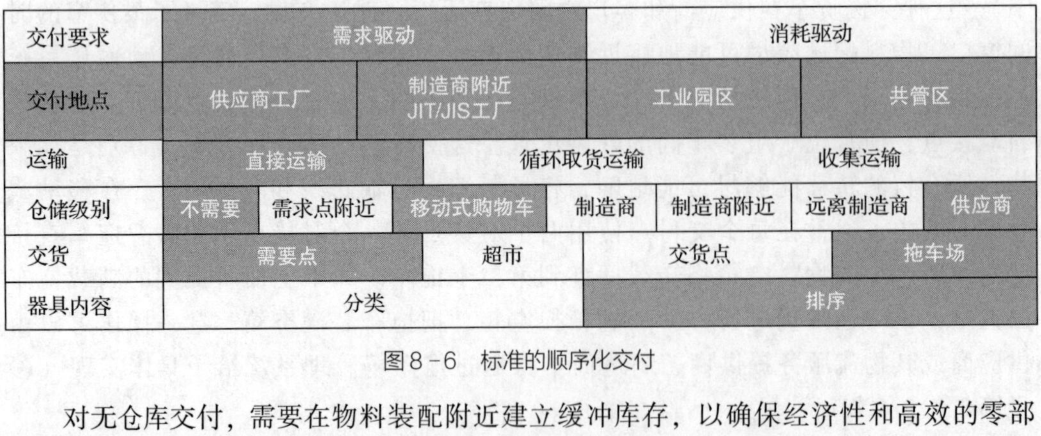

交付要求	需求驱动			消耗驱动	
交付地点	供应商工厂	制造商附近JIT/JIS工厂	工业园区		共管区
运输	直接运输		循环取货运输	收集运输	
仓储级别	不需要	需求点附近	移动式购物车	制造商	制造商附近	远离制造商	供应商
交货	需要点		超市	交货点		拖车场
器具内容	分类			排序		

图8-6 标准的顺序化交付

对无仓库交付，需要在物料装配附近建立缓冲库存，以确保经济性和高效的零部件供应交付。为了降低交付方案的复杂性，供应商事先生产标准化、非订单相关的基本模块或系统。尽可能在晚些时间进行最后的加工处理，完善制造商所需的模块和系统（参考 Graf、Hartmann 2004 第 128 页）。面向顺序化的配送可以在制造商附近（例如工业园区），也可以在所需求的场点，即与制造商自身同步的零部件制造厂或这两个地点之间进行（参考 Pfohl 2004 第 130 页）。在顺序化器具中，变异零部件的顺序与装配线上的提取和装入顺序完全对应。近年来，特别是工业园区方案实现了客户附近顺序化交付，受到了很大的重视（参见第 8.5.1 节）。

零部件的组装、排序和交付是在详细交付和生产同步交付的基础上进行的（参见第 8.2.1 节）。通过这种集中式的交付控制来监控整个物流的主要流程。考虑供应商的计划、控制、生产和物流时间，需要延时的顺序（改变时间）。而在过去，根据德国汽车工业协会 VDA 4916 的生产同步交付要求，在已喷漆的车身进入装配线的前段时产生顺序化交付（参见第 9.7.4 节）。当今对具有稳定订单顺序的生产，作为生产控制的一部分，这种交付要求已经在装配开始前几天就发出了（参见第 9.6 节）；同时，根据延迟订单分配原则，将客户订单推迟分配给相应的车辆车身。现今，这种错开的形式提供给供应商更多的规划空间。同时延长交货时间，使供应商以大范围在线顺序化或长距离顺序化方式进行供应具有可能。通常，供应物料已经在低劳动成本地区的厂点生产，并且通过较长的运输距离顺序化在制造商工厂交付。这样，除了降低库存和劳动力成本之外，制造和装配任务以外的劳动密集型的排序工作也转移到了海外，而无须中间存储。已经有许多来自德国汽车工业，从劳动力成本低的海外地区进行顺序化远程交付的例子（参考 Hartel 2006b、Voigt 2008）。

如果汽车制造商坚持一个稳定的珍珠项链式生产，在顺序化交付要求和制造商的要求日期之间，要有一个 4~6 个工作日的准备时间（参见第 9.6.1 节）。在这里，生产厂地的选择在很大程度上取决于客户订单流程，以保持稳定的珍珠项链装配，这最终决定了顺序化供应商的地理位置。

选择长距离顺序化交付必须权衡这一方案的优点和缺点（参考 Hartel 2006b 第 84 页）。与通过制造商工厂和制造商附近的顺序化工厂以传统式的多级运输链进行顺序化交付相比，长距离顺序化交付直接通过货车在制造商工厂卸货、在装配线进行交付。这样，库存将减少，避免因收货、仓储和配送进行双重操作而发生物流人工费用。另外一个优势是，在增值链中可外包人工密集型劳动，例如，将排序工作转移到中欧和东欧地区。此外，潜在的节省费用的方式是捆绑效应。供应商只运营一个中心工厂，而不是汽车制造商在其附近设置多个小型化自己或第三方经营的准时化/顺序化生产工厂。这样的中心工厂，可以为不同的汽车制造商、不同国家的生产点进行供货。可以组合车辆型号和向制造商交付数量上的零星波动，借助池（Pool）效应，在制造商生产现场实现稳定和均匀化的生产。由此，供应商减少了对特定制造商的依赖性，并且能够独立于车辆生命周期进行自身投资建设（图 8-7）。

优点	缺点
• 从供应商顺序化交付制造商工厂，在这一供应商的流程链内，避免重复操作 • 通过取消一级物流，减少库存 • 通过顺序化捆绑，利用协同效应，供应制造商的多个工厂 • 通过分散风险，降低对制造商的某一个顺序化工厂的依赖性	• 运输距离长，增加了供应风险 • 在制造商附近要有安全裕量库存 • 由于运输距离，无法打开承载器具，导致运输费用增加 • 随着东西方工资收入接近，失去了劳动力成本效应 • 如同喷涂后的零部件，会出现运输损伤危险

图8-7 长距离顺序化交付的利弊（参考 Hartel 2006b 第84页）

除了节省成本之外，还必须考虑供应交付中较高的风险因素。在供应交付中，长途运输是最大的风险之一。造成这种情况的原因，是低劳动力成本国家生产场地距离遥远，同时缺乏应有的基础设施。长距离按顺序化交付战略的进一步实施取决于未来物流成本的发展。一方面需要降低人力成本；当然，另一方面，所实现的人力成本节省，部分地却由于运输成本增加而几乎被拉平和抵消了。造成这种情况的原因，不仅是运输距离较长，运输和控制成本增加，而且还降低了物料交付的平均包装密度。在以前，采用顺序化货架，以较低的包装密度进行短距离交付，而对于稍长距离的交付，使用标准器具进行预备物料供应。对于长途运输供应，则是在整个运输路线上使用特殊器具进行交付，通常，这也是由于所要交付的物料具有复杂的几何结构，相应地，包装密度很低。

大范围顺序化供应交付，最重要的规划参数之一是珍珠项链装配的顺序稳定性（参见第9.6.1节）。在具有稳定订单顺序的生产控制中，车辆在装配中的实际顺序已在装配开始的前几天给予确定，并且将该信息提供给了相应的供应商。为此，在最终装配日期（计划顺序）之前的生产计划期间，每个车辆订单（所谓珠子）已经被给予了确定的顺序（珍珠串）。然而，在制造过程或零部件供应中，可能持续性出现某些问题，导致在顺序化交付要求后其顺序会发生变化。只有当车身主体进入装配线时，实际和最终的装配顺序才是最终固定的（实际顺序）。供应商与制造商装配厂距离越远，按实际顺序进行订单交付的可能性就越小。较长的运输时间，例如在远程顺序化中出现的情况，导致供应商仍依照计划顺序进行运输。因此，这需要在交付之前，对所交付物料进行重新拣选或排序。为此，必须在供应商、物流服务商和制造商之间，确定物流组织和成本承担问题。

8.3.3 消耗驱动的直接交付

在消耗驱动的直接供应交付中，与准时化/顺序化交付一样，供应商和汽车制造商的增值链中的各个流程环节密切相关（图8-8）。消耗驱动的直接交付是一种由消耗控制的物流方案，可在客户物料需求的地方，持续性进行直接交付。客户的物料消耗决定了供应商的交货日期和周期。为了辅助供应商的中长期规划，根据德国汽车工业协会 VDA 4905，供应商将首先收到一份无约束力的交付时间表，或者一份根据 VDA 4915 制订的详细交付说明，这样，供应商可将之作为需求预测，进行物料采购、生产规划或生产计划制订（参见第8.2.1节）。但是约束性的消耗驱动交付要求将在短时间内由消耗控制发出。

交付要求	需求驱动			消耗驱动			
交付地点	供应商工厂	制造商附近JIT/JIS工厂		工业园区		共管区	
运输	直接运输			循环取货运输		收集运输	
仓储级别	不需要	需求点附近	移动式购物车	制造商	制造商附近	远离制造商	供应商
交货	需要点		超市	交货点		拖车场	
器具内容	分类				排序		

图8-8 标准的消耗驱动直接交付

物料交付主要按标准器具分类。这种方式省略了收货过账、质量检查等中间存储环节。例如，零部件已经在供应商处按运输和使用要求进行了包装，不再有进货检验，直接交付给客户。转运在靠近制造商装配现场的地点进行，每天由供应商进行一次或多次，以消费为导向，但并不一定要按顺序运营。进货物料存放在生产场地附近，每个物料类型分配有固定的位置，但没有通常的库存记账。然后根据装配中的消耗情况，直接在安装现场提供所需的物料。由于物料供应区域紧邻生产线，这种简单化基于消耗的交付方法可以满足生产需要，比如，可以采用器具看板，以确保物料补给供应（参见第8.2.2节）。

就消费驱动的直接交付而言，它主要适用于具有高物流量、高转运量，但少变异的大批量供应。运用此交付方案的先决条件，就是要求采购件有百分之百的质量保证。通过供应商发送的统一物料范围，经由货运代理商运输，由客户直接继续使用，避免了不必要的处理。因此，所有直接交付方案追求的目标都是：

$$交货单位 = 运输单位 = 供应单位 = 消费单位$$

▶ **应用示例：驾驶舱预装配中零部件的供应**

示例所涉及的供货范围是驾驶舱的仪表板，由于其几何尺寸较大，对运输、配送和存储都需要给予大量的投入。这里，仪表板的变异被限制为三种不同的内饰颜色，考虑到左侧和右侧驱动布置版本，共需要提供6种不同型号的仪表板。

交付要求信号只需在器具变空时，由装配线员工按下信号按钮即可生成。然后，物料提供员工接收到要求供应的光学信号，补充物料形成满箱器具。信号灯通常位于厂房屋顶易见的开放空间。由分散式调度程序管理该物料缓冲区。物料供应员工每天在固定时间内，在缓冲区域记录一次当前器具库存情况。此外，还记录每次提取的器具。缓冲区的组织以已分类的地面存储形式进行。空箱也为存储目的进行收集，缓冲放置在厂房外附近的空闲场地。在提取整个满箱器具之前，将空器具从安装位置移除，并暂时缓冲存放。根据预装配的交付要求信号，以消耗为导向，进行供应交付。在这种情况下，叉车驾驶员手工在需求清单上记录器具消耗情况。所有三班制生成的交付要求文件，每天都一次性发送给供应商。消耗驱动的交付要求及随后供应商的确认，通过传真或远程电子数据传输（例如WebEDI）在预定的时间进行。供应商负责上述过程中批量物料的补货计划。对供应商而言，物料提供最重要的标准，是对每个零部件，在缓冲区内所确定的最小（供应安全性）和最大（场地稀缺）库存，要保证不应低于最小或者超过最大库存。为此，要确保在物料交付要求和生产线上实际安装之间，仍有足够的准备时间，这使供应商能够进行成本最优化的货运调度。考虑运费成本的优化，在每种情况下，只能是运送货车要满载。在最小、最大库存范围内，供应商确定发送的物料、数量和时间，并每天通知汽车制造商有关的运费收据和货运信息。对货车供应交付，通常要预先约定时间窗口；在交付中进行一对一整箱对空箱的交换。

在制造商厂区，安排器具缓冲区域由供应商负责，这就减轻了制造商的分配工作，制造商仅在特殊情况下（例如特殊加班）才参与。货车直接进入制造商工厂，这也消除了在货车入站时所需的检验和控制程序，减少了在制造商厂内的运输协调工作（参见第8.7.1.3节）。送货货车的登记和调度也转交给供应商。一对一地进行满箱/空箱交换，不需要单一空箱循环所要求的复杂控制（参见第8.8节）。简单且直接地处理订单、交货、转运和交付活动，可以大大减少器具的平均循环天数。这样，除了物流链中的库存较少外，还有减少器具投资的优势，可以成比例地直接从器具循环天数计算出投资费用（参见第6.1.3节）。然而，这种精益控制系统的使用，通常受到制造商附近物流场地空间稀缺性的限制。

8.4　仓储交付

所谓仓储交付，实质上是在介于供应商和制造商之间的供应链中，插入一个或多个存储级别（图8-9）。各个具体的存储级别，可由制造商自己或供应商、外部物流服务商进行运营操作。这样，库存可以是制造商也可以是供应商的财产。仓储作为中间物流层，实现物料在时间上的过渡、对物料数量、交付时间、安全功能和分类筛选而言，起到平衡补偿作用。在物流系统中，仓储的任务是物料的存放、缓冲和再分配。在仓储阶段，制造商和供应商两者之间生产和物料流程是相互分离的。仓储交付要确保车辆生产的供应。然而，另一方面，仓储交付存在很高的资金约束性、资金流动性下降和库存产品老化的风险，以及仓储费用和库存管理等额外成本问题。仓储交付中断了物流中的物料流动，因此，只有在直接交付没有意义的情况下，才能考虑采用。建立这种中间性存储级别，对以下交付条件来讲具有意义：

1) 供应商的准备成本高，必须要进行成批生产。
2) 市场需求可预测性低。
3) 零部件的价值低。
4) 脱离供应商的生产流程。
5) 与供应商的地理空间距离大。
6) 制造商需求波动大，且对供应链无法给予补偿。
7) 运输时间大幅波动。

交付要求	需求驱动			消耗驱动	
交付地点	供应商工厂	制造商附近 JIT/JIS工厂	工业园区		共管区
运输	直接运输		循环取货运输		收集运输
仓储级别	不需要	需求点附近	移动式购物车	制造商	制造商附近	远离制造商	供应商
交货	需要点		超市	交货点		拖车场
器具内容	分类			排序	

图8-9 标准的仓储交付

消耗控制的仓储交付方案，其特点是单级式和供应范围限制的仓储运营。交付要求以消耗为导向（参见第8.2.2节）。实际意义的仓库，通常在汽车制造商附近，或者在其厂区内部。对于只能以批量生产或需求预测准确度低的零部件，单级式仓储供应链是合适的。在这个供应链中，供应商和制造商之间有一个单独的仓库，在理想的情况下，最好是由供应商或物流服务商运营（参见第6.8.3节）。

由于供应商集成度的不断提高，以及数据信息交换的改善，多级存储链在全球采购环境中变得更为重要（参见第5.1.3节）。如果必须规避由于多模式、国际多级运输链导致的供应不确定性，通过多级存储系统，将远程供应商与车辆制造商连接起来，这一供应交付方案是有意义的。

根据德国汽车工业协会 VDA 4905，供应商将提前收到一个非约束性的交付预告（参见第8.2.1.1节）。这可初步作为一种需求预测，以进行物料准备和人员安排。但是具有约束性的库存数量还是要由库存本身或者库存水平决定。可使用供应商库存管理方法经营控制库存。这里可理解为，将库存量和物料可提供性的责任转交给供应商。

在这种情况下，供应商承担了仓库调度的责任。供应商可以直接访问库存及客户物料存储和生产数据。其目标是提高物流透明度。相应地，供应商与制造商之间的信息沟通则需要信息技术处理系统的经营管理，这要求供应商具有远程数据传输功能。只有当对所有参与者整个交付链的库存透明度得到保证时，供应的安全性才会增强。使用供应商库存管理，供应商在线接收所有相关的物流数据（当前库存、当前和计划的净需求、物料、短缺、库存状态、库存趋势等）。此外，还可以通过供应商库存管理系统模拟和发出交付通告（参考 Keller 2006 第 59 页）。根据制造商的库存和需求信息，供应商能够自主决定交付的时间和物料补充数量。供应商在约定的库存上下限内，履行自己的义务。预定的库存，或者从它所派生出的库存水平，将以数量或者时间单位方式表示（参考 VDA 5010 第 6 页）。如果库存低于指定的数量或范围，则要通知供应商进行供应。仓库中存储的零部件出库要求，则是通过制造商的装配请求启动的。每个装配线的交付要求都直接生成一个仓储出库订单。需求地点通过循环货车，按固定的路线进行供应。

在以需求为导向的多级仓储交付中，通过一个多级需求驱动的交付要求进行协调，向仓储位置进行物料交付。除了根据 VDA 4905 交付预告进行企业资源规划以外，在大多数情况下，还会将根据 VDA 4915 制订的详细交付要求，发送给供应商进行调度控制（参见第 8.2.1 节）。对需求驱动的仓储交付而言，它所涉及的是一般物料范畴、中低货运量，通过循环取货（参见第 6.7.2.2 节）或集中运输方式，由中央仓库以分类器具方式向制造商交付（参见第 6.5.3 节）。

8.5 工业园区物流

8.5.1 工业园区物流方案

在工业园区内，供应商集中在制造商附近，具有众多的战略性优势。自 1992 年，大众子公司 Seat 在西班牙马托雷利（Martorell）开设第一个供应园区以来，对汽车行业物流而言，工业园区已成为直接交付方案的重要组成部分（参考 Reichhart、Holweg 2007 第 52 页）。现在，整个欧洲大约有 40 多个工业园区（参考 Schraft、Westkämper 2005 第 55 页）。新建的汽车工厂通常由工业园区供货，或者在规划阶段已经考虑了扩建的可能性。即使在启动新车生产时，对制造厂商现有的结构改造扩充，也同时要考虑到工业园区方案（参考 Barth 2002 第 53 页）。与工业园区意思相同的名词还有零部件园区、供应商园区、供应园等。

从汽车工业的角度来看，工业园区是在汽车制造商周围一种直接（附近工业园区）或间接（地区区域性工业园区）组合几个供应商和物流服务商的联合解决方案（参见第 3.6.1 节）。在工业园区内，有工业生产区、相应的建筑物和基础设施。在工业园区中，基础设施的使用是共享的，并且用于为制造商提供特定的制造和物流服务。工业园区的具体位置要通过整体规划考虑。实际运营包括共同提供和维护土地资源、建筑物和基础设施。基础设施应支持供应商和物流服务商之间的集成互动。在工业园区内的企业，执行和运营具有针对性的物流和零部件制造过程（参考 Gareis 2002 第 20 页）。供应商的位置在汽车制造厂商附近，通常，这会得到当地政府政策性支持，以在该地区创造新的就业机会。

工业园区物流的目标定位在对制造商的供应交付、捆绑物流、增加交付的灵活性，同时提高供应安全性。通过减少物流复杂性，可实现连续性及物流、信息流的简化；对采购物流而言，可带来降低成本费用和改进服务项目的可能性（参考 Klug、Vogl 2003 第 28 页）。此外，供应商和制造商物流的紧密集成及标准化可以提高物流过程能力，从而提高交付稳定性。

在供应商园区内，就供应商的标准交付方案而言，通常是直接准时化/顺序化交付给制造商的装配线。在欧洲的工业园区，大批量交付的物料主要包括驾驶舱、线束、排气系统、座椅、油箱、前端模块、车门内饰、车顶内衬、保险杠、地毯、后桥和车轮（参考 Schraft、Westkämper 2005 第 264 页）。早期直接交付方案的特点是着重于优化和适应现有的基础设施。在制造商的区域环境中，供应商直接落户和建立小型准时化/顺序化装配厂。这样的结果是，在制造商工厂区域内，不再受场地空间分布限制，实现分散型制造和物流服务功能。而以前，供应交付是不经协调的，而且是单独进行的。而工业园区集成了这些分散式的制造和装配中心，从而消除了仅向单一制造商进行单一运输的高成本。通常，制造商附近的工业园区（参见第 3.6.1 节）通过自动输送系统、连接桥或隧道连接，消除了货车装卸流程。由于工业园区便利的连接性，对供应商长途货运而言，其入库物流也可以得到更有效的处理（参考 Klug 2000b 第 34 页）。虽然过去供应商的初衷是在制造商附近建厂，而工业园区的建立则是一个联合性规划，并且是制造商做出的战略性决策的结果。对汽车工业的工业园区，可以将以下考虑作为设计标准：

1）首选考虑供应数量大、有价值性的模块和系统，及准时化/顺序化供应商。

2）首选的那些供应商没有进一步附加值生产深度的纯装配公司。

3）除了最终装配以外，供应商或物流服务商还可接管排序和购物车编组任务。

4）工业园区应尽可能直接连接到公共交通网络，在理想的情况下，为公路－铁路联运，建立一个转运站。

5）工业园区运营商与供应商之间的租约模式通常是有期限的（约 5~7 年）。

6）由一个或多个服务商承担从供应商到制造商安装现场整个物流链的全部经营责任。

7）共享园区中心的基础设施，比如电力供应、食堂、工厂安全、消防、污水处理、工业用水、废物处理和回收设施、人员招聘、信息技术支持、维修服务、医疗保健、洗衣房、邮局、幼儿园及公共交通设施等。

8）生产报酬原则是，只有当成品车通过最终质量检查之后，才支付所交付的物料钱款（参考 Becker 2005a 第 32 页）。

8.5.2 工业园区的设计要素

8.5.2.1 厂房方案

由于制造商工厂的持续性变化（产量、车型变化、新衍生产品、零部件或技术变更、节拍改变、更换供应商等），建立自适应性结构是工业园区设计的首要原则。其目的是建立一个模块化和易承受型的厂房基础设施、尽可能灵活的厂区布局，以及较少的固定性设施，比如，厂房内区域的隔墙可以轻松地移动（参考 Klug 2000a 第 34 页）。一方面，这可以迅速地扩大或减少所需的场地空间，改变物料和生产技术所需占用的面积，而无须在租户发生改变时再进行大量的经费投资。当多个供应商在同一个厂房，并且同时在不同的生产班次中工作时，进行厂房空间的分割主要是出于安全方面的考虑。可将厂房的高度进行分层，以生成各种不同的使用区域（制造、组装、办公室、社交区域）。为了确保最佳的空间利用，通常建议厂房的净高度为 7.0~7.5m（参考 Schraft、Westkämper 2005 第 246 页）。厂区的场地空间也要进行分割划分，主要物流链、装载和卸载区域应该连接在一起。为了不受天气气候影响，进行装卸操作需要适当的施工措施，比如斜式屋顶、带顶棚和供暖的货车或火车装载车间。除了纯粹的制造和装配区域外，还必须为员工配备合适的办公和社交区域。因此，在厂房结构设计中，必须考虑场地空间和建筑物的灵活使用。

工业园区的厂房布局有集中式或者分散式两种建筑结构的可能性（参考 Schraft、Westkämper 2005 第 245 页）。就集中式结构而言，通常由于场地限制，可以考虑使用电动悬挂轨道系统。其优点是运输技术简单，与制造商主机厂的主要建筑联网。其缺点在于本身的入库物流由于新供应商出现，需要对场地空间持续性地进行调整，并且扩张将受到限制。

分散式建筑结构，通常一个厂房由一个或多个供应商共同使用，可以更好地使厂房场地满足租户的特定要求。而缺点则是更高的场地空间需求，相应地有更高的场地成本。如果由于供应商和制造商工厂之间的距离较长，可采用拖车实现物料运输。当工业园区的面积过大时，长距离运输将出现问题，因为拖车的运输循环时间加长，甚至可能要横穿公路。供应商厂房与制造商之间超过一定的距离，就必须考虑要使用货车连接运输。

8.5.2.2 运输方案

如果采用直接交付方案，期望保证连续性的物流，则有必要选择合适的运输方式。但这要根据运输量、运输距离、物料尺寸和装配车间内的交付可能性（比如厂房结构限制）来确定。从原理上讲，选择的运输技术可以是拖车、自动输送系统、永久固定式输送系统（如电动悬空轨道）或货车。人工操作的通道传输技术（例如拖车）的优点在于，对交付范围、进入和退出点的变化具有高度的适应性。在工业园区内，采用电动悬空轨道系统可实现节拍同步交付。但电动悬空轨道需要大量的投资费用，因此，输送线路必须尽可能最小化,这有助于同时在一个厂房内安置若干个供应商。但总的来说,而且从大量的案例可以看出,这一系统可以在运行期间相对容易地进行计算,从而产生积极的影响。如果物料供应和交付点之间的距离有限(最多1500m),模块数量也有限(5~10种),每年成品车的产量至少为20万辆,则这种系统在第一个车型生产周期中,可以说是最佳的解决方案(参考 Schraft、Westkämper 2005 第 240 页)。它可以直接连接到使用地点或货车站,然后分送到装配地点。

8.5.2.3 信息技术方案

工业园区基础设施的另一个重要方面是信息技术建设。这其中包括提供和运行一般性信息技术基础设施和相应软件工具服务。这就必须定义供应商和服务提供商两者信息技术系统之间的数据信息接口。工业园区通过租用通信线路连接制造商的企业资源规划系统(参考 Rinza 1999 第 17 页),同时,需要第二条冗余信息数据连线,用于在紧急情况下仍能确保通信的可靠性。在工业园区内,供应商主要通过制造商的专用物流系统交付货物,这样汽车制造商就对其供应商的物料运输完全透明地进行运营管理。

8.5.2.4 投资和经营模式

工业园区建设需要有大量的资金投入。因此,投资模式的选择对于能否成功实施工业园区战略,具有决定性的影响(参考 Schraftand、Westkämper 2005 第 271 页)。在这种情况下,必须权衡诸如金融风险、使用风险、相互之间的依赖性、透明度、制造商成本、投资的连续性,以及政府现有促进政策等因素,以确保最佳地给予实施。汽车制造商、政府公共部门、服务提供商和供应商等通常由于各个不同方面的经济利益冲突,越来越多地以公共私人合作伙伴关系作为投资模式(参考 Schraft、Westkämper 2005 第 271 页)。

与投资模式密切相关的是运营模式,因此,还要确定合适的运营模式。为了选择合适的运营模型以实现工业园区方案,必须考虑和评估各种选择标准。对汽车制造商而言,可能的要素包括运营费用、各种因素影响的可能性,诸如利用性、透明度、灵活性要求、潜在的矛盾冲突、供应商对工业园区的接受程度,以及经营的连续性。在选择运营方案时,运营商的服务范围也至关重要。为确保顺利运行,很重要的就是要明确定义一般性服务和物流服务的内容。一般性服务包括操作设备和建筑物的维护。而物流服务包括从供应商到工业园区,再到制造商装配线,这一物流过程的切实管理功能。比如货车装卸、货物收集、仓储、排序、运输和装配线上的供应,以及包括清洁和维护在内的清空作业。

8.5.3 工业园区方案评估

工业园区方案为所涉及的各方都提供了许多便利。下面将讨论通过实施工业园方案,对汽车制造商和供应商而言,所能够带来的潜在益处(图 8-10)。当然,除了经济意义上的评估外，政府公共部门的区域性、经济性政策方面也发挥了一定作用，但在这里将不详细讨论。

8.5.3.1 汽车制造商的潜在利益

从汽车制造商的角度来看，在工业园区的框架内，可以兼顾许多自身的利益，发挥出本身的业务潜力和优势。最重要几点如下。

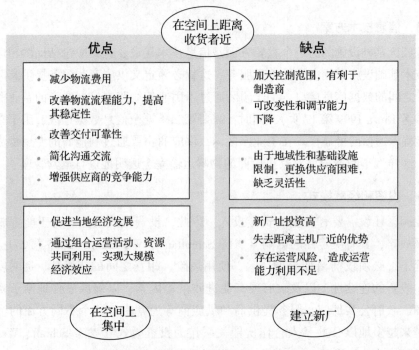

图 8-10 工业园区方案的优缺点（参考 Pfohl、Gareis 1999 第 19 页）

1. 提高供应安全性

从汽车制造商的角度来看，最重要的潜在好处之一就是增加了物料供应的安全性（参考 Pfohl、Gareis 2005 第 305 页）。由于生产制造深度减小、产品变异不断增加，这些都导致了制造商采购量的增加，这使得物料供应安全性变得越来越重要。如果装配线停运，将会造成巨大的经济损失，所以持久性的物料供应安全性是制造商生存的必要条件。这里，工业园区奠定了一个稳定生产过程的基础。而这些都是通过以下因素给予保证的：

1) 简洁的供应流程。
2) 靠近厂区的顺序化生产。
3) 供应商负责装配过程的若干阶段。
4) 对变更和故障可做出快速的反应。
5) 供应商和客户之间快速、直接的信息沟通。

制造商在地理位置上靠近供应商，减少了许多物流中间环节，从而可建立更透明和有效的供应流程。大批量、运输密集型供应车辆模块和系统，可实现生产同步和组装，它们可以直接在装配线的安装地点给予提供。采用工业园区，缩短了通信和运输路线。因此也使装配具有更大的灵活性，因为供应要求时间缩短，可以在装配过程的早期就进行组装交货。同时，对可能的生产中断快速地做出响应，从而提高供应和过程的可靠性，确保订单准时交付。

2. 降低物流成本

对于汽车制造商而言，另外一个潜在的好处在于物流成本费用的降低。可在多个生产阶段，通过短距离交付供应，实现精益型和以客户为导向的最佳生产。在工业园区内，再结合无仓库直接交付，可以减少不必要的库存，并且可以最大限度地减少安全库存裕度。通过后期价值创造（价值方式的库存减少）和后期变异形成（成交量减少库存），库存成本将进一步降低。由于制造商和供应商之间的功能集成和地理位置接近，这就意味着可以缩短订单周转时间。

另一个重要的方面是降低运输成本。供应商和制造商之间的距离很短，可以大幅度地降低运输成本。在这里，主要的潜力是要消除长距离运输及体积大的零部件。由于未预组装的零部件通常需要较少的运输空间，所以货车的运输次数减少。这样的一个例子就是油箱模块，将某些简单的装配过程（轻型装配）转移到工业园区内进行，比如，将燃料加注口颈焊接到油箱上，可以大大减少运费。此外，物料在运输过程中损坏的风险也可降低（参考 Klug、Vogl 2003 第 29 页）。

除了运费下降之外，制造商与工业园区供应商的距离很近，也对器具和运营成本产生了巨大影响。由于器具的平均循环天数非常短（约 0.5 天），由此，器具库存可大幅度减少。此外，器具的需求量与循环天数直接成比例地减小（参见第 6.1.3 节），所以器具循环天数也减少，也就相应可以减少对器具的投资。这对于投资密集型的特殊器具尤其重要，例如顺序化交付中使用的器具（参考 Klug 2000b 第 34 页）。同时，运输距离缩短，相关的运输风险降低，也可以简化器具操作和优化特殊器具的结构（增加填充度和稳定性，简易存放和提取零部件等）。由于运输距离变短，附加的包装材料，诸如薄膜、泡沫塑料、保护涂层或衬里都可以取消。另外，操作处理成本也大幅下降。通过使用更简易的包装方案，并直接输送到装配线，这就消除若干中间处理步骤，实现了进一步的物流成本降低。通过输送技术与供应商进行连接，模块和系统可直接存放入悬挂式运输设备，通常就可以完全取消器具。由于封闭性的器具循环周期短，器具返回流程大大简化了。这种闭式回路消除了不必要的空箱运输，并提高了空箱返回过程的可靠性（参考 Schraft、Westkämper 2005 第 208 页）。

通过共享特定的物流资源，例如联合型仓库，物流服务商通过整合货运，可以实现进一步的潜在费用节省。物料捆绑活动可以实现固定成本递减，从而通过大规模经济效益降低物流费用支出。

3. 产生协同效应

基本上几家公司地理位置相互接近，就为产生协同效应提供了大量的潜力和机会。在工业园区内，供应商之间的技术和后勤网络连接越多，这种协同的潜力也就越大。其目标是使供应商能够提供特定范围的物料，在理想情况下，这些物料位于交付金字塔的不同层次。这种情况的一个例子是座椅生产，通过一个一级供应商以顺序组装方式实现。同时，该供应商又由一个二级供应商为其提供头枕、扶手和侧垫；再进一步，这个二级供应商又由一个三级供应商供应泡沫塑料类部件。所有这三个供应商都通过简单的、消耗驱动的交付要求流程，在场地空间上集中和同步。这样可以实现低库存、精益生产，为制造商提供最高的交付可靠性和灵活性。

如同在产品开发过程（参见第 3 章）中所讨论的，复杂性管理方法也可以应用于物流网络的规划。由于在工业园区中对于汽车制造商而言，具有重要战略意义的供应商都集中在一起，所以车辆的规划、控制和监控工作量大大减少。同样，从后勤角度来看，也可以看到在巩固工业园区物流方面做出的努力，例如不再需要过多计划和协调大量低需求量的物流，而更注重于工业园区和制造商之间的大量主要物流。对于投资密集型自动化解决方案，比如电动悬挂式输送设备，可能要超越其临界能力。由于相关的固定成本，可以对每个模块可以较低的运输成本进行核算。

4. 更紧密的供应商整合

通过信息技术网络，供应商可以更直接和紧密地利用车辆制造商的商品管理系统，这意味着对工业园区以外的供应商也提供了信息优势。在批量生产运营中，持续性出现的问题可立即在现场得到解决。多年来不断发展的合作，可促成相互间信任关系的建立，而这种关系又构成了一定的业务基础，将部分增值业务转移给当地的供应商。此外，在出现某些问题的情况下，通过个人之间的关系，处理人员可直接出现在问题现场，这都是通信和信息流带来的积极影响。

5. 减少交通量

与减少运输成本密切相关的则是要减少交通量。在工业园区中，通过捆绑分散在供应中心的交付量，可以消除外部顺序化供应中心与制造商之间的早期性运输。通常，在工业园区方案中，供应交付通过特殊的运输系统进行，这可以是电动悬空输送系统、运行在非公共交通路线上的牵引车辆。这些特殊的运输系统与短距离方案相结合，可减少交通量并降低货物收集、运输和控制成本。

通过在工业园区建立转运站，还可以通过货车和铁路，联合式运输货物搬迁和整合入工业园区。转运站主要是用于处理联合式货运的货物，也可用于处理传统的货物运输（参见第 6.7.1.2 节）。

8.5.3.2 供应商的潜在利益

除了制造商，供应商也从工业园区方案中获利。而对其潜在效益的评估，在很大程度上取决于供应商在落户工业园区前的初始情况。可与一个区域性的准时化/顺序化装配中心进行比较，比如，该装配中心位于制造商工厂所在的区域。供应商最重要的可利用潜力归纳如下。

1. 降低运营成本

通过仓库、物流服务以及公共基础设施（例如装配车间、物流人员或食堂）共享，与单独的区域性制造和装配中心相比，工业园区供应商可以降低当地的运营成本。在多个供应商之间共享信息和通信服务，还可以降低信息技术投资成本，实现费用开支节约。通常，供应商可以使用汽车制造商提供的信息技术服务，例如电话、互联网连接、数据中心、通用网络基础设施及文件备份系统等（参考 Schraft、Westkämper 2005 第 209 页）。与投资建立区域性顺序化工厂相比，通过租用厂房空间，固定成本可以通过可变成本来给予补偿。这就降低了供应商的投资和人员就业风险。

对于运输成本而言，可以捆绑位于工业园区内的供应商的入库运输。如果可能的话，这可以由制造商的进货运输系统或物流服务商在现场提供的设备来进行。在制造商发出准时化/顺序化交付要求后，供应商接管部分交货的合并，以及在理想情况下的收货、存储和货物供应。

2. 提高过程稳定性并改善沟通

顺序化供应商在地理空间上接近制造商，这就意味着，由于运输时间大大减少，对制造商的供应要求，可迅速地做出直接反应。顺序化交付要求和实际安装之间的时间间隔也减少了供应商的装配、排序和运输时间。对于生产同步交付（参见第 8.2.1.3 节），制造商可在车辆安装启动时，提出实际交付要求，这仍可具有百分之百的顺序稳定性。与大范围顺序化供应商相比，这就可以节省自身成本（参见第 8.3.2 节），因为大范围顺序化供应商仍然必须在不确定的计划性交付要求条件下运营，并且必须在制造商现场进行再次转运和重新排序。某些后续工作也可由供应商在制造商的装配线上进行。原则上，这可以对生产问题迅速地做出反应。准时化/顺序化供应交付所必需的紧急方案，可以更容易、更有效地实施。这种短距离交付增加了反应时间、缩短了交货时间，最终缩短了供应商的整个交货时间。短距离也意味着相互之间沟通渠道的改善。供应商和制造商之间员工个人交流，很容易地每天都进行，与其他竞争对手相比，这增加了供应商与制造商的整合深度，也有利于创造战略性竞争优势。

3. 增强竞争能力

通过定位在供应商园区，以及汽车制造商逐步地减少自身的生产深度，供应商可以扩展其经营范围。最重要的是，原先由制造商本身经营服务的项目，现在可由供应商接管。因此，与其他竞争对手相比，供应商与制造商在工业园区合作的经验，可以帮助他们设置抵御其他竞争对手进入的壁垒。在车辆制造商工厂附近的地理位置，确保了供应商在其领域的代表性，这可以在汽车行业内提高供应商的知名度和完善自身形象。

4. 避免投资

与投资模式相关，在工业园区内的供应商可以免去对建筑物和基础设施进行投资。这就降低了错误投资的风险。对于供应商而言，不需要对建筑物进行投资，并保证能获得普遍性服务。同时，多个供应商或服务商共享基础设施，可以对各自带来成本优势。这方面的一个例子就是带有充电站的电动叉车，通过池效应和叉车共享，可以提高叉车利用率（参见第 8.7.2 节）。利用率的提高意味着对每个用户的传输设备使用而言，单位小时的费率降低了。

8.5.3.3　工业园区落户的弊端

对落户工业园区决策进行一个全面评估，除了工业园区运营的潜在益处之外，还要从商业经营角度衡量可能的风险和劣势（参考 Becker 2005a 第 35 页）。通常，可对供应商提供完整的基础设施，包括厂房大厅、物流和与制造商的信息技术连接。

但是，供应商在仓库和装配线上的投资不应低估，因为为了进行新的投资，往往不得不放弃已建设的装配厂地。这只能通过与汽车制造商签订生命周期合同来实现。特定对某个制造商的投资会产生对其的依赖关系，从而降低讨价还价能力。此外，还存在着这种可能性，即对某一车辆项目已经完成的投资完全过了该车辆的生产期。已经扣除的供应商生产运营设备费用，对供应商接受新的车辆项目有一定的成本优势，但供应商远离自己的母公司，也导致这种相对分散型的制造和装配公司失去了相应的第一手专业知识和技术。同时，中心人力资源，比如规划和控制功能，都要在工业园区重新进行安排和配置。

除了较大的供应商集成优势之外，由于靠近制造及其规划和控制部门，也存在着某些缺陷。制造和物流条件是众所周知的，要为制造商提供完整的成本透明度，这显然增加了受其控制的可能性。对供应商而言，另一个缺点是与母工厂在地理空间上分离，致使其产能利用率降低，无法使用共享资源。还有一个缺点是制造商独家确定交付位置范围，车辆生产中的波动直接传递给工业园区的供应商。与主厂供应或者东欧地区的中心位置相比，这通常没有可能性由其他客户订单来补偿这些波动。生产和装配量限制，导致自身母厂的规模经济和机器利用率降低。而且技术工人招聘通常很困难，因为制造商充当了就业吸引家，并吸引了大部分区域性人力资源。此外，根据制造商的工会协议，额外供应商进入产生了区域竞争，工资水平高于经济薄弱区域，而正是在这些地区，供应商经营其主要生产业务。此外，由于员工接近制造商，供应商的人力薪资结构随着时间的推移要不断提高适应，这增加了人力支出成本。另外，供应商的员工从主厂迁移到新工业园区工作，职工的家庭意愿有限，并且这也取决于主厂与新工业园区之间的距离。对于服务性功能（例如重新包装），需要有制造商认证的服务商。这会降低安置灵活性，并增加供应商成本。如果将自身的生产主厂转移到制造商附近的工业园区，可能导致运输成本增加。过去，可以在主厂中提前交付，交付量很大；而现在，必须以部分装载，或者一般货物以较小的货运量交付。在某些情况下，运输距离可能会增加。

8.5.4　工业园区交付范围

由于制造商厂区场地资源有限，必须选择最佳的区域利用率，以达到单位面积最大生产率。为此，应提前确定供应商的产品范畴和供应范围，选择最适合的工业园区落户。

在产品开发过程框架内，有必要在项目开始时（大约生产开始前三年）就考虑新车型中，哪些零部件，以及哪些供应商，最适合在工业园区落户。为此，应使用一个多级的评估方案。借助投资组合分析，选择合适的零部件范畴，并与潜在的和将指定的供应商一起实施逐步的落户计划。开展上述工作时，可采用调查问卷和计划讨论会的形式（参考 Klug 2001 第 56 页）。

在使用组合分析进行结构化、评估和选择时，必须考虑各种因素。原则上，评估标准要面向交付范围、生产和装配技术的复杂性、交付数量和变异多样性、运输强度、税收时间，以及供应商位置、供应安全等其他物流风险。在工业园区定点，其目标范围要考虑到产品范围，这其中应该包含复杂多样、体积庞大、运输密集且供应关键的组件，这些组件通常装配率很高，在整个车辆周期中有大量的供应需要。对于在投资组合中进行方向性定位，以下标准具有决定性作用（参考 Rapp、Klug 2001 第 49 页）。

1）多种变异体：大量变异的零部件，意味着对物流和生产相关活动的场地空间需求增加。此外，装配线上缺少存放大量变异物料的场地空间，因此需要进行栋选操作。

2）运输量：大批量零部件需求，而且日常需求量高，能满足这种要求的供应商特别适合于在工业园区建点。首先需要考虑的是潜在的物料交付量。

3）场地空间要求：作为一般规则，根据组织管理条例，在工业园区内至少分配有最小尺寸的场地空间。每天所需的各种变异、零部件数量以及附加增值度（完整、部分组装或者纯顺序式），对场地区域要求而言，都是决定性的因素。

通过收集各种零部件变异及相应的运输量，可以生成一个三维图，其中第三个参数作为在工业园区内对物流场地空间要求，这里用相应大小比例的圆形表示。综合这三个评估标准，可在图 8-11 中以变异、数量、场地需求对这三者组合的形式来描述（参考 Rapp、Klug 2001 第 50 页）。

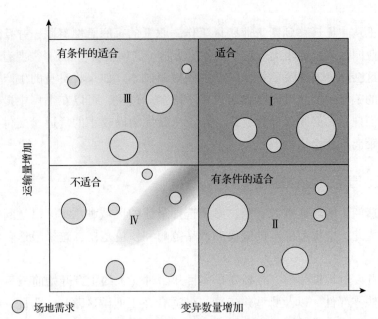

图 8-11 变异、数量和场地需求

根据该三维图，各个零部件范畴在工业园区的经营适用性可分为以下四类。

1) 区域Ⅰ：特别适用于通过工业园区处理的物料，常是具有大量变异和运输量大的零部件（例如前端）。

2) 区域Ⅱ：具有很大差异，但运输量低的零部件（例如线束），借助优先级排序功能，在工业园区中运营是合理的。

3) 区域Ⅲ：差异小，但运输量大的零部件（例如油箱），这类物料在工业园区处理，其适用性比较有限，主要侧重在转运功能。

4) 区域Ⅳ：对于差异小且运输量低的零部件（例如标准零件、锁定系统），不建议通过工业园区进行处理（例如标准件和小型零部件）。

这种图形组合分析的结果，可以将各个供应商分为四个组成部分。变异多或变异相当，中等运输量和大运输量，对这两种情况应该进行检查，是否可以作为完整的模块或系统，以提高其集成度，作为单一零部件进行供应，这可能增加增值范围，或者是否可以用一个包装供给。这里物流包装的目的是将具有相同或类似物流过程的零部件系列组合成一个交付单元。这样的一个例子是 A 类–、B 类–、C 类–和 D 类–立柱的内部镶板，它们被拣选到购物车，并按需要顺序化交付（参见第 6.5.2.1 节）。将工业园区中比较小的场地要求综合在一起，其总和会超过工业园区的场地临界值。

由于改变已计划的装配顺序引起的重新排序的成本越高，则对在装配现场后期形成的变异越有利。此外，在选择零部件范畴时，必须考虑进一步可能会出现的物流风险，包括运输、包装、调度等（参考 Schraft、Westkämper 2005 第 265 页）。

全面估算场地空间要求时存在的问题在于，生产的车型变化所引起的额外场地空间。如果前段和后续车型要并行操作，则需要更多的场地空间。在战略性采购中，选择新供应商时,对场地空间需求也具有决定性影响。前段某个型号的供应商和后续型号的新供应商,都需要有相应的场地空间。当先前车型生产到期之后,这些厂区空间区域才再次释放出来,并被用为新的生产目的。

8.5.5 工业园区物流举例:奥迪因戈尔斯塔特货物交通中心

奥迪因戈尔斯塔特(Ingolstadt)货物交通中心(GVZ Ingolstadt)位于德国因戈尔斯塔特的奥迪母公司附近,是德国首批工业园区之一。1995年,奥迪公司迎来第一批搬迁来的模块和系统供应商。特别重要的事在于如何安置这些供应商,供应商的组件复杂多样,变异繁多,供货数量大,因此,运输频率高,保证供应性要求高。在非常短的建设时间内,货运交通中心就落成在奥迪主厂旁边。货运交通中心建筑物所有者是奥迪公司的子公司(IFG Ingolstadt GmbH)。

当初建立这个工业园区的目的是开始生产新的车型奥迪A3,将重要的系统供应商与物流活动紧密地进行结合。成立这样的货运中心,还有其他原因,诸如车辆越来越模块化、生产深度进一步下降、因戈尔斯塔特地区的经济发展保护政策、应对交通运输增长、铁路和公路模式的整合、更有效的物流流程设计,以及尽可能地缩短信息、通信和物料运输时间。

在工业园区内,通过一个长达415m的钢筋混凝土桥将供应商工厂直接连接到奥迪工厂的三条主装配线上(图8-12)。具体的物料输送是通过电动或液压驱动的牵引车辆实现。从供应商到最终装配线,整个的运输路径很短,可以实现安全化供应,并对生产变化快速地给予响应。

货物交通中心的第一施工阶段包括一个C和一个D大厅,总面积为30000m^2,位于供应桥附近(图8-13)。新一代车型的连续生产及不断增加的客户独特定制要求,增加了对物流的需求量,因此也增加了对场地空间的需求。多年来,奥迪公司在这一工业园区已经相继进行了多次扩建,目前包括17栋建筑物,可用面积超过425000m^2。目前大约有5500名员工在工业园区工作。

图8-12 奥迪因戈尔斯塔特货物交通中心的连接桥(来源:奥迪公司)

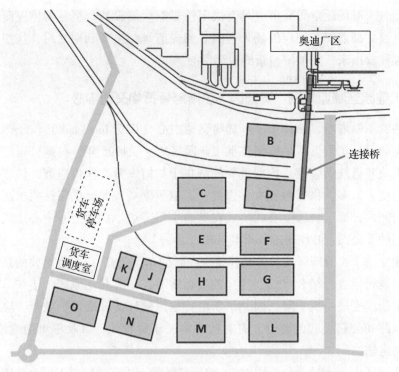

图8-13 奥迪因戈尔斯塔特货物交通中心平面图

因戈尔斯塔特货物交通中心主要包括以下区域:
1) 集装箱转运站。
2) 装配中心。
3) 合并中心。
4) 装配连接桥。
5) 货车调度室和停车场。

集装箱转运站主要用于处理联合运输中的货物及传统的货车运输。它建立了本地与长途运输之间的物流联系,建立了慕尼黑和纽伦堡之间的近郊和长途铁路线的联系。转运站的服务也可提供给外部公司使用,每年约有3万个装载单位(交换和集装箱)。

除了奥迪在匈牙利杰尔(Györ)和比利时布鲁塞尔的物料转运处以外,在这个货物合并中心,还针对其他国外生产基地提供完全散件组装运营业务。

在装配中心,模块供应商制造相应的组件,并按顺序将其交付给奥迪的最终装配线。模块和系统的排序和交付,均由供应商自己或物流服务商负责。供应商现场提供的服务对象还包括车门保温层和车门蒙皮、油箱、前端和保险杠。

物料供应交付通过唯一的连接桥,连接到奥迪的主装配线。在奥迪主厂和货物交通中心工厂之间还有一条公共道路,连接桥在它上面跨过。这座桥是与奥迪装配线直接连接的,每天都有数千辆顺序化运输车以节拍式进行运营。对于运输车辆,有一个单独的车道(顺序化道路网络),因此,无论公共道路的交通状况如何,都可以准时地进行供应交付。

奥迪公司在规划和选择供应商及零部件类型方面具有决定权。在此过程中，物流成本优化在不断地进行，目的是为了进一步促进供应商整合，比如，举办降低成本和改进流程的联合研讨会。

8.5.6　工业园区物流的未来趋势

1. 增加供应商整合

提高供应商整合程度，既涉及制造商自身的价值创造过程，也涉及供应商之间的价值创造过程。将来，供应商的采购流程必须更好地协调和整合（例如标准零部件、信息技术设备、办公用品等）。到目前为止，直接经销商很少，或者还没有利用入货物流的节约潜力（参考 Schraft、Westkämper 2005 第 257 页）。此外，供应商之间的许多协同潜力仍未发挥出来。这涉及如何更好地利用共享基础设施（建筑物、信息技术网络、供应线路、拖车场等）、设备（通道运输设备、标准器具、信息技术系统、应急系统等）及普遍性服务（医疗、清洁、废物处理、维护和修理、消防队、植物保护、食堂等）。

同时，除了一级供应商的横向整合外，还必须促进二级和三级供应商的垂直整合。只有通过有实际意义的物流捆绑，才能在物料排序和部署中产生组装过程的协同效应。

2. 新投资者和新运营模式

工业园区未来的发展趋势将通过创建新型的运营模式来确定。通常，工业园区并不是由制造商自己提供资金和进行实际运营的。投资者和运营商团体通常由当地市政部门、物流服务商和汽车制造商组成。当地市政部门更多地参与主要体现在它对工业园区的环境、市政和区域性政策的落实。除了减少该地区的货运负荷外，还主要是为了当地创造新的就业机会。

3. 加强信息集成

对任何工业园区而言，其成功的基础在于所有相关方面建设性、务实性和面向目标的信息沟通合作，因此，未来的组织方案也将基本决定一个新型物流方案的成功与否。特别是重组信息技术资源和结构，用以调节和控制工业园区运营，这将有助于实现上述目标。只有在制造商、供应商和物流服务商之间建立起信息技术网络，创造必要的物流过程透明度，才可以有效地规划、控制和调节工业园区内所有的流程。

4. 加强物流服务商的整合

当今，通过加强供应商和物流服务商之间的合作，可进一步节省工业园区的费用支出。仍有很多物流任务可由物流服务商承担，并将其整合到工业园区，例如：

1) 工业园区的共同进货仓库，包括库存经营和管理。
2) 合并进货运输。
3) 联合使用物流场地区域，例如货车卸货。

4) 物料收集和收货提取。

5) 进行拣选和装载购物车。

6) 出库和配送到装配线。

这些物流功能的集成和跨越供应商的运作，可以产生大规模经济效应，并且统一和标准化的处理流程，可以改善和协调相互间的物流运营。然而一致性经济研究表明，只有通过将若干增值阶段转移到物流服务商或者供应商，才能实现所需的成本效益。在工业园区中，单纯的存储和排序功能只能意味着需要一个额外的处理过程，从而增加了额外的费用支出（参考 Klug、Vogl 2003 第 30 页）。特别是物流设备资源共享，比如，通过工业园区服务提供商的拖车、牵引车和工作人员，都可以显著地节省各自的费用支出。

将来，物流服务商不仅承担物流任务，还将会增加供应商的生产和组装功能。因此，直接供应商在装配现场不再是必须的。与此相关的可能还有将整个生产计划和控制转移到服务商。物料需求计划和调度等任务，由物流服务商代表供应商，在现场自主进行处理。

另一种物流服务商集成方式是由单一物流服务商承接整个工业园区的物流。这将减少调配和协调工作。同时，整体式后勤优化和风险管理是单一责任制式的（参考 Becker 2005b 第 45 页）。

5. 减少装配优势

以前对工业园区的使用初衷在很大程度上是以制造商装配要求为主。然而汽车行业的研究预测表明，装配中与车身相关的自身增值范畴的份额会急剧下降（参考 FAST 2004）。如果这一趋势得到确认，未来将会有更多的车身生产投入，并且有更多的相关供应商进入工业园区（参考 Schraft、Westkämper 2005 第 257 页）。这一方面要求基础设施必须适应车身制造技术的需要（例如连接技术）；另一方面，它需要工业园区和制造商车身车间之间的运输连接，而这迄今为止还是不存在的。

8.6 全散件组装物流

8.6.1 全散件组装方法

为了开辟新的销售区域，近年来，汽车制造商越来越多地在销售市场本地建厂，这取决于所在国家的法规，可能有或者没有合资伙伴（参考 Rinza、Boppert 2007 第 22 页）。在采购物流中，汽车制造商的海外公司主要采用全散件（Completely Knocked Down, CKD）组装方法，即将由本国准备好的物料供应与当地采购物流相结合。由于制造商海外工厂的产量通常很低，所以对生产所需的工厂设备给予大量的资金投资，将是无利可图的。

现场全散件组装车辆生产，能够在早期创建品牌形象，在具有高度增长潜力的市场,以增加未来的销售机会。此外,许多发展中国家和新兴国家通常存在着限制进入其市场的壁垒,有整车进口禁令,并且进口关税可达 300%,而进口汽车零部件相对关税就低得多。此外,汽车市场受到所在国本地增值份额(Local Content)的监管。本地份额规定了该国国产零部件的最小百分比。必须满足这些国家制定的最低要求,避免出现违反财务限制性行为。通过这种全散件组装方式,本国供应商将得到加强,汽车行业知识和技术可得以逐渐建立或扩大。通常,全散件组装方法被作为最初进入市场的策略。如果销售量增加,可能将会允许以具有竞争力的价格进行整车生产,全散件组装装配厂将给以扩大,成为一个成熟的生产基地,比如包括有焊装、涂装和冲压车间。在全散件组装方案中,某些零部件在精确定义的装配阶段,可作为零部件组(所谓的批次)进行包装,出口到相应的国家或地区,在当地进行装配。这里仍必须考虑相应的海关和税收法规。在全散件组装工厂,这些进口的零部件与本土制造的零部件共同构成整车。这种零部件的运输,每个包装单元始终为固定数量的零部件,必须与零部件交付区分开来。而对于较大的生产数量,则不再是成套的零部件,而是按照每辆车的组成件,以较大的数量进行包装和交付。在全散件组装中,对于批量生产而言,所有交付的零部件由系列供应商(采购零件)处理,进行采购和提取(自制零部件)。表 8-1 显示了在全散件组装车辆工厂,采购物流中不同的散装等级(参考 Urban、Stirzel 2006 第 5 页)。

表 8-1 车辆的散装级别

缩略语	含义	详细描述
CBU	完全组装	完全组装的车辆,就是说,本地零部件占比为零。虽受到最高费用限制,但通常被认为是高质量的
SBU	半完全组装	中间形式,CBU 和 CKD 的单独改装,有时只安装了几个部件
SKD	半散件组装	SKD 安装套件,包括完全配备的发动机、装置和其他底盘部件
MKD	中度散件组装	车轮、油箱或排气系统使用 MKD,现场组装可以从更多的单个零件进行。它包括涂装、未配备的车身和另外 1000~2000 个零件位置,不同的拆卸程度
CKD	全散件组装	CKD 安装套件代表最高程度的拆卸。在该系统中,车身部件和其他单个部件由主机厂提供。在 CKD 工厂,进行车身焊接和涂装,以及组装单元和其他组件

在传统成品车辆分配之间,基于完全组装(Completely Build Up,CBU),中间组装等级都是半完全组装(Semi Build Up,SBU),或者半散件组装(Semi Knocked Down,SKD)。在这种情况下,根据车辆的完全组装情况,再依照所在国进口的规定,将车辆进行一定程度的拆卸(例如轮胎、发动机、蓄电池)。半散件组装方法主要用于较小的数量。与成品车出口相比,成品车通过特殊货船运输,而且车辆不可

堆垛，另外运输损坏的风险也很高，而半散件组装零部件多采用集装箱运输，相对更加容易且费用较低。

8.6.2 全散件组装交付的物流链

对各个出口国家，要进行需求分析和销售预测，计划车辆或者零部件需求。除了销售数量以外，本地零部件范畴也必须包含在规划中。在国外，全散件组装所能提供的车辆型号和配置较少，只有有限的配置组合和修改可供组合选用这一点不同于制造商的国内市场。

在全散件组装物流链 CKD 的起始点，可以是一个来自国外 CKD 装配厂的交付要求。由于来自国外的交付要求与在当地的交付（海上运输）这两者之间的时间很长，采购物流的控制（从国外装配厂的角度来看）是需求驱动、以推动式理念进行的（参见第 8.2.1 节）。在全散件组装规划中，收到与零部件编号相关的订单后，将从零部件供应商处要求交货所需的采购零部件，并将自制零部件的需求信息传送到内部零部件制造厂。订单确认将发送到 CKD 厂。要交付的物料首先集合到 CKD 中心，这通常由物流服务商承担。物流服务商把从车辆工厂或者供应商处收到的零部件先登记入账，然后入库。在 CKD 厂提出交付要求后，零部件可直接以原包装形式发出，或者仍暂时预先保存。为此，零部件根据交货订单以先进先出的方式提取出来进行拣选，然后交给相应的包装部门。根据包装说明，零部件按固定的数量（批次）进行包装。供应商提供的物料预先放在模块化折叠式货箱。仅在第二个包装阶段，按照订单重新进行包装。除包装流程外，通常外部合作伙伴还承接以下服务：

1）开发带有包装说明的特定包装。
2）准备海关文件。
3）处理包装材料。
4）确保物料海运适应性。

为确保零部件海运适应性，必须保护零部件免受海上运输的危害。海运要经过不同的气候带，温度波动与空气中盐分相结合，导致形成冷凝水，这可能会导致零部件腐蚀。保护办法主要是选用密封、固化和特殊保存。在封装时，对冲压类零部件进行接缝密封，比如车门、阀门和翼子板。车身黏接构造过程中使用的黏合剂（参见第 9.7.2 节）必须在处理炉中进行固化。这些零部件经过检验和质量控制后，再将它们送入下一个保存流程。

在进行保存时，要将保护膜均匀覆盖在零部件上。这可以采用浸渍工艺（图 8-14），或直接在零部件上喷涂薄膜（喷雾保存）。保护膜的厚度取决于运输时间和零部件的几何形状。在保护膜干燥之后，再将零部件进行包装。如果运输距离很长，可使用一次性纸箱和木箱作为包装材料（图 8-15）。通常，木箱是根据包装说明在木工车间特制的。以上既适用于零部件包装，也可用于完整车架包装，以便在半散件组装地区进行运输。

图 8-14　浸渍工艺保存（来源：BLG Logistics）

图 8-15　全散件组装配送中的木质包装（来源：BLG Logistics）

在完成包装流程后，对包裹情况进行检查，然后封闭、标记。除了验证码（ID）之外，运输标签还应包含一个器具编号，这就可以明确地识别所运输的货物，从而可使跟踪和追踪系统对物料进行追溯（参见第 8.9 节）。首先，将包裹集中在一个填充区，检查其完整性，以便最佳地利用海运集装箱的空间（所谓的器具填充）。然后生成装运单据。通常为了最佳地利用装载能力，集装箱计划可通过信息系统支持，利用优化算法生成。在发布包装单元后，海运公司将通过声明告知它接收到了所有与订单相关的数据，比如器具数量、内容、重量和器具尺寸和类型（参考 Laffert 2000 第 138 页）。根据车辆类型，一辆车大约需要 3~5 个 40 英尺的集装箱来包装。集装箱从工厂运输到运输港口，办理海关手续，再从那里运输到目的地。除了海运这种标准的物流链之外，对于紧急需要的零部件（比如很快就会过时的电子部件），可通过航空运输，但空运虽然快速，但运输成本高。考虑到飞机货舱空间的限制，要对包装的物料进行组合，固定安放在空运托盘（承载板）上。作为一种紧急供应措施，可由供应商要求特殊航班进行运输，所有发生的额外费用（例如由于包装不慎而导致交付的零部件错误)，都需要供应商来承担（运费、机场接送、多次处理和材料成本、生产线停止等）。一旦零部件到达目的地，由海关放行后，零部件就被运送到全散件组装厂进行入库验收。

8.7 运输控制

8.7.1 企业外部运输控制

在产品开发过程中，就要为已定的物料交付范畴制订相应的外部运输方案（参见第6.7.2节），根据运输量、频率、器具和距离，进行最佳运输方式的选择（直接运输、循环取货运输、收集运输）。这包括选择最佳载货重量、货运公司（运输服务商或货运代理商）的最佳利用率、运输路线，以及用于收集式运输的转运终端（参考Klaus、Krieger 2000 第480页）。在采购物流范围内，这涉及按照给定的运输方案对运输进行短期性控制。

对货车进行控制的目标，是希望以低成本进行物料交付，同时具备高度的供应安全性，以及与运输目的相关的信息能力，还要兼顾运输链中的框架条件。运输控制的起始点是预先准备工作，比如制订报价、承运人选择和预定运输能力（参考Aberle 2003 第530页）。从客户订单流程的角度来看（参见第9.2节），其重点在于对运输流程的短期性控制。所有相关的运输合作伙伴（供应商、货运代理商、制造商）共同承担运输管理任务。在物流运输链中，所要控制监督的主要流程是从供应商处提取货物、实际货物运输及在制造商处交货和卸货。目前，运输行业越来越多地使用信息技术系统，辅助完成复杂的运输控制任务。这样可以监督和控制整个运输过程。运输中的各种状态信息和数据，比如货车接近厂区、停车等待收货、货车位于卸货点和进行清理工作，都提高了整个过程的透明度。在出现干扰的情况下，可以更快地采取措施进行干预。

8.7.1.1 在供应商处提取货物

为了便于运输服务商提货，供应商通常根据发送时间表，提供固定的提货日期。虽然制造商的交货要求（参见第8.2.1节）参考了制造商的交货日期，但针对每日更新的发送计划，仍然使用供应商制订的提货日期。在与货运代理商和供应商的双边协调下，制造商根据货运参数（运输时间、运输单元、交货时间窗口、收集时间窗口）生成发送要求。就物料发送而言，供应商要检查其可供应性。如果可以根据发送请求向制造商提供所要求的数量，则可确认为是可供应的。在检验过程中出现的必要更改，将在下一次发送要求时给予考虑。然后以发送计划为基础提出运输要求，运输要求将交给货运代理商进行运输和路线规划（参考VDA 5004 第18页）。运输路线计划的结果是一个与车辆相关的物料提取表格，运输代理商将其发送给供应商。为了在供应商和货运代理商之间协调实际意义的提货,需要根据发货计划,供应商发出货物发送通知。通知通常在交货前两天,或者由制造商委托的货运代理商在提货的前一天发送。供应商在特定时间为货运代理商准备好货物,具体时间取决于交货日期(供应商的提货日期等于制造商预定的收货日期减去运输时间、额外等待时间,以及装载时间)。在指定的时间窗口内,货运代理商必须在供应商处完成货物装载流程。作为提货流程的一部分,驾驶员将提货清单与所交付的物料进行一致性比较(参考 VDA 5004 第 4 页)。收货的目的是将制造商的进货功能转移到供应商。在提前的数据检验式收货背景下,可以在供应商处检验交付/发送要求是否与实际准备的货物之间存在偏差。首先,运输代理商在供应商处进行零部件编号、数量和包装的目视检查。随后,通过移动数据提取设备扫描器具上的商品标签(参见第 6.9.1.1 节),并将提供的总数量与每个商品编号的列表进行比较。如果可能,必须尽可能现场修正过量、不足和错误的交货,并调整相应的装运单据。如果要提取的物料无法提取,则通知制造商的物料调度人员及时采取适当的对策。在综合性偏差管理中,发现计划和实际货物之间的偏差越早,就可能有更多的时间对这类物流过程中出现的干扰事件做出相应的反应。如果在制造商处才发现货物交付出现了问题,这通常很难再有足够的时间采取不造成经济损失的补救措施。

在完成货物装载操作,并由货运代理商确认货物转交后,将这一货物状态消息发送到运输控制系统。对此,货车被分配给一个唯一且明确的编号,这将用于在进一步的外部和内部运输过程中识别和跟踪其运输状态。因此,一方面,运输伙伴可以了解当前运输的状态;另一方面,可以由此计算出计划的到达日期和时间。如果需要,还可以在运输期间传输其他状态信息和有关数据。

在货物发送时,还必须创建某些预定的装运单据。这些将用于向参与运输过程的各方提供关于发送、运输和交付过程的适当信息和数据。交付的货物必须附有必要的装运单据(图 8-16),这样才可以在制造商处顺利地进行货物分配和验收交货。

图 8-16 装运单据示例

最重要的装运单据是收货单和转发单(图 8-17)。根据德国汽车工业协会 VDA 4912(交货单),收货单据由供应商打印出来并交给运输服务商。然后在制造商收到货物时,运输服务商将它移交给制造商收货处(参见第 6.5.3 节)。同时,收货单据也可按照 VDA 4913，提前以电子方式发送（交货单）。这相当于预先发出发货通知，由运输服务商交付给制造商。图 8－18 显示了根据德国汽车工业协会 VDA 建议，进行远程数据传输式预先发货通知的示例。其中，主要信息是供应商名称、编号、地址、收货人信息，包括卸货点、交付数量、相关部件号和交货单编号。

根据德国汽车工业协会 VDA 4922，转发订单（运输订单）由供应商起草，由货运代理商补充，并在制造商交货时附上（交货凭证）。转发订单可作为运货单，它含有供应商、承运人和收货方的信息，以及包裹的数量、内容、标识号、重量等信息。交货货车驾驶员必须确认收到转运单，或者运货单上列举的货物。同时，根据德国汽车工业协会 VDA 4920，供应商转发给货运代理商一个电子形式的货运代理订单。

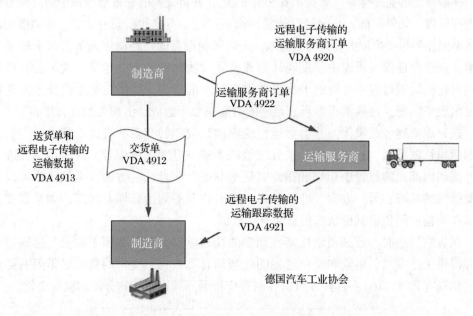

图 8－17　德国汽车工业协会 VDA 推荐的货物发送数据管理

```
DFUE - WARENBEGLEITSCHEIN              SENDUNGS-NR: 12345678                            14.09.09 - 11:42
                                                                                                Blatt 01.01
LIEFERANT -WERK: AN3                   EMPFAENGER -WERK KUNDE: AN3          ABLADESTELLE:       AN345
          -NR:   AN3456789                        -NUMMER:     AN3456789     LAGERORT:           AN34567
NORD.                                  MERCEDES-BENZ                        VERBRAUCHSSTELLE: AN345678901234
HEIZUNGSFABRIKxxxx+xxxx3xxxx+¶XAVER    AGxxx2xxxx+xxxx3xxxx+¶x              VERSANDART:         xxxx+xxxx1xxxx
BAHR CO.KG                 +¶POSTFACH  +¶TUEBINGER ALLEE, TOR 5             FRACHTFUEHRER:      xxxx+xxxx1xxxx
200010               +¶7250            +¶7032 SINDELFINGEN                          -NUMMER:    AN3456789
MUHLACKER                              +¶xxxx+xxxx1xxxx+xxxx2xxxx+xxxx3xxxx+ SEND.-GEWICHT BR: 1234567

LS-NR     SACHNUMMER KUNDE                      MENGE   ME  V/G  BEZEICHNUNG DER LIEFERUNG     BESTELL-NR
-DATUM    SACHNUMMER LIEFERANT                              ZUSATZDATEN LIEFERANT
-POS      PACKMITTEL -MENGE   -NUMMER KUNDE                 FUELLMENGE    -NUMMER LIEFERANT    KONSIGNATION

12345678  A 201 505 02 55                       2040    ST  /G  Lufterhaube                    50030
14.09.09  01.256.64.169 VP: 17 - 2032                       Sachbearbeiter: Meyer Abt: MV1
001                                                         120
          CHARGE: 1209M            GEFAHRGUT: 12345678

********   E N D E   ********
```

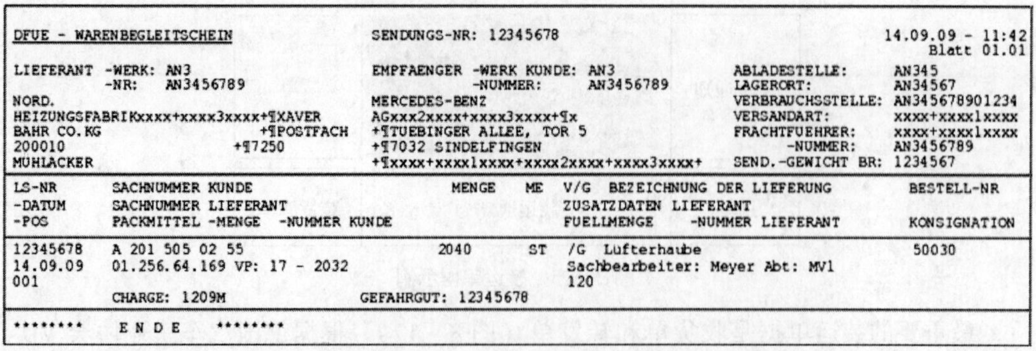

图 8－18　示例：根据德国汽车工业协会 VDA 4912 制作的远程数据传输货运单（来源：TEC－IT）

8.7.1.2 实际货物运输

根据供应交付方案，实际的货物运输可以是单级或多级式运输方式（参见第6.7.2节）。通过合并点进行交付时，运输人员会通知区域承运商。对于直接交付（满载或者直接循环取货），驾驶员要通知汽车制造商的货运货车控制中心。运输过程应当尽可能地平稳，以标准化和透明化方式进行。

对货运代理商，将给出在制造商厂区中交付货物的时间范围。这种时间间隙数量，通常对应于每天的平均交付数量。制造商计划的交付时间范围，必须由货运代理商确认（在交货前一天）。在理想的情况下，可采用信息技术系统。如果交付有延误，必须将这些信息传达给制造商的货车控制中心。这样的规划系统必须灵活设计，以控制额外的交付（例如特殊班次）或者快递交付。交付时间窗口可能发生变化，这必须持续性监控，进行动态计算，处理货车进入的优先级别。对于运输过程的所有参与者，这些信息都应尽可能透明。供应交付时间窗口控制的目的是平稳和均衡每日和每周的交付。货车交付过程应尽可能地与生产区域的物料要求同步。这可以使内部物流链以低库存和均衡负荷方式运行。从制造商厂门处的货车入口，到行政进货手续办理，再到行驶至卸货场点，最后进行货物装卸操作，整个物流流程要平稳进行。这有助于所有物流站点的优化经营，而无须额外企业资源投入，处理可能的厂区内交通峰值情况。同时，对运输承运商而言，可以避免内部处理过程中的不必要的等待时间，从而减少滞留期费用支出。

8.7.1.3 货车控制中心交付

到达的货车首先在制造商工厂入口处，或者靠近工厂的货车控制中心进行登记，以获得工厂的进入许可证。货车驾驶员要填写一张通行证（时间、车牌），该通行证也附有一个连续的编号。在继续行驶之前，货车驾驶员将获得的通行证挂在车窗的可见处。在运输控制系统的帮助下，所有的货车都将受到监控，可以掌握这些货车是正驶入工厂途中，还是逗留在厂区内。这就允许保安人员检查货车是否有权进入规定的厂区。如果货车到达太早，会被拒绝在外，目的是减少在厂区内部的车辆数量。这在老式棕褐色工厂尤为重要，因为狭窄拥挤的交通状况往往导致漫长的等待和运输时间。

进入工厂入口后，货车驾驶员将他的车辆停放在货车等候区。然后办理行政收货手续，制造商员工从驾驶员处取过装运单据，首先检查货车的身份标识、是否遵守预定的交付时间窗口。如果满足预定的规范，则进一步检查货运单据的正确性，比如接收工厂名、厂内卸货点等，所有信息都要求具备完整性。完整的货运单据应包括运货单据原件和副本、送货单原件和副本、运程数据传输的装运单据、货车通行证，以及在海关托运情况下相应的海关单据。根据德国汽车工业协会 VDA 4913，已经通过电子数据传输的交货单和运输数据，将被输入制造商的物料管理系统，或者进行某些手工校正。

在检查货运单据之后，对交货单进行编码，生成一个连续的进货编号。该进货编号用于唯一性确认标识交货单文档。对每个进货编号，原始货单上将加盖清空印章，稍后，将标明所要交付的器具数量、类型以及在检查期间可能出现的任何损坏。不正确的交货凭证，作为对供应商的评估将被记录下来。对于通过海关类货物，要建立与主要海关部门的网络联系。一旦海关放行货物，卸货顺序也就确定，货车就可以到卸货点进行卸货。对来自欧盟以外的物料交付，通常只需将供应商携带的发票转发给海关有关部门。在办理完毕行政手续之后，根据货物需求的紧急程度，以及已记录的数据，将货车发送到厂区内相应的卸货点。为了实现最佳控制，使货车行驶到卸载点，可打印出卸载列表，并生成厂区内行驶路线，分发给驾驶员。在这之后，物料的交付状态将被设置为制造商内部的物料。可采用以下标准，确定分配货车到卸货点的优先顺序：

1）这辆货车是否即将到达交付时间窗口的极限？
2）目前的生产交付要求是什么？
3）货车到达时，该卸货区域是否空闲？
4）卸货点是否有足够的操作能力（人员、叉车）？
5）装配线当前的节拍是多少？
6）对交付的满箱或者空箱，是否有足够的场地空间？
7）对卸载计划，是否有时间限制（例如循环货车）？

一般来讲，厂区内部的卸载点数量有限。例如，当已占用的卸载点数量超过临界值时，一辆货车就必须在最后一个卸载点全部卸载剩余的货物，以便缩短货车在厂区内的逗留时间，并且减小厂区内部交通压力。随后的物料分配，则是需要通过企业内部拖车进行。

如果货车已经在所有确定卸货点卸下了相应的物料，它将返回到收货处，完成行政后续的交付手续。此外，将原始货单分交给工作人员。制造商员工检查货单上的空箱印章、是否存在器具差异或者损坏。如果空箱印章上的承运人数量和类型与货单上的相应信息一致，并且没有器具损坏，货车驾驶员将收到货单副本和盖章后的通行证。然后如有必要，货车将前往空箱部门，装载空箱或者离开厂区。在离开工厂之前，货车驾驶员在门口出示盖章的通行证件。制造商门卫员工将记录下货车的出厂时间。

8.7.1.4 拖车场交付

通过需求或消耗驱动的交付要求，供应商和制造商之间的直接运输可将交付货车引导至拖车场（参见第8.2节）。这是针对供应交付满载的货运最佳组合。当拖车从供应商处离开以后，将会通知制造商。到达制造商工厂后，驾驶员将货车驾驶到一个空闲的拖车场（由收货点分配），并将他装满货物的后挂车分离出来。然后另一产区内的牵引车，将一个要被取走的空挂车牵引放置在拖车场（图8-19）。

图 8-19 拖车场示例（来源：曼）

如果位于生产卸载点的拖车已低于某个预订的最小库存或者时间范围，则制造商运输控制系统自动生成补货订单。小型牵引车在卸货点相对准时地取回所交付的挂车。在理想情况下，拖车场系统与移动式仓库方案相结合（参见第 8.3.1 节）。

运输控制的任务实质上是跟踪拖车所处的运营状态（已计划、固定、运输、停场、已卸货）。在整个运营周期中，总是有一定数量的已计划和固定状态的拖车。如果一辆拖车已处于固定状态，则要为运输商相应地分配一个必须到达工厂的固定时间。供应商自主决定装载和运输需要多长时间。在得到通知以后，就会转移到运输状态。到达制造商工厂后，被设置在拖车场，设置为停场状态；在卸货地点交付后，转变为已卸货状态。

8.7.1.5 直接交付

对于需求或者消耗驱动的直接供应交付（参见第 8.3 节），运输货车直接开到制造商厂区相应的卸载点，而无须通过货车控制中心进行控制调度。为了确保无延迟且完全同步的交付，循环交付货车获得直接进入厂区权。对于高频率的交付，通常每天要进行数次，因此，驾驶员熟悉到卸货点的路线。货车驾驶员只有一个卸货点，在卸下满箱物料后，与空箱进行一对一交换。卸载后，所交付的物料及时运送到安装场点。

8.7.1.6 货车卸货

为了最佳地卸载和调度卸载叉车，在卸载区域，货车必须停靠在正确的位置。对此，地面上标有彩色的指示线，用于货车驾驶员调整其位置。在确实到位后，由叉车从货车上卸下物料器具。在理想情况下，货车已经通过叉车控制系统（与外部运输控制系统连接）得到通知，将有一辆货车要卸载，因此，卸载过程几乎可以在没有时间延迟的情况下进行。这些叉车具有很大的有效载荷（可达 6.5t），货叉较长，如果需要，也适合在露天（可带有加热舱、轮胎等）使用。叉车卸载常采用从货车侧面取出货物的形式进行，以增加提取卸载的操作区域，并且可降低提取高度，以缩短卸载时间。从货车后面提取，只能是在场地空间狭小，或者自动装卸时使用。叉车卸下货车中的货物，然后将空箱装入货车，以便重新进行运输交付。随后，对卸载的器具进行粗略分类，并提供给收货处。收货期间要检查实际的交货内容，以及是否与卸货清单的内容相符（参见第 6.5.3 节）。如果没有发现所要求的和所交付的物料之间存在数量和质量差异，则将物料状态设置为已收货。

在完成空箱装载、移交空箱运输文件和检验后，货车可以离开制造商厂区。卸货点空间将再次释放出来，以提供给新到的货车。

8.7.2 企业内部运输控制

越来越多的基于信息技术的运输控制系统正被用于企业内部运输车辆的控制（图 8-20）。企业内部运输控制主要的目的在于避免无效益的空闲及费时的搜寻操作。但是，所使用系统的资源和费用在很大程度上依赖于各自的物流环境条件（物料数量结构、装载和卸载点、车间布局等）。因此，只有在经过检验和评估各个物流环境条件后，才能证明其经济效益。

图 8-20 带移动数据采集装置的叉车控制系统（来源：Intermec）

通过信息技术软件支持，运输控制系统可以达到以下资源节省效果，这里以物料堆垛控制作为一个示例，更详细地给予解释。

1. 池效应

在所谓运输工具池中，通过将多个叉车进行组合，可以更加均衡化地利用叉车的功能。这是动态的,将订单分配给多个叉车,这样单一运输要求的波动在这一组合池中得以平衡。然而在实际使用中,这种组合的范围是有限的,因为技术和流程组织条件都会阻碍叉车的完全灵活使用。比如,在非常狭窄的装配场地空间,不可能无限制地使用带有长货叉、高负载能力的叉车。

此外,最大化池的尺寸,同时又最小化安放流程时间,这两者之间完全相互冲突(所谓的叉车池困境)。随着池尺寸的增加,基于池效应使用叉车引导系统,空载和搜索的操作工作将减少。更大的叉车工作范围,也意味着需要处理更多的器具和物料。如果叉车驾驶员缺乏应有的经验,这就增加了操作所需要的时间,当超过某个池临界最大值时,前面提及的正面效应甚至会被抵消。

2. 同步作用

同时考虑所有运输订单,可以借助适当的运输算法,对企业内部运输进行优化。同时,各种边界条件,例如距离、日期、要求优先级、叉车容量,都作为计算中的参数。这里的问题在于,叉车控制系统软件经常使用相同的优化算法,试图来解决各种不同的问题及确定边界条件。软件制造商所推荐的应用范围,可以是从企业内部厂区流量,经过外部运输物流,一直到港口物流。从原则上讲,所有运筹学(Operations Research)方法都各有其优缺点,这就需要分别单独地选择优化方法和参数。此外,要特别指出所使用的算法虽然是从基本方案(通常是所谓的储蓄算法)中推导出的,但由于竞争原因而未公开,所以难以对其性能进行全面评估。

3. 组合效应

组合效应允许组合多个运输订单。因此,其行驶路线可以类似于外部循环取货运输系统(参见第 6.7.2.2 节)进行计划和实施,这样可以减少空行和搜索行程。同样,组合效应也有类似于池效应的限制条件。只有相同类型的叉车,比如相同的有效载荷等级可以进行运输订单组合。而且对承载器具(例如小型或大型承载器具)组合的可能性设定了某些限制。此外,通过这种组合方法,在运行中有必要进行短期改变(例如动态车道变更),比如,由于在物料使用地点,物料的供应时间是有限的。

4. 实时效应

通过实时调度运输订单,运输订单可以近乎实时地转交给叉车驾驶员,从而能够对时间关键性的运输需求做出迅速反应。这使得能够对生产中当前需求状况进行及时动态反应。当使用叉车控制系统时,这是一个显著的优点,然而叉车控制系统的投资成本高(终端、无线电传输、软件)。

5. 叉车控制系统的评估问题

在使用叉车控制系统之前和之后要对叉车控制系统的经济性进行可靠的评估。

首先对内部运输网络进行详细的描述和评估。这里的重点是建模，即充分评估非生产性的空行和搜索行驶。为此，有必要借助相应的时间记录方法，通常是进行多次记录，在检查区域内记录当前叉车池中每一个操作相应的时间份额。这些数据构成了运营时间优化的基础，因为就叉车控制系统而言，它虽然可改变空行的和搜索行程部分，但无法改变配送和运输时间，这两者通常占据了叉车整个使用时间中最大的份额。

在具体实践中，可在叉车空载和搜索运行中寻找仍可挖掘的潜力，这一重要的分析，通常都是基于一个粗略估计。与过去的项目进行比较，仅仅在确定的最小和最大节省期望值的基础上，要求软件制造商给予实施。在汽车工业中的一个例子是使用叉车池，相对总运行时间，希望达到40%的节省效果，而实际上，在这一行业中，最多10%～30%为空行和搜索行程，所以这一目标无法完全给予实现。

在企业内部，叉车行程是一个动态和随机的过程，在理想情况下，虽然可以使用计算机建模模拟，然而构建合适的运输模型所需费用非常高，因此，计算机辅助仿真模型仅在某些特殊情况下才能获得经济回报。除了上述基于自身或者行业的比较估算之外，通过采用随机运输链模型可以提供一种具有成本效益、高性能的替代方案（参见 Klug 2006a 第 83 页）。

8.7.3 节省运输成本的潜力

在全球化采购、全球化生产和全球化分销背景下，汽车工业的价值创造和物流活动正日益趋于国际化，在这当中，汽车行业增值和其合作伙伴的运输活动正同时稳步地扩大增长。而这所导致的结果就是，车辆制造商的运输成本不断增加。汽车行业物流成本平均值约为6.5%，而运输成本在这当中占据了最大份额，大约为3%（参考 Mayer 2011 第 14 页）。在全球化进程的推动下，通常的挑战就是要从总体拥有成本角度、优化规划、设计和实施运输网络。一个较为普遍的实际问题就是通过供应商的搬迁，比如，多是迁往东欧或亚洲国家，试图从这一单方面来降低产品的出厂价。这的确是降低了产品出厂价，但需要控制距离更长和更复杂的运输流程，导致运输成本增加。

特别是在采购物流领域，仍然有相当大的成本节约潜力，因为这是运输成本所占份额最大的领域。除了全球运输关系和网络规划的困难之外，各种各样的因素都对运输成本优化造成一定的影响。因此，必须对问题的起点和调节因素进行深入分析，以便进行网络式的运输过程优化（图 8-21）。

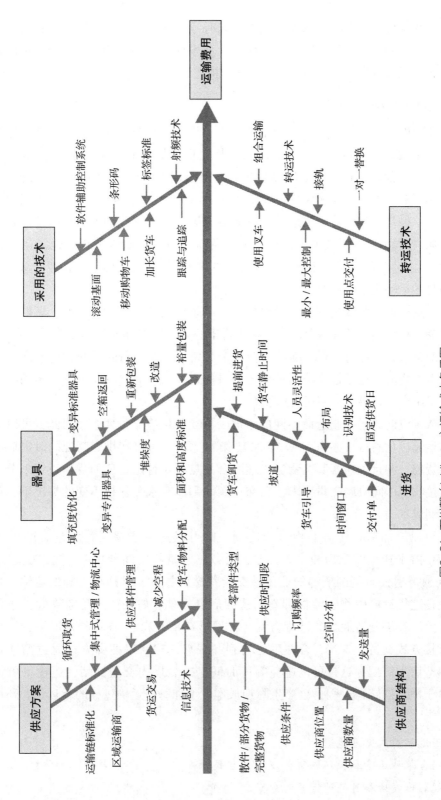

图8-21 石川馨（Ishikawa）运输成本鱼骨图

运输过程优化的目标是降低运输成本，同时考虑增加物料对于生产过程的可供应性。在运输管理领域中，尽管每个单独的降低成本项目都各具特色，但仍然可以将许多反复出现的成功因素和流程方法给予详细的描述。

8.7.3.1 物流捆绑

物流优化的主要目标之一是物流捆绑。这可以使运输量增加、运费下降，进而单位运输量的运输成本降低。未来，捆绑效应将变得更加重要，因为基础设施的瓶颈、通行费用、对驾驶员工作时间的限制性规定、能源成本，以及不断提高的环保意识，这些都将不可避免地导致运输成本的增加（参考 Bretzke 2008 第 67 页）。前面所讨论过的直接交付、循环取货和收集式运输方法（参见第 6.7.2 节）都旨在利用运输管理中的协同作用。货运捆绑还减少了需要运输的货车数量，从而进一步简化了运输控制（参见第 8.7.1 节）和收货管理（参见第 6.5.3 节）。一个有效的运输管理的基础，就是进行最佳的运输规划和控制。

除了中期性运输路线规划外，运输规划还必须包括基于交付时间表、短期性每周或每日规划。根据当前的发送时间表及从中得出的运输要求（参见第 8.7.1.1 节），必须持续地对运输流量进行分析。随后，在各个交付区域、交付时间和供应商之间，捆绑尽可能多的物流，这是运输控制最主要的目标之一。捆绑的货物可进行不同的货物体积和重量组合，以最佳地利用货运能力。

大多数供应商从同一制造商不同的生产工厂获得供应交付要求，因此，可以挖掘出额外的运输优化潜力（参考 Meyr 等 2001 第 43 页）。可以在供应商处同时提取不同接收点的货物，并且仅在区域性货运代理的合并点再对特定工厂的货运进行划分。通过在各个接收工厂间协调交付要求，在交付频率和库存水平保持不变的情况下，还可以降低前期成本。

如果可以增加单一托盘上物料的比例，则可以进一步提高物料整合的大规模经济效应。由于托盘的堆垛和密集性好，可以增加货物空间利用率。在包裹递送行业，将这种跨越公司范围捆绑的业务转交给快递服务商，同样也可降低运输费用。

除了在进货运输中将物流捆绑到制造商厂点之外，如果使用转运终端，还可确保在厂区附近捆绑制造商处的进货物流（参见第 6.8.1 节）。在这种情况下，零部件以交叉对接方式交付、拣选、合并后运输到卸载点，然后以捆绑方式通过循环货车交付给制造商生产厂。这样可以避免等待时间，减少厂内交通拥堵，运输将更加有效。但由于额外的转运过程，会产生附加成本。增加每个运输过程的货运量，还可以有其他可能性。

1）形成配对式交通运输。
2）组合单程运输和循环取货，以减少空载行程。
3）规划出发地和目的地国家的分布。

4）遵守包装说明。

5）体积和重量优化的运输包装。

6）减轻重量，增加有效载荷（轻量化设计）。

降低运输成本最大但尚未开发的潜力之一，就是跨越制造商的物流捆绑。实际研究表明，大多数来自同一生产基地的汽车供应商同时给不同的制造商供货，或者这些制造商部分地由相同的物流服务商提供服务（参考 Miemczyk、Holweg 2004 第 190 页）。如果可以通过多级交叉对接系统（参见第 6.8.1 节）或循环取货（参见第 6.7.2.2 节）有效地捆绑部分物流，则可在这方面采取进一步措施以减少货运成本。区域性货运代理商经常承担几个制造商的货物运输，因此，原则上存在着合并多个制造商、不同运营工厂物流的可能性。此外，如果运输量总体上增加，预计会获得均匀平稳的效应（参见第 7.3.1 节），从而更有效地使用物流服务商的运营设施。进一步的整合可以是提高运行前期和运行中的运输设备利用率（参考 Conze 2014 第 18 页）。图 8-22 显示了入货运输物流整合的基本阶段。

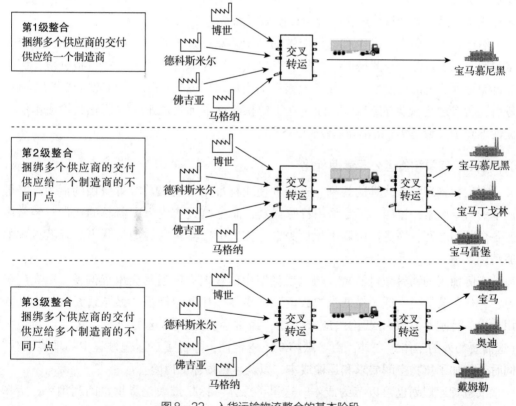

图 8-22 入货运输物流整合的基本阶段

8.7.3.2 优化分包商运费成本

过去，在原始设备制造商和直接供应商（一级供应商）之间，以优化这种单级式关系为重点；而今天，全球价值创造和物流合作伙伴的整合，已将注意力的重点扩展到全球多层次的运输网络。在全球物流结构背景下，一个综合性运输规划提供了降低成本的潜力。

对此，第一个重要的步骤就是要分析运输网络中运输成本的生成。虽然已知一级供应商和制造商之间的直接运输成本，但首先还必须提取和评估分包商先前的运输流。在这一分析阶段，通常可通过向下级供应商发送询问答卷来进行。这里较为主要的询问问题包括所委托的货运代理、实际交付的货物、使用的器具及其尺寸和填充度、交货日期和频率。除了这些分包商对运输和成本情况的自我介绍这种方式，还可以采用个人谈话方式，这样就可以使该供应商的实际运输成本变得更加明确和透明。

在对先前运输结构进行批判性的分析之后，必须在下一步中在给定的供应条件下，试图改善当前运输现状。将交付条款转换为出厂交付，承担运输责任，这是一种通过捆绑入库物流来实现降低运输成本的基本方式。只有这样，制造商才能决定如何以成本最优的方式设计进货流量。对于制造商的直接供应商而言，其下级供应商的传统式免费送货条件具有不必向车辆制造商披露实际运输成本的优点，这一方面可能隐藏了额外成本，另一方面提供给供应商可以隐藏附加费的可能性。

然而，一般而言，供应商与供应链的上游距离越远，其零部件产量越小，其交付量和运输量也越低。与此同时，二级和三级供应商在地理位置上往往也很分散，因为靠近制造商位置的可能性（比如工业园区的模块供应商），随着采购量的减少而降低。最后，所有这些因素都意味着，通过在上游供应商捆绑物流来实现优化运输成本的可能性下降了（参考 Boppert 等 2007 第 355 页）。

8.7.3.3 器具和货运公司管理优化

在运输管理中，器具的规划、选择和使用标准中也蕴藏着节省费用的潜力。降低成本的重要因素，比如，不是采用特殊器具，而是扩大使用标准器具的比例，经常由于各个部门之间，因目标协调不佳而失败。扩大标准器具的类型被认为是降低成本的驱动因素。

实际使用的物料交付器具，与包装说明中的预定方案通常会出现偏差。填充度不足、替代包装交付、低于最低交货数量，这些都是常见的例子，都导致大量的额外费用支出。特别是在使用纸箱供应交付中，经常会引起损坏这类问题。除了重新包装（这需要额外的工作）之外，由于纸箱缺乏稳定性，降低了在运输过程中的堆垛系数，同时还增加了货物空间要求和运输成本，以及运输损坏的风险。

改进货运规划也可以节约成本。这里，总体目标是最大化货物空间利用率。货车负载是由器具的可堆垛性、器具尺寸所决定的。通过简单地改换为大型货车，就可以以较低的附加成本将货车载货能力提高 25% 以上（图 8-23）。对于货车货物空间优化，进一步的措施可以包括：

图8-23 货盘和运输工具尺寸的最佳协调（来源：Scherm集团）

1）使用双层货车进行装载，通过可移动的升降地板进行货舱空间的可变调节。

2）快速装卸货车。

3）使用60t货车（加长货车）来改善有效载荷（仅针对有相应道路法规的国家，例如芬兰和瑞典）。

根据德国汽车工业协会标准，创建、维护和传输优化后的包装数据，构成了正确交付物料的基础。必须要不断地审查器具要求的遵守情况，引入惩罚性和扣分系统进行制约。

8.7.3.4 调度和货运管理之间的协调

运费成本的优化只能与公司的库存成本相结合来给予考虑。交付频率较低的大批量交付，不可避免地导致公司内部库存增加。因此，除了运费之外，还必须考虑厂区的库存情况。库存主要由物料部门的交货计划行为所引起。但是，调度和货运管理之间往往没有能最佳地协调。主要问题在于看问题的角度和观点不同，以及目标的多样性。虽然调度以特定物料范畴和供应方式运行，而货运管理是希望通过在时间上、空间上捆绑来自相同的或地域上相对集中的交付数量来实现运费节省。这个问题的解决方案，通常是使用基于软件的信息系统规划工具。这里涉及货运能力的需求、物流服务商的优化报价，以实现两者之间最佳的平衡协调。

一般而言，必须区分主要运营和前期过程的运输费用。虽然主要运营成本在给定的距离范围内与运输量呈线性关系，即仅取决于总交付量，但前期过程很显著地是由固定比例的成本所决定的（参考Meyr等2001第43页）。无论每次货物量如何，供应商开始运输时，都应支付一定的固定成本部分（例如，启动和等待时间）。因此，在货运量规模下降的情况下，随着交付要求频率的增加、交货数量的减少，将不可避免地导致前期过程成本增加。为了解决既要存储成本最小化，又要保证运输前期过程成本最小化，这两者之间的目标冲突，就需要从这两个部分的总和考虑总体成本（图 8-24）。结果可能是一个优化的交付频率在一定程度上降低总体成本。

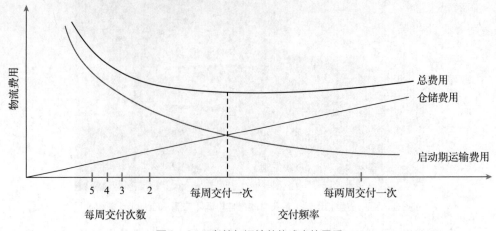

图 8-24 存储与运输总体成本的矛盾

此外，必须检查交货要求的计划质量。通常，所使用的企业资源规划系统内部的错误，造成了规划错误的结果，比如，在物料需求计划中使用了不正确的预测模型，或者车辆生产程序规划不够完整充分。其结果是这种计划规范的变化，将导致交货数量的剧烈波动。不正确的计划经常导致运输活动更加频繁、特殊和快递订单增加。尽管使用了具有稳定订单序列的生产控制，或者固定组装珍珠项链（参见第 9.6 节），但交付要求的变化频率仍可能很高，这就需要提供物料储备能力，难以利用优化的货运组合，导致运输成本增加。只有优化物料交付要求行为，才能保证必要的交付供应，从而实现货物运输的稳定性。

至今为止的实际项目表明，提高调度系统的数据质量，可以大幅度地降低运输管理的费用。提高数据质量还可以实现更加稳定的运输流程、更经济和更高效的运营，同时提高生产供应的安全性。

8.8 器具控制

由于汽车工业中重复性使用器具的数量非常大，因此，器具循环控制是一项重要且复杂的后勤任务。器具的可提供性是保证物料流动的基本要求。只有对器具循环使用进行周密的规划、控制和调节，才能显著地减少其库存量（参考 Bachmann 2006 第 91 页）。

器具控制的目的是要以最低的成本支出，同时确保最大的供应安全性，在合适的时间提供足够数量、物料内容正确的器具（参考 Strassner 2005 第 84 页）。这个控制任务的难点在于，寻找到供应商对器具的报价与制造商对交付所需器具的要求两者之间的最佳平衡。在这种情况下,仅仅一般性地确保器具供应和需求之间的平衡,还是不够的,仍还需要确保物流网络中在任何一个时间,保证所有供应点的分散式和动态特性。如果无法达到,则必须使用替代包装。这导致包装和开包处理的额外时间,增加了使用一次性包装的材料成本,以及延迟交付的风险。器具调节和分配的进一步任务是:

1) 建立器具流量、数量和位置的透明度。
2) 优化器具的可用性、循环天数和数量。
3) 减少使用替代性包装。
4) 减少因器具造成的物流和生产流程中断。
5) 建立和运营器具管理成本计算系统。

在日常运营操作中,器具支配存在大量问题。最大的问题是空箱器具短缺,这通常会导致供应商的供应出现问题。造成这种情况的原因,可以是供应商方面缺乏器具采购和供应之间的跨越厂商式合作协调。出现器具瓶颈的其他因素还包括:

1) 器具使用不正确。
2) 没有及时记录器具动态信息。
3) 质量保证流程导致器具流动阻塞。
4) 货运代理商原因,超过了空箱交货时间。
5) 消耗驱动的空箱分配,导致交付要求增加。
6) 不同类型的运输商混合。
7) 缺乏一致性的库存管理,尤其是区域性货运代理商多级器具转运处理。
8) 器具移动信息记录不完整。
9) 没有完整的器具跟踪系统。

对有效地调节物流网络中空箱运营而言,解决方案可以是采用效益费用模型。通过该评估系统,将器具投资成本、清洁和维护成本,以及控制成本分摊给用户。其目标是在器具管理中,根据所使用的资源,在最终成本中进行因果成本分配。通常可在给定的时间段内,给供应商提供免费的器具(例如,空箱运输时间再加两天)。实际研究表明,与免费供应相比,引入器具租金会导致库存较低。因此,器具租金不仅可以改善器具库存,还可以正确地使用和减少库存(参考 Bachmann 2006 第 90 页)。

器具周期从将空箱交付给供应商开始。在汽车工业中,常采用推式或者拉式空箱控制方法(参考 VDA 5007 第 18 页)。

在面向推动式控制的过程中,空箱供应责任在制造商,采用的是集中式空箱管理。每个供应商对空箱需求,根据交付流程(参见第 8.2.1 节)或者交付要求(参见第 8.7.1.1 节),通过车辆生产程序控制计算,并由器具分配程序根据启动位移控制。经常使用的是更简单的消耗驱动方法。在这种情况下,如果供应商发现低于最小器具库存，就自动要求提供一定数量的空箱。空箱要求的检查完全基于过去的数据，因此也就基于大量经验值。但如果交货计划数量出现波动，则这一系统将失败，供应商无法收到所需数量的空箱，或者公司中的空箱库存过多。为了从根本上改善空箱调度，建议进行自动化控制，比如，对指定的区域，根据交付要求为供应商自动生成和发送交付要求。

在拉动式器具控制情况下，供应商从制造商处获得所需的器具要求。供应商自身负责根据交付要求，进行供应交付或发货订单，及时向制造商要求已清空的器具（参见第 8.2.1 节）。每个工作日中，空箱器具要求的数量由供应商指定，但是，不能超过器具循环中的预定最大库存量。而空箱要求调用，通常可通过制造商基于万维网的器具管理系统来处理。空箱订单由制造商确认，并且还要经由器具发货人加入有关已计划或者已完成订单执行的信息（参考 VDA 5007 第 20 页）。

要对器具进行最佳控制，需要有关的精确物理特性和数据信息记录，同时还要考虑供应商的运输和安置流程。对此，使用财务会计的双重簿记录系统，也就是为了这个目的。器具分配通过记账方式给予管理和支持。借助信息技术软件支持的器具信息系统，可以使用被动和主动式账户管理器具库存。在被动式账户中，器具的所有者是可识别的，而主动式账户显示谁拥有器具。器具运行周期中的每个合作伙伴（制造商工厂、货运代理商、供应商工厂），都有该账户所对应的账单。根据这一基本公式：器具初始库存 + 收回的器具 = 器具最终库存 + 提取出的器具，可以连续性地计算当前器具库存。这必须与实际操作（例如年度盘点）进行比较检查。在制造商的进货部门，每个交付的完整器具将给予记录，并且减去供应商处相应的器具交货账目。空箱发送在相应的交付账户记账。如果发货不足、过多或错误，供应商有义务通知负责空箱的管理人员。发送空箱需要一定的提前期，具体取决于供应商的地理位置。如果必须为供应商的器具账户创建新的器具类型，对于器具所做的更改，物流规划部门必须通知空箱发送部门。基于器具账户所进行的器具流通控制，通常借助信息技术系统的支持。除进行库存记账外，软件系统辅助支持的器具管理系统主要用于确定器具需求（参见第 6.1.3 节），确定器具可提供性，记录成本费用，器具结算，一直到运输控制。

器具周期的控制和调节及空箱回收和维护越来越多地交给服务提供商。独立于制造商，标准的器具流量控制可以使用池解决方案，通过平衡效应减少库存和成本（参考 Bachmann 2006 第 90 页）。

在分配处理器具时，必须要考虑，根据接收设备或供应地点，相同的物料可以在同一器具、不同地点给予包装。此外，在当前的器具管理系统中，器具直接发送到收件人的账号。为了能够持续性地检查账目和当前的实际库存，还必须考虑运输过程中的器具库存，以及相应的运输时间（参考 VDA 5007 第 11 页）。

对包装材料安排，以及考虑各个零部件的单独包装要求，可采用处理单元管理（Handling Unit Management，HUM）系统。因此，除了零部件和器具之外，各种包装方式及相应所需要的可重复性设备（例如托盘、器具、端盖），都可以在该系统中给予考虑。通过分发器具编号，可以在物流过程中的任何场点，快速且清楚地检测到器具（例如，带上盖的小型器具放置在托盘上）。这一编号中包含所有与包装相关的数据信息，比如包装说明、内容、供应商、零部件号、客户、批号等。能够准确地识别包装单元的另一个优点，就是可以在物流链中对货物进行特别的跟踪。这将确保整个物流链中的转运、运输和存储活动中，先进先出原则始终完全一致地实施。还可以简化交付和运输处理，因为在交货单和装货单上，包装组件有单独的一项列表，因此，远程数据传输就没有必要了（参见第 8.7.1.1 节）。

除了器具分配的核心流程外，还必须使用综合性的器具管理系统，除了运营管理外，还要考虑信息技术支持、公司组织、财政和发展等方面的影响（参考 Bachmann 2006 第 88 页）。对于建立综合性器具管理系统，圣加仑（St. Galler）器具管理模型（图 8-25）就是考虑了这些必要措施的一个结构化系统模型（参考 Hofmann、Bachmann 2006）。

器具经营	器具-管理组织	器具资金	信息技术支持	器具开发
• 调查器具需求 • 器具库存管理 • 器具流控制 • 性能测量 • 器具结算	• 在组织结构上考虑器具管理（确认负责人） • 调整激励系统	• 决定器具管理和运行外包 • 选择合适的资金形式	• 运行合适的信息技术系统 • 使用识别技术（比如射频技术）	• 在产品设计时，考虑器具特性 • 继续研发器具（独立或合作）

图 8-25 圣加仑器具管理模型

8.9 跟踪和追踪

跟踪和追踪需要准确清晰、全面地反映在物流链中各个不同阶段的物料状况。其重点是运输方式优化、动态路线规划，以及发货和器具跟踪。

考虑物料的可追溯性，应对物料、器具和运输载体进行清楚的标识。原则上，使用两种标准识别技术，即条形码和射频识别技术。

射频识别技术为零件、组件、模块或系统装备发送应答器。在物流过程中，物料识别步骤可以逐步地从包装到装运单元、集装箱，一直到货物运输（图 8-26）。因此，物料的标识及其可追溯性可以以不同的准确度在多个物流层面上进行（参考 Strassner 2005 第 81 页）。每个物流层次都可使用不同的技术。全球定位系统（GPS）和全球移动通信系统（GSM）技术可用于货运承运人层次（5 级），而对于发运单元和集装箱，可以在零件和包装层次使用有源发送应答器和条形码（参见第 6.9.1.2 节）。

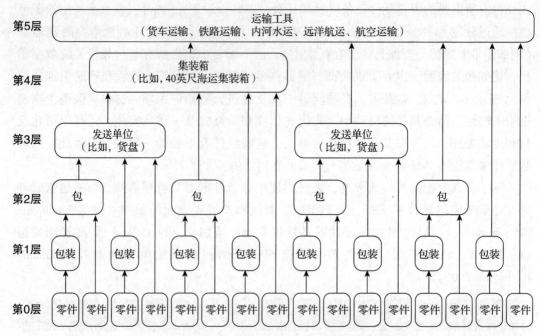

图8-26 国际标准化组织（ISO）定义的物流级别模型

通过将物料分配给发运单元，随后发送单元到运输载体，比如，当扫描货盘的发送应答器时，就可获得所有在该器具内的物料数据，这将使货物数据量减少，而且简化了信息处理（参考 Helmigh、Jansen 2007 第 7 页）。使用射频识别标签，允许在供应链中不同的地点，完全自动化地识别货物，还可为发送应答器提供额外的信息数据，或者更新电子式产品代码（EPCglobal™）网络中的物料数据。这些操作处理通常在主要的转运点、收货和发货处进行（参考 Helmigh、Jansen 2007 第 7 页）。使用诸如 EPCglobal™ 网络之类的数据传输方法，就可以严密地追踪和跟踪整个供应链。从发送应答器或 EPC 网络读取数据，可获得有关物料的原产地、供应链的中间站点及所通过的前一个转运站的信息。通过横向测向法利用发送应答器的多个读/写单元寻址，还可以确定其在公司内部的具体位置（参见第6.9.1.2节）。为了使射频识别应答器能够在公司厂区之外定位，有必要将射频识别技术与诸如全球定位系统之类的其他技术进行连接组合。对配备有数据无线电的货车，可以通过一个集成的 GPS 模块，连续性地跟踪和监控货车位置（参考 Franke、Dangelmaier 2006 第 85 页）。

▷ **应用示例：跟踪和追踪器具**

为了有效地调节器具循环使用，必须尽可能无时间延迟地提取器具动态信息。除器具管理外，跟踪和追踪系统的主要应用领域是收货和出货控制、订单监控、库存管理、订单拣选和货车控制。随着射频技术的不断改进，跟踪和追踪系统的应用领域也定将会不断地扩大。

以下基于射频识别技术用以循环使用器具的示例,旨在说明跟踪和追踪方法应用的可能性。在有关的汽车供应链中,还有更多应用示例,这已经在相应的章节中详细讨论过(参见第6.9.1.3节)。

在一个大规模测试中,大众集团给12000个器具配备了有源发送应答器。这些都是用于冲压零件(例如车门、发动机舱盖等)的特殊货架,每个器具的投资为500~1500欧元。有源应答器的数据存储容量为8千字节,使用频率为868 MHz(超高频)。这些器具用于在沃尔夫斯堡(Wolfsburg)的冲压车间和生产工厂之间运输车身部件。目的是提高沃尔夫斯堡、布鲁塞尔(Brussels)和摩泽尔(Mosel)高尔夫车型生产基地之间器具流通的透明度,从而优化器具的可用性(图8-27)。汽车行业的典型问题在大众汽车的物料器具管理中可见一斑(参考Strassner 2005 第157页):

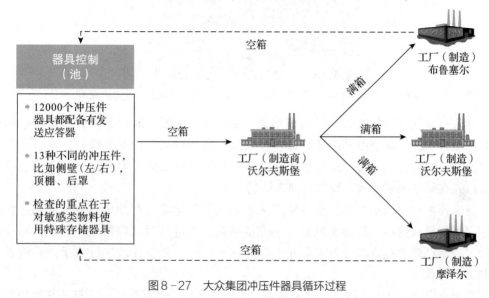

图8-27 大众集团冲压件器具循环过程

1)平均而言,每年约有5%的器具和货架从流通中消失。原因可能是被货运代理商错误地放置或者使用不当等。

2)必须定期性通过费力的人工方式搜寻器具。而器具在被找到以前,既占用了场地空间,又是一种非生产性的闲置。

3)为了获得器具库存的可靠数据,需要人工清点库存,这是因为,一般在器具返回时,并不进行准确的计数。

4)发送过程中出现错误。由于补充交付使用专门的运输和包装,或者生产故障造成延迟交货,需要额外的费用支出。

通过引入器具跟踪,希望加速今后的器具转运流程,避免因器具丢失而导致的搜寻和生产延误,并且在整体上减少器具库存(参考Strassner 2005 第157页)。

除了发送应答器之外,在器具物流链内的关键地点(例如冲压车间的进口和出口、空箱安放场地),都可安装用于读取和识别器具的天线。如果冲压件器具移动,通过冲压车间的大门时，这些器具的动态信息会被自动提取，并通过地面以太网（Ethernet）以及无线局域网（WLAN）传输到主计算机（图 8-28）。这种提取系统也安装在布鲁塞尔和摩泽尔厂区。此外，移动式检测站安装在叉车上。因此，叉车也可以进行这些识别和跟踪。大众集团自己的信息技术软件对获得的数据进行分析评估，并可视化器具流量和数量。

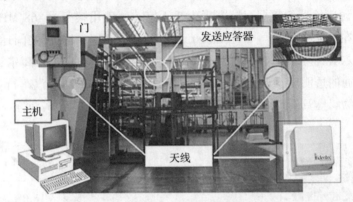

图 8-28　提取冲压车间门口的器具动态数据信息（来源：大众汽车）

　　通过自动提取器具数据，可以根据器具的数量、位置、时间和负载状态，连续性地监控器具信息。这使得可以持续性、在线式检验所有器具的库存状态。通过往返性计算，在不同数据采集站，器具登记的日期和时间也可以间接地检测厂区之间的物流量，以及在某些个别区域个别器具动态情况。

　　将来使用射频识别技术，也可用于无纸张式货物运输。在冲压车间，所有必要的数据，如器具内物料、目的地地址、填充度数量，都可被写入发送应答器。在卸载器具时，自动创建载货清单。当货车进入制造商工厂时，它会自动进行记录，并检查和控制叉车卸载。

　　在大众集团的冲压件器具试验项目中，可以就此减少器具库存，而且持续性地保证器具的可提供性（参考 Strassner 2005 第 93 页）。在进行调查的时间段内，大众将器具搜寻工作量减少了大约 50%、错误交付量减少了大约 65%、停机时间减少了大约 20%（参考 Weigert 2006 第 41 页）。此外，可以通过前瞻性规划，对冲压模板进行优化。通过回收被遗忘的器具，进而缩短了器具循环天数，以及对器具的投资费用（参见第 6.1.3 节）。定位寻找缺失的器具，可相应减少器具的遗失（参考 Strassner 2005 第 161 页）。

　　原则上，使用器具跟踪系统可以改进物流控制，特别是对器具遗失、损坏或者不正确交付情况能够更快地做出反应。此外，跟踪和追踪系统的定位功能可用于确定器具的具体位置，从而寻找丢失的器具，或者确定其损坏的原因（参考 Obrist 2006 第 49 页）。进一步的优点是可以更好地进行成本因果分配。这是通过对运输设备持续性地进行定位来实现的，使之更有效地利用器具提高其循环使用速度，从而减少所需的场地空间（参考 Franke、Dangelmaier 2006 第 89 页）。

参 考 文 献

Aberle, G. (2003): Transportwirtschaft, 4. Auflage, Oldenbourg, München, 2003

Bachmann, H. (2006): Mehrweg-Ladungsträger effizient verwalten und steuern, in: Logistik für Unternehmen 10/2006, S. 88 - 91

Barth, H. (2002): Lieferantenparks im Umfeld der Automobilindustrie, in: Logistik für Unternehmen 7 - 8/2002, S. 52 - 55

Becker, T. (2005a): Konzeption von Entwicklungspfaden für Zulieferparks in der Automobilindustrie, Dissertation, Universität Kassel, Kassel, 2005

Becker, T. (2005b): Logistiker geben den Takt vor, in: Automobil-Produktion 5/2005, S. 44 - 45

Boppert, J. /Schedlbauer, M. /Günthner, W. (2007): Zukunftsorientierte Logistik durch adaptive Planung, in: Neue Wege in der Automobillogistik, Hrsg. von: Günthner, W., Springer, Berlin, 2007, S. 345 - 357

Bretzke, W. -R. (2008): Logistische Netzwerke, Springer, Berlin, 2008

Conze, M. (2014): Integrierte Abruf-und Transportsteuerung für lagerhaltige Teileumfänge zur schlanken Versorgung der Automobilmontage, Dissertation Lehrstuhl für Fördertechnik Materialfluss Logistik TU München, München, 2014

Dickmann, P. (Hrsg.): Schlanker Materialfluss mit Lean Production, Kanban und Innovationen, 3. Auflage, Springer Vieweg, Berlin, 2015

FAST (2004): Future Automotive Industry Structure (FAST) 2015 - die neue Arbeitsteilung in der Automobilindustrie, VDA, Frankfurt am Main, 2004

Franke, W. /Dangelmaier, W. (Hrsg.) (2006): RFID-Leitfaden für die Logistik. Anwendungsgebiete, Einsatzmöglichkeiten, Integration, Praxisbeispiele, Gabler, Wiesbaden, 2006

Gareis, K. (2002): Das Konzept Industriepark aus dynamischer Sicht, Gabler, Wiesbaden, 2002

Graf, H. /Hartmann, C. (2004): Just-in-Time, Just-in-Sequence, in: Taschebuch der Logistik, Hrsg. von: Koether, R., Hanser, München, 2004, S. 121 - 132

Hartel, D. (2006b): JIS über 1000 Kilometer, in: Automobil-Produktion 8/2006, S. 82 - 84

Helmigh, M. /Jansen, R. (2007): Das Milimeter-Universum. Wie die RFID-Technologie logistische Prozesse sicherer macht, in: Sicherheitshalber - Zeitschrift für Sicherheit in der Supply Chain des Handels 2/2007, S. 6 - 15

Hofmann, E. /Bachmann, H. (2006): Behältermanagement in der Praxis-Die St. Galler Behälter-Management-Studie, Deutscher Verkehrs-Verlag, Hamburg, 2006

Imai, M. (1997): Gemba Kaizen-A Commonsense, Low-Cost Approach to Management, McGrawHill, New York, 1997

Jacobi, C. /Hartel, D. /Spendl, K. (2005): Logistics Excellence in der Automobilindustrie, Emporias Management Consulting, Unterföhring, 2005

Keller, J. (2006): Vendor Managed Inventory hält Einzug in das Bestellwesen der Industrie, in: Logistik für Unternehmen 3/2006, S. 58 - 59

Kimmich, J. /Wahl, H. (2007): Die Kapazitätsplanung, in: Logistik in der Automobilindustrie, Hrsg. von: Gehr, F. /Hellingrath, B., Springer, Berlin, 2007, S. 59 - 66

Klaus, P. /Krieger, W. (2000): Gabler Lexikon Logistik: Management logistischer Netzwerke und Flüsse, 2. Auflage, Gabler, Wiesbaden, 2000

Klug, F. (2000b): Logistik der kurzen Wege, in: Technologie & Management 7 - 8/2000, S. 32 - 35

Klug, F. (2001a): Logistik-Revolution im Park, in: Logistik für Unternehmen 11/2001, S. 54 - 57

Klug, F. (2006a): Die Investitionsentscheidung absichern-Stochastische Analyse ermöglicht Beurteilung der Wirtschaftlichkeit von Staplerleitsystemen, in: Fördern und Heben-Flurförderzeuge Marktbild 2006/2007, 7/2006, S. 83 - 85

Klug, F. /Vogl, H. (2003): Erfolgsfaktor Industriepark-Logistik, in: Zeitschrift für die gesamte

Wertschöpfungskette Automobilwirtschaft 3/2003, S. 28 - 33

Laffert, J. (2000): Informations-und Materialflüsse in internationalen Logistiksystemen der Volkswagen AG, University Press, Kassel, 2000

Lödding, H. (2005): Verfahren der Fertigungssteuerung, Springer, Berlin, 2005

Mayer, B. (2011): Eine wichtige Stellschraube ist ReUse, in: Automobil-Produktion, 25/2011, Sonderausgabe Smarte Sterne, S. 14 - 17

Meyr, H./Schonath, M./Schulte, J. (2001): Optimierung der Lieferabrufe, in: Logistik heute 3/2001, S. 42 - 44

Miemczyk, J./Holweg, M. (2004): Building Cars to Customer Order: What Does it Mean for Inbound Logistics Operations?, in: Journal of Business Logistics 25(2)/2004, S. 171 - 197

Obrist, A. (2006): RFID und Logistik. Innovationen-Chancen-Zukunft, VDM Verlag Dr. Müller, Saarbrücken, 2006

Ohno, T. (1993): Das Toyota-Produktionssystem, Campus, Frankfurt am Main, 1993

Pfohl, H. -C. (2004): Logistikmanagement, 2. Auflage, Springer, Berlin, 2004

Pfohl, H. -C./Gareis, K. (1999): Entwicklungsperspektiven für Industrieparks-Vorgehensweise und Ergebnisse einer Studie, TU Darmstadt, Darmstadt, 1999

Pfohl, H. -C./Gareis, K. (2005): Supplier Parks in the German Automotive Industry-A Critical Comparison with Similar Concepts, in: International Journal of Physical Distribution & Logistics Management 35(5)/2005, S. 302 - 317

Rapp, A./Klug, F. (2001): Wer muss draußen bleiben?, in: Automobil Industrie 9/2001, S. 48 - 50

Reichhart, A./Holweg, M. (2007): Do We Still Need Supplier Parks?, in: Automotive Logistics 3 - 4/2007, S. 52 - 58

Rinza, T. (1999): Industrieparks-Pflicht oder Kür?, in: Automobil Industrie 6/1999, S. 14 - 18

Rinza, T./Boppert, J. (2007): Logistik im Zeichen zunehmender Entropie, in: Neue Wege in der Automobillogistik, Hrsg. von: Günthner, W., Springer, Berlin, 2007, S. 17 - 28

Schraft, R./Westkämper, E. (Hrsg.) (2005): Lieferantenparks in der europäischen Automobilindustrie, Handelsblatt, Düsseldorf, 2005

Strassner, M. (2005): RFID im Supply Chain Management-Auswirkungen und Handlungsempfehlungen am Beispiel der Automobilindustrie, Deutscher Universitäts-Verlag, Wiesbaden, 2005

Thaler, K. (2001): Supply Chain Management-Prozessoptimierung in der logistischen Kette, Fortis, Köln, 2001

Urban, G./Stirzel, M. (2006): Bewertung von Netzwerkszenarien für eine Globale Logistik-Eine betriebswirtschaftliche Herausforderung für das weltweite Automobilgeschäft, International Performance Research Institute, Stuttgart, 2006

VDA (5004): VDA-Empfehlung 5004-Pickup Prozess, Hrsg. von: Verband der Automobilindustrie, Frankfurt am Main, 2003

VDA (5007): VDA-Empfehlung 5007-Leitfaden zum Behältermanagement, Hrsg. von: Verband der Automobilindustrie, Frankfurt am Main, 2006

VDA (5010): VDA-Empfehlung 5010-Standardbelieferungsformen der Logistik in der Automobilindustrie, Hrsg. von: Verband der Automobilindustrie, Frankfurt am Main, 2008

Voigt, S. (2008): Just in time nach Polen, in: Logistik Inside 7 - 8/2008, S. 30 - 31

Weigert, S. (2006): Radio FrequencyIdentification (RFID) in der Automobilindustrie-Chancen, Risiken, Nutzenpotentiale, Gabler, Wiesbaden, 2006

Wildemann, H. (1988): Produktionssynchrone Beschaffung-Einführungsleitfaden, 2. Auflage, gfmt, München, 1988

Wildemann, H. (1997): Fertigungsstrategien, 3. Auflage, TCW, München, 1997

Wildemann, H. (2000b): Supply Chain Management, TCW, München, 2000

Wildemann, H. (2001b): Das Just-in-Time Konzept-Produktion und Zulieferung auf Abruf, 5. Auflage, TCW, München, 2001

第9章
汽车生产过程中的物流

9.1 规划方案

在汽车工业的生产和物流管理中，原则上，有两种不同的规划方案。计划生产（Build to Forecast，BTF）和按单定制（Build to Order，BTO）分别代表了最为常见的规划模型，这两种模型在实践中投入使用，都对汽车生产物流产生了重大影响。这两种方法都有各自的极端性，而在实际规划中，总是采用两者混合的形式。

9.1.1 计划生产

在计划生产方案中，车辆是根据销售预测进行规划和生产的。通常，参考以往的销售数据，根据当前和未来发展，对将来的趋势进行推断。计划生产的主要出发点，是试图将车辆捆绑到优化的生产单元中，利用大规模经济效应，使生产更加经济化。在计划生产方案中，考虑整个生产一致性的特性，将预测的车辆订单推送入整个生产物流链，然后提供给经销商，或者暂时缓冲在制造商的停车场（参见第10.4.1节）。成本最小化、生产力分配均匀化、组织生产过程更有效，是计划生产方案最需要考虑的因素。

与所有预测性模型一样，基于计划性的生产计划，其共同的缺点都是对市场变化的反应非常缓慢，甚至由于预测错误，供给经销商的车辆并非最终客户所真正希望的。而这种情况越严重，说明客户市场越有活力、越个性化。经销商现有车辆的参数与客户要求的偏差越大，作为购买刺激，给客户的折扣就越高。此外，还要向客户提供降价安装某些配置，提供更换车辆时更高的优惠待遇及特殊的售后服务项目（例如免费服务）等（参考 Frühbauer 2007 第 33 页）。

同时，制造这类非定制性车辆时，工业生产与实际客户的要求是相互脱离的（参考 Holweg、Pil 2004 第 14 页）。虽然这可以实现稳定的生产和物流流程，但没有考虑客户的个性需求。这样随着单位生产成本的降低、生产数量的增加、物流管道的扩大，这些车辆通常是为库存而生产的，以低利润率进行销售。成品车临时性库存数量增加（参见第 10.4.1 节），导致库存费用不断增加。此外，按计划生产会增加成品车辆平均库存时间，由于存储时间加长，进而增加了车辆防护保险费用，以及车辆损坏的风险性（参考 Holweg、Miemczyk 2002 第 830 页）。同时，由于销售利润率下降，为实现生产回报目标，车辆产量还需要再增加（图 9-1）。按计划生产中，车辆的销售将导致客户订单的车辆在实际生产计划中被取而代之（参见第 9.3 节），这是因为，客户经常会根据所给予的优惠折扣及快速的可提供性，而放弃原来希望的定制要求。但这会完全搅乱后面的生产计划，因为这些计划是基于过去所售出的车辆情况制定的。此外，由于按计划生产的车辆取代了客户特定订单，这最终将造成更长的交货时间，从而导致客户不满意，以致客户流失（参考 Holweg、Pil 2004 第 14 页）。

客户需求与实际生产相互分离，这使整个供应链中的信息失真，从而导致忽略和延迟了数量变化和需求改变。同时，在物流渠道内建立了一个车辆库存，它具有一定的缓冲功能。车辆程序的更改仅可在延迟后才能给予考虑。

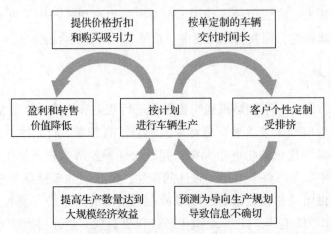

图 9-1 计划生产（参考 Holweg、Pil 2004 第 15 页）

9.1.2 按单定制

在按单定制策略中，车辆是根据特定的客户订单进行计划和制造的。因此，最终客户成了规划和生产的重点。这里主要的目标，是通过增加市场份额提高利润率、订单更改的灵活性、交付可靠性，同时减少成品车辆库存（参考 Gunasekaran、Ngai 2005 第 6 页）。只有在收到客户订单后，才开始生产车辆。因此，客户预定的功能和配置要求能够给予满足。按单定制完全面向最终客户订单，这些订单由经销商直接传送给汽车制造商（参考 Holweg、Pil 2004 第 108 页）。然而，在通常情况下这些客户订单信息会有所改变，这是因为个别零售商的需求预测、安全附加设备、区域供应合作伙伴的某些优化。在 20 世纪 90 年代初，按单定制策略专门用于高端车市场，并持续性地发展为德国汽车制造商的主流策略（参考 Rinza、Boppert 2007 第 17 页）。

按单定制策略的优势在于，按客户要求进行车辆生产运营资本较低、物料和车辆库存减少、车型组合性更好、客户满意度提高、满足客户独家的定位要求（参考 Reithofer 2005 第 271 页）。通过生产客户所要求的车辆，可以提高盈利能力（参考 Holweg、Miemczyk 2003 第 64 页）。除了在分销渠道中车辆库存比较低外，还有其他积极性影响，包括更好的销售利润。特殊定制生产可避免车辆低价出售。通过将定制生产策略与延迟订单分配相结合（参见第 9.6 节），在车辆实际生产开始前几天，客户仍可以更改配置选项。因此，客户有可能获得某些额外的新功能（比如升级）。此外，在供应链中，按订单生产消除了人为造成的生产数量波动，因为生产是基于客户的实际需求，而不是不确定的预测数据（参考 Holweg、Pil 2004 第 7 页）。然而与计划系统相比，按单定制缺乏平滑性和缓冲效应（例如指数函数平滑性中的 α 因子），生产和物流系统直接受到市场需求波动的影响。因此，成功运行定制生产系统的先决条件就是要创建一个灵活的供应链，能够快速将客户订单传递给物流网络，在固定的交货日期，在短时间内进行交货生产（参考 Baumgärtel 等 2006 第 8 页）。如果采用定制生产策略，还要避免生产中出现瓶颈，这就必须满足以下基本要求（参考 Meursing 等 2007 第 450 页）：

1）灵活运营一个多产品装配线。
2）缩短交付周期。
3）作为供应链事件管理的一部分，应立即对中断做出响应。
4）提供战略性生产能力储备。
5）虽然生产开始前不久可更改订单，但仍应遵守交货日期。
6）灵活性的价值创造结构与以物流导向的产品设计相结合（参考 Baumgärtel 等 2006 第 8 页）。

9.1.3 客户解耦点

在汽车工业中，通常计划生产和按单定制策略混合使用。在这两种混合方式中，市场、产品和流程标准起着重要作用。这里最为关键的一个问题，就是确定最佳的客户解耦点（又称转换点、订单渗透点、订单解耦限制或产品解耦寄存）。客户解耦点是指在企业生产活动中，由基于预测性备货生产，转向定制生产的转折点。除了缩短客户订单流程（参见第 9.2 节）之外，缩短对最终客户的车辆交付时间的要求，使客户解耦点向最终客户方向移动，把它作为延期策略的一部分（参见第 3.4.3 节）。

实际研究表明（图 9-2），在计划生产和按单定制策略的应用方面，仍存在显著的区域性和各个公司特定的差异（参考 Holweg、Pil 2004 第 12 页）。

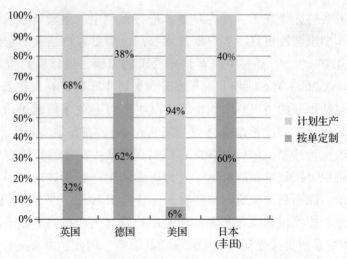

图9-2 汽车工业中计划生产和按单定制的组合

要单独地确定计划生产和按单定制之间的边界，是一个非常复杂的决策问题。下面将主要以规划范围、产品和流程结构、细分市场和客户消费行为为例，进行相关描述。

1. 规划范围

使用客户或预测订单进行生产计划，取决于相应的规划范围。原则上，随着规划范围的减少，客户订单的份额会增加（图9-3）。

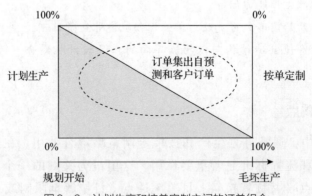

图9-3 计划生产和按单定制之间的订单组合

在汽车价值链中，许多物流时间超过了客户可以接受的程度。因此，在客户订单到达经销商之前，就必须启动采购和生产物流中的某些流程。由于全球化采购数量的增加（参见第5.1.3节），平均来看，采购过程和所需时间更长，尤其是当供应商来自亚洲地区时，一般海运的交付时间较长。因此，根据客户要求，全面性地调度采购零部件，只能是缩短初期的准备时间。对此，一个先决条件，就是供应商在地理位置上集中在制造商附近的区域（例如日本的丰田市）。

通常，一个客户订单周期为 2～12 周，因此，客户的最终订单只能在短期内获得（参考 Zernechel 2007 第 369 页）。所以，考虑在年度范围内，长期性车辆生产规划的起点只能是预测值（参见第 9.3.1 节）。只有在车辆计划的每月、每周的中期及每日的短期计划（参见第 9.3.2 和 9.3.3 节）中，逐步地考虑客户订单。已经承诺的经销商订单才被转换为实际的客户订单（客户车辆）。如果经销商订单的调整不能满足客户要求（所谓的订单修改），则要根据制造商的销售方案，将车辆转移给经销商（参考 Meyr 2004b 第 4 页）。经销商的购买承诺对制造商而言，就可采用一定的车型混合，确保达到最小化生产，以便有经济效益地运营生产（参考 Meyr 2004b 第 10 页）。因此，先粗略制订车辆要求（特征参数，例如车身形状），再在客户特定要求的基础上，逐步地进行细化，逐步取而代之。通过暂时不指定已经预订的订单，可以减少经销商的交货时间。而从经销商的角度来看，其风险在于，要用实际收到的客户订单，覆盖原先所计划的配额（参考 Koschnike 2001 第 289 页）。通常来讲，经营标准配置车辆的经销商，可能需要以高折扣出售车辆。然而，在车身壳体生产之前，经销商或进口商仍可更改车辆订单，这提供给客户进行置备修改、升级的可能性，最终将提高盈利能力。

2. 产品和流程结构

车辆的结构越简单，并且变异越少，对生产计划系统采用推动驱动的策略越有利。原则上，还必须区分高端汽车制造商（比如奥迪、宝马、梅赛德斯－奔驰）和批量汽车制造商（比如丰田、大众、马自达、日产）。高端汽车制造商可以提供大量的配置选项，但批量汽车制造商的配置选项非常有限，其组合约束性小（参考 Voigt 等 2007 第 68 页）。

通过提供较少的配置可能性，每个变异的产品数量将增加，基于所谓大数定律，这可以带来更稳定的销售量。销售的数量越稳定，预测模型就越适合其预测的情况。然而，这种基于规模经济传统式的高生产率方法，变得越来越不重要（参见第 3.2 节）。驾驶安全性、舒适性，环境保护技术，车辆动力性组件，信息和娱乐性配置，或者改变车辆外观，这在当今就是客户可以选择的众多选项中几个典型性的例子。目前，随着创新技术的发展，会生成一些创新性结果，比如新型的车辆颜色、新型材料、车辆技术和市场，增加了更多的特定变异（参考 Rinza、Boppert 2007 第 20 页）。车辆复杂性管理方法，比如模块化（参见第 3.5.1 节）、公享平台、零部件策略（参见第 3.5.2 节）和功能整合（参见第 3.5.3 节），都有助于减少内部变异的多样性，并抵消因这种发展趋势带来的影响。

3. 细分市场和客户消费行为

为了选择合适的规划策略，必须考虑有关区域性市场条件，了解个别客户不同的期望和要求。比如，美国客户习惯于直接从当地经销商处就地考察和购买车辆。尽管没有期望的最佳配置，但是车辆的立即可提供性，可通过计划生产策略给予保证。只有预测驱动的预生产，才能将车辆推入分配渠道，直接在经销商处（经销商库存）提供给客户。

不同配置功能的愿望，揭示了不同的客户群体和配置变异之间的差异，这使得仅采用计划生产或按单定制策略，这种单一的方式产生了许多疑问（参考 Voigt 等 2007 第 77 页）。然而，在更高档的车型中，可以明显地看到按单定制的趋势。豪华车型以先进技术为特征，以高收入客户为目标。这种车辆的客户，渴望表现其个性和身份。因此，由于具有高度灵活变化性，车辆的高度定制化生产对这类客户而言是首选方案。在低端级别，低成本车辆目前正在大量生产，特别是在印度和东欧，因为成本压力很大。这里，对于这些低收入地区，实际需要的是标准化、简单的装配和物流系统，这往往最有利于采用计划生产战略（参考 Frühbauer 2007 第 73 页）。

9.2 客户订单流程

客户订单（交货订单）流程，是指从客户向经销商下订单、订单处理、制造商生产、成品车辆分销、车辆交付，直到最后交付给最终客户的整个时间段（图 9-4）。

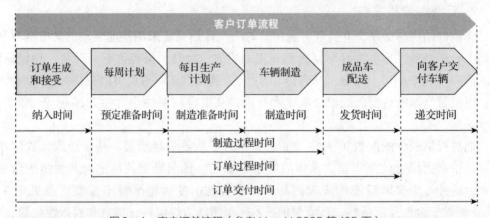

图 9-4 客户订单流程（参考 Herold 2005 第 105 页）

传统系统的特点是其各个子流程的顺序化处理，这种处理方式并不涉及生产能力，以及供应商的调节和控制，流程规划缺乏一致性（参考 Herold 2005 第 108 页）。其结果是订单处理周期长，导致给客户的交货时间推延。在欧洲，就平均值而言，对所定制的车型和配置客户必须要等待 40 多天（参考 Nayabi 等 2006 第 20 页）。为了弥补这些缺陷，尝试了某些较新的方法，以更多地面向流程，关注客户为重点。通过系统化地考察客户订单流程，使用并行化和全局优化方法，取代传统的单一流程优化、串行式流程方法。以客户为导向不仅限于交付时间，还包括其他关键性、鼓励客户购买方面的因素，比如，处理客户的特殊要求、配置和变更的灵活性，遵守交付日期，保证质量或提供售后服务（参考 Meißner 2009 第 185 页）。迄今为止，汽车行业仍部分地存在着交付时间较长的问题，进而不能保证最后的交付期限，就此，许多研究机构和企业启动了相应的项目，其共同目标，就是提高自身能力，提高客户的满意程度。所有这些项目都有一个共同点，就是希望缩短对客户的交货时间，从而减少销售订单流程的周转时间，通常的目标是缩短 3 天、5 天或 10 天（参考 ILIPT 2009、3 Day Car Programme 2001、IMVP 2009）。然而，实际研究表明，希望缩短 5 天或 10 天只是一个愿景。目前对于客户而言，缩短交付时间并不会提供任何附加价值，客户对此并不愿意支付较高的费用（参考 Wheatley 2013 第 56 页）。在比较具有代表性的调查中，只有 0.8%（4.7%）的受访客户认为交付时间为 5 天（10 天）是比较理想的（参考 Voigt 等 2007 第 77 页）。但是根据客户年龄和车辆个性化程度，客户的交货时间要求有很大差异（参考 Holweg、Pil 2004 第 78 页）。研究表明，一般来说，客户非常重视的是实际交货日期，而并不是缩短交货时间（参考 Bretzke 2006 第 50 页，Holweg、Pil 2004 第 80 页）。因此，缩短交货时间的目标必须以确保准时交货为前提。另外，还有调查显示，如果实际交货时间与客户所希望的交货时间之间存在着太大差异，就完全可能会出现这样的风险，即客户会转向竞争对手的相似车型（参考 Wolff 1995 第 38 页）。图 9-5 从统计学角度，描述这一实际现象。在这里，首先有必要减少平均交货时间（预期值），同时抵消和减少方差（标准偏差）。订单处理时间的经验值分布通常是偏右的，就是说，向上偏差的概率大于向下偏差的概率（参考 Holweg 2000 第 22 页）。这样的原因通常是生产制造延迟（生产瓶颈、返工、退回涂装车间等），这导致生产中的车辆在某些生产部门不成比例地长时间停留。除了这种内部生产风险外，在全球性供应网络中，还有需求和采购波动的风险，即外部不确定性因素（参考 Meißner 2009 第 3 页）。除了交付准时性恶化之外，这些不确定性因素还导致了资本密集型安全库存的生成，这些库存问题导致库存资源大量占用，比如仓库和转运场地空间，还束缚了相应的人力资源。

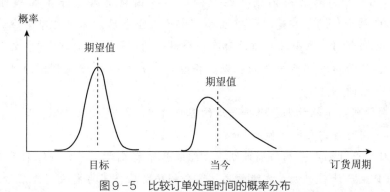

图 9-5　比较订单处理时间的概率分布

在客户订单流程的背景下，汽车行业的典型目标有（参考 Lochmahr、Wildemann 2007 第 510 页）：

1）交付守时性，将客户定制的车辆在约定的日期按时交付给经销商。

2）较高的灵活性，在车身制造前几天（喷漆、重要特征、发动机、变速器等），仍可部分地改变配置选项。

3) 显著地缩短客户订单流程，进而缩短交货时间，提高客户满意度，并且降低资本承诺成本（参考 Holweg、Pil 2004 第 86 页）。

4) 提高规划安全性和销售灵活性。

5) 从供应商的采购流程，到制造商的生产流程，最后经销商的分销流程，降低整个流程的成本支出。

整个客户订单流程由销售部门集中控制，这包括从销售订单的生成开始，到经销商处的成品车辆转交给最终客户。由于销售部门在客户订单流程的开始和最终结束，都始终与客户直接联系，了解客户提出的要求，负责达成双方商定的车辆配置和性能，因此，销售部门对整个过程负责（参考 Weyer 2002 第 49 页）。当然，这当中的一个子流程就是生产物流，由生产计划和控制部门进行规划和协调。

缩短客户订单流程的主要潜力不仅仅在于物流，而且也依赖于信息流。实际订单处理和调度占用了总客户订单流程中超过 75% 的时间（参考 Baumgärtel 等 2006 第 11 页）。按欧洲平均水平，从收到客户订单到最终安排到装配线上的时间约为 33 天（参考 Nayabi 等 2006 第 21 页）。因此以流程导向、跨越部门的方式进行规划显得更为重要，这样可以减少规划和实施部门因相互之间的摩擦、不协调造成的损失。只有完整的以客户为导向、面向客户的思维方式，才能在客户订单流程中成功地缩短客户订单流程时间。

客户订单流程可以粗略地给予如下描述（参考 Herold 2005 第 26 页）。

1) 订单生成和接受：客户订单首先由经销商根据客户的意愿生成。订单内容必须符合相应的市场规范，并且可能仅涉及在该汽车市场中可以获得的车型、已在市场发布的配置，此外，还需经全国销售组织检查该经销商是否遵守了配额标准（参考 Wagenitz 2007 第 15 页）。在通过完整性和可生产性检查后，客户订单将在线交付给车辆制造商的计划部门。每个客户订单都有一个唯一的标识号（订单号），这样可以明确地确认客户，从而形成订单管理的基础。在整个客户订单处理过程中，可以收集和传输有关订单状态的信息。

2) 每周计划：车辆计划要根据每周的客户订单、生产班次计划，制订出每周的生产计划，尽量同时考虑各种限制性因素。

3) 每日生产计划：根据每周计划，在组装开始前几天，考虑到组装节拍和特定限制，生成每日生产计划，加入装配顺序，这个顺序之后将不再更改（组装珍珠项链）。

4) 车辆制造：将计划的车辆的主体加入组装珍珠项链。这里，已喷涂的车身作为交付件，加入最终装配线，以拉动驱动进行交付。

5) 成品车配送：在通过质量检验、批准作为完工的车辆后，车辆通过运输配送转移到车辆经销商处。

6) 向客户交付汽车：清洁和准备好车辆后，将其转交给最终客户。

在传统的订单系统中，从订单到交货的时间中，订单接受时间占据了很大一部分

(图 9-4)。早期的无网络式订购系统的特点是许多个单一性的规划步骤，诸如对相应市场中可提供的配置、制造商生产能力及零部件可供应性进行调查，车辆生产调度和交货日期确认（参考 Reithofer 2005 第 277 页）。今天，为了大幅缩短客户交付时间，正在越来越多地采用在线订购和现场可供性检查。原则上，今天客户能够在互联网上预先指定他们优选的车辆。互联网越来越多地用作客户的信息媒介。这种按客户个人愿望配置的订单，在经销商和客户洽谈后生成相应的车辆配置订单，以在线订购方式，直接发送给制造商。在生成订单之前，使用配置承诺（Configure to Promise，CTP）进行可制造性和生产期限检查。就配置承诺方法本身而言，它最主要是要检验是否真正可以向客户提供所要求的车辆，同时还要考虑到许多限制条件。这里是希望通过灵活性来增加生产能力，而不是通过成品车库存来满足对客户的可交付性（参考 Bretzke 2007 第 9 页）。根据客户实际要求，要确定最早的交货日期、期望的交货日期，或者确认所要求的车辆设备配置。如果客户的要求不可行，也可以提出替代性方案和车辆变异建议（参考 Kuhn、Hellingrath 2002 第 148 页）。这里使用基于规则的算法（例如模糊逻辑），通过一个多层次过程，可精确到最小范围检查自身的库存和制造商生产能力（参考 Hoppe 2005 第 264 页）。但这需要大量的信息技术软件模块，以及相互间智能化联网。而这里，一个特殊的问题在于，在生产过程中参与了大量的内部和外部增值合作伙伴，对这些都必须进行可行性检查。其目标不仅是自身创造附加值，还要检查供应商的需求、库存和生产能力的透明度（参见第 5.3.2 节）。这里所面临的挑战，就是要以目标为导向，详细地确定和描述各个增值合作伙伴的实际职能、流程、限制条件、经营政策和优先级，这当中不可避免有目标冲突。这是一个复杂的决策问题，必须通过适当的、各自公司特定的方法来解决。就配置承诺方法而言，它的一大优势是基于实际数据，计算实际交付截止日期，而不是像以前那样基于规划性数据。这种方法可以立即检查是否具有需要的配置规格、可否满足交货日期请求、特定车辆要求的可行性。此外，还有可能进行替代产品检查（假设分析）。比如，如果更改配置选项，则交货日期就会发生变化。将在线订购与配置承诺方法结合使用，这不仅可以大大减少订单生成时间，还可以提高自身的数据信息能力，从而提高交易者的可信度。这种实时化订单规划能够提高交付可靠性，从而提高客户满意程度。

在规划车辆时，每个预定的车辆都被分配给一个标识号（订单号），这实现了在整个客户订单过程中，能够唯一明确地识别车辆（参考 Herold 2005 第 55 页）。因此，可以连续地检索车辆的当前状态信息，并且对此采取相应的操作。因此，制造、销售、经销商工作人员和客户，都可以完全透明地观察了解整个订单处理流程。

在以下章节中，将详细描述图 9-4 中所示的客户订单过程，即生产计划和控制系统。在物流管理中，车辆和组件的生产规划和控制系统对客户订单流程要求最为严格。作为汽车物流基础内容，只能简单地概述各个规划和控制阶段。可在 Herlyn（2012）中找到车辆生产中对所有生产计划和控制阶段更全面、详细和实践的描述。

9.3 程序规划

9.3.1 战略性车辆规划

规划过程是多个层次的,具有不同的考虑和细节程度。第一个规划阶段,作为所有后续阶段的框架规范,可视为战略性规划。在战略性车辆程序规划中,根据销售预测,要确定在 1~5 年的计划期内,所需要生产的车辆及类型、数量和日程表(参考 Zäpfel 1996 第 56 页)。程序规划的目的,其实是考虑到经济效益,按市场需求规划车辆数量和功能特性。已经在战略性的长期计划期间(图 9-6),所预期的销售量分布要分配给具有相应生产能力的车辆工厂(参见第 9.5 节)。因此,应尽可能早地预测生产能力瓶颈,并考虑适当的对策(图 9-8)。在每年都要进行一次的企业计划中,有计划并连续地对新型车辆的数量和特性,以及相应的生产能力进行规划(参考 Herold 2005 第 110 页)。这就需要销售估算,进一步可细分为市场、系列和衍生品。所以销售预测的质量将决定产能估算的质量,因为如果出现任何瓶颈,都可能会限制生产和销售计划。原则上讲,随着规划范围的增加,规划精确性会降低(图 9-7)。因此,一个长达 5 年的长期计划,只能在高度集中的层次上进行,而作为中期和短期规划的一部分,还必须不断地完善。显而易见,长期计划也是长期投资计划的基础(参考 Herold 2005 第 23 页)。

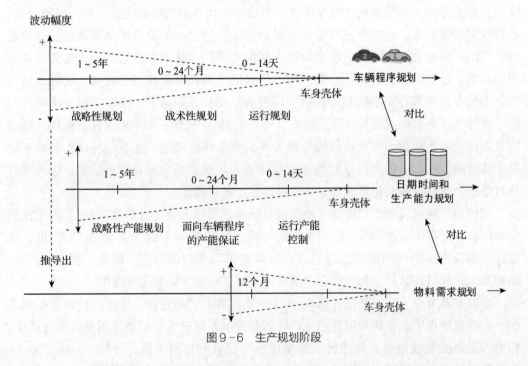

图 9-6 生产规划阶段

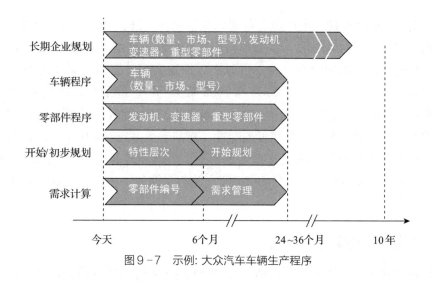

图9-7 示例:大众汽车车辆生产程序

9.3.2 战术性车辆规划

中期性战术规划可长达两年。虽然每个年度的销售计划是集中式进行的,但要与各个分厂的分散性要求相协调。这就需要在车辆当前的市场信息(市场份额、市场预测)、交付情况(已计划和已实现)、所收到的客户订单、自身库存水平和生产情况基础上,销售部门确定车辆规划的要求(参考 Herold 2005 第30页)。个体经销商、企业和部门所提出的要求经常是多种多样且互相矛盾的,因此,必须通过制订对参与伙伴都基本满意的目标,来解决上述的利益冲突。为此,必须在销售、计划规划、生产制造、物流和采购之间,明确定义约束性的运行规则。在此固定的规划框架内,将销售或者客户要求转化为相应可生产的车辆计划(参考 Zernechel 2007 第369页)。车辆计划的预测数据通常是定期性地由销售部门和经销商共同制订的,并构成了经销商购买义务协议的基础(参考 Meyr 2004b 第5页)。只有在短期内才能制订最终客户的具体订单,因为通常车辆买家的订单周期为2~12周(参考 Zernechel 2007 第369页)。因此,随着计划周期的缩短,销售预测值将逐渐由最终客户订单给予填补(参见第9.1.3节)。因此,初始阶段,车辆的总要求仅仅包括长期性随机预测和短期确定性客户要求。

这里的问题在于,如何选择一个合适的预测系统可以综合考虑各种动态影响因素(参考 Zernechel 2007 第370页)。为了检验预测的质量,必须不断地将计划值与实际值进行比较。根据实际和计划之间的偏差,持续性地对预测值进行纠正(参考 Heinemeyer 1992 第173页)。在车辆计划中,正确地估计时间,需要考虑已基本固定的车辆构成、变异和配置组成,这对于随后的物料需求计划至关重要。由于长期性规划的不确定性和大量配置变异,仅能估计若干最重要的车辆参数(如发动机型号)并将其纳入生产计划(参考 Herold 2005 第33页)。

战术性规划是要在一个规划委员会的领导下进行,委员会每年定期制订车辆计划,由此，根据生产时间安排、生产能力限制以及控制性标准，制订每月和每周的生产计划。车辆规划构成了物料需求（参见第 9.4 节）以及生产能力规划（参见第 9.5 节）的基础。只有确保所规划的生产计划可以实际性地实现，能够确保计划中物料要求，才能批准发布下一轮计划（参考 Krog 等 2002 第 48 页）。除了车辆数量和车型外，还必须考虑所计划的配置选项。对于一定的车辆属性类别，在特定计划时间间隔内，预期确定将要生产装配的车辆属性和可选配置（例如导航系统）（参考 Gebhardt 等 2004 第 95 页）。车辆型号和规格的变化将导致制造商内部和外部生产能力同时发生变化，因此，必须在需求和生产能力规划的背景下，进行早期的协调（参考 Herold 2005 第 33 页）。

9.3.3 运营期车辆规划

在运营期间车辆规划的主要目标，是要根据生产制造技术和组织结构条件，达到实际生产能力的最佳利用率，以及客户订单的及时安排，同时综合兼顾和考虑到各个生产部门的生产计划和时间安排。

在德国汽车行业，车辆按单定制比率的平均值超过 70%，这个值多是基于纯粹的最终客户订单，已确定了客户大多数初步要求；其余部分将由经销商和制造商订单填补，以优化选择相应的生产厂地和产能利用。在运营期间的生产计划中，要在短期时间范围内确定哪些车辆与哪些配置设备组合。从相应的车型开始，将主要的客户要求更精细地分解为各个单一的技术特性（例如天窗、右/左驾驶等）。对于功能各异的车辆性能特性（发动机、变速器、内部设备），可以进行规格分级，在车体定型之前的时间，对已预订车辆订单仍然可进行修改变动，虽然在长期时间范围内车型和车身形状通常是固定的，但仍可修改发动机系统，以及在短期范围内可对音响系统进行修改（参考 Holweg、Pil 2004 第 27 页）。为了提高规划的灵活性，尽可能延迟细化客户对车辆的详细说明。只在组装开始前不久，在零部件级别考虑车辆结构之前仅计划其特征选项（关键类型）。

通过具有稳定订单序列的生产控制（参见第 9.6 节），在装配开始前几天，就可生成每天的生产内容单（所谓的每天片段），同时兼顾到生产、物流和配送中的特定限制，这些生产内容单不能再进行更改。每日生产内容单的计划，是在滚动式基础上组织的，以便在一个固定的计划范围内，确定并冻结一定数量的实际生产内容（所谓的冻结区域）。随后，指定并实施一个日常生产计划，在这其中汇总一个生产日中的所有车辆订单（调度）。然后考虑到装配线的节拍准则（排序），按各个车辆订单对其相应的生产内容进行排序。连接成装配珍珠项链（参见第 9.6.1 节），这对后续生产控制提供了序列稳定性。这一组装配珍珠项链也是后续按需供应交付的基础（参见第 8.2.1 节）。

如果对生产计划要给予增加以弥补短缺的生产量，或者需要给予减少以避免生产过量，就必须采用额外的调整和监管程序，对生产数量进行适当的调整。这种调整最好是针对冻结区域外、非计划性的每日生产内容（参见第9.6.2节），或者安排在最后面的生产内容，以便有足够的时间使生产部门或者供应商采取相适应的补救措施。

9.3.4 总成规划

类似于车辆规划，在总成规划中对重要模块和系统（如发动机、变速器和车轴）的数量和时间要求进行具体计划。在车辆产品整体结构背景下，发动机变速器和车轴被认为是从属性交付要求，通常源于物料的初始需求计划（参见第9.4.3节）。对这些模块和系统（如最终产品），在早期给予定义和特殊处理，其原因如下（参考Zernechel 2007 第370页）：

1) 发动机和变速器等总成零部件通常在其他生产现场生产，就像车辆一样，多个装配工厂可同时利用这一生产能力。

2) 总成对车辆的配置有很大影响，容易成为供应计划中的瓶颈。

3) 高度自动化和高投资成本，将目标重点转移到工厂的最佳产能利用，这可通过早期调度和稳定的规划给予实现。

4) 总成可交付到多个全球分布的生产基地，因此，在全球性装配生产环境中，进行需求和能力规划具有高度的复杂性。

5) 扩大和降低生产能力需要长期性的技术周期（通常超过半年），这需要销售部门对营销配额进行长期和精确的规划。

如果不依赖于车辆构造对总成进行研究，则也可以类似于车辆规划，进行总成需求规划。在一个给定的车辆程序框架内，针对一个特定的时期，可以确定将要生产的总成数量、类型、个性规格（可选配置）和生产地点。类似于整车，这种总成的初始需求构成了零部件明细表的基础。其结果是一个时间性净附加需求，它构成了后续总成零部件分配和装配的基础。

生产计划的目标在于促使所有总成厂和供应商合作，共同制订规划，尽可能完整地满足分销要求或销售预测（参考Zernechel 2007 第371页）。最初，这个规划过程是自上而下组织的。在此过程中，总需求被分解为多个组合部分，当然也可以跨越工厂进行生产。根据生产工厂和供应商之间预定的生产配额及其可用生产能力，将具体的组合部分分配给各个生产工厂和供应商。通常，这种配额是长期性（多年）设定的。根据现有的企业生产资源，检验需求实施的可行性。在此基础上，制订每月、每周、每日和班次详细多层次的汇总计划。然后，对该计划数据重新以自下而上的形式进行检查，直到公司层面，并通过销售计划进行审查。在不一致的情况下，重新进行反向调整。

按照车辆的装配珍珠项链（参见第9.6.1节），可以在短期范围内，基于已冻结车辆计划，制订一个序列稳定的总成计划。如今，在车辆行业中，比较典型的规划期限是在总成装配到车辆之前大约 4 天。这个提前期，通常足以进行诸如组装特定的发动机这类的操作，并按顺序交付进行装配。类似于车辆程序规划，总成规划定义了每日生产内容，其中汇总了生产日的所有订单，然后将其放置在装配珍珠项链中。原则上，总成被认为是外部供应的模块和系统，即使它们是在企业内部生产制造的。

9.4 物料需求规划

根据生产计划，以及由此生成的对车辆和总成的初始要求，可通过物料需求规划进一步细分，确定至具体的模块、组件和零件（所谓的相关要求）。通过使用物料清单（Bill of Material，BOM），将聚合性的初始需求逐步分解为各自的组件。对于每个细分部分，通常要在 6 个月内，确定其相关的需求量。所要规划的零部件类型（自制件和采购件），其数量范围可能以万计，甚至可超过十万种完全不同的生产资料（参考 Zernechel 2007 第 373 页），这表明，并非所有零部件都可以根据面向需求的 BOM 进行规划。通常，规范的、标准的和小型零部件可以按消耗进行计划，因此，物料需求规划与可以进入车辆生产程序的物料需求计划分开处理，这样大大减少了规划工作量。

9.4.1 需求类型

在讨论净附加需求计算过程之前，应首先澄清不同的需求类型，表 9-1 给出了这一问题的一般系统性概述。

表 9-1 不同类型的需求

需求类型	毛需求	净需求
初始需求	可销售车辆的需求，不考虑库存状态	可销售车辆的需求，计入库存状态
附加需求	对原材料、零件、组件、模块和系统的需求，不考虑库存状态	对原材料、零件、组件、模块和系统的需求，计入库存状态
再追加需求	辅料和运行物料需求，不考虑库存状态	辅料和运行物料需求，计入库存状态

初始需求仅代表了对可销售车辆的需求。这种需求可能是基于预测计算（计划生产）作为预测性初始需求，或者基于实际的最终客户订单（按单定制）作为客户订单性初始需求。

然而对于进一步的计划阶段而言，与需求的生成方式无关，因此，仅仅考虑了总初始需求作为附加需求计算的输入。一旦定义了车辆程序，通过车辆结构的物料清单，就可求解出初始需求并明确具体到车辆的各个部件或模块、系统，来产生附加需求。所谓三级需求，通常代表辅助性和操作用物料。操作用物料不直接考虑入车辆中，但需要它维持生产过程（例如润滑剂、液压油、热成型油等）。由于操作用物料与车辆需求直接分离，这些通常由消费部门本身（例如冲压车间）基于与技术和流程相关的原理（例如换班模型、提升动力等）自动调度。辅助性物料（例如螺钉）通常是费用较低的物料（C 部件），不是面向车辆程序，而是由消耗导向计划。

除了对聚合级别进行需求分析外，还根据公司的可用库存对需求进行分类。最初，总需求额并未考虑当前可用的库存，而在下一个计划步骤（净需求）中，考虑可用库存。与此类似地，调整也是在附加和三级需求下进行。

除了不同存储层次的实物库存（进货仓库、超市、靠近装配线的存储），可用库存还要考虑到正在处理过程中的订单，而这类物料直到预定的物料到达，才可以提取使用。同时，还必须刨除安全库存和已预留库存，因为它们不能直接用作生产物料。

9.4.2 物料清单

将初始需求分解为相关的附加需要，这就需要有相应的车辆结构信息。通常使用结构式的物料清单描述车辆结构。每个 BOM 都包含一个特定客户车辆，或者组件所需的零部件内容和相应的数量（参考 Zäpfel 1996 第 66 页）。一辆车还具有多种变异，表现为复杂产品结构需要在初始需求的细分分析过程中，付出很多努力。再加上客户对车辆配置的多种选择，因此，对所有理论上可能的变异，都要生成完整的 BOM 是不切实际的（参考 Wagenitz 2007 第 114 页）。为了减少这种工作投入，在车辆构造中使用了一种特殊形式，即变异 - 结构 - 零部件清单（参考 Heinemeyer 1992 第 176 页）。车辆的产品结构，通过客户选取的属性特征、配置组合，以及相应的强制性组合，或者限制性条件来描述。在这里，车辆结构的描述不再是在零部件级别，而是通过 n 位元组的属性选项（选项、类型、品种）。

仅在最高的构造层次，才将车辆描述为车辆模型。通过选择车辆型号，比如大众高尔夫，客户就已经定义了基本选项，诸如车身、发动机和变速器（参考 Herlyn 2004 第 60 页）。通过选择一种基本变异，从制造商的角度，就已完全地描述了一辆车，因为已经可以根据车辆的各个组成属性（例如无线电、变速器、座椅），参考车辆的基本配置，确定其相应的功能特性（参考 Wagenitz 2007 第 60 页）。然后根据车辆型号，客户可以选择其设备选项（附加选项）。根据车辆制造商和型号的不同，可以有 150 多个选项系列，最多可达到 1000 个选项，客户可以从中单独地配置车辆。

表 9-2 显示了一个驾驶舱可以有多于 16 个选项系列，相应有 54 种不同的选项，构成各种各样的变异（参考 Herlyn 2004 第 60 页）。由于在 10 种模块类型中，有 34 种零部件的组合，因此，这时已超过 77000 种模块变异可供选择。在技术上，选项系列可以对多个模块类型产生影响。例如，收音机选项系列将影响驾驶舱内的声音系统、仪表和导航系统。为了限制变异的数量，可以将多个选项进行组合，比如显示仪器类模块。例如，行驶速度表的速度范围，集成在发动机功能显示，以便多次使用相同的

零部件。

对于车辆结构进行描述,通常将基本选项与其他额外选项相结合:

1)在技术和逻辑上,相互成对。

2)都可组合成一个选项系列。

3)每个附加选项,仅在一个选项系列中出现(参考 Herlyn 2004 第 61 页)。

因此,客户必须始终从选项系列中选择一个选项。如果客户未订购特殊设备,则会将标准配置指定为默认选项,该选项始终首先自动生成供选用。如果客户选择了一个选项,则所选选项将替代此默认选项。

通过基本选项和附加选项相结合,可以注意到相应的任何技术、物流和销售限制。

例如,在表 9 - 3 中列出了禁止规则,其中,第 1 行,如果订购基本选项 T.1,以及相关的版本 A.1(基础车型)时,就排除了配置真皮座椅(B.3)的可能性;在第 2 行中,如果订购了辅助加热器(H.2),那么车辆就需要更大功率的蓄电池(Q.4)。

表 9 - 2 示例:驾驶舱中选项,零件和模块变异的数量(参考 Herlyn 2004 第 61 页)

组件种类	可选项	可选项数量	零件变异数量	模块变异数量
换档板	转向盘	2	2	2
换档板罩	规格	3	+3	×3
参考颜色	内饰颜色	8	+3	×3
显示设备	发动机	6	+8	×8
	变速器	4	—	—
	收音机	4	—	—
	车载计算机	2	—	—
	速度表盘	2	—	—
	导航系统	3	—	—
无线电系统	收音机系统	4	+5	×5
音响系统	音响系统	3	+3	×3
导航显示	导航系统,收音机	3	+2	×2
前排座椅调整	座椅系统	4	+3	×3
空调调整	空调/暖气	4	+3	×3
预热器调整	预热器	2	+2	×2
驾驶舒适性	E-稳定系统,防抱死系统,制动停车辅助系统	y	$+x$	$\times x$
总数		>16	$=54+y$	$=34+x$	$=77760 \times x$

表 9-3 选项的组合规则（参考 Herlyn 2004 第 61 页）

基本选项	1. 额外选项	规则	2. 额外选项
T.1	B.3	禁止	A.1
T.1	H.2	必须	Q.4

9.4.3 净附加需求计算

物料需求计划，通常以滚动和多层次的方式进行，类似于车辆程序规划，每月、每周和每天，在不同的计划范围进行规划，尽可能接近需求时间，增加需求确定的准确性。在零部件级别，第一个详细规划阶段根据车辆规划的月度计划、每周规划进行，通常为期约 6 个月（参考 Herold 2005 第 72 页）。始终通过滚动方式，访问当前每周的生产程序。除了完全组装车辆，零部件要求及额外的零部件要求，主要针对备件、全散件组装、车辆中间组装，以及特殊销售性零部件（参见第 8.6.1 节）。此外，制造厂商还可作为零件、组件或模块的供应工厂，为生产网络中其他工厂供货，或者作为供应商，以进一步处理。在物料需求计划中，还必须考虑这些额外的零部件需求（参考 Herold 2005 第 70 页）。

首先，计算总附加需求，即不考虑库存状态。然后将其与可用库存进行对比，作为净附加需求计算的一部分。这里使用累积计算系统。在这种情况下，工厂的实际库存不作为可用库存（参见第 9.4.1 节），因为这会因划分和库存不确定性问题导致估值风险过高（参考 Herold 2005 第 72 页）。而是考虑实物进货，从起始日期逐步汇总到调度截止日期，到截止时间点，将累计的总额与总附加需求进行比较。因此，净附加需求可由以下公式计算：

$$\text{净附加需求} = \sum_{\text{盘点日期}}^{\text{需求时间点}} \text{附加需求总额} - \sum_{\text{盘点日期}}^{\text{今日}} \text{进货}$$

根据供应商的交付配额，按照 VDA 4905（交付预告），从每周的净附加需求计算生成交付时间表，并以远程数据传输方式传输给供应商（参见第 8.2.1.1 节）。基于 VDA 4915 的详细交付要求，根据每周和每日的短期计划，在为期约两周的时间内确定和更新每天的生产。同时，根据 VDA 4916，顺序控制生产交付要求，需要每天发出多次计算零部件的需求。这是基于组装前几天就已经确定的装配珍珠项链，在生产控制中，它具有稳定的运行顺序（参见第 9.6 节）。

在物料需求规划中，一个特殊挑战来自国家法律规范、产品成本优化和模型维护而导致的零部件在技术上的变化（参考 Herold 2005 第 40 页）。这些连续性的变化，意味着大量高度的管理和技术监控工作。为此，必须及时将零部件交付批量生产，或者将停产过时的零部件从规划和生产过程中排除。

9.4.4 物料调度

物料调度代表对供应商的接口，负责物料流入公司，以及工厂内的物料库存。根据交货要求，确保将正确的物料、质量及准确的数量，在预定的准确时间给予提供。物料调度的目的，是保证均匀地分配物流量，同时尽可能地减少库存，并最大限度地提高供应安全性。在物料调度活动中，要保证物料供应。除物料库存外，还通过物料调度，监督装配线、输送过程和进货物料。除了物料需求和库存计算之外，调度的任务还包括确定最佳采购批量的订单（参考 Arnolds 等 2001 第 47 页）。

每天都要重新安排和发出物料交付要求。根据预定时间的净需求量，每天要生成采购件的交付要求，以确保按需求驱动和经济地实施车辆规划。在 BOM 细分后，所计算出的净附加要求，根据当前的计划情况，由调度员进行调整。在交付预测与运营车辆计划之间，需求跳跃性和偏差是不可避免的（参考 Weckbach 2011 第 110 页）。可能的原因包括短期计划、推迟截止日期、物料停工、批量市场供应计划的变化、新物料的错误预测安装率，以及调度员的短期数据输入、不可预测的更换数量。此外，废品、退货和托盘因素也起着一定的作用。这些修正后的需求数量要根据采购协议的交付配额分配给供应商。

此外，物料调度人员还负责处理物料的交付控制（参考 Herold 2005 第 68 页）。在这里瓶颈控制特别重要。如果出现瓶颈，调度员将在受影响的生产区域，在运输商和供应商之间作为联络中心点的协调员。通过同步技术和网络信息集成功能，物料调度员可对物流链获得一个整体透明度。因此，调度人员可以根据升级管理系统启动短期性措施，以减少物流瓶颈，比如，可以检查所需要的零部件、在厂区的其他地方加快交货和收货流程及安排特殊供应交付。

为了支持物料支配调度，可使用合适的调度模型，确定所需的参数，且持续性地更新和维护。这些参数包括生产需求时间、安全库存量、初步参数，以及采购和运输批量（参考 Herold 2005 第 74 页）。

9.5 生产能力规划

生产能力规划，类似于程序规划和物料需求规划，是一个多层次、不断变化的过程（图 9-6）。在生产计划背景下，生产能力规划经常称为综合性的需求/能力管理规划。

生产能力规划始终在考虑物料的准备期和处理时间的情况下，对生产能力的承载程度进行组织调度。在这里，采购件涉及的是重新补充的时间，而对自制件而言是内部准备时间。基于客户交付日期，以时间从后向前调度，可实现各个生产和后勤步骤的无残留。时间规划的详细程度，总是取决于生产能力规划中可以考虑的时间范围。

根据规划周期的长短，生产能力规划可分为战略（长期性）、战术（中期性）和运营（短期）能力规划（参考 Krog 等 2002 第 47 页）。

1) 战略性生产能力规划，一般期限为 1~5 年。
2) 战术为导向的能力规划，时间范围为 0~24 个月。
3) 运营能力规划，时间范围通常为 0~26 周。

9.5.1 战略性生产能力规划

根据车辆计划和由此产生的物料要求，需要确保生产能力的协调和保障。因此，在战略性规划中，在跨越单独生产厂进行需求和生产能力比较中，必须检查销售预测的市场需求是否可行（参考 Krog 等 2002 第 47 页）。因此，生产能力规划在市场需求、供应商能力和生产计划之间的冲突领域，可以起到监管和控制作用。必须将车辆订单分配到企业内部不同的生产场地，以便在遵守交货日期的情况下，实现自身生产能力的最佳利用。随着越来越多的制造商使用平台战略在几个工厂并行生产相同的车型（平台策略），可以在多个事业部门并行制造相同的车型，所以跨越事业部门进行生产能力分配是非常有必要的（参考 Nayabi 等 2006 第 22 页）。采用按订单生产战略，可能需要对长期规划的生产能力在实际分配中进行短期调整。由于客户需求的变化，对各个事业部生产厂，生产能力必须在短时间内重新进行分配，最初可能会导致规划和控制成本增加，但最终会生成更高的销售额（参考 Bish 等 2005 第 179 页）。

生产能力规划的目标，就是在能力提供和服务需求之间，尽可能实现完全化的匹配。每个生产能力的调整过程，总是在满足需求的前提下进行，以便生产能力调整系统能够自动地检查供需之间的日期保证情况。根据规划中确定的初始需求进行生产能力需求的计算。而生产能力可以理解为在特定的规划周期内（例如年、月、周），生产系统的定量和定性能力（比如，装配工人和装配线、生产所需的物料输送线、操作人员）（参考 Zäpfel 1982 第 10 页）。生产能力应该理解为企业员工和生产设备之间的互动。与物质性生产设备相比，劳动力仅仅是有限时间可供利用，人工通常不是可全职投入的。另一方面，生产设施也只能通过员工参与才能发挥出其功能，以提供产能。因此，生产能力规划不仅要考虑企业设备资源，还要考虑班次模型、工厂日历（假日、公共假日等）这些人为形式的员工可用性。

通常，理论上可能的最大生产能力，与在正常条件下可提供的实际生产能力之间，还存在着相当大的差异。在短期内，可以增加实际生产能力，然而后续可能会耗尽灵活性的生产能力储备，导致相应的成本增加（参考 Fleischmann 等 2006 第 201 页）。为了经济有效地进行生产，长期性、平均生产能力利用率应处于正常水平（参考 Saatmann 2007 第 146 页）。然而按订单生产策略的实施，需要额外的战略备用产能，以便能够灵活地对市场中的客户要求波动做出反应（参考 Zäpfel 1998 第 708 页）。

原则上，必须区分制造商本身可以提供的生产能力和供应商方面相应的生产能力。在双方能力的合作范围内（参见第 5.3.2.2 节），不仅有必要考虑自身的能力，还要考虑供应商可提供的服务范围，以便在早期识别和避免生产过程中的瓶颈情况。

9.5.2 战术性生产能力规划

确保中期性的生产能力，这包括计划和随后的调整生产能力的需求和供给。在中期时间段内，这不仅涉及企业内部，而且还包括外部生产能力状况（参考 Petri、Hooites Meursing 2007 第 463 页）。

原则上，规划期越短，生产能力规划的内容就越详细。虽然长期性规划要基于一些重要关键性的车辆特征（例如发动机），但在中期或短期规划中，就必须更详细地兼顾车辆的配置问题。在同时进行初始和附加需求规划中，还必须持续性地检查所确定的车辆数量或零部件，是否也可以在实际产能基础上实现生产或者采购。可以说，生产能力对将要生产的车辆起一定的限制作用，这种限制条件要经常地检查，并且通过适当的适应性措施，既不是在所汇总的订单中，也不能仅是直接在个别生产厂中进行（参考 Wagenitz 2007 第 66 页）。

对战术性的生产能力保障措施，可分为调整生产能力需求措施和调整生产能力供应措施两种。图 9-8 列出了最常见的生产能力调整方法，即定量型、时间型和力度型调整措施。

实现生产能力经济的一个重要措施，可以是通过适当的促销措施，稳定车辆订单内容和数量。制造商不能仅仅被动地对订单做出反应，而且还应该在订单数量和构成方面，主动积极地进行组织。提高经营盈利能力且稳定产能利用率的一种方法是收益管理。比如，服务领域（例如航班预订）中已证明的差异化绩效系统，可根据紧迫性和灵活性需求，按等级排列处理，都可移植到汽车行业（参考 Gruß 2008 第 5 页）。其目标是实现均匀、稳定和最佳（通常不是最大）的产能利用率，并实现最大的企业盈利。考虑到车辆可用性、紧迫性、订单中的变化要求，灵活合理地利用这些众多客户的异质性，可以考虑对不同客户群体实施适当的折扣策略，以实现配置变化的可能性、交付时间变化的可能性（参考 Holweg、Pil 2004 第 203 页）。最重要的是要找到动态性的订单组合，这些订单可以是来自私人客户、运输服务行业客户（公共运输公司、汽车租赁公司、公共部门等）及经销商客户等，对所有这些潜在用户动态式变化，生成和管理最佳订单组合，确保不同生产厂的统筹规划利用。基于交货时间的定价，客户可能需要更长的等待时间，从而会导致交付时间在生产能力利用方面的差异（参考 Holweg、Pil 2004 第 207 页）。

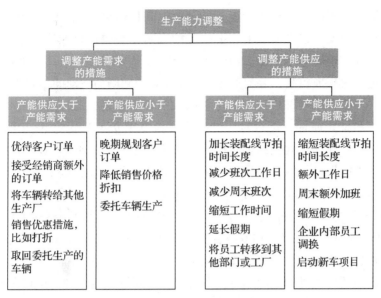

图 9-8 调整生产能力的方法

如果即使采取措施生产能力供需之间仍无法达到平衡，则需要修改车辆计划（参考 Herold 2005 第 39 页）。如果出现短期生产瓶颈，计划规划机构就应考虑产能利润率，决定将哪些车型转移到哪个工厂进行生产（参考 Herold 2005 第 45 页）。类似地，过剩的生产能力要根据生产成本、质量和交付可靠性，进行合理的分配。如果产能存在长期过剩或不足，则必须通过适当的剥离或者投资措施（装配线、工厂场点）来弥补。

9.5.3 运营生产能力控制

在车辆订单生成期间（参见第 9.2 节），检查新安排的客户订单是否超过了制造厂所计划的生产能力。在第一阶段中，基于梳理原则，粗略估算出每个生产班次在特定装配线上制造装配出多少辆车。进行这种定量估算时，必须处理大量数据信息（工作日历、班次模型、销售数据、启动信息等）。在第二个阶段，基于车辆特性进行详细的生产能力规划。为此，要考虑每月和每周的生产能力。对于每个生产周，都要确定将要生产的车辆数量及相应的特征（参考 Herold 2005 第 49 页）。通常，计划首先从车身开始（在车身壳体生产前约 3 个月），接着是带变速器的发动机（粗加工前约 2 个月），然后是配置选项（车身壳体生产前约 1 个月）（参考 Holweg、Pil 2004 第 25 页）。

在此，一个具有战略意义的重要决策就是生产能力规划的详细程度问题。事实证明，不必指定到最后细节的办法，就可以大大提高生产灵活性。从车身结构开始，在装配流程方面，向后移动客户的相关解耦点（参见第 9.6.3 节），可以以较低的细节程度进行生产能力规划和组织。然而，这还要求通过生产和物流系统的灵活性来补偿未能预先计划的高度变化。

在相应的生产周内，进行生产能力的分配，其目标是产能平稳均匀利用，提高生产效率和客户忠诚度。这导致了组装中的各种限制，必须在早期给予考虑。同时，还必须包括装配线节拍的稳定平衡。由于更复杂的设备要求，一般高于平均水平的订单制作不容易进行大规模控制，装配资源的产能还会受到剧烈波动的影响。

相应变异，或者结构部件清单，车辆结构由客户确定，通过选择其功能特性、设备配置、约束和禁止属性，进行对应的描述（参见第9.4.2节）。在车辆订单生成期间，对车辆可生产性的检验只是通过模型描述系统进行，主要是检验订购的属性、其相应的零部件功能的可行性。如果订单未指定具体交货日期，则要考虑生产能力及其限制，应尽可能以最早可能完成的日期来安排订单。图9-9显示了一个车辆订单是否可以安排到特定的生产周的检查。这里，客户向经销商订购的车辆带有舒适配置，金属漆，1.4 TSI 汽油发动机和7档双离合器变速器（DSG）。作为可行性研究部分，首先将从技术或销售的角度，检查该订单是否有效。在获得积极正面反馈之后，检查在所确定的生产周中所能提供的生产能力，即所谓的配额是否足以进行该订单的实际生产。除了最大配额外，还必须考虑最低配额以实现经济效益。只有当所有可提供的生产能力可以得到满足时，才能进行车辆生产计划。在该示例中，所预想的生产周内，自动变速器的生产能力已经耗尽，因此要检查下一周。

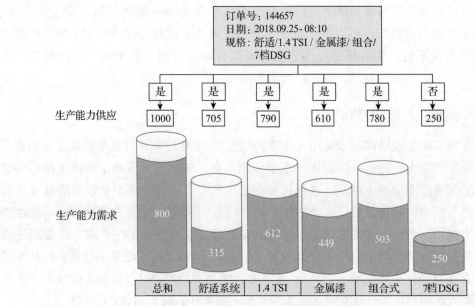

图9-9 基于车辆特征值调整生产能力

除了生产配额之外，还需要平均地分配复杂的车辆变异。这样可减少产能波动和固定成本费用。此外，在生产区域，生产设备和资源可以彼此最佳匹配，以保证确定的节拍周期时间，并且使员工的调整时间尽可能地降低。在订单安排中，其他需要考虑的限制是销售和经销商优先级别，还要区分非员工和员工车辆、消费者车辆、经销商和仓储车辆。计划外车辆订单将返回订单汇合处，并在下一个计划周期中，再次进行检查。通常，订单的优先次序随着其停留的时间长度而不断增加（参考 Holweg、Pil 2004 第 32 页）。

在生产能力规划中，另外一个功能是进行假设分析，该分析要说明众多车辆规格（例如手动变速器）在多大程度上可以相互无冲突地实施规划。

生产能力的规划是动态的，就是说，由于所计划数据的持续性变化，必须每次要重新进行调整。这既可以是改变生产能力的需求，也可以是改变生产能力的供应。例如，不排除这种可能性，客户在车身壳体生产前的几天，还对车辆的特性和配置进行各种各样的改动。同时，某些制造生产厂家的零部件交付延迟，或者质量问题，都可能导致生产计划的变更。

在一个确定的生产能力最终截止时间，要结束规划工作，不再接受客户订单变化（参考 Herold 2005 第 52 页）。在理想的情况下，应该到此为止，所计划的生产能力需求可以恰到好处地给予满足。生产能力规划过剩，会导致生产能力闲置、仓库费用等；生产能力规划不足，会使车辆订单和客户交付时间表向后推移，最终降低按时交付的保证性和客户满意度。生产能力中期或者长期的大幅度偏差，应设法通过销售预测方法进行相应的更改修正。

9.6 订单顺序稳定的生产控制

下面将详细介绍具有稳定订单顺序的生产控制方法，这些方法都是基于汽车制造商在过去几年中开发应用的各种不同的方法。这是因为，通常的控制原理不会产生所期望的结果。因此，车辆制造商不断继续完善现有的方法，进行调整修改，以适应各自的组织结构和生产流程。下面描述的控制模型是一个修改后的生产控制方案，即珍珠项链，Weyer 对此有更详细的描述（参考 Weyer 2002）。这一珍珠项链控制方法，其原始方案是基于推动导向的控制理念，从车身壳体结构开始，规划车辆生产顺序，以及相应的生产部门。除了顺序本身的质量（参见第 9.6.7 节）之外，这种方法对变化的灵活性产生不利影响，同时还要考虑保证交货日期的可靠性。由于推动导向方案的缺点，在实际上，通常初始的珍珠项链控制方法由拉动驱动方案给予补充和修改。由此导出的生产控制方法可具有稳定的订单顺序，它包括以下几个主要模块：

1) 稳定的装配订单顺序（装配珍珠项链）。
2) 冻结规划期（冻结期）。
3) 延迟订单分配。
4) 客户－供应商交易原则。
5) 装配驱动的拉动式交付要求。

9.6.1 装配中的稳定订单顺序

在整个客户订单流程中,生产控制的目标是以面向客户、生产和运作可靠、稳定和透明的物流和信息流。整个生产控制的责任范围,从销售部门交付订单开始,到最后将成品车转移到配送物流。在这段时间内,从生产开始到结束,以全局性、无责任转交的方式,对整个订单流程进行计划和控制,同时考虑到供应物流。可见,客户订单在生产过程中起主导作用(参考 Weyer 2002 第 57 页)。

实际应用的生产控制,其实是基于混合式控制方法,这其中,将集中式推动驱动和分布式拉动导向二者进行最佳的组合(参见第 6.3 节)。在下达订单之前,中央控制实体首先确定各个车辆订单的最佳装配顺序。在这里,分散式控制从装配,经过涂装车间,到焊装车间,逆向产生物料补充订单(参见第 9.7 节)。

在实际规划每天的生产内容(参见第 9.3.3 节)过程中,不仅要考虑自身厂区的生产能力,还要部分地兼顾企业内其他生产厂的生产能力。通常,使用复杂的优化算法(例如遗传算法),以确定装配生产的顺序。这些算法的性能在很大程度上取决于规划中的框架条件(比如工厂结构、生产数量、限制数量、变异数量等)。首先在原则上,客户交货日期具有最高的优先级,因此,具有最短交货时间(交货日期减去生产和物流之间的时间段)的订单将获得最高生产优先级。其次,需要考虑自身装配和供应商的生产能力局限性。虽然在生产能力规划中,车辆特性每天都进行调整(参见第 9.5 节),但是在订单发布之前,就已基于节拍进行订单排序。车辆调整控制进入装配线的车辆类型,使得每个工作区域相应的节拍时间窗口,可以得到最佳的有效利用,在时间上准确地进行相应的生产操作。应尽量减少所谓的节拍补偿损失。它被定义为,在一个节拍中,员工不进行任何操作活动的时间所占的百分比。节拍补偿损失较高,有可能是因为装配订单内容波动变化幅度过大,导致在生产线上需要更多额外的生产人力资源,从而降低了生产率(参考 Roscher 2008 第 22 页)。同时,还要考虑物流和技术中所隐含的装配顺序(优先级图),其目标是平稳均匀地利用装配线,比如在排序中,多个装配成本较高的订单要求(例如右侧驾驶)应直接相互连接。这导致要同时考虑各种组装限制条件(例如柴油机、右侧驾驶、导航等)。使用一个所谓的多级优先级规则系统,可将装配订单按固定的前—后关系,进行排序(参见第 9.5.3 节)。因此,单一客户的订单,就像珍珠项链中的珍珠一样排列,这就是所谓珍珠项链的概念。这一组装珍珠项链,确定了装配订单顺序,在装配订单发放中将起到主导作用。因此,装配订单计划确定了车辆装配顺序、生产日期,以及装配开始后几个生产日内具体的装配内容(参考 Weyer 2002 第 59 页)。通过上述三个标准,装配珍珠项链描述了一种以需求驱动进行时间控制的极端形式,这样可将订单所需的时间跨度减少到最小,直至单一的节拍(参考 Weyer、Spath 2001 第 18 页)。在理想情况下(100% 顺序稳定性),所规划的车辆序列(计划顺序),在所指定日期(实际顺序)准时地按照此顺序实施。已计划固定的装配产量，总是针对工作日中固定的订单量，在这其中订单的处理量与车辆订单相同，并且可能已添加新的订单。

珍珠项链式车辆序列不仅影响车辆制造商的主装配线。从装配珍珠项链，可以推导出相应的供应链，这是针对内部（例如发动机）和外部（例如电气布线系统）供应商（参考 Weyer 2002 第 59 页）的。更先前的供应交付领域也是如此。例如，动力总成生产（发动机、变速器）与主装配线同步（参见第 9.3.4 节）。此外，外部供应商必须根据珍珠项链，保证零件、组件、模块和系统的准确交付。每个客户订单的内容、先后关系，以及所需零部件、模块和系统的确切日期，都会尽早传送给供应商（图 9 - 10）。这种按顺序交付的过程中，交付连续、有序、直接地进行，在这当中，组装珍珠项链完全与交付珍珠项链同步，不仅在企业内部，对外部供应商也如此（参见第 8.3.2 节）。这导致要对规划方法进行扩展，不仅要安排整个车辆的组装顺序，还要考虑相应的模块、系统和组件。

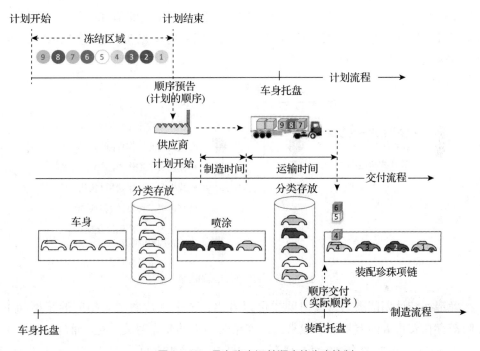

图 9 - 10 具有稳定订单顺序的生产控制

9.6.2 冻结规划范围

所谓的冻结区域，或者冻结期，都是指冻结和固定装配计划的范围，在订单顺序定义后，不允许再更改订单内容。从装配前的一段时间开始往前追溯，装配珍珠项链的时间、内容或顺序不会再改变。在组装中，生产控制的目的就是安排车辆订单，以便可以满足对客户承诺的交货日期，同时兼顾企业生产资源的最佳使用。

冻结期可以保证规划和过程可靠性，同时兼顾交付日期的可靠性，辅助车辆制造商及其供应商，优化生产能力规划。稳定的生产订单顺序可以使生产计划均衡平稳化，从而有助于避免在供应链中可能出现的长鞭效应（参见第 7.3.1 节）。随着冻结期的延长，计划安全性趋于增加，但在变更请求的情况下，对客户灵活性的限制也会增加。这种灵活性的改变可以说是一个显著的特征，特别是对于高端制造商而言（参考 Günthner 等 2009 第 26 页）。这种调度方法的困难在于，在最大规划可靠性和交付可靠性两个相矛盾的目标之间达成一定的平衡，同时兼顾客户灵活性的最大化。用于此的控制参数是冻结计划范围的时间长度（图 9-11）。客户虽然能够在相当长的时间内更改定制的车辆特性，但随着冻结开始的时间越接近，客户变化的灵活性就越发受到限制。一方面，装配珍珠项链辅助支持客户在批量生产中插入定制产品的生产；另一方面，这一限制方法也是出于平行经济性的考虑，客户可以在规定的时间段内更改其订单内容（参考 Weyer 2002 第 58 页）。冻结装配珍珠项链，可确保一次性确定的基本数据不再会发生变化，这就避免了重新计划的额外费用，并且最终更经济（参考 Weyer 2002 第 63 页）。然而，原则上，对于较长的冻结区，在预定的珍珠项链（计划序列）和顺序交付（实际序列）之间，从概率上讲，其偏差将要增加（参考 Drexl、Kolisch 2000 第 438 页）。

图 9-11 最佳冻结区的困境

在确定冻结计划范围的持续时间中可以看出，各个制造商之间相应的车型和生产厂之间都存在着很大的差异。一般来说，冻结时间大约是车身壳体生产前 4~6 个工作日（参考 Kahmeyer 2002 第 52 页，Holweg、Pil 2004 第 120 页）。

9.6.3 延迟订单分配

传统的生产控制方法（通常已经在车身制造时，将客户订单与车辆紧密地联系在一起）直到几年前仍在汽车行业中使用。传统的生产控制方法中，车身底板放置在车身生产线的起始处，在底盘上冲压出该辆车的编号（参见第 9.7.2 节）。因此，从此时起，客户订单牢固且不可撤销地与车身相关联。但这里的缺点在于，当该辆车因制造、质量或后勤原因而不得不被撤出生产时，客户的交货日期必须相应地给予改变。当今，为了提高交货日期的可靠性，客户订单是在车身进入装配线时才给予确定分配的。在这以前，所有分配给一个车身的客户订单都是临时性的，并且在运行过程中仍可以进行更改。就是说，订单分配在进入装配时才生成。因此，仅在进入组件时才产生订单（订单）参考。涂装和焊装车间没有客户订单导致的约束性，这就增加了它们的灵活性。

延迟订单分配的目的是试图在制造过程中，尽可能保持客户中立，以便在订单分配中实现最大程度的灵活性（参考 Baumgarten、Darkow 1999 第 50 页）。连接在一起的珍珠项链不需要拆卸，因为单一订单由基本版本构成。订单渗透点将中立性的客户订单与客户特定的生产分离开，这一渗透点已经从焊装车间转移到后面的装配线。在组装之前，车身被视为中性且可重复使用的组件。这导致了一个变异相对中性的生产，直至组装，从这里开始，订单的特性化及相应的产品变异将大幅度增加（参见第 3.4.3 节）。在生产后期，车辆变型形成的基本先决条件就是车身壳体和颜色变化的大幅度减少（参见第 3.4.2 节）。如果分配给客户订单的车身不可提供，则变异将越少，可以找到相应客户订单的车身的可能性就越大。这样为了满足客户订单的特定要求，不像过去仅有一个车身型号可供使用，而是多个不依赖于客户、中立化的基本型号，这样可以显著提高交付可靠性。因此，延迟现象在制造过程中经常发生，不会立即影响车辆的交付日期。由于订单分配较晚，制造和物流系统变得更具容错性。

9.6.4　客户-供应商交易原则

车辆生产可粗略分为车身制造、涂装和装配（参见第 9.7 节）。每个细分市场都是一个独立运行的单元，追求各自生产能力和成本目标（参见第 1.3 节）。因此，为了分离各个生产部门，插入了所谓的分选缓冲区。在这里，可以缓冲存放大量的车身。生产部门之间的连接，根据客户-供应商原则给予实现。作为客户，每个制造阶段首先自行决定从其上游供应商提取哪个订单。第一个内部客户可以是装配，装配每日的生产内容已固定。在生产能力规划中，已经确定的最佳装配顺序构成了交付序列的基础。因此，对应的客户交付日期具体落实到一个具有优先级的任务上。基本上，在每个生产阶段之后，最早的日期（基于计划的交货日期）被分配给第一个相匹配的车身（参考 Herold 2005 第 121 页）。在对最佳订单序列进行分散式规划之后，客户将最佳订单序列发送给供应商。在上游流程步骤中，供应商的身份反过来成为客户，现在可以为他的供应商提供最适合他的订单序列。如果所要求的车身无法按时交付，它将被放入一个队列（累计订单积压），或者将被分配给一个基本相同的变异，这将在下一个制造阶段交付。

这种分散式控制方法，其巨大优势在于将复杂的控制问题分配给较小规模、特定行业性任务。但这些任务仍然是透明和可以解决的。但是，这种方法仍然需要对交付日期进行集中性的整体协调，否则存在着生产部门进行优化，但以按时交付为代价的风险。

9.6.5 装配驱动的拉动式控制

在传统的珍珠项链原理中,原始的推动式控制非常容易受到延迟的影响,这可能是由车辆顺序的波动和零部件返工引起的。因此,今天主要是采用拉动式控制原理。

在装配驱动的拉动式控制系统中,从装配到涂装车间,再到焊装车间,车身是供应件。最初,这一供应件由客户(装配车间)从供应商(涂装车间)订购。由于较长的提前期,以及随之的计划和控制时间,几个车身可依次同时被调用。装配车间首先从涂装车间拉出所需的车身。一旦涂装车间收到装配车间的订单,涂装车间就要确定哪些车身应该以哪种车型变异交付。因此,这时供应商转变为客户。这里以客户为导向的组装控制信号,逆向从涂装车间传递到焊装车间。与传统推动式方案相比,拉动控制其优势在于仅对需求的物料进行生产和交付,这也正是客户所直接需要的。这种精益性、低库存的物流,可以快速响应客户需求的变化。

为了使控制过程尽可能地快速响应,在上述交易级别中,控制任务再次分成较小的单元。这里,对生产技术上有意义的控制区域,被组合形成控制单元,例如表面涂装生产线、焊装车间的底部制造、车身骨架生产。这些自我管理的生产部分,也根据拉动式原理相互协作,因此,从上游流程抽取所需的物料。引入拉动式和分层生产控制,可以创建更小型、自动调节、灵活的控制单元。这种做法采用模块化工厂的基本思想,在第1.3节中给予了详细介绍。

9.6.6 应用前提

与上述订单序列方案的实施密切相关的是相应的物流过程,包括入库、内部入库和出库物流,这些流程都要求物流和生产过程的可靠性、没有任何生产能力瓶颈问题。启动过程通常尚未达到稳定状态,对稳定订单序列的生产控制应用仅具有有限的适用性。同时,网络和节拍系统也更容易受到干扰影响。如果规划链中的一个链接出故障,则会触发连锁反应,并立即传播到所有相关区域(参考Weyer 2002第73页)。因此,对过程可靠性问题需要新颖的生产和物流方案,正如精益物流方案(参见第7章)中所叙述的。特别是均匀和平稳性规划方法,均衡生产(Heijunka)对生产过程的稳定缓和做出了决定性的贡献(参见第7.3.1节)。此外,生产流程能力构成了生产控制功能的基础。这一方法的基础是分析生产控制与稳定订单序列之间的相互作用。只有充分了解这些关系,才能采取适当的措施来提高过程能力(参考Copaciu 2012第79页)。制造过程的任何故障中断,都会直接影响装配过程中车辆的顺序稳定性。例如,涂装车间的直接运行效率与装配珍珠项链的顺序质量直接相关(参见第9.7.3节)。

进行稳定序列的生产控制,一个重要的物流组成部分是使用排序缓冲区(参见第9.6.8节)。这是一个存储阶段,它位于两个部门(生产单元)之间,使得能够在生产周期中连续性地改变车辆顺序。可以任意地选择提取车身,这是通过车辆排序给予实现的(参考 Meißner 2009 第 159 页),这种排序是根据下游客户以拉动式生成交付要求。为此,需要进行设备投资和结构性措施,以便在部门内部、部门之间建立这种车身缓存区(参考 Weyer 2002 第 104 页)。

要成功实施稳定订单序列,最重要的先决条件之一是减少各种变异,从而降低生产和物流的复杂性(参考 Meißner 2009 第 150 页)。在整个生产过程中,所生产的产品差异越大,对稳定订单序列和高产能要求越高,就越难以实现均匀和平稳的物流(参考 Weyer 2002 第 62 页)。为此,必须在产品开发过程中,考虑前面已经描述过的产品结构以及功能集成方案、模块化、共享平台和通用部件策略(参见第 3.5 节)。规划的主要重点是车身和涂装生产,这两个领域是早期生成变异的主要驱动因素。近年来,试图将车身型号(约 6~8 种型号)的数量大幅度减少,同时限制标准颜色数量(约 10~15 种颜色),可以相对灵活地分配客户订单。在涂装和装配之间的排序缓冲区中,不同的变异组合越多(车身和颜色),每个变异的平均存储量就越小,在一个客户订单中,找到合适的车体/颜色组合的概率就越低。

组装中的车辆序列是一个不可改变的安装链,在整个组装过程中保持稳定。在组装过程中,移除某一车辆将会导致重新排序,这样等待时间长,搜索工作量大,因此,在具有稳定顺序的生产控制中,不再允许这样做。在旧的装配线结构中,一个车辆系列在两条平行的装配线上进行组装,根据新的控制原理,必须连接到一个共同的装配线。由于出现问题的车辆,很难从装配线上移除,所以必须启动返工流程。尽可能在生产线过程中,或者组装过程完成后,处理剩余的返工工作。为此,必须将车辆分配到停放空间,并重新计划生产能力。

车辆交付珍珠链的设计就需要重组内部和外部交付流程。根据逆向规划原则,有必要修改交付要求、供应交付、运输和器具系统,从而使物流和信息流适应新的生产系统条件。

9.6.7 顺序稳定性的测量

检验计划的执行情况、评估的成功程度,都有必要定义若干关键性参数。基于稳定顺序的生产控制,着重点在于装配珍珠项链的顺序稳定性。客户交付可靠性也与实现上述目标有关。此外,装配珍珠项链的顺序稳定性对规模化经济生产和物流过程,以及长距离顺序交付都是最基本的先决条件(参见第 8.3.2 节)。

通常,对装配珍珠项链而言,必须区分为两种不同的形式,即计划装配顺序和实际装配顺序。虽然在装配订单前几天,就已生成计划装配顺序,但实际装配顺序才真正对应于装配线上实际生产的车辆。这种计划值与实际值之间的任何偏差,因为物流和制造过程的不确定性而不可避免,会导致运输、配送和存储中的额外人力和资源支出,这在图 9-12 中以示例进行说明。

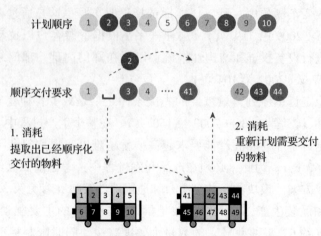

图 9-12　顺序违规所导致的费用（参考 Weyer 2002 第 174 页）

无法在初始计划所预定的位置生成车辆订单（图 9-12 中第 2 颗珍珠），这将导致初始订单交付顺序进行两次更改。由于实际顺序（实际装配顺序）与初始序列（计划装配顺序）的偏差，必须从已经排序和提供的材料中提取出交付物料，同时在追补车辆订单时，将其添加到后面的交付序列中。首先提取出不再需要的物料，进行存储，以及重新对剩余物料进行排序，这要造成人员和生产资源的浪费；其次在追补所积压的订单时，对交付范围进行额外的后续控制，也需要费用支出。这两项费用都必须根据其产生的原因进行相应的评估（参考 Weyer 2002 第 174 页）。

总的来说，可以区分出四种完全不同的顺序化破坏类型，从而引出四种相应不同的费用支出（图 9-13）。

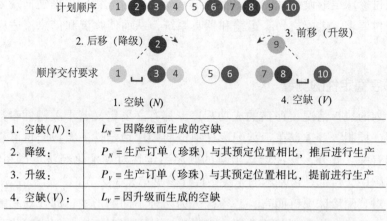

1. 空缺(N)：	L_N = 因降级而生成的空缺
2. 降级：	P_N = 生产订单（珍珠）与其预定位置相比，推后进行生产
3. 升级：	P_V = 生产订单（珍珠）与其预定位置相比，提前进行生产
4. 空缺(V)：	L_V = 因升级而生成的空缺

图 9-13　珍珠项链顺序的破坏类型（参考 Weyer 2002 第 175 页）

珍珠项链顺序质量（RFG_{PK}），这一参数代表初始计划与实际的装配珍珠项链，即目标与实际的比较值。从生产日的珍珠项链中，可以找出最高产量（P_{max}）的珍珠，以及该生产日的最低产量（P_{min}）的珍珠，这样，珍珠项链序列质量定义如下（参考

Weyer 2002 第 176 页）：

$$RFG_{PK} = \frac{P_{\max} - P_{\min} + 1 - \left(\sum_{i=1}^{l} L_{iV} + \sum_{i=1}^{l} L_{iN} + \sum_{j=1}^{a} P_{jV} + \sum_{j=1}^{a} P_{jV} \right)}{P_{\max} - P_{\min} + 1}$$

式中，$P_{\max} - P_{\min} + 1$ 是数量跨度；l 是珍珠项链中空缺珠子的数量；a 是珍珠项链中珠子的数量。

在生产期间，RFG_{PK} 表示，在所观察的珍珠项链中无法进行生产的车辆数量占所生产的车辆总数量的比例。这个品质参数的值是 0~100%，作为在计划订单实现过程中干扰发生的度量。例如，98% 表示 400 辆中有 8 辆车出现了某种问题。因此，在顺序违规的情况下，珍珠项链的顺序质量与生产和物流的调整费用支出成正比。

这一参数亦可以用于确定排序缓冲区的规模，在这一区域里暂存的车辆，其生产尚未完工。通过一些模拟技术，可以确定排序缓冲区的大小，以达到一定的珍珠项链顺序质量（参见第 9.6.8 节）。在随后的步骤中，可以将由此所产生的投资和后续投资，与相应非顺序稳定性所产生的费用进行对照比较（参考 Weyer 2002 第 176 页）。

珍珠项链的顺序质量不考虑损失的深度。这只可以理解为，在某一时间段内，触发了几起违反计划顺序的事件，这些事件涉及的是紧邻的车辆（珍珠）位置发生了改变，或某些车辆相互之间隔开了几个小时甚至几天。不同时期内，更换车辆顺序也会导致不同的费用大小。为此，引入了所谓的珍珠项链位置带宽质量概念（参考 Weyer 2002 第 176 页），用于评估生产流程稳定性，可以在参考文献 Meißner 2009 第 71 页中查找到其他相应的综合性描述指标。

9.6.8 排序缓冲区的功能和规模

对稳定订单顺序进行生产控制，核心的物流组成部分是集成入增值过程中的车身排序缓冲区（参考 Weyer 2002 第 78 页）。作为一个主要的排序缓冲区，它位于焊装车间和涂装车间之间，或者涂装车间和总装车间之间（图 9-10）。

1. 优化生产阶段

排序缓冲器的介入使得能够对制造过程进行优化。对各个生产阶段而言，即焊装、涂装和总装，有可能解决其各自独特的问题（例如产能规划）、物流条件和技术限制（例如干燥期）。对特定车辆顺序进行单独调整，以满足各个生产阶段的特殊要求，导致构成一个按情况特定、临时性的车辆生产顺序，可能与初始确定的顺序完全不同。这些仅能说是一种各个生产阶段的局部性优化，当过渡到一个新的生产部门，必须重新给予排序而发生改变。

各个生产阶段的特殊要求，导致生产过程不稳定，这里以涂装车间举例说明。车身表面处理（研磨、干燥、涂覆）通常在平行的生产线上进行，因此，主装配线上的车辆顺序先分支成平行的加工线，随后再次合并。车辆分配根据各个工段的利用率、设备故障情况，以及技术限制和运营组织，以动态方式进行。动态性并行化生产（例如研磨）时间具有一定的波动性，因此，不能保证稳定的循环时间，在装配线上，这就导致车辆顺序中的持续性波动。另外，将车身分配给不同的涂漆生产线也改变了车辆的生产顺序。在底漆生产线（参见第 9.7.3 节）中，经常要根据车辆类型、颜色、涂料类型（金属/非金属）和生产数量进行区别处理，并在输送中进行分支，然后再次合并。

另一个波动因素就是色块形成。在这种情况下，具有相同填充料或底涂层的车辆组合，形成更大的生产单元（所谓的块、捆绑、批次），并且一个接着一个地进行喷涂处理（参见第 9.7.3 节）。为此，在这之前，使用颜色分类存储器，从一个车辆缓冲区，随机选择颜色块，进行涂漆操作。色块规模越大，变换颜色的费用成本就越低。这一方面是由于涂料管线的清洁时间（约 10~15s），以及每次改变颜色时，冲洗涂料管线而造成的涂漆生产损失；另一方面，在颜色变化之后，需要很长的节拍时间（滑动距离）将喷涂设备移动到下一个不同颜色的车身。然而使用循环管线系统，附加平行的控制阀门、涂装引导线，可以大幅度地降低颜色更换时间，进而对色块处理具有更大的灵活性。同时，可以通过使用清洁管路系统，使油漆损失和洗涤剂消耗量最小化。在进行清洁涂漆管线之前，将在管线中的涂料尽可能多地挤压回到该颜色出口短管中。较大色块的另一个优点是涂装返工率较低，因为整个涂层工艺出于一种稳定状态（参考 Herold 2005 第 124 页）。根据生产能力利用率和品种多样性化程度，在德国汽车行业，比较典型的情况是，一个底漆色块约为 20 个车身，一个面漆色块约为 5 个车身。

此外，皱缩、毛刺、涂料密度超出公差范围，都会导致退回涂装车间（参考 Herold 2005 第 120 页）。通常，这些缺陷当场进行处理（抛光、现场修复），在极端情况下，车身整个重新喷涂。任何一种后处理，都将导致车辆无法按预定计划进行生产，并且不可避免地要改变生产订单顺序。

2. 补偿功能

为了防止出现故障时停止生产，车辆可以在排序缓冲进行仓储（参考 Herold 2005 第 63 页）。如果生产系统出现故障，比如涂装车间，车辆可在涂装车间排序缓冲，直到故障被解除。这同样适用于当装配部件不可用时，这时对车身进行延迟控制，直到获得可用的装配件。同时，排序缓冲区用作各个部门之间的隔离区。这使得可以在一段时间内（取决于排序缓冲区的大小）继续进行装配，尽管对先前流程有一定的负面影响。这增加了生产设备的可用性，从而提高了生产率。

3. 排序缓冲区的规模

通常，一个排序缓冲区可停放几百辆车，由于它在厂区中心位置，占地面积大，这就需要相当大的投资和运行成本。为了降低存储成本，在理想情况下，只设置一个物理性缓冲区，它具有两个缓冲功能（例如宝马位于莱比锡的工厂）。尽管对生产区域,或者流程构成进行了单独优化,排序缓冲区可用于同步各个生产部门,仍可确保组装珍珠项链,实现交付的可靠性。通过收集组装顺序中的基本变异,排序缓冲区用作后续生产区域的物料供应源。

可以说,确定排序缓冲区的规模对实施具有稳定客户订单顺序的生产控制,是关键决策标准之一。只有当企业内部客户所需的基本变异存放在排序缓冲区时,才能满足拉动式交付要求。如果后续生产所需的车身在所需的时间没有能从上游生产接收过来,则可以通过排序缓冲区提供一个完全相同基本型的车身变异。这导致了一些生产目标方面的矛盾。在生产流程中,仓库功能增加了订单的周转时间。此外,投资和运营成本也都要增加。排序缓冲区规模越大,缓存的车辆数量越多,这就增加了平均存储时间。相反,提供给定车辆池的概率增加了内部供应商所需的基本版本。由此可见,确定排序缓冲区的尺寸规模,就是要找到目标冲突的解决方案,并且取决于如何评估某些影响因素,比如存储投资、周转时间和顺序稳定性。

9.6.9 生产控制评估

9.6.9.1 具有稳定订单顺序的生产控制的优点

能够早期确定装配顺序,不仅可减少物流系统的不确定性,从而减少了对企业资源的需求,而且为准时交付客户订单流程创造了先决条件(参考 Meißner 2009 第 49 页)。具有稳定的生产顺序,对其进行生产控制,其优点主要源于这样的事实,即可有较长的规划准备时间,这种组装顺序有助于稳定所有的材流和信息流,在整体优化设计方面具有积极的效果。通过提高产能利用率、减少库存、缩短交货时间,可以在很高的水平上摆脱制造控制的困境。由此而产生的优势体现在以下方面(参考 Weyer 2002 第 98 页)。

1) 物料计划和控制:从子供应商到车辆制造商,再到经销商,可以顺序化、以确切的规格平衡整个物流流程。

2) 生产和分配计划:在生产和分销中,可以监控到限制性条件,具有适应峰值的能力。

3) 客户满意度:客户受益于整个订单流程的透明度,具有高度的交付可靠性,并且可以在生产开始前不久仍进行订单更改。

1. 物流计划和调节

通过生产控制和后期订单分配,可以在初始订单版本基础上,在实际装配的前几天设置车辆订单在装配线上的顺序,而不是像过去那样插入装配线。这样物流的早期确定可以确保整个物流网络的平稳运营。

准时化/顺序化供应商通过专注生产同步要求(参见第 8.2.1.3 节),具有一定的信息优势,因为他们可以根据车辆订单,针对所要求的零部件优化他们自己的生产。此外,可以通过扩大生产规模来优化物流过程。由此,供应商可自主调整供货,进行发送准备工作,调节运输、交付和发货量。

早期生成顺序交付内容，是远程准时交付的基础（参见第 8.3.2 节）。双方预定的冻结区域时间越长，制造商与供应商之间的距离就越大。因此，可以使采购区域和供应商的选择更加灵活，从而可以受益于具有相应劳动力成本优势，实施全球采购战略（参考 Cluss 1996 第 170 页）。如果在预定的顺序调用和提供交付之间有足够的时间距离，供应商也可以以相同的方式，将他的分包商集成到整个物流过程中。

实践表明，通常亚珍珠项链方式局限在准顺序化供应，这通常导致在制造商处改进其物料需求计划。这种计划安全性又反映在供应商更稳定的交货计划中。这样，汽车制造商对物料交付、频繁和短期变化所产生的额外费用可以减少（参考 Weyer 2002 第 69 页）。

将企业内部整体控制问题分解为部门性、特定的调节工作，这样生产控制的复杂性将大大降低。如同现在，复杂的制造流程都被分解为更小的、模块化的单元，因此，易于掌握和运行的单元可以进行自动控制。

2. 生产和分配计划

将单个客户订单计划加入到装配珍珠项链中，这是要通过复杂的流程算法进行的（参见第 9.6.1 节）。这种流程旨在同时形成生产和客户最优订单。确保生产能力波动的订单序列不能是任意的，而是要给予计划的，以便尽早进行产能调整（参考 Weyer 2002 第 69 页）。制造商的生产限制可能会对供应商选择、制造商本身车型组合标准，产生一定的限制作用。相对有利的是，对需要较长的装配时间，比较复杂的订单均匀地分布在装配珍珠项链中，因为订单的复杂性会导致产能瓶颈，进而造成生产损失。生产控制与后期订单分配，意味着制造商和供应商的生产能力在最佳条件下进行规划，得到最佳利用。

将消耗（拉动）和需求（推动）控制方法组合，这种混合式的控制方法可以确保将订单流和生产流程互相之间分离开来（参考 Weyer 2002 第 82 页）。因此，装配珍珠项链不会直接受到生产过程中的干扰和影响。延迟的车身生产不会直接导致订单延迟，因为在组装开始前，客户订单都均匀地分配在装配线上。

在安排时间计划时，在保证稳定的装配珍珠项链前提下，确定客户订单的完成日期。精益配送系统的基本要求，需要可靠且可预测的成品车需求和相应的数量信息（参考 Holweg 2000 第 36 页）。按地理位置顺序进行组装，可以根据货车、火车和轮船之间的运输关系，实现最佳运输批量。这与小批量的零星运输采购相比，可以大幅度降低运输费用（参考 Krüger 2003 第 129 页）。通过及时获得有关特定车辆的装配状态信息，还可以尽早地进行海关和运输技术准备工作，以便在成品车辆分发中快速进行处理。通过生产数量预测，可以完善装载和货运能力规划，从而提供更高的准确性。因此，货运代理商和运营商的物流连接和同步（参见第 10.3.2 节）也将得到改进。

3. 客户满意度

根据签署合同时承诺的交付日期，客户可以通过珍珠项链装配方案获益（参考 Weyer

2002 第 72 页）。由于冻结了计划范围，规划可靠性增加，从而大大提高了交付可靠性。同时，生产时间相应地缩短了。此外，客户不仅可以按订单定制方案（参见第 9.1.2 节）进行个性选择和配置，甚至还可以在生产开始前几天更改某些车辆功能。总体而言，物流和信息流的透明度正在增加。客户可以使用订单号，查询订单的当前执行状态。

9.6.9.2 具有稳定作业顺序的生产控制的缺点

在制造部门中使用分选式缓冲，需要高投资和高运营成本。在确定排序缓冲区的规模时，不仅要考虑成本因素。根据精益理念（参见第 7.1 节），分类缓冲区是一种需要避免的浪费。同步缓冲器与拉动式理念相矛盾，当某些错误被隐藏时，必须立即给予可视化和纠正（参考 Weyer 2002 第 101 页）。

另一个问题是冷冻区的范围。尽可能采用较长的前期准备，使生产更加合理化，这一方法所带来的优势，就是客户需求的更改灵活性降低（参见第 9.6.2 节）。

实施根本性的改变，即稳定订单序列与晚期订单分配的有机结合，建议采用迭代式工作方法，尤其是在现有组织结构中，以便一方面获得生产经验，另一方面提高员工的接受程度。

9.7 生产中的物流流程

9.7.1 冲压车间的物流链

板材成型是车辆生产过程中的第一步。冲压车间为车身生产，制造钢和铝材钣金件。最初轧制厚度为 0.6~4mm 的钢板或铝板。这里使用的原材料——钢卷重量可达 45t。由于钢卷的尺寸及冲压车间内有限的缓冲区域，这里重要的是，通过外部存储方式使钢卷安置库存最小化。同时，钢卷仓储是去耦缓冲器，因为这种带钢是分批或者季节性生产的。各种质量等级、表面处理和尺寸，以及多达 40 个生产阶段，使钢铁制造商按订单生产的时间很长，从而延长了对汽车制造商的交货时间。在钢卷材料物流链中，另一个不确定性是带钢的质量，产生带钢质量的原因是钢铁厂生产故障和供应商临时性产能瓶颈（参考 Fander、Grammer 2002 第 6 页）。因此，供应的安全性可以由一个企业外部与生产相关的仓库给予保证，该仓库通常由物流服务商运营操作。根据冲压车间的计划，在短时间内交付。

钢或铝卷材的重量大，需要使用重载型运输工具。因此，常使用内陆水路、铁路和货车进行进货运输。对于铁路运输，通常使用特殊货运车辆。比如，所谓的伸缩性罩货车厢，由起重机移动外罩后，可以进行钢卷的装载和卸载。每个装载槽可以容纳一个钢卷，每个钢卷的重量最高可达 45t（参考 Ihme 2006 第 151 页）。

在制造厂内部，钢卷、板坯和冲压工具由桥式起重机进行输送（图 9-14）。这可以在冲压车间内灵活、大面积覆盖地运输重型物料（参见第 6.4.4 节）。

图9-14 车间内起重机输送冲压工具（来源：奥迪）

首先将钢卷放入条带切割设备，铺平展开并加工成扁平坯料。这些板材的基本尺寸和几何形状，要与后来被冲压的零件相匹配，在经过切割后，堆叠成垛存放。根据冲压机的生产调度，板坯件从仓库中取出，提供给相应的冲压生产线。通常在第一冲压工段，板坯件的送入是完全自动化的。

在进料冲压过程中，金属板材由空气吸力设备提起，这种设备类似吸尘器，采用真空负压原理，将板材放入冲压机，并在压制过程后，再次取出，然后将它们输送给下一个冲压工段（图9-15）。板材表面涂抹有拉伸油脂，以改善其成型性能。在压制过程中，板材在高压力作用下产生变形。冲压工具由冲头（上部）和模具（下部）组成，它们在冲压过程中，在压力作用下，平行移动汇合。在多个工段中，通过深拉、模压、折叠成型。在冲压过程中，产生大量的金属碎屑，它们将散落入冲压线下方的传送带上。碎屑被运出车间进行处理，经过重新熔炼后，再循环使用。通过捆扎机，首先将金属碎屑进行压缩，送回钢铁供应商，进行回收处理。

图9-15 冲压机吸盘供应毛坯件和处理成品件（来源：奥迪）

在冲压生产线上进行装备更换时,不仅必须更换成型工具,还必须更换操作设备(抽吸夹具),因为这些都必须适合相应的零件几何形状。零件吸盘存放在附近仓库中,可用于快速更换。近年来,多级冲压力机的换装时间大幅度减少。过去,一个完整的装备更换过程约为 1h,今天,由于自动化程度提高,这一时间可以减少到不到 10min。然而,与汽车制造行业中的单件生产相比,冲压进行的是大批量生产。这意味着,在一条冲压线上,一次生产大批量的冲压件,可满足车身车间几个生产日(通常为 5~10 个工作日)的零件要求(参考 Holweg 2001 第 115 页)。

因此,生产出的冲压件必须在冲压件仓库压制零件存储器中进行缓冲,直到车身车间提出交付要求。通常在冲压车间和车身车间之间有一个冲压件的高架仓库。但其存储容量有限,特别是在制造商的传统旧厂区,随着对零件需求的增加,通常会将压制零件缓冲区外包。外部物流服务商承接运输、入库、存储、出库及按需交付。选择压制件外包,主要考虑的标准是零件几何形状和质量规格。大型金属钣金部件可能造成很高的运输、配送和存储成本费用,对质量要求高,因此,可能还是在制造商内部进行库存缓冲比较经济。

如今,大型钣金件通过传输式冲压机生产。这里,各个冲压工段集中在一起,这样大大减少了冲压车间的噪声污染。内部零部件通过模块式传输系统进行传输。电驱自动传输装置直接连接在冲压机框架上。所有需要的传输、提升运动,以及位置变化和旋转功能,各个冲压站点之间的零部件输送,都可由传送单元进行。在冲压过程中,辅助工具完全自动地在工作台上移动。同时,冲压工具(冲头和冲模)可在各自不同的方向退出冲压生产线(图 9-16)。

图 9-16 准备过程中提供冲压工具(来源:宝马)

由于冲压工具的重量和尺寸,它们应尽可能靠近冲压机存放。除了多级冲压机外,冲压车间还使用了大量的单级冲压机。尺寸较小的车身附件在模冲车间制造。

在冲压生产线，冲压机能力提升且使用多个冲压工具，使生产率大幅提高。这还与大型压制零部件（功能集成）数量增多有关，这些零部件必须在单位时间内，从冲压生产线中输送出去。在冲压线的最后阶段，为了弥补成型件移出操作的瓶颈，使用传送带安放和移除成型件（图 9-17）。现在，传送带两侧的员工可以在各个不同的位置取下成品零件，进行质量检查，放入专为成品件所设计的器具中。常用的冲压件专用承载架，可以是塑料齿条框（参见第 6.1.1 节），这样可以减少接触面，从而避免质量缺陷（图 9-18）。传送带越长，冲压成品件的堆垛能力越大。如果填满了器具，它们以节拍式运输出去（参见第 7.3.5 节）。此外，通过拖车供应空箱。

图 9-17　冲压生产线上的传送带（来源：宝马）

图 9-18　调整特殊器具中的冲压件（来源：大众汽车）

车身外部位和质量要求高的组件，主要在制造商内部生产，冲压车间体现了制造商的核心竞争力。目前，冲压车间的自动化程度约为 80%。冲压车间的投资成本高，通常一周运行 6 天，每天三班或四班工作。冲压工具制造成本高，同时冲压件的类型和型号繁多，所以都采用单一工具方案。在这种情况下，诸如车门、翼子板、车顶棚、侧框架等车身部件，都在冲压车间集中生产，然后分配到相应的生产场地进行相应车型的生产。这同样适用于平台战略。在主要的平台生产处，进行冲压制造，然后成品件投入运输，分配给其他需要的场地，进行平台制造生产。因此，可以减少冲压线换装时间，并且可以提高设备的利用率与冲压件生产率。

9.7.2 焊装车间的物流链

在冲压车间预先制造的车身零部件，在焊装车间被连接在一起。这里可使用各种各样的连接技术。常见的为热力学、机械和化学连接方法，比如电阻焊、惰性气体焊、钎焊、激光焊、胶合、冲压铆接和螺纹连接。在汽车制造厂，焊装车间的自动化程度最高，可超过 90%。

在今天的德国汽车工厂，对批量生产的系列车辆几乎所有的焊点，都是由工业机器人完成的。在焊装车间，高生产率和灵活性形成了越来越多地使用工业机器人的原因。通过各种辅助设备，比如工具（例如焊钳、胶枪）、夹具和测试设备（探针），机器人不仅可以执行实际的加工任务，还可以执行运输、处理和质量保证任务。在车身生产过程中，测量站点连续性地对车身质量进行检验，这种测量是在静止和运输过程中（在线）进行的。三维测量系统具有温度补偿功能，可检查焊缝的强度，以及整个机身的尺寸精度。在激光束测量期间，激光束无接触地通过车身上的测量点，反射的激光束通过镜像系统传送到传感器，对数据进行记录和评估。移动式数据存储器（发送应答器）安装在车身上（参见第 6.9.1.2 节），以便在生产过程中自动地记录和评估所有的数据，这些数据都与控制和状态信息息息相关（参考 Herold 2005 第 53 页）。因此，与车辆类型和车身相关特殊设备的数据信息，可无线传输到生产设备的控制单元。装配一个完整的车身，大约需要 2~4h。一个车身的生产物流，可以分解为车身下部、主体和附件三个主要的生产区域（图 9-19）。

1. 车身下部

车身的整体结构由多个较小的组件连续性地通过焊接完成。通常，在生产周期中，这些组件通过一系列组装，形成更大的组件单元，逐步完成。车身结构可划分为不同级别的分系统，即焊接零件、焊接部件、焊接子组件、焊接组件，从而逐渐构成车身的壳体结构。

车身构建的起点是底板组件,先将前端、侧部和后部逐渐连接在一起(图9-20)。车身底部的基本构成是纵梁和横梁,前后由底板封闭。车身底部分为前后部分。前部主要包括发动机支撑架、前梁、横梁和轮罩。车身前部结构采用了大量的加强筋,该区域需要很高的刚性,因为它要承载发动机和前轴,以及在车辆正面碰撞冲击中,作为动能吸收和缓冲件(参考Teske、Großmann 2005第336页)。车身后部使用定制的拼焊板,可不需要其他加强结构。车身后部直接连接到门槛上。此外,前后地板上还使用了大量支架、销钉和螺栓,作为固定、紧固和拧紧点(例如尾灯、安全带扣、车轴、排气系统等)。

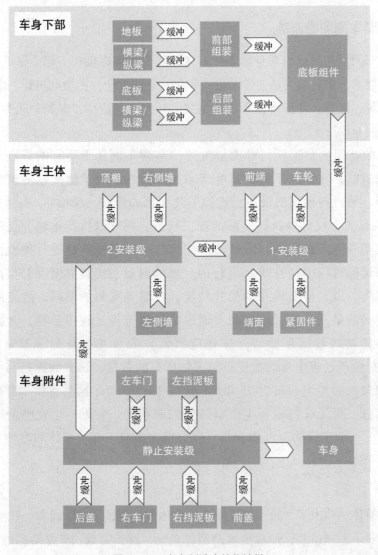

图9-19 车身制造中的物流链

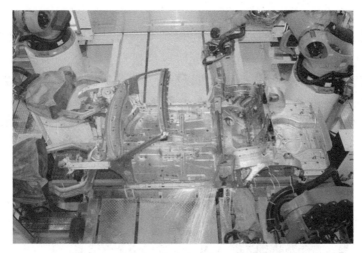

图9-20 车身下部生产（来源：大众汽车）

2. 车身主体

在可灵活针对各种类型和型号的主装配线上，进行车身主体安装。在第一个步骤中，将前端与底板组件连接。在此之后，安装挡泥板，将其后部与车身前壁连接（参考 Teske、Großmann 2005 第338页）。其他部件有蓄电池底座、散热器箱和后壁等。第二阶段完成车体骨架。首先，左右侧壁以及顶棚框架和顶棚，借助于拉张框架精确地固定和安装。因此，避免了焊接后出现的车身变形。由于车的不同类型和型号，拉张框架必须进行转换。在随后的工作中，将板件连接起来（图9-21）。侧壁组装类似于其他由多个零部件组成的焊接组件，在一个单独的区域进行内侧和外侧部分连接，然后按装配线节拍，准时供给主装配线。

图9-21 滑道上的车身骨架（来源：奥迪）

3. 车身附件

车身附件通常指在焊装阶段没有连接到车身外壳上的零部件（参考 Teskeu、Großmann 2005 第 339 页）。这一车身装配阶段包括安装车门、挡泥板、加油口盖板，以及车辆的前后挡板。各个附件模块既可以在自身焊装车间制造，也可以作为采购件，由外部供应商提供。车身附件的组装是在车身静止状况下进行的。在经过测试和完成区域之后（图 9-22），车身存放入仓库，暂时缓冲，直到由涂装车间取出。

图 9-22 车身测试和完工（来源：宝马）

以前，车身生产是在一个高度集成的传输线上进行的。大量焊接机器人、定时传输系统，互相串联连接，结果是当单一设备出现故障时，将导致整个系统瘫痪。就是说，这种生产线的可用性，相当于焊接机器人和自动化设备个体可用性的乘法式联系。由于传输线的长度较长，尽管单一设备的可用性相对较高，但整个线路的总体可用性却很差。因此，传输线停机时间导致车辆进出量降低，进而生产率降低。为了克服这些缺点，同时提高设备类型和可生产车辆型号的灵活性，采用模块化和分离式制造结构，分解这种节拍式、高度集成的生产线。今天，主装配线，以及先前的预先准备生产区域，被分解为较小的自主生产单元。使用所谓的鱼骨形结构，即变异性组件与主装配线分离。焊接组件在一个生产模块中单独制造，并按顺序，以易于装配的方式准确地交付到主装配线。这些模块从各自制造商角度，被认为是制造单元、制造区段、生产孤岛或机器人园（图 9-23）。因此，应明确地区分多变异、预先装配方式和少变异、灵活装配方式。但只有追求平台一致性，相同零部件战略，才能真正保证这些结构化措施在车身生产中取得成效（参见第 3.5.2 节）。由此产生的自给自足式组件生产，则需要缓冲区域进行分离。这种中间物料缓冲方式在发生故障和维护工作时，可提供必要的补偿（例如更换焊枪电极）。可进行分离操作的设备，如果是针对扁平形零部件，可以是运输设备，比如带式和条式输送机。缓冲区规模设计，要能够处理日常生产过程中的故障，而又不影响相接生产区域的使用性。

图 9-23 柔性焊接单元（来源：大众汽车）

车身结构的模块化可以大幅提高车身的广泛可用性，同时提高变异的灵活性。此外，使用可以快速且经济性地拆装的移动式标准制造单元，增加了车身结构生产的灵活性。这里的一个例子是宝马公司的 MobiCell。这是一个钢制底座（最大尺寸为 2.9 m × 5.8 m），借助于它，将焊接和输送机器人、设备模块、开关柜以及电缆，都集成在一个自动化、可移动的制造单元中（参考 Wiendahl 等 2005 第 119 页）。由于这些模块化单元可柔性地串联连接，所以可以进行尺寸较大的零部件的组装。这可以响应订单需求波动，而且在车身构造中，能够对生产能力快速进行调节。同时，如果某一车型转移到另一厂址生产，简化了重新定位工作，提高了对后续产品生产的灵活性。总体目标是要创建灵活的制造和物流结构，在现有工厂设备条件下，利用它生产不同的车型系列和衍生产品，以及未来的车辆。由于在车身制造领域的高投资费用，提高再利用率、减少单一产品的特定投资，将变得越来越重要。

9.7.3 涂装车间的物流链

涂装是一个非常复杂和耗时的过程，采用各种不同的涂料和保护层。一个车身在涂装车间所需的时间平均约为 15h。在涂装车间内，原则上，整个物流过程可以细分为模块预处理、阴极浸涂、接缝密封、车身底部保护及各种情况下的填料、底座和清漆涂层线（包括干燥器），如图 9-24 所示。

在实际涂装之前，需要一个非常费时、多个阶段预处理过程，对车身外壳进行清洁，保证车身表面干净无油脂。在清洁过程中，将车身冲压期间使用的润滑脂及先前制造阶段遗留的金属碎屑、污垢、残留物，逐步地清除和洗净。当今的问题在于，车身由多种成分的材料（钢、铝、塑料）组成，要根据材料类型的不同，采用不同的处理工艺。对预处理和喷涂阶段，必须灵活地进行设计，以便既可以涂覆电镀锌或热浸镀锌钢板，又可以涂覆全铝材车身。对于镀锌钢车身，借助磷化作用，在浸浴池中附加一层磷酸锌涂层。这可用作后续的底漆和防腐蚀剂。在这里，车身主体不仅被浸入池中，而且还要旋转，在每个电泳槽内，在垂直方向，围绕其自身轴线旋转，同时进行水平传输运动（图9-25）。不同的车型，车身在相应的清洗池中通过自身旋转进行清洗。这对车身内空腔而言，可以改善清洁液的流动和排放情况，达到较高的清洁效果和磷酸盐层的均匀性。旋转式浸渍工艺，可以减少清洁剂的消耗，并防止化学品遗留带入后续的浸没槽中。铝部件需要额外的钝化处理。采用特殊的清洁浴，可减少铝发生化学反应的倾向。

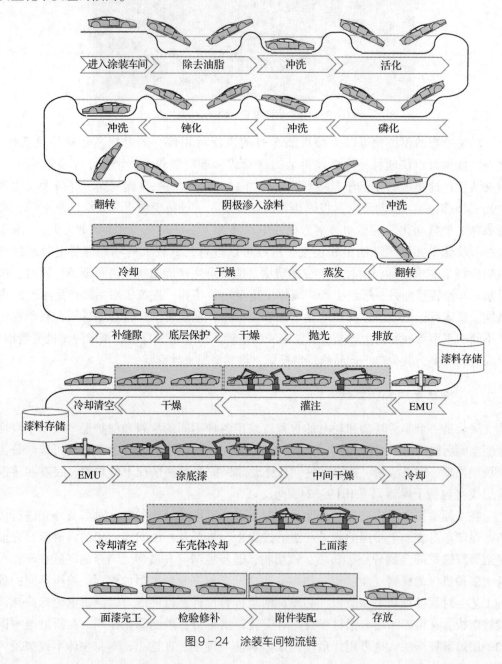

图9-24　涂装车间物流链

图9-25 旋转浸渍法的清洗和预处理区域（来源：宝马）

车身经过清洁和预处理之后，进行阴极浸涂。这时所使用的底漆像磷酸锌层一样，可起保护和防腐蚀作用，并可改善涂料的附着力。

在阴极浸涂设备中，电泳槽和车身之间施加电压（380V）。带正电的涂料颗粒，因为有高电位，流向带负电的车身。因此，即使某些难以接近的车身位置和空腔，也可以形成均匀的涂层。然后将在阴极电泳装置中形成的电泳底漆，放入烘干炉中进行干燥烘烤。在涂装车间，每个干燥过程之后，在后续的输送部分，车身与烘干炉分离，进行排空。为了改善声学效果，引入了液体涂层和反鼓层。为了密封车体上的焊缝和金属接缝，使用聚氯乙烯（PVC）弥补接缝。此外，车身底板和车轮挡泥板都涂有塑料层。在易于接触岩石的使用区域，对车身底盘使用涂层给予保护，操作由机器人进行，后续进行干燥处理。在下一个涂层流程之前，使用鸵鸟羽毛设备（Ostrich Feather Machine，OFM）清洁车身，这种羽毛清洗设备又称为EMU设备。消除了先前阴极浸涂研磨出的粉尘颗粒，同时将静电从车身放出。

在随后的填料和底漆施涂过程中，为了降低喷涂颜色变化频率，插入了一个车身存储阶段。在这个颜色分类存储区，将车身按涂料颜色集中在一起（参见第9.6.8节）。如果已收集到具有相同颜色、数量足够的车身，则再考虑时间限制，进入填料或喷涂表面漆区域。

要达到完美的喷涂质量，对于整个涂漆过程而言，清洁度和无尘是必要前提。因此，整个涂装车间被密封隔开，并分成几个洁净区域，各具有不同的清洁度等级。进入喷涂室，必须穿戴特殊服装，只能通过空气闸门进入。在涂装间内部，喷漆机器人、喷漆设备和车身，不断地被从上到下用清洁和调节空气进行清洗。喷漆室具有最高的清洁度等级，具有轻微的高气压。这些喷漆室内壁非常光滑，不会沉积灰尘。某些设备，比如灯具、电缆、管道，安装在喷漆室外。工作人员可以在喷漆室外，操作所有的涂漆设备。在喷漆室内，只有喷雾机器人和喷漆机。通常使用两个喷漆机器人，对车辆的前部和后部实施喷漆操作。除了喷头以外，还有机器人手臂、机械手指，可以实施打开和关闭车门等操作。由此可能引起涂漆误点，这将在下一个流程中重新涂漆覆盖。通过连接到涂料器具的环形管线，为每种涂漆颜色泵送涂料。从这环形管线开始，若干短管连接到一个阀门，它进行颜色选择，将涂料供给传送到喷涂机器人的喷头。为了减少漆色更换次数（参见第 9.6.8 节），阀门和涂漆管线有两套，使它们可以并行操作。通过高压雾化器（高速旋转头），利用静电场效应，涂料颗粒被输送到车身表面。雾化器以 40000r/min 的速度旋转，可产生非常细小的漆雾，从而可均匀地黏附到难以到达的车身区域（图 9-26）。涂料带有静电荷，这样，可以大大提高订单处理效率。在涂漆过程中，未能分离的喷漆（过喷）从车身顶部进入的空气管道吸收，然后排放到喷漆室地面，流动到水浴池（湿洗）内。在整个水循环过程中，可形成漆料污泥，经过过滤，大量回收再利用。通过循环回路系统，喷漆室的涂料由涂料混合室供应。

图 9-26　使用高速旋转雾化器进行喷涂（来源：宝马）

　　随后的车身将需要连续穿过三条涂装线。正如以上所述，填料、底漆和面漆，各自使用涂漆机器人，采用静电涂层工艺进行。为了抵御碎石屑可能对车身造成的破坏，首先使用填料涂盖车身外表面，其颜色与随后的面漆颜色相匹配。这种弹性填料作为车身颜色的背景，可防止对面漆可能造成的损害，并增加后续面漆的亮度（光泽度）；另外，可以填充车身表面的不平滑性，使其均匀性得到一定的修补。随后，在填料干燥器中进行烘烤干燥。最后一步，涂底漆和面漆。底漆作为主体颜色的基调，面漆作为车身最后的实际颜色。在每个漆层操作之后，都要进行中间烘干（底漆）或干燥（面漆）操作。

　　在涂装完工阶段，检查涂漆表面质量。在这里，照明灯具的类型和照明方向起着重要作用。熟练员工可以识别出涂层表面非常小的缺陷，必须根据错误类型，进行相应的修补（图 9-27）。对于比较小的修补工作，可当时在现场进行，但只能针对若干个小的误点。对一次性大批量的修补，需要快速改变涂料颜色，则需要特定的供色系统。对于较大面积的涂装缺陷，则需要再通过底漆涂层线。这种返工自然会增加车辆的生产时间，因此，会严重影响制造商的按期交付要求（参见第 9.6.8 节）。因此，对具有稳定订单顺序的生产，在涂装车间内直接性高速运行是构成良好生产控制的基础。

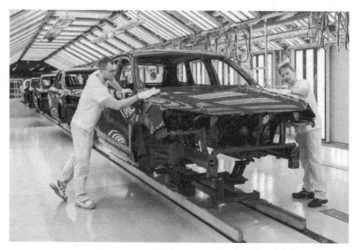

图 9-27 增光漆（来源：大众汽车）

在装饰安装线上，将进行车载附件（镜子、装饰条等）的选装。这里的问题是颜色匹配。它是关于车身色调和附件之间的最佳颜色匹配。为了实现总体颜色和谐，涂料供应商、附件供应商和车身涂装车间，三者之间的最佳协调非常必要。通过使用自动颜色值和光泽特性识别设备，可以减少不同颜色之间细微的差别问题（参考 Radtke 等 2004 第 72 页）。然而，在色彩匹配中持续出现的问题，导致一些汽车制造商在自己内部对某些附件重新进行喷涂。

最后，用液体蜡或泡沫对车身内空腔进行保护。蜡用作防腐蚀保护。随后，涂装后的车身被缓冲在高架仓库中，对装配而言，该仓库被用作分拣存储（参见第 9.6.8 节）。

整个涂装过程，在高度上分布在几个层面，通过提升站相互连接。车身的运输主要在支撑框架（滑板）上进行，支撑框架接收车身外壳，并通过链式输送机、滚筒输送机、转盘和推送车，在相应的处理站点间进行车身传递和输送。对于车身的手工操作（研磨、抛光等），使用高度可调节的升降台，以便于员工以直立姿势工作。所有与车辆涂装相关的信息，比如基础涂料颜色、车身形状，存储在车载发射应答器内，可进行持续性的数据读取（参见第 6.9.1.2 节）。

9.7.4 总装车间的物流链

组装和最终装配是汽车生产价值链中的最后一个环节（图 9-28）。目前，装配趋势是灵活性的单线系统，其中，不同的产品系列和变异在同一条装配线上进行。因此，随着装配灵活性的增加，抵消了高投资成本。在装配线上，各种车型的季节性、生命周期和随机性需求波动，可以通过持续性人力和技术资源的高效利用，相互给予平衡和补偿（参考 Roscher 2008 第 39 页）。由于大量难以实现自动化的装配工艺，在装配区域，非常耗费人力资源。装配线的自动化程度约为 5%~40%。车辆的装配时间根据车辆类型而变化，平均约为 8~24h。根据已确定的装配珍珠项链（参见第 9.6.1 节），将已喷涂的车身从分拣处取出,并送入预检控部分。这里是车身仓库的出仓点和第一个组装节拍之间的预检输送线。预检输送线作为时间缓冲器,具有交付要求控制功能,用于优化装配排序节拍,在顺序化交付范畴确定物流响应时间。在进入预检输送线之前,生产同步交付要求(参见第8.2.1.3节)就作为实际顺序调用生成了,这样发出交付要求之后,对于交货数量的最大可用交货时间,可由以下公式进行计算:

$$最大可用交付时间 = (预检的车身数量 + 安装节拍) \times 节拍长度$$

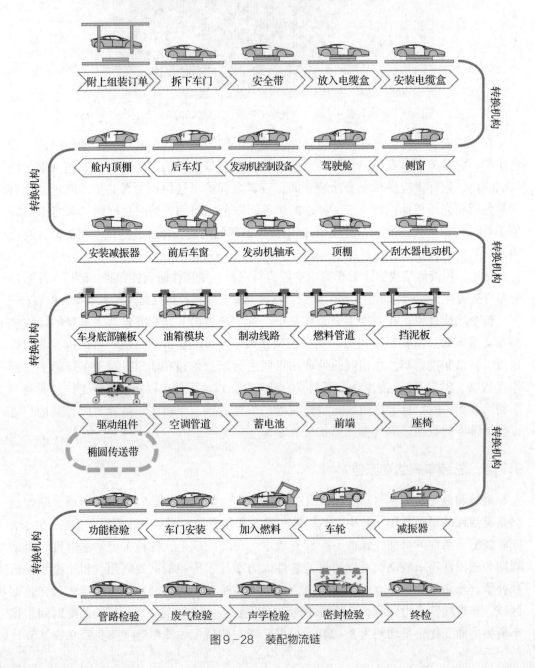

图9-28 装配物流链

在整个组装过程中，不改变车身的托盘顺序。由于其长度较长，装配线呈曲线形状，或者蛇形结，被分成几个区段。在每个区段之后，改变方向。这一任务通常由两个升降机处理，这两个升降机通过输送桥连接在一起。每个段再次细分为小节，可以是最低级别的节拍。为了提高装配线的整体可用性，自动安装工位（例如转盘）被分离出来，以便能够弥补技术故障。此外，通过分离输送设备，对同步中的波动进行补偿（板带、旋转安装和支架）。

主要装配线分为若干个区域：内部安装区域用于内设组装，底盘区域用于车辆底部和底盘的组装，以及检查和完工区域。在第一个区段，车辆被放置在输送板带上，输送板带由多个工作平板组成，带有高度可调的升降台。这些平板几乎与车间地板的高度平齐，即可以连续性地，也可以节拍式使用，用于输送车身。在安装过程中，对车身高度进行调整，使每位装配线员工都能适应车身尺寸，处在最佳人体工程学工作位置。

车辆装配订单以纸张形式印刷，并附挂在车辆的前部或后部。此外，车辆配备有已编程的发射应答器，该发射应答器中包含客户预定的所有车辆定制数据（参见第 6.9.1.3 节）。通过在车辆底盘刻入编号，将客户订单明确，最终分配给车身。

车辆首先用塑料薄膜覆盖，以避免在组装过程中受到损坏。车门成对移除，以便于进行内部配置组装，并减少不必要的损坏。通常，车门组件在一个单独的生产区域，在节拍上同步进行装配。

随后，开始进行车辆内部和外部的组装工作。在装配过程中，根据车型方案和零部件集合程度，大约有 3000~6000 个装配位置，多达 20000 个零部件。一个安装位置可以由一个单一零件或一个复杂模块组成，这样一个模块本身又由几百个零部件构成。在多个内部和外部预装配区域中，比较重要的模块和系统（车门、座椅、传动系统、保险杠、前端等）经过预先组装，并按顺序交付提供（参见第 8.3.2 节）。

在装配线上第一个区段，比较典型的装配对象是天窗、控制单元、安全带、安全气囊等。因为许多后续零部件安装，将围绕着线缆束进行，因此线缆束安装在早期就完成了。根据车辆装配方案，电气系统作为乘客舱，或者作为完整的线路组件，在驾驶舱模块中交付。由于车辆中电气组件不断增加，线缆束的尺寸和重量不断增加。因为线缆束本身重量增加，故借助一个液压操作设备进行辅助操作，拉引入车辆内部，打开包装并展开。在后续循环中，开始铺设各个分支线束，通常，这些线束通过夹子固定在车辆内部。

驾驶舱从制造商内部驾驶舱预装配区域，通过升降机或者由外部供应商按照预定的节拍，供给到主装配线上。驾驶舱的供给，通常完全自动化，或者半自动加手动借助操纵装置实现。目前，车窗的安装也在很大程度上是自动化的，胶粘机器人对预先排序的前车窗、后车窗和侧窗进行涂胶，然后机器人将它们压入已预组装的车身密封框架，并将它们压紧黏合到位（图 9-29）。在以下的后续节拍区继续进行安装，比如尾灯、车顶棚、装饰条、中央控制台、储物箱、地毯、把手、A、B、C 柱装饰件、遮阳板、内饰、地板垫和刮水器电动机。

图 9-29 机器人自动安装风窗玻璃（来源：宝马）

在内部和外部组件的第一部分装配工作之后，将车体旋转，继续进行装配（图 9-30）。为此，车辆从工作平台被取下，放置在单轨输送系统的 C 形吊架中。在调节高度的同时，使车辆围绕其纵轴转动和倾斜，可以根据装配工作需要，调节车身底板，以符合人体工程学，避免了过多的架空型组装。在该区段中，主要是安装挡泥板、隔热罩、燃料和制动管路、油箱和车身底板衬里。

与主装配线的节拍平行，发动机组件在对接装配线上进行。在这里，主要部件发动机、变速器、传动轴、排气系统、悬架和减振器等，构成了一个完整的驱动、传动系统。这些零部件的安装在椭圆形装配线上完成，该装配线与主装配线同步。通过液压提升装置，车辆的传动系统从下方接近从上方降下的车身（图 9-31），精确地进行对接配合，螺栓拧紧操作都是完全自动的。

图 9-30 旋转安装（来源：戴姆勒）

图 9-31 对接（来源：大众汽车）

然后将车辆重新放回输送板带，继续进行剩余的内部和外部安装，这里主要安装的是前端模块、座椅、保险杠和车轮（图 9-32）。液体类物料的填充，诸如制动液、冷却液、燃料和发动机润滑油等，由自动灌注机全自动完成。在一个单独的区域，将车门组件进行完整的安装，通过传送系统同步地供应，并安装在车辆上。在整个装配过程中，各个区段之间会发生连续性的变化（图 9-33）。

图 9-32 按人体工程学优化的车轮装配（来源：奥迪）

图 9-33 车身升降机（来源：大众汽车）

紧接着，主要装配工作结束以后，进行大量各种各样的功能测试和微调，这是由于车辆中电子设备的比例不断增加所导致的，而且这种情况越来越广泛。在各种测试和检验台上，进行功能测试和微调。在电气功能测试中，所有消耗电能的零部件都要接受计算机辅助功能测试。在底盘测功机上，模拟驾驶功能，并启动测试程序。

随后进行其他测试和调整，比如前照灯、排气、声学和防水密封方面。在对轴和转向参数进行电子测量之后，进行底盘的设置。对底盘系统进行检验，底板的密封程度采用空气动力学方式进行。车辆质量控制的最终检查在平行的传送带上进行（图9-34）。在最终检查和可能的返工处理之后，车辆被移交给后续的部门（参考 Werthmann 等 2012 第 114 页）。

图 9-34 检验和完工区域（来源：宝马）

参 考 文 献

Arnolds, H. /Heege, F. /Tussing, W. (2001): Materialwirtschaft und Einkauf. Praxisorientiertes Lehrbuch, 10. Auflage, Gabler, Wiesbaden, 2001

Baumgarten, H. /Darkow, I. -L. (1999): Kundenorientierung durch Build-to-Order und Late-fit- Strategien in vernetzten Fertigungs-und Logistiksystemen, in: Industrie Management 5/1999, S. 49 – 51

Baumgärtel, H. /Hellingrath, B. /Holweg, M. /Bischoff, J. /Nayabi, K. (2006): Automotive SCM in einem vollständigen Build-to-Order-System, in: Supply Chain Management 1/2006, S. 7 – 15

Bish, E. /Muriel, A. /Biller, S. (2005): Managing Flexible Capacity in a Make-to-Order Environment, in: Management Science 2/2005, S. 167 – 180

Bretzke, W. -R. (2006): 5-Tage-Auto: Eine Innovation, die niemand braucht, in: Automobil Industrie 7 – 8/2006, S. 50

Bretzke, W. -R. (2007): AvailabletoPromise-Der schwierige Weg zu einem berechenbaren Lieferservice, in: Logistik Management 2/2007, S. 8 – 18

Cluss, E. (1996): Integrative Methoden und Instrumente der Logistik-Einsatzbeispiele aus einem PKW-Montagewerk der MB AG, in: Integrative Instrumente der Logistik, Tagungsband zur 11. Fachtagung der Deutschen Gesellschaft für Logistik e. V., Hrsg. von: Pfohl, H. -C., Darmstadt, 1996, S. 159 – 190

Copaciu, F. (2012): Analyse der Wirkzusammenhänge der Perlenkettenmethode in der Automobilindustrie, Dissertation Fakultät Maschinenbau, Universität Dortmund, Dortmund, 201

Day Car Programme (2001): Internet: www.3daycar.com

Drexl, A. /Kolisch, R. (2000): Produktionsplanung bei Kundenauftragsfertigung, in: Zeitschrift für Betriebswirtschaft 4/2000, S. 433 – 452

Fander, R. /Grammer, A. (2002): Transparenz in der Stahl-Logistikkette durch SCM, in: Logistik für Unternehmen 7 – 8/2002, S. 6 – 9

Fleischmann, B. /Ferber, S. /Henrich, P. (2006): Strategic PlanningofBMW's Global Production Network, in: Interfaces 5 – 6/2006, S. 194 – 208

Frühbauer, R. (2007): Entwicklung und Bedeutung von Buildto Order Konzepten in der Supply Chain globaler Automobilhersteller, Institut für Transportwirtschaft und Logistik, Wirtschaftsuniversität Wien, Wien, 2007

Gebhardt, J. /Borgelt, C. /Kruse, R. /Detmer, H. (2004): Knowledge Revision in Markov Networks, in: Mathware& Soft Computing 11/2004, S. 93 – 107

Gruß, C. (2008): Revenue-Management-Konzept zur deckungsbeitragsoptimalen online Neuwagendirektdistribution und Produktionsharmonisierung in der Automobilindustrie, Dissertation, Fakultät für Maschinenbau, Elektrotechnik und Wirtschaftsingenieurwesen, Technische Universität Cottbus, Cottbus, 2008

Gunasekaran, A. /Ngai, E. (2005): Build-to-Order Supply Chain Management: A Literature Review and Framework for Development, in: Journal of Operations Management 23/2005, S. 423 – 451

Günthner, W. /Schröder, J. /Meißner, S. /Grinninger, J. (2009): Potentiale des Konzepts der stabilen Auftragsfolge in der automobilen Wertschöpfungskette-Ergebnisse einer empirischen Studie in der europäischen Automobilindustrie, Bayern Innovativ, Nürnberg, 2009

Heinemeyer, W. (1992): Die Planung und Steuerung des logistischen Prozesses mit Fortschrittzahlen, in: Flexible Fertigungssysteme, Hrsg. von: Adam, D., Gabler, Wiesbaden, 1992, S. 161 – 188

Herlyn, W. -J. (2004): Bedarfsermittlung, Montage-und Abrufsteuerung von variantenreichen Baugruppen am Beispiel des Moduls Fahrzeug-Cockpit, in: Logistik Management 1/2004, S. 58 – 68

Herlyn, W. -J. (2012): PPS im Automobilbau-Produktionsprogrammplanung und-steuerung von Fahrzeugen und Aggregaten, Carl Hanser Verlag, München, 2012

Herold, L. (2005): Kundenorientierte Prozesssteuerung in der Automobilindustrie, Deutscher Universitäts-Verlag, Wiesbaden, 2005

Holweg, M. (2000): The Order Fulfilment Process in the Automotive Industry-Conclusions of the Current State Analysis, 3 Day Car Programme, Lean Enterprise Research Centre, Cardiff Business School, Cardiff, 2000

Holweg, M. (2001): Dynamic Distortions in Supply Chains: A Cause and Effect Analysis, in: Manufacturing Operations and Supply Chain Management-The Lean Approach, Hrsg. von: Taylor, D. /Brunt, D. , Thomson, London, 2001, S. 106 – 138

Holweg, M. /Miemczyk, J. (2002): Logistics in the „3 Day Car" Age-Assessing the Responsiveness of Vehicle Distribution Logistics in the UK, in: International Journal of Physical Distribution & Logistics Management 32(10)/2002, S. 829 – 850

Holweg, M. /Miemczyk, J. (2003): Delivering the „3 Day Car"-The Strategic Implications for Automotive Logistics Operations, in: Journal of Purchasing & Supply Management 9/2003, S. 63 – 71

Holweg, M. /Pil, F. (2004): The Second Century-Reconnecting Customer and Value Chain Through Build-to-Order-The Road to the 5 Day Car, The MIT Press, Cambridge, 2004

Hooites Meursing, M. (2007): Anpassungsstrategien in der Automobilindustrie, in: Neue Wege in der Automobillogistik, Hrsg. von: Günthner, W. , Springer, Berlin, 2007, S. 449 – 457

Hoppe, M. (2005): Bestandsoptimierung mit SAP, Galileo Press, Bonn, 2005

Ihme, J. (2006): Logistik im Automobilbau, Hanser, München, 2006

ILIPT (2009): Intelligent Logistics for Innovative Product Technologies, Internet: www.ilipt.org

IMVP (2009): International Motor Vehicle Program, Internet: www.imvpnet.org

Kahmeyer, M. (2002): Produktions-und Logistikkonzepte der Porsche AG, in: Erfolgreiche Umsetzung innovativer Logistikkonzepte in der Automobil-und Zuliefererindustrie, VDI Berichte 1698, VDI, Düsseldorf, 2002, S. 45 – 56

Koschnike, M. (2001): Supply Chain-Management in der Automobilindustrie, in: Supply Chain Management, Hrsg. von: Lawrenz, O. /Hildebrand, K. /Nenninger, M. /Hillek, T. , Vieweg, Braunschweig, 2. Auflage, 2001, S. 281 – 302

Krog, E. H. /Richartz, G. /Kanschat, R. /Hemken, M. (2002): Kooperatives Bedarfs-und Kapazitätsmanagement der Automobilhersteller und Systemlieferanten, in: Logistik Management 3/2002, S. 45 – 51

Krüger, M. (2003): Der Weg zum 3-Tage-Auto, in: Jahrbuch Logistik 2003, Hrsg. von: Hossner, R. , Handelsblatt, Düsseldorf, 2003, S. 129 – 132

Kuhn, A. /Hellingrath, H. (2002): Supply Chain Management-Optimierte Zusammenarbeit in der Wertschöpfungskette, Springer, Berlin, 2002

Lochmahr, A. / Wildemann, H. (2007): Die Einführung logistischer Konzepte in Theorie und Praxis-Fallbeispiele Kapazitätsmanagement, in: Neue Wege in der Automobillogistik, hrsg. von: Günthner, W. A. , Springer, Berlin, 2007, S. 509 – 524

Meißner, S. (2009): Logistische Stabilität in der automobilen Variantenfließfertigung, Dissertation Lehrstuhl für Fördertechnik Materialfluss Logistik TU München, München, 2009

Meyr, H. (2004b): Kurz-und mittelfristige Planung in der Automobilindustrie zwischen Heute und Morgen. Technischer Bericht, Lehrstuhl für Produktion und Logistik, Universität Augsburg, Augsburg, 2004

Nayabi, K. /Mandel, J. /Berger, M. (2006): Build-to-Order: Durchlaufzeiten reduzieren, in: IT &Production 5 – 6/2006, S. 20 – 22

Petri, M. /Hooites Meursing, M. (2007): Mittelfristige Kapazitätsplanung eines Zulieferers in der Automobilindustrie-Anforderungen an ein Anwendungssystem, in: Neue Wege in der Automobillogistik, Hrsg. von: Günthner, W. , Springer, Berlin, 2007, S. 461 – 473

Radtke, P. /Abele, E. /Zielke, A. E. (2004): Die smarte Revolution in der Automobilindustrie, Redline Wirtschaft, Frankfurt am Main, 2004

Reithofer, N. (2005): KOVP-Kundenorientierter Vertriebs-und Produktionsprozess-Das neue Build-to-Order-System der BMW Group, in: Erfolgsfaktor Flexibilität: Strategien und Konzepte für wandlungsfähige Unternehmen, Hrsg. von: Kaluza, B. /Blecker, T. , Erich Schmidt Verlag, Berlin, 2005, S. 269 – 291

Rinza, T. /Boppert, J. (2007): Logistik im Zeichen zunehmender Entropie, in: Neue Wege in der Automobillogistik, Hrsg. von: Günthner, W. , Springer, Berlin, 2007, S. 17 – 28

Roscher, J. (2008): Bewertung von Flexibilitätsstrategien für die Endmontage in der Automobilindustrie, Dissertation, Institut für industrielle Fertigung und Fabrikbetrieb, Universität Stuttgart, Stuttgart, 2008

Saatmann, M. (2007): Supra-adaptive Architekturen in der Automobilindustrie-eine Blaupause, in: Neue Wege in der Automobillogistik, Hrsg. von: Günthner, W. , Springer, Berlin, 2007, S. 139 – 148

Teske, L. /Großmann, H. (2005): Karosseriebauweisen, in: Vieweg Handbuch Kraftfahrzeugtechnik, Hrsg. von: Braess, H. -H. /Seiffert, U. , 4. Auflage, Vieweg, Wiesbaden, 2005, S. 333 – 343

Voigt, K. -I. /Saatmann, M. /Schorr, S. (2007): Revenue Management in der Automobilindustrie-Ein Ansatz zur gezielten Steuerung von Flexibilitätsbedarfen von Endkunden, in: Neue Wege in der Automobillogistik, Hrsg. von: Günthner, W. , Springer, Berlin, 2007, S. 63 – 86

Wagenitz, A. (2007): Modellierungsmethode zur Auftragsabwicklung in der Automobilindustrie, Dissertation, Fachbereich Maschinenbau, Universität Dortmund, Düsseldorf, 2007

Weckbach, L. (2011): Entwicklung und Analyse programmorientierter Materialabrufkonzepte in der Automobilindustrie, Cuvillier, Göttingen, 2011

Werthmann, D. / Lappe, D. / Otterstedt, N. / Scholz-Reiter, B. (2012): Ortungsgestütztes Produktionsleitsystem für die Nacharbeit bei Automobilherstellern, in: Werkstatttechnik online 3/2012, S. 114 – 119

Weyer, M. (2002): Das Produktionssteuerungskonzept Perlenkette und dessen Kennzahlensystem, Helmesverlag, Karlsruhe, 2002

Weyer, M. /Spath, D. (2001): Das Produktionssteuerungskonzept Perlenkette, in: Zeitschrift für wirtschaftlichen Fabrikbetrieb 1 – 2/2001, S. 17 – 19

Wheatley, M. (2013): Working on the build-to-order dream, in: Automotive Logistics 1 – 3/2013, S. 56 – 59

Wiendahl, H. -P. /Nofen, D. /Klußmann, J. /Breitenbach, F. (Hrsg.) (2005): Planung modularer Fabriken-Vorgehen und Beispiele aus der Praxis, Hanser, München, 2005

Wolff, S. (1995): Zeitoptimierung in logistischen Ketten. Ein Instrumentarium zum Controlling von Liefer- und Durchlaufzeiten bei kundenspezifischer Serienproduktion, Huss, München, 1995

Zäpfel, G. (1982): Produktionswirtschaft-Operatives Produktions-Management, De Gruyter, Berlin, 1982

Zäpfel, G. (1996): Grundzüge des Produktions-und Logistikmanagement, De Gruyter, Berlin, 1996

Zäpfel, G. (1998): Customer-Order-Driven Production-An Economical Concept for Responding to Demand Uncertainty?, in: International Journal of Production Economics 56 – 57/1998, S. 699 – 709

Zernechel, T. (2007): Gestaltung und Optimierung von Unternehmensnetzwerken-Supply Chain Management in der Automobilindustrie, in: Die Automobilindustrie auf dem Weg zur globalen Netzwerkkompetenz, Hrsg. von: Sanz, F. /Semmler, K. /Walther, J. , Springer, Berlin, 2007, S. 367 – 378

第10章 配送

10.1 配送的重要性

汽车工业全球化导致汽车技术、质量和价格等传统的竞争要素,由于市场透明度增加而渐渐失去其重要性,但努力争取到客户,作为一项独特的功能,这仍然是汽车行业的一个显著特征(参考 Herold 2005 第 10 页)。通常,客户服务首先由交货时间和可靠性决定。图 10-1 显示了在德国汽车市场上,客户满意度与交付时间之间的关系(参考 Dreher 1997 第 39 页)。

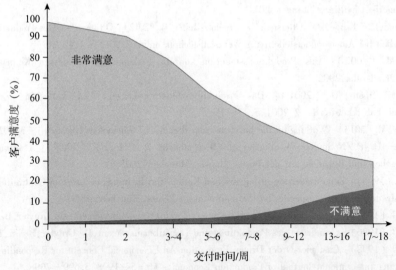

图 10-1 客户满意度与交付时间的关系

随着交付时间缩短,客户满意度以及需求也将增加。但是客户需求和满意度并不是线性相关的。当产品对客户形成的吸引力,以及企业收益超过某个特征值时,客户的需求就可能突然地增加。比如,如果最长交付时间预定为 5 个月,即使减少到 3 个月,但这并不会导致需求急剧增加。然而如果交货时间减少到仅仅 4 周,通过这一重大变化,显而易见,需求将会急剧增加(参考 Wolff 1995 第 20 页)。

交付时间定义为从经销商收到客户订单,到成品车辆交给客户,这两者之间的时间段。通常,在客户订购车辆时,就通知客户交付时间。因此,交付可靠性是指遵守承诺的交付日期的能力（参考 Herold 2005 第 105 页）。

总交付时间或者总交付守信，实际还包括了许多单独的评定标准（例如周守信度、交付守信等），这都有单独性的协议约定，如图 10-2 所示（参考 Hickmann 2001 第 73 页）。尽管汽车行业的物流性能很高，但在欧洲汽车行业，交货期延迟超过 3 周，交付时间超过 8 周，也并不少见（参考 Herold 2005 第 14 页）。

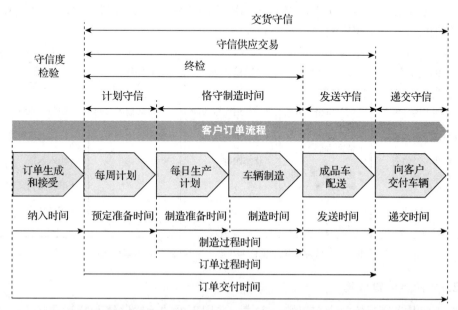

图 10-2 交付可靠性作为客户满意度的关键参数（参考 Herold 2005 第 105 页）

最终，车辆的总交付时间对客户满意度起着决定性作用，无论这个时间是如何分布在采购、生产和配送领域。可以观察到，各个流程的时间占比显示出完全不平均的分布。虽然车辆的实际生产时间相对较短，但发送时间却占据了总交付时间中很大一部分。这一差距可通过优化成品车辆物流流程，以及与先前规划部门的密切协调给予解决。

10.2 配送的任务

配送的目标可定义为及时向最终客户交付成品车辆，保证最佳运输质量，同时兼顾成本和可持续性方面的因素。它是客户订单流程的一个重要组成部分。就车辆配送而言，具体涉及车辆的发送和分配，使之进入已规划和建立的配送网络，目的就是将成品车辆，根据客户要求的日期，提供给相应的贸易或进口商（参考 VDA 5520 第 6 页）。

涉及成品车辆配送，配送过程的主要功能如下（图 10-3）。

1. 成品车辆的库存管理

这涉及对成品车辆从生产到交付给经销商这一过程进行实际性和有效的管理。为了实现配送车辆的最佳库存管理，前期计划的来自生产将要配送的车辆数量数据，从订单生产管理系统提取出来，转移进配送管理系统。

在每一个存储过程（车间仓库、组件、经销商）中，都要将成品车辆的进入和取出信息列入统计，进行一个接管性检查，在单独的场地空间，进行成品车辆的临时性缓冲存储。作为跟踪和追踪系统的一个组成部分（参见第8.9节），在从生产部门接管一直到交给经销商期间，要求能够随时确定成品车辆的当前位置。由此，可以对各个配送阶段的动态库存相应地进行检查和控制。

库存管理	开发货清单	运输办理	运输单据	转运厂区仓库
•管理车辆订单 •制造状态跟踪 •保持与经销商和运输商的信息连接	•制订价格和开发货单 •资产进展 •供应/需求入账财务系统	•委托运输服务商 •与服务商沟通 •状态跟踪	•准备运输单日期 •整理货物费用	•检验后接管 •厂区仓库管理 •出入入账 •准备货物文件 •车辆转载

图10-3　成品车辆配送任务（参考 Herold 2005 第66页）

2. 成品车运输管理

对于成品车辆运输，大多以组合方式、选用不同的运输路线和货运承运人。通常，车辆配送通过一个多级运输链，逐步地进行。运输管理工作监控和协调整个运输过程，从成品车离开车辆制造商，经过中间转运点，在这里成品车辆按预定目的地进行分类组合，直到运输至经销商的接收地点。为确保最佳的配送流程，连接到生产工厂的物流对于快速运输经营至关重要。

3. 成品车辆转运仓库

为了达到运输目的，成品车辆按照其目的地进行分类组合，以批量运输。如果车辆数目尚未充足完整（不完整批量），它们将在制造商工厂内部的仓库暂时缓冲。等达到发货数目后，成品车辆最终被装载到相应的运输工具（铁路、货车），这时该库存被确认为终止，可开列货运单据、开具成品车辆发票。

10.3　成品车辆配送物流链

10.3.1　直接交付

这是没有中间商参与的直接销售，但仅偶尔用于车辆配送。而直接交付是指在没有外部销售团体介入的情况下，将新的成品车辆转交给最终客户。这不仅包括直接从制造商的主厂提货，还包括制造商的所有其他分厂，以及分支机构向大型客户直接交付车辆（比如租赁公司、租车公司、商业和公共单位大客户）（参考 Holweg、Miemczyk 2002 第 836 页）。

就购置新车而言，对每个客户来说都是一项重要的投资，也是一个非常特殊的经历。因此，汽车制造商要利用这个机遇，通过直接从车厂取车，为他们的客户提供一种特别的体验过程，同时可以给新车定位并进行品牌宣传。例如，客户直接在德国莱比锡工厂购买保时捷卡宴时，除了车辆交接仪式外，保时捷还提供额外的奖励，以提高客户对公司品牌的忠诚度。除了传统的参观汽车制造工厂、博物馆和品尝美味佳肴以外，还有可能在公司自己的试车场地及越野路线上，现场亲自测试车辆的性能（参考 Kahmeyer 2002 第 54 页）。

从物流角度来看，在制造商工厂进行交付，对物流转运、存储和运输系统所需的协调能力要求最低。车辆直接在现场生产后，作为成品车转交，或者通过制造商厂内运输，在另一厂区提供给客户。成品车辆在制造商厂区露天进行缓冲存储，并按时交付给车辆接收人员。经过技术和表面检查后，车辆立即交给最终客户。

10.3.2 间接交付

通过间接渠道进行车辆配送，主导了汽车制造商的销售结构。间接交付通过经销商以自己的名义、用自己的账户进行成品车辆交易。此外，间接交付还采用代理商和佣金代理商，他们以自己的名义，但是代表汽车制造商进行经营。成品车辆的间接销售可以以一个或多个层次方式进行组织。在多层次方案中，除了主要的合同经销商外，还涉及谈判代表，或者授权维修机构。通过多层次物流系统进行成品车辆的间接交付，可以包含以下一般性流程。

1. 成品车辆转移和车间层仓储

在生产制造物流中，如果车辆达到最终计数点 8.0 后，即最终检验，成品车辆被移交给后续的配送。最终检验点 8.0 的定义：对外发布成品车已通过质量保证检验，可以交付给客户。为实现配送流程与制造流程之间的最佳协调，必须保证配送接收到的车辆预告信息含有所预期的计数点 8.0，即车辆通过了最终检验。随着最终的车辆验收阶段越来越接近，这些信息将不断地得到补充完善。通常已经在订单管理系统中接受订购车辆时，这一数据已同时提供给了配送系统（参考 Herold 2005 第 66 页）。在最终检验以后，成品车的责任转交到销售部门。在成品车辆交接的接口处，首先，工作人员通过目视进行车辆完整性检验；随后，在发送系统中，为后续的交付流程生成相应的物流数据（例如接收日期、送货地址、后续运输服务商等）。在进行车辆身份和质量检验后，将它们缓冲在制造商厂区仓库，准备好运输所需的装运说明和单据（送货单、运单、提单、报关单等）。为了识别和控制车辆配送，通常使用由制造商分配的车辆识别码（车辆识别号 Vehicle Identification Number，VIN）。根据国际标准化组织工业标准

ISO 3779（参考 Ruthenbeck 等 2010 第 7 页），VIN 码是一个 17 位数字字符的识别码，其中包含有汽车制造商、型号系列和发动机类型等信息，以及欧盟国家的连续编号。对于实际运输，按照预定的目的地，若干辆车根据经销商具体要求的交货数量，组合在一起构成批量运输。这种成品车辆的组织收集，首先要按特定的目的地指派装卸地点或中途转运顺序。这种组合方案增加了运输工具的利用率。对于采用露天存储方式的，成品车辆的库存管理通常由一个按配送特制的存储管理系统进行组织。在中间环节临时存储时，要通知经销商告知所订购车辆的当前状态。经销商的组织结构对库存有直接影响。因为出于经济性考虑，成品车辆采用批量方式发送运输，合并凑成到预定的运输数量一般需要很长时间，如果这个成品车辆合并过程较长，则制造商最好选择多个小型贸易商，而不是少数几个大型批发商（参考 Herold 2005 第 303 页）。

汽车制造商在准备好和登记了要运输的成品车辆之后，将通知第一个提货物流商，由他们分配提供一种运输工具，用于成品车辆的运输，整个情况转告给汽车制造商和物流合作伙伴（参考 VDA 5520 第 8 页）。然后将车辆装载到相应的运输工具（铁路、货车、船舶）上，撤销账号库存，提供货运单据，并且开具发票（参考 Herold 2005 第 67 页）。为确保最佳配送流程，配送与生产物流对接，快速投入运输过程至关重要。许多制造商都有自己的铁路，以及相应的货车站。此外，高速公路的近距离连接也是非常重要的。

2. 运输链

在汽车工业中，可以利用各种不同类型的运输网络进行成品车辆配送。在规划配送构成时，必须考虑到运输市场的运营能力和成本价格。如果预计会出现运输瓶颈，就可及时安排备用运力，以确保按时配送和交付车辆。原则上，运输过程可分为单级和多级式运输链。

采用单级式运输链方式，成品车直接从汽车制造商运送到经销商或大客户处（参考 Holweg、Pil 2004 第 42 页）。通常，成品车辆配送大多数是通过多级式运输链进行的。这里，成品车首先从制造商工厂运输到转运点，然后在那里将它们按特定的目的地进行分组，再次进行装卸，最后运输到最终的接收点。

规划配送的主要问题之一，就是确定最佳转运点的数量（也称混装站、转运中心、目的地站、车辆仓库、中央仓库、配送中心），同时合并成运输主流。而这一目标的矛盾在于，既要确定成本最佳的转运点位置及数量，同时又要符合运输费用规范，满足所有客户的服务要求（参考 Vastag、Prestifilippo 2001 第 29 页）。而车辆仓储的地理位置则又涉及如何优化这些中间过程的空间关系，即如果是多联运输情况，车辆生产场地、经销商与装运港口之间的关系如何优化。

车辆配送的运输大多数是通过多个物流服务商，以多个级别、部分地以多模式方式进行。根据交付国家的不同，成品车辆配送可采用二级、三级或四级物流链（参考

Vastag、Prestifilippo 2001 第 30 页)。通常在欧洲大陆内,通过一个二级过程,从车辆生产现场到车辆仓库,再运输到经销商。在欧洲内部,出于成本费用原因,运输主要是通过铁路进行,为各个地区定义特定的目的地,随后由经销商接收、接管后续控制,直到运输到相应的分店(参考 Herold 2005 第 65 页)。车辆仓储(混合)用于分拣和组合来自不同生产地点的成品车辆,进行暂时性缓冲,进一步定位目的地(参见第 10.4.1 节),及时将车辆发送给经销商。在当今的汽车物流网络中,车辆通常停放在坚固的露天场地,通常有 5000~10000 辆车,其面积为 30 万~50 万 m^2(参考 VDA 5520 第 9 页)。

海上运输(英国、爱尔兰、美国等)采用 3~4 级多式联运(图 10-4)。对于其中主要的运行阶段,选择海上航线。汽车制造商连同对此负责的进口商,共同组织从订单到交货,作为出口成品车辆处理。对车辆的交付和分配,有许多按制造商和相应国家而特定的运输方案(参考 Herold 2005 第 65 页)。

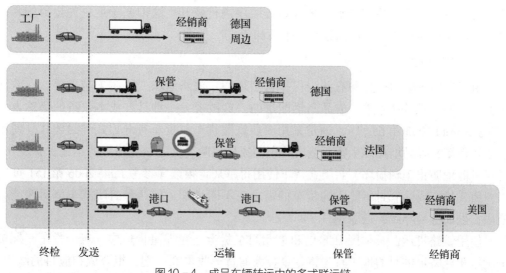

图 10-4 成品车辆转运中的多式联运链

有时获悉客户的要求时,成品车已经在海上运输了,或者如果运输船舶出现了问题和时间延误,为了能够重新安排后续运输,需要一个相应的追踪和跟踪系统(参见第 8.9 节)。通常使用射频识别标签识别成品车辆(参见第 6.9.1.3 节)。在该货运跟踪系统中,可以从车辆生产结束一直到经销商,在整个过程中跟踪和监控成品车辆状况。车辆在制造完成后就进行数据记录,从准备运输、运输过程、中途转运、临时性存储,直至经销商的最终交付,对各个物流阶段都进行连续性的跟踪。经销商可以随时查询车辆的运输状态,如果出现紧急需要情况,还可以由对运输负责的服务商,以其他更快捷的方式交付车辆(参考 Renner 2000 第 30 页)。因此,这不仅可以精确控制车辆配送,另外还可以向客户提供改进性意见和其他选择可能性。

3. 货车运输

在货车运输中，通常使用双层载重货车，它一次可以运输 7～11 辆车。最常见的还是开放式运输车。然而由于汽车制造商的要求，这种开放式运输车正在被封闭式所取代，因为这样不必再对车辆进行完整型的包装保护，并尽量减少了可能因恶意破坏和自然天气所造成的损害风险（参考 Ihme 2006 第 147 页）。

对于成品车辆运输，相应对载重货车提出的要求很高。除了灵活的使用性以外，还应该能够装载各种构造类型的车辆。同时还要遵守汽车制造商特定的运输保护要求，以及在运输中所过境国家的交通法律规定。在产品开发过程中，车辆尺寸数据就必须已经传送给货车制造商和物流服务提供商，以确保货车本身的尺寸、物流流程，与所运输的车辆尺寸达到最佳匹配（参考 Coia 2007 第 60 页）。

现在通过改变运输货车的设计，可以实现完全灵活性的车辆装载。由于载物平面可以随时调整，就可以在任何位置装载不同尺寸的车辆。这样可根据经销商制订的交货路线，在各个预定的卸货点，准确地按顺序进行装卸。这都基于后进先出原则——最后一辆装载的车，在经销商处第一个被卸货。

4. 铁路运输

由于运输效率的提高和有益于保护自然环境，铁路运输变得越来越重要。在欧洲大陆，主要是通过铁路进行成品车辆配送的，这被视为一种具有成本效益的运输方式（参考 Herold 2005 第 65 页）。通常采用双层铁路货车，货车有开放式和封闭式。使用开放式货车，容易增加因生锈而造成的车辆损坏风险。为了避免昂贵的运输保护支出，并尽可能地防止车辆损坏，封闭式货车使用得越来越频繁（参考 Ihme 2006 第 151 页）。对封闭式货车或具有封闭能力的货车的需求正不断增加，但这种封闭式车辆运输能力有限，进而容易导致配送瓶颈。

使用铁路货运，必须区分零星和单元列车货运。在零星货运中，若干货车车厢被分配给相应特定的目的地。首先将零星装载的货车收集在一起，组合成相应目的编组，成为一列完整的货运列车。在这种情况下，必须插入一个编组过程，又称调车作业。这种运输方式整个的运营时间往往是几天。此外，货物的追踪也相对复杂。然而零星货运在货运量较小时，仍然是可取的。然而在单元货运中，所有的满载货车都从起点站运输到目的地站，只有在合理的时间内能够将足够的运输量汇合在一起时，才有可能实现。

为了说明在铁路货车上高效地装载成品车辆，这里以大众汽车公司的一个相关项目为例进行介绍。该项目的目的在于缩短订单交货时间。这个研究项目发现，将成品车辆按其目的地进行分拣，这需要很长的等待时间，因为只有当所有的车辆全部在停车位上准备就绪时，才能够开始车辆装载。

可采用车辆移动平台，使得装载更加灵活（图 10-5）。为此，最初将分配了预定目的地的空双层货车停靠到移动平台旁边。通过移动平台，可将已经按目的地

（发送顺序）分拣的车辆灵活地给予装载（图 10-6）。接着将满载的车厢根据其目的地进行连接，构成相应的系列，然后依次构成整节列车（参考 Herold 2005 第 136 页）。通过这样一个系统，无用等待时间减少，装载时间也会缩短（参考 Herold 2005 第 136 页）。

图 10-5　移动平台系统装载成品车（来源：奥迪）

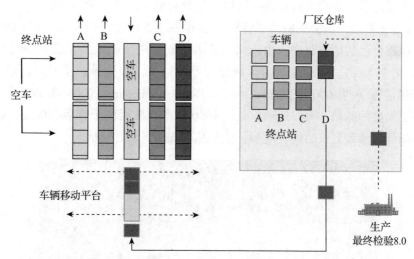

图 10-6　铁路货车灵活装载：移动平台系统（参考 Herold 2005 第 136 页）

无论是火车还是汽车运输，如果使用车辆专用的器具，将不可避免地导致无实际载荷占比的增加。可以使用多用途车厢，对此有所抵消。还可借助可移动性升降地板，这种货物载体既可以用于托盘类货物的运输，也可以用于成品车辆运输（参考 Ihme 2006 第 152 页）。铁路配送的另一个问题，经常来源于缺少运输配对性。未来预计波兰、捷克和斯洛伐克的出口盈余将大幅增加，而法国和意大利的进口盈余也将大幅增加。只有通过汽车制造商之间的跨国合作，才能控制这种趋势的发展，并提高货运公司的运输能力。

5. 船舶运输

如果使用船舶,则它始终是一个多级运输链的组合式运输。首先,成品车辆通过货车或铁路运送到装运港口,缓存在露天货场或者多层停车场内(参考 Ihme 2006 第 357 页)。对先前的货运承运人的选择,取决于成品车的生产地点、港口位置以及运输量。

汽车制造商要选择运输成品车的港口,希望能获得车辆运送时间、运输成本和交付质量三者之间最佳的比例关系。在这里,必须考虑所选择的港口对近海(参见第 6.7.1.4 节)或远洋运输的适用性(参见第 6.7.1.5 节)。

在选择最佳装运港口方面,除了港口的地理位置以外,航运公司可以前往的目的地(船舶路线)、船舶出发次数、运输时间,以及现场可提供的港口/码头服务,这些因素也都具有重要作用。港口终端服务商主要负责船舶的装船(在初始过程中)、卸船(在后续期间),以及车辆的收集和存储(参考 Scholz-Reiter 等 2010 第 39 页)。通过减少运输港口的数量,可以保证车辆运输到港口后,定期地进行批量组合。这样,在海港货运中也使优化利用转载装卸设备成为可能,从而使运输港口每辆成品车的运输成本降低。

成品车通过远洋海运进行运输,可以采用滚装船(属于一种特殊船舶,如图 10 - 7 所示),或集装箱船,集装箱船属于货轮(参考 Ihme 2006 第 153 页)。在滚装船运输系统中,车辆靠自己的动力驱动,由港口工作人员驾驶进入船舱,完成装载过程(参考 Ihme 2006 第 357 页)。船舶运输的承载能力差异很大,数量通常在近海运输(约 500 辆)和远洋运输(约 3000 辆)之间(参考 Holweg、Miemczyk 2003 第 357 页)。目前,正在建造更大型的船舶,可以运输 6000~8000 辆车。然而由于货运量增加,相应的运输频率将降低,导致更长的周转时间,使成品车配送灵活性降低。

图 10 - 7　海港滚装船装载(来源:戴姆勒)

并非所有的港口终端都具有滚装船的装卸功能,所以这时车辆必须用集装箱运输。与滚装船运输相比,集装箱运输成本更高,因为在集装箱内,车辆必须固定在特殊框架上,并且必须附加使用干燥剂,这都会导致额外的成本费用,并增加了车辆在港口的停放时间。

除海上运输(近海和远洋)外,还可使用内陆水运船(图 10-8)。在德国汽车工业,内陆水运尤其使用在巴塞尔和鹿特丹之间的莱茵河,以及在多瑙河上,成品车由水路运输到东南欧国家。

在船舶运输时,除了运输前后的运输服务商(货运货车、铁路),还需要与海运和港口服务公司(参见第 10.4.3 节)在转运服务和附加功能方面,相互进行最佳的协调。

海运运输组织和其主要过程的分工负责,取决于由车辆制造商及其子公司、进口商互相之间达成的协议。通常,交货条款(Incoterms)是国际公认的合同模式,解释和制订了合同规则和相关内容,特别是关于在国际货物贸易中卖方和买方各自的职责和权利,例如具体任务、成本费用和风险分担(参考 Pfohl 2000 第 189 页)。同时,还必须确定海关、税务以及相应的承保程序。从海港到经销商的后继运输,通常在现场由汽车制造商的子公司或进口商进行规划和控制。

图 10-8 莱茵河上的汽车运输(来源:BLG Logistics)

10.4 配送的特殊性

10.4.1 定位

对经销商的供货而言,仅在一定程度上是针对客户订单的(图 9-2)。在德国汽车行业,按订单生产平均占比约为 65%,而另外 35% 是基于汽车经销商或车辆制造商的预测生产的（参考 Holweg、Pil 2004 第 12 页），其中一定的份额用于经销商履行对车辆制造商承诺的购买义务。这种车辆池实质上还没有具体的最终客户订单，之所以如此，目的在于减少车辆的交货时间，并且提高交付可靠性。而这种方式则是通过经销商将已经订购和已经付款的成品车辆进行组合，以一个所谓虚拟仓库的形式给予实现。在定位系统中，某一经销商尚未售出的车辆，也可供其他经销商调用。在这里，若干分散的、物理形式的车辆库存组合在一起，形成一个虚拟的中心仓库。这些车辆可以直接存放在经销商处，在中间混合合并场地（Compounds）（图 10-9），或者仍然在车辆制造商的仓库中。

图 10-9　成品车混合合并（来源：BLG Logistics）

因此，经销商网络中所有可提供的车辆现存状况变得更确切和透明。如果经销商需要来自定位池的车辆，他可以向拥有该车辆的经销商提出预约要求（图 10-10）。在经销商网络中，集中记录/捆绑仓储的车辆，增加了在定位池中查寻到所需车辆的可能性，这正是可对应在某一个经销商处一个购车客户的当前要求。借助这种池效应，还可以增加交付保证性，以及车辆的转运率，同时降低配送系统中的库存（参考 Herold 2005 第 130 页）。进行最佳车辆配送中一个重要的控制参数就是车辆库存的空间分布形式，即集中式和分散式库存层次。在集中式库存中，存储成本可以通过大规模经济效应来降低。而集中式库存的缺点，在于其交货时间比较长，因为这取决于集中库存和经销商之间的运输时间。而现场型分散式库存（经销商库存）会增加存储成本，如果必须将车辆交付给另一个经销商，则可能存在运输成本上升的风险（参考 Wagenitz 2007 第 24 页）。由定位系统所产生的额外费用，比如存储、维护和利息，必须相应地在经销商之间进行协商结算。

通过经销商之间彼此供货，对于客户而言，交货时间显著缩短，此外库存车辆容易被售出。调查结果显示，定位系统不仅有助于缩短交货时间，还可以实现更高效的仓储管理，其原因正是库存数量减少（参考 Hickmann 2001 第 81 页）。

下篇 客户订单流程中的物流管理

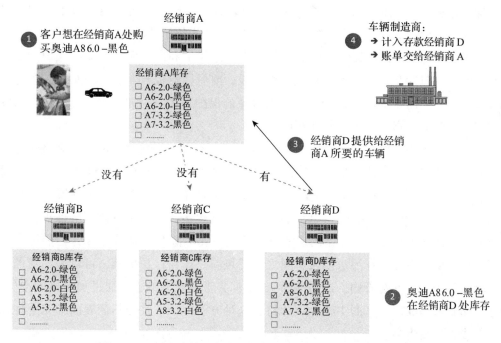

图 10–10 成品车转运定位系统（参考 Herold 2005 第 129 页）

采用定位系统实现成品车辆配送更大的灵活性，这对车辆出口特别重要，因为准备和交货时间较长，而这也将缩短对变化的响应时间（参考 Herold 2005 第 66 页）。在该系统中，经销商根据他自己的销售预测，为自己的仓库订购车辆。为此，他必须自己承担所有费用，即车辆、运输和必要的存储费用。此外，每个集成在定位系统中的经销商，都额外地为中心仓库预定一定数量的车辆。所有交易商将共同承担中心仓库的总成本。由于这一系统的透明性，经销商既可以查看到中心仓库的库存，也可以了解到其他经销商的库存。如果在经销商自己的库存中没有客户所要求的车辆，这时他既可以从其他经销商处提货，也可以从中心仓库提货。当然，这需要获得实际拥有车辆的经销商的许可。

所谓出口定位，其特点是进口商本身很难融入主要的经营业务。在该系统中，进口商以前的主导地位主要局限在为经销商提供培训服务、集中式营销，或者市场投入准备（参考 Herold 2005 第 130 页）。这样可消除某些不足之处，诸如，进口商从进口商仓库向经销商分发车辆，以致造成对实际客户而言更长的交付时间（参考 Herold 2005 第 169 页）。

10.4.2 运输保护

汽车是高价值产品，因此必须在装载和卸载、运输和中间存储期间给予保护，尽可能避免损坏。汽车市场日益国际化，导致平均运输的距离不断增加，也导致成品车

369

辆在配送过程中，因运输原因而损坏的可能性增加。运输损坏可能会造成很高的经济损失，这就迫使制造商对新成品车辆运输采取各种适当的保护性措施。

对于车辆运输来讲，其保护性措施可分为涂漆保护和内部保护。涂漆保护主要涉及车辆外部，包括车顶、发动机舱盖、翼子板、前后挡泥板、驾驶人处车门、车外后视镜和保险杠。而车辆内部保护，首选临时性的保护覆盖物，如转向盘、门槛、驾驶人和乘客的座椅、脚部空间和车门表面蒙皮。

对于成品车辆开放式运输，比如货车运输，或者开放式铁路运输，车辆要通过特殊覆盖层进行表面性保护。当车辆存放超过 6 个月时，就必须更新该保护层，但这通常是非常昂贵的。越来越多的制造商正在使用可贴附在发动机盖罩、车顶棚和行李舱上的黏合膜（图 10-11 左图）。这样做的缺点，仍然是缺乏对车辆侧面的保护，以及由此而产生的包装废物。此外，在某些特殊情况下，去除黏合剂或涂膜，会损坏车辆表面的涂料层。还存在着污水侵入薄膜之下的风险。作为保护措施，可以采用覆盖整个车辆的保护罩（在视野内，透明薄膜），它们先被放在车辆上，通过加热过的空气，使之收缩到适当的尺寸（图 10-11 右图），这种方法保证了整个车辆表面的完整性保护，但成本要高得多。

图 10-11　薄膜（左图，来源：Intermec）和全覆盖保护罩（右图，来源：BLG Logistics）

出口车辆在运输时可能会受到温度和湿度强烈波动的影响，因此会因为潮湿和冷凝水，造成车辆损坏的风险。当车辆从具有较高外部温度和高湿度的地区，运输到温度较低的地区时，会发生空气中的水分冷凝。这就存在着滴落的风险，可能导致永久性斑点，以致在车辆内部生成霉菌。这主要影响车辆内部和行李舱中的地毯、车顶的隔热层，还有布料和真皮座椅。霉菌生长会破坏整个车辆内部设施。在潮湿情况下，地毯和座椅中会生长出微生物，产生一种难以去除并且极不令人喜欢的气味。

对于冷凝水和随之发生的霉菌，以及气味问题，解决方案是采用防冷凝袋。这种袋子里装满了某种矿物质，可以吸收自身重量几倍以上的水分。这些袋子要么放在车辆内部乘客的脚部空间，要么放到转向盘、头枕或者把手上。

10.4.3 车辆配送中心

在成品车辆配送中，车辆配送中心（Vehicle Distribution Centre，VDC）主要是指在港口附近的转运点，通常由外部物流服务商（码头运营商）运营，除了传统的物流功能外，还越来越多地提供各种增值性服务（图 10-12）。近年来，车辆配送中心已经从单纯的成品车辆出口和进口设施，发展成了全方位服务提供商。

图 10-12 车辆配送中心示例（来源：BLG Logistics）

车辆配送中心主要坐落在港口，直接在那里进行承运人之间的转运管理，诸如货车、铁路、近海、远洋船舶。作为终端服务商，车辆配送中心承接了港口内车辆运营业务，诸如装船（准备工作阶段）和卸船（后续处理阶段）。在准备工作阶段，货车或铁路在车辆配送中心进行交付。因为船舶具有更大的运输能力，所以车辆暂时存放在 VDC，直到船舶的装载量达到足够的运输批量为止。

车辆配送中心可承担的其他经营业务还包括：

1）车辆海运前的准备工作。
2）安装和拆卸运输保护装置。
3）车辆保养。
4）许可证和清洁车辆。
5）安装附件，比如空调、天窗、收音机等。
6）行政性和信息技术服务（例如海关）。
7）喷涂工作。
8）交货前检验（在目的地国家）。

车辆配送中心承担的技术性服务，比如安装多媒体系统、报警系统、雾灯，或者排气系统的改造和拆卸，可以根据客户要求，在物流链中相对较晚的时间（后期配置）进行车辆改装，这增加了车辆制造商工作的灵活性；还可修复车辆上轻微的运输损坏（例如漆面划痕），这也可以节省昂贵的车辆返回运输费用，并且避免由此引起的交货延误。

参 考 文 献

Coia, A. (2007): Making Inroadsto New Markets, in: Finished Vehicle Logistics 3/2007, S. 60 - 64

Dreher, D. (1997): Logistik-Benchmarking in der Automobil-Branche. Ein Führungsinstrument zur Steigerung der Wettbewerbsfähigkeit, Eul, Lohmar, 1997

Herold, L. (2005): Kundenorientierte Prozesssteuerung in der Automobilindustrie, Deutscher Universitäts-Verlag, Wiesbaden, 2005

Hickmann, J. (2001): Entwicklung und Anwendung eines Instrumentariums zur Entscheidungsunterstützung für die Gestaltung, Optimierung und Bewertung logistischer Unternehmensprozesse in der Automobil-industrie, Dissertation, Dresden, 2001

Holweg, M. /Miemczyk, J. (2002): Logistics in the „3 Day Car" Age-Assessing the Responsiveness of Vehicle Distribution Logistics in the UK, in: International Journal of Physical Distribution & Logistics Management 32(10)/2002, S. 829 - 850

Holweg, M. /Miemczyk, J. (2003): Delivering the „3 Day Car"-The Strategic Implications for Automotive Logistics Operations, in: Journal of Purchasing & Supply Management 9/2003, S. 63 - 71

Holweg, M. /Pil, F. (2004): The Second Century-Reconnecting Customer and Value Chain Through Build-to-Order-The Road to the 5 Day Car, The MIT Press, Cambridge, 2004

Ihme, J. (2006): Logistik im Automobilbau, Hanser, München, 2006

Kahmeyer, M. (2002): Produktions-und Logistikkonzepte der Porsche AG, in: Erfolgreiche Umsetzung innovativer Logistikkonzepte in der Automobil-und Zuliefererindustrie, VDI Berichte 1698, VDI, Düsseldorf, 2002, S. 45 - 56

Pfohl, H. -C. (2000): Logistiksysteme-Betriebswirtschaftliche Grundlagen, 6. Auflage, Springer, Berlin, 2000

Renner, P. (2000): Kundenorientierung in der Automobilindustrie, in: VDI Bericht 1571, VDI, Düsseldorf, S. 23 - 33

Ruthenbeck, C. / Lappe, D. / Lampe, W. (2010): Informationsmanagement in der Automobillogistik Ein proaktiver Ansatz für das Informationsmanagement in globalen Lieferketten, in: Industrie Management 5/2010, S. 9 - 13

Scholz-Reiter, B. / Meinecke, Ch. / Ruthenbeck, C. (2010): Planungsmethoden für die unternehmensüber-greifende Auftragsabwicklung, in: Industrie Management 5/2010, S. 39 - 42

Vastag, A. /Prestifilippo, G. (2001): Innovative Distributionslogistik als strategisches Wettbewerbsinstrument, in: Logistik für Unternehmen 12/2001, S. 28 - 31

VDA (5520): VDA-Empfehlung 5520-RFID in der Fahrzeugdistribution, Hrsg. von: Verband der Automobil-industrie, Frankfurt am Main, 2008

Wagenitz, A. (2007): Modellierungsmethode zur Auftragsabwicklung in der Automobilindustrie, Dissertation, Fachbereich Maschinenbau, Universität Dortmund, Düsseldorf, 2007

Wolff, S. (1995): Zeitoptimierung in logistischen Ketten. Ein Instrumentarium zum Controlling von Liefer-und Durchlaufzeiten bei kundenspezifischer Serienproduktion, Huss, München, 1995

第 11 章
备件物流

11.1 备件物流基础知识

11.1.1 备件物流的意义和问题

随着新车不断销售，在车辆使用阶段，汽车制造商仍负有售后责任，保证备件供应就是责任之一。因此，汽车制造商在车辆整个使用寿命期间都要有备件库存。既要提供高水平的售后服务，又要兼顾物流费用支出，这是优化备件物流的主要目标。车辆的快速修理是一个客户决定购买的关键因素，这不仅适用于个人客户，也适用于企业集团客户。良好的售后服务能提高汽车制造商的客户忠诚度和美誉度（参考 Ihme 2006 第 354 页）。备件物流虽然属于售后服务范畴，但也是品牌和产品策略中最重要的成功因素之一。备件业务具有很高的增长潜力，可作为加大竞争差异化的一个重要因素。与此同时，除了初始产品服务业务外，备件业务还可为公司销售和利润增加做出重大贡献。

备件需求可以以其生命周期阶段进行划分（图 11 - 1）。在初始阶段，对市场上新发行车辆而言，其初始配置起着很重要的作用。备件库存应该做好准备，以便能够立即处理可能的早期车辆故障。但到目前为止，关于消费者和其故障记录还没有直接的历史数据供参考，所以应该单独地给予考虑，使用某些预测性方法（参考 Fitzsimmons、Fitzsimmons 2000 第 262 页）。第二个阶段是巩固阶段，其特点是基本相对稳定的车辆市场量。但是这种一致性还并未反映在备件需求结构中。由于客户定制和复杂车辆数量的增加，不断缩短的创新和市场投放周期，以及长期备件和保修期要求，促使备件批量在其广度上迅速增加。因此，通常仅仅记录了少量的单独性需求。另外，在备件需求上常有较大的波动性。况且车辆故障发生的偶然性，也使得确定备件需求变得更加困难（参考 Baumbach 2004 第 95 页）。最后阶段，即所谓退化阶段，其特征是市场上车辆数量急剧下降。通过从批量订购转换到备件采购，供应商的批量减少了很多倍。虽然车辆本身的产品生命周期结束了，但在车辆的整个使用寿命期间应始终储备有足够的备件。这里所面临的主要困难在于规划范畴的长期性及高度的不确定性。

由于法律规定的原因，汽车制造商必须保证系列产品停产后 10 年内，仍要确保能为其提供备件。一般而言，汽车制造商是自愿提供，这取决于车辆的类型，平均来讲，在生产结束后备件供应期通常为 15 年。但这却对备件物流带来了大量的问题。新型号、类型、配置以及国家地区越来越多,而特定的变异使这一情况更加恶化。在汽车工业中,备件有多达 30 万个型号、类型和变异。其主要驱动因素就是车辆型号和类型的不断多样化、新型车辆创新周期缩短、高科技设备组件增加、车辆舒适性和安全性的提高、立法和环境意识的要求,以及辅助性零部件的扩展(参考 Vahrenkamp 2005 第 166 页)。与此同时,客户的订购行为正在发生变化,客户订单的数量越来越少,但是订购频率增加,每天可发生多次,这还导致了在备件流通中,额外需求的器具数量增加。例如,假设批量生产为期 7 年,然后是 15 年的零部件供应义务,则必须确保备件供应整个期限长达 22 年。

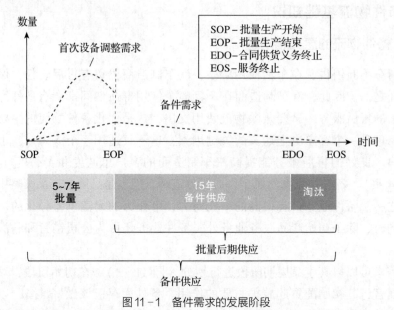

图 11-1 备件需求的发展阶段

与车辆生产物流问题相比,备件物流具有其本身的特殊性。除了客户对送货服务的高要求外,最重要的是,小需求量的备件数量波动幅度大,且可预测性很低,这都是备件物流的核心问题。备件物流的核心设计方案,可以认为是要保证在客户要求日期提供备件,同时以较低的流程成本实现备件供应(参考 Hammant 等 1999 第 545 页后)。通常客户所要求的交货时间非常短,而在备件供应链中,重新购置备件需要较长的时间,因此,制造商被迫通过部分地预备库存,以弥补这个时间差距。这导致在备件供应中,最佳可供性与最低成本之间的物流冲突。另外,作为物流运营的子功能,备件库存管理的任务是控制备件库存,以在备件供应角度进行经济性运营优化(参考 Loukmidis、Luczak 2006 第 252 页)。

11.1.2 定义备件物流

备件物流的具体任务:澄清、实施和控制所有备件运行,如订单处理、日程安排、采购、预包装、存储、拣货、包装、交付和运输,以面向成功的方式进行总体协调。

特别是，备件物流必须确保根据客户需要，从供货点到收货点在相应的框架条件下，在正确的时间、正确的地点，以最低的成本费用提供所需的备件。备件物流包括落实上述要求使之实施的所有业务流程。一方面，这些是与客户直接相关的流程，比如涉及流程的订单处理或客户咨询，又比如从外部供应商或公司自己的生产中采购备件。送货服务是备件物流系统的输出，同时补充其他围绕备件的服务，比如产品信息、技术咨询或客户服务，提供给客户。因此，备件物流作为整个备件供应的一个主要组成部分，对客户的实际满意程度具有决定性影响（参考 Ester 1997 第 122 页）。

备件是单件、组件或完整的产品，用于替换损坏、磨损或缺失的零件、部件或产品。所以备件是车辆中可以更换的零部件。它们专门用于维修保养车辆，用于重新恢复车辆性能，因此被称为二次性产品。只有在购买初级产品后，才能提出对二次性产品的需求（参考 Schröter 2006 第 89 页）。

备件可分为以下三类。

1) 原厂备件：原厂备件是以汽车制造商的名义，但在车辆生产外，在约束性的售后市场出售、使用的零部件（参考 Ihde 等 1999 第 18 页）。在汽车售后服务市场，原厂备件由汽车制造商及其授权的经销商提供。自 2002 年，集体豁免条例（Block Exemption Regulation）生效以来，供应商现在也可以提供这些零部件，并标记为原厂备件，但前提是，它是原始备件制造商。因此，原厂备件的维护修理也可由相对独立的维修人员承担（参考 Voss 2003 第 76 页）。

2) 正厂备件：正厂备件可以是相同件或者仿制件。相同件在结构和功能方面与原厂备件相同，来源于与相应原厂备件完全相同的生产过程，并且由汽车制造商的供应商以他们自己的品牌标签进行销售。而仿制件不是来自与原厂备件相同的生产流程，它也可以由原厂备件制造商以外的其他制造商生产。

3) 更换备件：更换备件是再制造后的零部件，从价格上讲，相对原厂备件，它是一种更便宜的选择。更换件的功能和质量与原装新零件的功能和质量对标。对客户来讲，对二手车进行及时和廉价的维修时，可考虑采用的更换件。

11.2 批量生产后备件供应策略

批量生产结束后物流供应的特点是，在车型制造后期，随着客户服务时间增加而批量业务中对零部件的需求逐渐减少，并且此时零部件的生产数量完全面向于备件需求。因此，批量生产结束后，必须首先要做出基本决定：备件仍要存放多长时间。为此，就要进行需求预测，根据各种不同的规划参数，制订批量生产后的最佳零部件战略。在批量生产后，可以有以下几种不同的备件供应基本策略，它们可以单独或组合的方式使用。

11.2.1 批量生产后期连续性生产

一般在车辆批量生产停止后,备件订购是通过供应商进行的。通常,相应的备件交货和采购条件(例如数量、零部件价格、备件包装等),在新车的产品开发过程中,就与供应商进行了谈判和商定。小批量生产备件,是最常见、最简单的批量生产后备件供应方式。与过去批量生产不同的仅是制造数量、交货频率、包装以及可能的生产地点。因不再用于大规模生产,许多供应商将转移到另一个生产地点,重新安置他们的生产设备,从而为新的交付量创造大量产能空间。在某些情况下,制造商还将其订单分给其他下级供应商,这些下级供应商专门从事小批量生产。如果批量下降,而固定设备成本不变,则单位成本上升。批量越低,则距离批量停产的时间越长,这样在连续性批量后,生产流程的效率就越低。为了确保在批量生产结束时创造有利的备件购买条件,必须在批量生产阶段就考虑零部件的储备问题。这样,与物流成本增加相对比,零部件价格显著较低。重要的是要权衡二者之间的关系。

所谓的可兼容性零部件是一种特殊情况,这种零部件已经使用于其他车辆型号系列,或者仍在批量生产中。一个典型的例子是通用型可编程发动机控制单元,它有不同的软件版本,可使用于不同系列和变型的发动机(参考 Bothe 2003 第 50 页)。然而,这种灵活、多功能的零部件通常会与开发成本的增加有关。同时,可以通过更多的生产量,利用大规模经济效应,降低单位零部件的成本。

11.2.2 长期和最终存储

如果由于经济性原因,小批量生产可能不再有利可图,或者供应商将停产,这些情况下,汽车制造商可以通过长期或者最终库存,以确保可以长期地提供备件。在长期存储中,要订购一定数量的零部件,以满足所规定时间段的需求,从而保证零部件补充供应的可能性。最终存储是指,在备件停止供应的背景下,事先订购一定数量的备件。

长期存储是在不同采购周期的储备,直至零部件运行的期限。这些周期可在 12 个月至 15 年之间变化。零部件运行的期限与备件供应截止时间相同(参考 Bothe 2003 第 27 页)。随后,相对零部件运行的期限,要做出决定,进行最终一次性库存。这是要考虑批量生产结束后的所有阶段,按所需的零部件数量,提出最后一次交货要求。这个时候则进入长期存储阶段。对经常或随时的订购而言,最大的问题是面对这样一个事实:在最后一个订单结束后,所需的生产设备、工具通常会被废弃或拆卸,以将生产能力调整到生产需求数量多的零部件。因此,存在这样的危险:供应商已经废弃了那些生产设备、工具,备件剩余的库存不足,无法满足所需的数量要求。根据客户要求的紧迫性,如果客户的要求无法通过其他解决方案给予满足,那么这时就需要成本密集的单一或小批量生产。相比之下，随时或经常性大数量级的订购，会带来剩余零部件无销路的风险。

11.2.3 旧零部件的重新处理

旧的零部件从市场上回收后，在工业过程中对它们进行再加工处理（通常为再制造），将其作为替换件出售。在重新加工处理期间，不仅要修复已存在的缺陷，而且要更换报废的零部件；对于电子产品，要更新为最新版本的软件。类似于新零部件，再制造后的零部件要进行完全相同甚至更严格的功能和质量测试（参考 ZVEI 2002 第 19 页）。

对回收的旧零部件进行有效的再制造，这里起决定性作用的是要有一个运行良好的旧件回收系统，它确保有足够数量的旧零部件供应。但是，这也造成了高昂的运输成本。此外，成功实施旧件再用战略，需要旧件的可再制造性，以及再制造后的可使用性。在旧件供应困难的情况下，可以考虑从两个或多个旧件合并生产出一个更换零件（参考 ZVEI 2002 第 20 页、Hagen 等 2000 第 960 页）。回收再加工的优点在于，它基本上不需要使用新的材料和特殊设备。因此，更换备件价格更便宜，同时减少对自然环境的影响和资源消耗。

由于只能在批量生产结束几年之后，才能预期获得足够数量的旧零部件，因此，旧零部件的重新加工，首先适合于车辆供应的后期阶段、备件供应结束之前，或者在资本技术密集，但难以准确预测生产量的情况下。这里的一个例子是发动机，它是车辆中最昂贵的部件。发动机失效的概率随着车辆行驶里程及使用时间的增加而增加。在批量生产结束后，发动机本身需要非常高的制造技术和成本，必须要大量的场地空间进行存储。所以发动机经常以更换件的形式供应。在需要时，客户会向汽车修理公司提出希望使用更换件。客户将收到一个更换后的发动机，作为回报，他要将原来有缺陷的发动机在付款的同时交付回收。这样，回收后再加工和成品零部件的库存量都可以保持在较低水平。

11.2.4 旧零部件的重复使用

与回收后再加工不同，纯粹意义上的旧零部件再利用，不进行任何工业加工，只是更换有缺陷的零部件和进行软件版本更新。然而即使采用这种策略，在将它们作为旧零部件提供给客户之前，也要经过全面的性能测试，如有必要，则进行相应的修理。

基本上，这里讲的旧零部件再利用，与回收再加工具有相同的特点，主要是在于低廉的备件价格、保护自然环境资源，对旧零部件回收的依赖性。另外，对某些旧零部件，虽然已无法继续重新加工，但可通过简单的修理继续使用。

作为旧零部件策略，另一种形式是单一的修理方式。它的特点是，维修仅针对最终客户，采用特殊设备进行。该措施主要针对车龄较大的旧车，当新零部件价格过高，以致与车辆本身的价值不成比例，而且旧零部件或者更换件不能保障其功能要求时使用这种方法。这里的缺点是，最终客户必须等待多日才能获得修理服务，并且没有完整的零部件保修义务。

11.3 备件需求预测

在汽车行业中，预测备件需求被认为是最困难的物流规划任务之一。然而为了经济有效地进行存储和库存控制，可靠地确定备件需求却是一个不可避免的问题。为此，可以使用确定式、随机式和启发式规划方法。因为在大多数情况下，事先并不清楚对备件的需求，只能采用预测来制订相应的需求计划（参考 Loukmidis、Luczak 2006 第 253 页）。备件的需求受到各种因素的影响（图 11-2）。

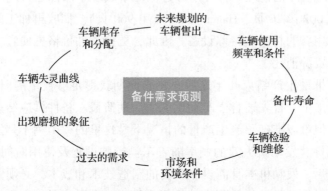

图 11-2　备件需求预测要考虑的影响因素（参考 Pfohl 1991 第 1038 页）

1）车辆销售：备件的需求受到下列因素的影响，即当前市场上车辆的数量、未来规划销售的车辆、客户年龄结构、车辆的区域性分布、实际使用的频率和日常的使用条件。

2）备件：备件寿命也影响备件需求，比如磨损状况、使用强度和操作条件。

3）车辆检验维修：由车辆拥有者所决定的措施触发备件需求，诸如日常维护、必要的车检和维修以及软件升级等。

4）市场和环境：最后还有非原装零部件供应商、交通法律规定和技术特点对备件需求都有影响（参考 Loukmidis、Luzack 2006 第 256 页）。

与车辆销售预测不同，备件需求预测是完全基于其具体消耗性的特点，这是备件规划调度人员所面临的巨大挑战。备件的需求在很大程度上是未知数，频繁地变化波动，需求从大量到零星，但与车辆批量生产相比，其需求量仍然非常小。而且下面这个问题由于以下事实变得更加复杂化：在车辆中，组件可以分解拆装成更多的、完全不同的零部件，这导致库存中对零部件存储仓位的需求大幅度增加。比如，一个前照灯在装配时是完整地安装在车辆上的，而这时将被拆分成各个诸如散射玻璃片的单一零件。

对于备件，如果在其相应产品批量生产到期后，仍一直存在着稳定的需求，则可以继续作为批量件处理。在此，备件的需求分配仍是以批量生产为背景，由生产计划和控制系统进行调度（参见第9.4.3节）。如果消费行为发生变化，以及随之而来的要求数量低于某个最小值，则该零部件的责任移交给相应的备件部门。为此，必须满足相应的企业内部特定规范。问题在于，可预测性很大程度上依赖于需求的数量。随着备件生命周期接近终了，需求可能经常出现明显地变化，这使要保证预测质量的可接受性变得越来越困难。结果可能是库存物品种类繁多、库存和仓储成本高，导致交付效益降低。

应尽可能准确地预测未来的备件要求，以确保以最小的流程成本实现客户交付。利用预测模型的目标在于，对每个零部件编号和车型系列收集其前期历史的备件消耗量，以便初步识别更高级别的发展趋势。因此，利用相应的预测方法（例如高阶的指数函数平滑曲线），可以导出一个相对比较准确的发展趋势。

有一种简单实用的方法，它根据批量生产以后备件的年需求量确定需求因素。例如，对于发动机零部件的储备，在该车型开始逐步淘汰的当年，以其年需求量的10倍作为随后所有时间的需求量，并按比例分配其实际数量。这些粗略估计，在实践中虽很容易计算，但由于缺乏对市场和产品的考虑，而达不到预期的目的。

建立有效且功能强大的预测模型，除了要兼顾前期产品系列的技术信息之外，还要考虑各个零部件本身的特殊性，以及该系列在市场上的情况。原则上，在预测方法中，要基于消耗磨损、失效曲线，面向产品的模型要与基于客户市场的面向市场的模型区别对待。

1. 面向产品的预测模型

对面向车辆技术的预测模型来讲，其目的是根据零部件消耗磨损和失效曲线预测未来的备件需求。为了减少收集数据的费用支出，可将单一零部件进行分组（群集），其共同的特征在于相似的磨损和失效行为，以采用相同的预测模型进行规划。一般来讲，群集分析的目的是将大量基本相同的数据，分解成若干较小的同质性群集。这里生成的群集所面临的困难在于，如何将若干对象分配给一个类别，它们在类别上尽可能相似（内部同质），同时这些类别又尽可能地明确彼此之间的不同（外部异质）。

决策问题的复杂性在于众多零部件有各自特定的因素，而同时，这些因素也是在备件的预测中必须要给予考虑的。为了提高备件分配流程的质量，就需要车辆维修部门尽早提供车辆消耗磨损状况的具体数据（参考 Ihme 2006 第 355 页）。通过使用信息技术支持的早期预警系统，可以及时识别出磨损、故障区域，从而可以发出预测需求。此外，这些信息还可用于当前和后续产品系列、型号的维护。

电子元件、组件通常会完全失效，这就必须要按其原始件特性给以评估。通过失效曲线，可做出一个初步判断，即被观察的零部件在假定时间段内可能出现失效的概率。再根据浴缸形曲线，可以区分为早期故障、随机故障和磨损故障。早期故障通常发生在产品的启动阶段和初始使用阶段；而在正常运行期间，故障发生的频率也比较低；在零部件接近生命周期结束时，不断累积的磨耗将引起失效。由于取决于零部件的使用寿命，在规划备件的需求时，就必须考虑这些故障曲线。

此外，零部件的磨损状况必须借助相应的磨损曲线给予预测。在此，磨损件是指在车辆的预期使用寿命期间内，自然消耗磨损的零部件，必须根据零部件的类型给予更换。

2. 面向市场的预测模型

这里市场条件是预测备件需求的基础。预测零部件的需求，可完全依据定量和定性的市场数据。首先筛选出过去时间段的定量备件需求，然后由销售和售后服务专家进行定性评估。通常，这里的问题是参考数据的不确定性，比如，市场需求的备件数量、批量生产的车辆数量不准确。造成这种情况的原因，可以是不同的车型使用同样的零部件，以及各种贸易组织同时也在汽车市场上提供各种备件。不同车型相同零部件的一个例子是发动机。发动机通常安装在多个产品系列中，因此，对一个特定系列，并没有明确指定所要求的零部件。易磨损和经常需要维修的零部件，比如刮水器、灯泡、制动片、空气滤清器、燃油滤清器和火花塞，都可以由售后市场提供，因此它们最容易受到贸易的影响。因此，自身销售体系所提出的备件要求，仅相当于市场上实际需求很小的一部分。

在备件分配的日常运营中，应该将产品和市场导向模型相结合。对来自过去的市场，按时间序列做出的预测应该由失效和磨损等技术数据给予补充。一般情况下，预测未来备件的需求模型越复杂，就需要更大的成本代价。对现有模型的任何改进，都必须权衡其附加值效益（边际效益）和额外成本（边际成本）支出。同时，对用户而言，要求所使用的预测模型，必须始终是具有一定的透明性和可控性的，以避免用户做出错误的决定。

11.4 备件物流链

在德国，备件的分配一方面是通过所谓的义务市场（汽车制造商授权的经销商）进行，而另一方面是由自由市场进行交易，这与汽车制造商无关。除了汽车制造商本身外，零部件制造商、批发商或采购合作社、独立和义务性的汽车修理车间，以及其他自助性服务提供商，如五金店、互联网平台或者加油站，都活跃在备件售后市场（参考 Voss 2003 第 76 页）。通过制订战略性全球备件分销策略，车辆制造商将确定他们的备件仓库地点、整个备件物流链及转运和运输组织。这当中，还包括要决定物流流程中，由自身还是由外部进行存储、传输和转运活动。

11.4.1 备件的分配和交付

如果分析备件的各种特征，比如数量、单价、消费历史和补货提前期，就会发现它们彼此之间非常不同。因此，备件在结构上的异质性必须反映在规划过程中。对所有要处理的备件，试图使用统一、严格的规划程序，可能没有任何实际意义。要实现一个产品系列备件的效益优化，首先要根据特定的需求特征分类组织备件（参考 Loukmidis、Luczak 2006 第 261 页）。

最著名的零部件分类方法是帕累托分析法（ABC Analysis 和 XYZ Analysis）。该分析方法的目的，可以是确定库存中货物价值占比及其应用的规律性。涉及备件及其销售情况，帕累托分析法几乎总是可以用一条所谓的洛伦兹曲线（Lorenz Curve）描述。以图形形式，将备件的类型与其销售额相比较，可见大约有 20% 的备件，其销售额呈不均匀分配，但总共可以产生 80% 的总销售额（所谓的 A 类-部件）。ABC Analysis 可由 XYZ Analysis 给予补充，这里是将消耗规律性与物料类型相比较。X 类-物料的特点是消耗量恒定、数量波动小。对于 Y 类-物料，发生的波动较大，使预测精度降低。Z 类-物料的消耗量波动很大，预测精度也就很低。在产品初始生产中，通常可能只需要个别性的采购或生产 Z 类-物件，因此，如有需要，备件物流必须要能够保证快速地提供 Z 类-物料（参考 Vahrenkamp 2005 第 77 页）。

ABC-Analysis 和 XYZ-Analysis 相组合，可得出一个矩阵，它包含有九种不同的零部件类型，其结果将构成备件的分配、分类和存储策略的基础。但是仍然必须考虑，批量生产中零部件类型限制、零部件的波动范围（变异系数），这两者不能简单地、类似地照搬到备件问题。此外 ABC-XYZ 组合分析，仅仅考虑了有限的评定标准（参考 Loukmidis、Luczak 2006 第 261 页）。这就是在实践中，公司企业在构成产品品种时，除了配件的营业额和周转率外，还要考虑关键性的失效备件、每个备件的抵偿金额、备件特性和危险品。此外，还可以进一步地考虑其他公司特定的标准，将这些都纳入分配、分类和存储策略的决策。

在物流链中，备件物流的物理过程如下。首先，进行备件的交付，这些备件，可以是来自自己的厂区（自制件），或者外部供应商（采购件）。应该寻求将交付流量最广泛地整合到批量生产的运输中，以利用物料捆绑效应降低运输成本（参见第 8.7.3.1 节）。在进货部门进行交付时，对物料的数量、重量、器具设备和质量有物流管理人员进行目视检查。如果供应商、包装服务商尚未对物料进行任何预包装，则可接受车辆制造商委托，重新进行包装。这也可以由内部和外部包装行业合作伙伴进行。

11.4.2 备件包装

随着备件业务量的增加，包装量也在增加。类似于产品品种扩充，包装系列也随之增加，因为要求每个包装都要最佳地适合于所包装的商品。如果一个新的备件出现在备件类型中，在这种情况下就要检验，根据包装标准，如重量、尺寸、敏感度和零部件价值，是否仍能使用现有的包装方式，或者需要开发和采购新的包装。在包装业务范畴，类似于批量生产，标准化、兼容性和模块化也是重要的包装效率标准（参见第6.1.2节）。通常，制造商会与供应商一起确定备件最适合的包装方案。这样做的目的是，在初始交付阶段，就将备件按客户特定的要求、以可销售的方式进行包装。在备件营业部门，最常见的包装类型是纸箱。相对可多次重复使用的其他包装方式，纸箱有这样的优势：可折叠性，非常节省场地空间。尽管纸箱本身重量很轻，但坚固性高，甚至可用于包装重型零部件。而对于较大交货数量、供应频率高、运输距离较短的备件，就可使用可重复性包装，例如仓储笼。

在包装部门，首先将要包装的零部件按客户的特殊要求，集中分组成较大的包装单元，以简化后续的物流过程。对最终发送包装，包装员工利用计算机软件工具所提供的指示，进行零部件拣选。在这里，使用标准化的纸箱尺寸带来了许多优点。当在向托盘上堆叠纸箱时，由于不同的包装尺寸，可能会出现纸箱间间隙，这对后续流程的物流效率将有直接影响。比如，由此产生的问题可能是：

1) 增加货物保护工作量。
2) 增加货物损坏率。
3) 货物单位使用率低。
4) 由于承载器具尺寸较大，库存成本较高。
5) 增加了需要人工干预的可能性。

11.4.3 备件存储和交付

在备件物流中，由于备件类型的广泛性，通常以选择性方式进行存储。在这里，备件分配系统被分为几个不同的层次，即集中、区域和零售商级别，这样可以以不同的交付速度对客户订单做出反应（参考 Vahrenkamp 2005 第171页）。在这种混合式物流网络中，零星需求的滞销备件通过集中方式进行存储；对常用备件、连续性需求，以分散方式存储（参考 Bretzke 2008 第158页）。

需求很少的备件，如果其实际需要的地点较远，则可以在集中式仓库，以尽可能高的转运率、最高级别的交付性进行存储。相反，经常需要的备件应存储在所需地点附近，以保证最短的提取时间（图 11-3）。通过这些不同的选择性仓储，在整体上增加了备件交付预备性，但这是以备件的不同交付时间作为代价的（参考 Bretzke 2008 第 159 页）。

图 11-3　轮胎备件仓库（来源：戴姆勒）

原则上，备件存储网络的结构如图 11-4 所示。在分散的区域或者经销商仓库中，库存最常用周转率最高的备件品种。中心仓库提供完整的部件，用于整合零部件品种，同时充当补货仓库。A 和 B 类零部件直接由分散的经销商仓库提供，这通常可确保 85% 的服务程度（参考 Ihme 2006 第 55 页）。没有 A 和 B 类零部件，可通过紧急订单，在指定区域的大型批发商（在国外，通过进口商）处订购；如果仍缺货，则直接通过中心仓库订购。如果区域批发商较早时间收到订单，有可能在同一天进行交付（当天

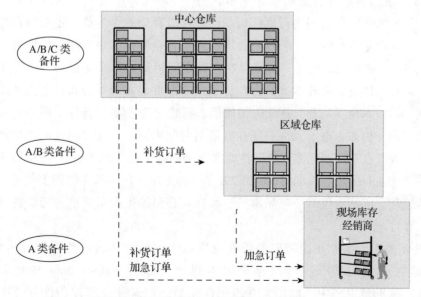

图 11-4　备件物流中的选择性存储（参考 Vahrenkamp 2005 第 171 页）

发货）。对汽车维修店而言，区域性配送中心可作为缓冲仓库，快速供应备件（参考 Bretzke 2008 第 100 页）。交货由货车区域性地处理。交付路线规划通常基于经销商与区域仓库位置（本地和长途旅行）的距离。通过 24 小时送货服务，可将送货服务水平提高至 92%。所有 C 类零部件均由车辆经销商直接在中心仓库中订购，并在 24 小时内直接发送给经销商。再次将服务水平提高到 98%。

市场占比较低的车辆制造商通常会放弃区域性仓库。然后，修理车间可直接从中心仓库由快递提供商提供 24 小时服务（参考 Ihme 2006 第 355 页）。

备件的需求行为随时间而变化，因此在 ABC/XYZ 分析后，仍必须连续性地、重复性进行备件分类。与此同时，按备件的类型区别对待，分配给相应的存储层次，这一分配性工作要动态地根据当前备件在分销链中的消耗情况，始终不断地进行（参考 Bretzke 2008 第 163 页）。

在实际中，中心仓库不必位于地理中心位置。通常滞销零部件被存放到成本较低的外部仓库，这些零部件可根据需要由中心仓库提供。按零部件尺寸和类型，在同一存储空间内分离存储也是常见的（例如大、中、小零部件）。库存通过信息技术系统集中管理，因此，可构成一个所谓的虚拟中心仓库。为了保证整个备件物流供应链的库存透明度，从中心仓库到区域仓库，到经销商，在这期间的所有库存都必须借助信息技术建立起相互之间的联系，而且能可视化地检索。这种库存透明度对于执行经销商订单、配置仓库补货、采购订单处理，都是非常重要的（参考 Vahrenkamp 2005 第 171 页）。通过中心仓库，在全球范围内交付备件的过程中，可根据地理上的距离、货物量以及紧急程度，采用货车、火车和飞机等运输工具进行运输、转运（参见第 6.7.1 节）。

根据备件的结构组合级别进行库存组织，既可以存储单个零件，也可以存储装配起来的组件。在批量生产后，并非所有的零部件及其变异都必须在随后的所有时间提供。昂贵的备件、改装和更换件，都可以存储期间拆卸成单个零部件。而在实际可行度上，必须与具体负责的技术人员合作，通过零部件品种分类分析，重点考虑其需求持续时间。从技术角度来看，备件的保质期，特别是对于电子备件，可能是一个要考虑的重要问题。例如，电子元件只能在有限的时间内存放，在存储期间部分地需要保护性介质，或者在存储期间需要特殊性处理（例如电子元件的充电），才能够将来再次使用（参考 Dombrowski、Bothe 2001 第 792 页）。另外，在零部件级别上的存储，为能够进一步使用，必须不仅对该产品本身，而且对必要的生产工具也进行储备（参考 ZVEI 2002 第 17 页）。

在备件业务中，某些很少需要的备件也要给予保留。尽管这类单件成本较低，但由于存储时间相对较长，所以存储成本很高（参考 Vahrenkamp 2005 第 169 页）。通常，在批量生产中，取消某些滞销性车型，但这种决定在备件业务中是不会做出的。

对于备件的供应交付时间,就德国汽车制造商而言,通常在德国境内 24 小时以内,在欧洲范围内 48 小时以内。在全球范围内,谋求在 72 小时以内进行交付,但由于各地不同条件,这个时间可能会有很大的波动。一般而言,可以分为常规和快递交付(参考 Vahrenkamp 2005 第 165 页)。定期送货服务常用于填补中心仓库存储,满足下一级别需求,比如授权的维修店的车间库存(仓库补货交付)。交货订单的启动是由消费控制的。如果就交货而言,时间不起关键性作用,则可以考虑通过铁路进行。对于备件快递,比如故障车辆的备件,且故障车辆已经在授权的维修车间,这就是涉及时间紧要的非计划性按需交付。为此所需的快递不属于常规结算,可通过快递服务商进行。

通常,许多汽车制造商的经销商和供应商都在同一个地方。在备件物流领域,提供了将不同制造商的分销网络进行组合的可能性,并将它们集成到一个整体网络。因此,诸如货物的进出流量、从中心仓库对经销商进行直接交付、保修和交换的返回、快递发货到整个网络等,这些物流活动包罗成一体。使用共同的物流框架和资源,还可以在备件物流中大幅度地降低成本费用,挖掘更多的性能潜力。然而在这些方案的实际实施中,目前仍存在着许多障碍。由于汽车行业中巨大的成本和性能要求压力,可以假设,将出现一个重新思考的过程,将来除了入库物流外,汽车供应链中的各个合作伙伴还可以在备件领域更紧密地相互合作。这一集成过程的第一步,就是首先在自己的公司内部合并和标准化公司内部的售后物流网络(参考 Kruse、Hoferichter 2005 第 27 页)。

参考文献

Baumbach, M. (2004): After-Sales-Management im Maschinen-und Anlagenbau, 2. Auflage, Transfer, Regensburg, 2004

Bothe, T. (2003): Planung und Steuerung der Ersatzteilversorgung nach Ende der Serienfertigung, Shaker, Aachen, 2003

Bretzke, W.-R. (2008): Logistische Netzwerke, Springer, Berlin, 2008

Dombrowski, U./Bothe, T. (2001): Ersatzteilmanagement-Strategien für die Ersatzteilversorgung nach Ende der Serienfertigung, in: wt Werkstatttechnik online 12/2001, S. 792-796

Ester, B. (1997): Benchmarks für die Ersatzteillogistik, Erich Schmidt, Berlin, 1997

Fitzsimmons, J./Fitzsimmons, M. (2000): Service Management-Operations, Strategy and Information Technology, 3. Auflage, McGraw-Hill, New York, 2000

Hagen, M./Iding, M./Sudhoff, H. (2000): Lösungsansätze zur Sicherstellung der Nachserienversorgung in der Automobilelektronik, in: Elektrik im Kraftfahrzeug, VDI Bericht 1547, VDI, Düsseldorf, 2000, S. 953-978

Hammant, J./Disney, S. M./Childerhouse, P./Naim, M. M. (1999): Modelling the Consequences of a Strategic Supply Chain Initiative of an Automotive Aftermarket Operation, in: International Journal of Physical Distribution & Logistics Management 29(9)/1999, S. 535-550

Ihde, G. B./Merkel, H./Henning, R. (1999): Ersatzteillogistik: Theoretische Grundlagen und praktische Handhabung, 3. Auflage, Huss, München, 1999

Ihme, J. (2006): Logistik im Automobilbau, Hanser, München, 2006

Kruse, O. / Hoferichter, A. (2005): Strategische Planung für das After-Sales Logistiknetzwerk der DaimlerChrysler AG, in: Supply Chain Management 2/2005, S. 27 - 34

Loukmidis, G. / Luczak, H. (2006): Lebenszyklusorientierte Planungsstrategien für den Ersatzteilbedarf, in: Erfolgreich mit After-Sales-Services-Geschäftsstrategien für Servicemanagement und Ersatzteillogistik, Hrsg. von: Barkawi, K. / Baader, A. / Montanus, S., Springer, Berlin, 2006, S. 251 - 270

Pfohl, H. -C. (1991): Ersatzteil-Logistik, in: Zeitschrift für Betriebswirtschaft 9/1991, S. 1027 - 1044

Schröter, M. (2006): Strategisches Ersatzteilmanagement in Closed-Loop Supply Chains, Gabler, Wiesbaden, 2006

Vahrenkamp, R. (2005): Logistik-Management und Strategien, 5. Auflage, Oldenbourg, München, 2005

Voss, H. (2003): Herausforderung für Marktakteure, in: Logistik heute 12/2003, S. 76 - 77

ZVEI (2002): Weißbuch Langzeitversorgung der Automobilindustrie mit elektronischen Baugruppen, Zentralverband Elektrotechnik-und Elektronikindustrie, Frankfurt am Main, 2002